Karl Holzamer

Philosophie

Einführung in die Welt des Denkens

unter der Mitarbeit von
Bernd Latour

Pattloch Verlag

Pattloch Verlag, Augsburg

Satz: 10/11 Walbaum von Appl, Wemding
Umschlagentwurf: Peter Engel, Grünwald
Druck und buchbinderische Verarbeitung:
Spiegel, Ulm
ISBN: 3 629 00548 9

Vorwort

Karl Holzamers Buch, das hier in einer neu gefaßten Ausgabe vorliegt, lernte ich vor etwa 25 Jahren als Primaner kennen, als ich nach einer verläßlichen Einführung in die Philosophie und ihre Geschichte suchte. Worin Aristoteles sich von Platon unterscheidet, mit welcher Begründung Kant die Metaphysik aus dem Kreis philosophischer Fragestellungen ausschließt, was »Freiheit« im Kontext der Existenzphilosophie bedeutet – das und manches andere habe ich in diesem Buch gelernt. An den Wegmarken, die ich hier vorfand, habe ich mich in der Welt des Denkens auch weiterhin orientiert. – Als ich Karl Holzamer Weihnachten 1987 in Meran traf, schlug ich ihm vor, das Manuskript noch einmal mit durchzusehen, sollte eine Neuausgabe geplant sein. Ich fand mich schnell beim Wort genommen.

Kooperation ist eine Sache, die viel berufen wird und selten wirklich gelingt. Manch einer, der durch alle Höhen und Tiefen der Kooperation gegangen ist, beschließt am Ende, seine Bücher und Aufsätze doch lieber allein zu schreiben, auch wenn vier oder sechs Augen mehr sehen als zwei. Karl Holzamer hat mich, ganz sicher ohne es zu wollen, an diesem Entschluß dann doch wieder irre werden lassen. Unsere Zusammenarbeit ist gelungen, obwohl sie, betrachtet man unsere personelle Konstellation, auch hätte scheitern können. Zwei Generationen trennen uns und damit Unterschiede in der Mentalität und Ausdrucksweise. Kritische Hinweise so zu formulieren, daß der Adressat weiß, es ist die Sache gemeint, und nicht die Person, ist nicht immer ganz einfach. Daß wir »miteinander konnten«, ist hauptsächlich der Toleranz dessen zu verdanken, der weiß, daß seine Sache Kritik aushalten kann.

Wer eine Einführung schreibt, in welche Materie auch

immer, der muß auswählen und in eigener Verantwortung Akzente setzen. Was sollte daran so schwierig sein? Es gibt aber so wenige wirklich gelungene Einführungen. Woran liegt das? Der besorgte Blick auf die Fachkollegen, für die das Buch gar nicht geschrieben ist, die es aber kritisieren könnten und dies auch oft genug tun, hat schon den besten Vorsatz scheitern lassen, interessierte, aber unkundige Leser kundig zu machen. So finden sich denn viele Einführungen, die ihre Leser in unangebrachten Bemühungen um sachliche Vollständigkeit in einer Fülle von Stoff ertrinken lassen, ihnen auch noch, in zahlreichen Fußnoten wohlverpackt, »den neuesten Forschungsstand« nicht vorenthalten – und sie damit verfehlen. Skrupel eben dieser Art haben Karl Holzamer, dem Philosophen und Pädagogen, den Blick für das Wesentliche nicht trüben können. Im Gegenteil, die Entschiedenheit, mit der er sich beispielsweise bei der Darstellung der mittelalterlichen Philosophie auf drei Leitfiguren, Augustin, Thomas v. Aquin und Nicolaus v. Cues, beschränkt und etwa Anselm v. Canterbury, Wilhelm v. Ockham oder auch Raimundus Lullus gar nicht bzw. kaum erwähnt, mag den Fachmann verwundern, für den Laien ist sie Gewinn. Wer eine Schneise in den Wald schlägt, der kann nicht gleichzeitig die Bäume zählen.

Beeindruckt hat mich auch Holzamers Bereitschaft, beherzt Flagge zu zeigen, wo immer ihm dies notwendig schien. Die Auseinandersetzung mit Sartre etwa, dessen Bedeutung gleichwohl anerkannt wird, läßt an Deutlichkeit nichts zu wünschen übrig. Daß diese Auseinandersetzung vor dem Hintergrund eines dezidiert christlichen Weltbildes ausgetragen wird, dies soll der Leser durchaus wissen. Ganz sicher macht ein Autor sich so angreifbar, geht das Risiko ein, dem Zeitgeist ins Gehege zu kommen. Diese Aussicht war schon manchem Grund genug, sich doch lieber hinter der Unverbindlichkeit aufgereihter Fakten zu verschanzen. Wer aber dem Leser zum eigenen Urteil verhelfen will, der bietet ihm Urteile, bietet ihm Orientierungen an, selbst auf die Gefahr, daß sie verworfen werden.

Noch ein Wort zur Neuausgabe. Gegenüber der Fassung von 1962 sind diverse Veränderungen vorgenommen worden. Zu nennen ist hier neben einer neuen Auswahl des Bildmaterials sowie der Neufassung mehrerer Kapiteleinleitungen vor allem die Berücksichtigung der Gegenwartsphilosophie. Die bewährte Darstellung, einzelne Philosophen in repräsentativen Textabschnitten selbst zu Wort kommen zu lassen, wurde beibehalten. Sollte in dem einen oder anderen Falle der Leser neugierig werden auf den vollständigen Text, dem die betreffende Passage entnommen ist, dann hätte dieses Buch schon einiges erreicht.

Bernd Latour — Hamburg, im November 1989

Inhaltsverzeichnis

Der Weg in die Philosophie

Philosophie und Philosophieren

Der denkende Mensch

Vom Sinn des Daseins

Grundbegriffe, Grundrichtungen und Disziplinen der Philosophie

Philosophie in Asien

Philosophie der Griechen und Römer

Das Mittelalter

Beginn der Neuzeit

Kant

Die Philosophie des 19. Jahrhunderts

Übergang ins 20. Jahrhundert

Philosophie der Moderne

Philosophie und Weltgeschehen

Anhang

Leben und Philosophieren

»Zuerst leben, dann philosophieren«, so lautet in deutscher Übersetzung ein bekanntes lateinisches Sprichwort. Fast könnte man dieses Wort umkehren: Wer philosophiert, der lebt, lebt wahrhaft menschlich. Zum Dahinleben ohne Sinn und Verstand bedarf es keiner Philosophie. Wer sein Leben aber wirklich bestehen, es persönlich in seiner kleinen und größeren Umwelt, in Familie, Beruf und Gesellschaft bewältigen will, der kann nicht ohne diese Bemühung um den oft verborgenen Sinn des Daseins auskommen, der verlangt nach Antwort oder wenigstens nach einer Sinnweisung. Das aber ist Philosophie, jene Liebe zur Wahrheit, jene Bemühung, in das Wesen von Mensch und Welt einzudringen und dadurch eine Welt-Anschauung zu gewinnen. Mit ihrer Hilfe und Wegweisung werden wir letztlich auch das tägliche Leben mit seinen Nöten leichter meistern, die Höhen und Tiefen unserer menschlichen Natur, die Rätsel der Erde und die seltsamen Umwege der Geschichte der Menschheit, ja das Sein im ganzen ein wenig klarer beurteilen können.

Unsere Zeit ist – durch bittere Erfahrung gewitzigt – nicht so vermessen zu glauben, die Wissenschaften und die Philosophie im besonderen könnten uns die Welt und den Menschen in ihr sonnenklar vor Augen stellen, so daß es kein Geheimnis und keinen Schatten mehr gäbe; aber wir wären schlecht beraten, wenn wir gar nicht erst versuchen wollten, den Schatten zurückzudrängen und den Sinn des Geheimnisses verstehen zu lernen. Ein sorgfältig angeleitetes Philosophieren kann diese Bemühung unterstützen.

Unser Buch will all jenen eine schlichte Anweisung zum rechten Philosophieren vermitteln, die bisher vergeblich nach einer solchen Hilfe suchten, vergeblich zumal dann, wenn ihnen ihre Ausbildung – von der Volksschule bis zur Hochschule – keine Gelegenheit dazu bot. Wir befleißigen uns deswegen einer möglichst einfachen und besonders am Anfang sich aller Fachbegriffe enthaltenden Sprache, denn erfahrungsgemäß hält das Dickicht von Fremdwörtern und unverstandenen Begriffen viele davon ab, ein philosophisches Buch in die Hand zu nehmen, geschweige denn, gründlich zu lesen. – Wir hoffen darüber hinaus, auch manchen wieder ermuntern zu können, der irgendwann einmal einen Philosophen studiert, aber enttäuscht und mißmutig diesen ersten Versuch wieder aufgegeben hat. – Ohne daß dieses Buch auch nur den kleinsten Abstrich an Wissenschaftlichkeit enthält, haben wir eine Einführung in die Philosophie und in das Philosophieren vorgelegt und versucht, jeden Leser, gleich welchen Bildungsgrades, fast unmerklich in die Sache selbst hineinzuführen. Dabei wird er nicht nur mit einem Teilstück der Philosophie vertraut, sondern soll ein Ganzes erhalten, das er nach Belieben und Vermögen ausbauen und vertiefen kann.

Es versteht sich von selbst, daß wir uns dabei auf die wesentlichen Fragestellungen beschränken und diese ohne einen aufblähenden Apparat darstellen mußten. Zahlreiche Schemazeichnungen sowie Darstellungen von Philosophen und Themen der Philosophie in bildhafter Form werden die Lektüre erleichtern und die eigene Nachdenklichkeit erwecken helfen. In den großen geschichtlichen Abriß der Philosophie sind viele Textproben aus den Werken bedeutender abendländischer und auch asiatischer Philosophen eingestreut, die meist besser erkennen lassen, was der Betreffende denkt und will, als eine bloße Beschreibung des Philosophen und seiner Philosophie.

Das Buch ist so aufgebaut, daß der Leser zuerst an die Fragestellungen des Philosophierens herangeführt wird; nachdem so die persönliche Nachdenklichkeit geweckt worden ist, beginnt die Darstellung der systematischen Philosophie. Sie beschäftigt sich mit der Erkenntniskraft, mit Möglichkeiten und Grenzen unserer Vernunft (Logik und Erkenntnistheorie), schließt dann die kernhaften Fragen nach dem Menschen, der Natur, dem Sein schlechthin (Ontologie, Philosophie der Natur, Anthropologie) an, um dann vor dem großen historischen Teil auch das Wesen des Sein-Sollenden (Ethik, Ästhetik, Rechts- und Sozialphilosophie) zu deuten. Der geschichtliche Hauptteil läßt die Denkbewegung in der Geschichte der Menschheit aufleuchten. Das Buch klingt aus mit der Abhandlung wesentlicher Zeitfragen, die uns alle bedrängen und bewegen. Zur Abrundung ist im Anhang ein kleines Begriffswörterbuch angefügt, das zu befragen sinnvoll ist, wenn man sich mit der gemeinten Sache bereits befaßt hat.

Mit diesem Philosophieband hoffen wir, einem jeden, der die Unruhe der Frage in sich spürt, einen guten Start zu geben nach dem Motto:

> *»Alle gleichen wir uns, denn wir sind eines Geschlechtes.*
> *Allen gleichen wir nicht, sagt einem jeden das Herz.«*
>
> *(Goethe)*

Der Weg in die Philosophie

Materieller Überfluß

Immer nach äußeren Katastrophen rührt sich in vielen Menschen ein Verlangen, mit der Welt, mit dem Menschen, mit dessen Geschichte innerlich fertig zu werden. Die Sinnhaftigkeit und Klarheit, die das rätselhafte Dasein unseres Jahrhunderts, besonders im zweiten Weltkrieg, vermissen läßt, suchen und suchten viele Menschen aus allen Schichten in der Philosophie zu gewinnen.

In der verhältnismäßig rasch dem deutschen Volk in der Bundesrepublik geschenkten Wohlstandssituation droht freilich dieses Verlangen unterzugehen. Es scheint von einem Narkotikum eingeschläfert zu werden. Man erinnert sich dann mit einem gewissen Schmerz der Lage, wie sie unmittelbar nach Beendigung des Krieges nicht nur an den Hochschulen, sondern auch in den zahlreichen Volksbildungs- und Vortragsveranstaltungen war.

Die Menschen, abgehärmt, die Männer in zusammengestoppeltes Kommiß-Zivil gekleidet, suchten in diesen Lehr- und Bildungseinrichtungen aller Art das Leben selbst. Sie waren dem Tode und der Unterdrückung ihrer persönlichen Lebensfreiheit noch einmal entgangen. Ihnen stellte sich eindringlich die Frage nach dem Sinn des Lebens. Es interessierte sie zu erfahren, was es überhaupt heißt, in der Welt sein. »Brot«, nicht »Steine« in Gestalt noch so geistreicher Worte, war das Ziel besonders der jungen Menschen. Sie füllten oft zu Hunderten die Hörsäle und schlecht geheizten Vortragssäle, auch wenn keine Fachvorlesung gehalten und kein berufsvorbereitender oder lebenspraktischer Kurs stattfand, sondern »nur«

die »unnütze Philosophie« an der Reihe war. Alle bloße Zweckdienlichkeit war abgefallen. Gerade im bitteren Kampf um die äußere Existenz zählte der Aufbau des Menschen, seine Wiedergeburt in der inneren Existenz. Die Frage nach Sinn und Ziel des einzelnen und der Gesellschaft, nach dem rechten Tun und nach sittlicher Entscheidung war nach dieser Katastrophe von 1945 Kern und Stern sehr vieler. Sie waren also und wollten Philosophen werden, in dem Sinne, wie die Niederschrift dieses Buches sie sich vorstellt.

Hat der materielle Überfluß diese tiefe Sehnsucht nach Philosophie in seiner Gefräßigkeit mit verschlungen? Im Blick gerade auf die junge Generation glauben wir das nicht. Es scheint oft so; aber der Schein trügt. – Was fehlt, ist eine für alle wirklich Interessierten schlichte und verständliche Anleitung. Sie muß mehr zur Lebensweisheit als zur Wissenschaft, mehr zum Philosophieren als zur Philosophie, mehr zum verständig gelebten Leben als zum bloßen Nachdenken und Reden über das Leben hinführen.

Die rechte Auffassung von Philosophie bekommt neuen Auftrieb von den unvorstellbaren Fortschritten der Naturerkenntnis und der Naturbeherrschung. Je intensiver sich die Technik im atomaren und im planetarischen Bereich ausweitet und folgenreich wird, je mehr wird der Abstand von Natur- und Technikbeherrschung durch den Menschen einerseits und der Selbstbeherrschung des Menschen und der Menschheit andererseits spürbar. Dieses Vorwissen um die Philosophie, das keine Schule vermitteln kann und auch nicht zu vermitteln braucht, ist die einfache und einzige Voraussetzung, von der wir ausgehen.

Der Projektenmacher

Der Philosoph und Schriftsteller Joseph Bernhart nennt ein nicht allzu bekanntes Bild von Carl Spitzweg »Der Projektenmacher«. Ähnliche Vorstellungen geistern bei vielen Menschen herum, wenn sie das Wort »Philosoph« oder »Philosophie« hören oder lesen. In einer freischwebenden Gondel, wie wir sie aus Kindertagen von den Karussellfahrten kennen, steht ebenso kühn wie unwirklich ein bärtiger Mensch mit

Einer, der seiner Wege zieht, nach einem Gemälde von Hans Dieter. Ohne seines Weges zu achten, wandert der Philosoph, in seine erhabenen Gedanken versunken, aus den Niederungen des irdischen Lebens in die Höhen der Ideenwelt (oben).
Ein bärtiger Zwerg mit Zwikker, Figur am Geländer des Schloßgrabens Weikersheim. Der typische Stubengelehrte, wie man ihn sich im allgemeinen vorstellt, lebt nur seiner Wissenschaft, ohne eine Verbindung zu seiner Außenwelt zu finden.
Zwischen diesen Extremen bewegt sich das wahre Anliegen der Philosophie.

Flügeln an den Schultern, der allem Anschein nach dem einzigen Insassen etwas vordoziert. Der Zuhörer klammert sich ängstlich an. Er versteht offenbar kein Wort von dem, was auf ihn eingeredet wird. Er würde statt dieser luftigen Höhe die feste Erde sofort und tausendmal vorziehen, um den Preis, nie mehr etwas von Philosophie zu hören. Das interessiert den Projektenmacher aber nicht die Spur. Joseph Bernhart schreibt dazu: »Weltraum. Gleichviel wo. – Nebel, Wolken, Dampf, Dunst, Nebel. – Ganz im Absoluten. Kosmisches Schweigen. Göttliche Entrücktheit.«

Wenn vielleicht auch diese Karikatur des Philosophen sehr übertrieben erscheint, so steckt doch darin der richtige Kern einer weitverbreiteten negativen Vorstellung von der Philosophie und vom Philosophen. Darin ist zugleich ein Grund für den Niedergang des Philosophierens zu suchen. Schrullig, absonderlich, lebensuntüchtig, weltfern – das sind solche negativen Ansichten über die Eigenschaften des »Philosophen«. Er wird damit, wenn auch mit Nachsicht, geradezu mit Schimpfworten bedacht. Aber man muß dem Philosophen gleichsam »mildernde Umstände« zubilligen, da er irgendwo in Höhen schwebt oder »verstiegen« ist; er ist nicht normal, steht nicht mit beiden Beinen auf der Erde. Was soll man mit ihm und seiner unnützen Kunst anfangen? So denken sicher viele, ohne dem Ausdruck zu geben, weil trotz allem noch ein Rest von Achtung in der schiefen Vorstellung von der Philosophie mitschwingt.

Ernster zu nehmen ist aber sicherlich eine andere, ebenso einseitig verkehrte Auffassung von der Philosophie. Sie kann sogar – wenn auch aus dem Munde Mephistos, des Teufels im „Faust“ – einen dichterischen Rang für sich beanspruchen.

Zuerst Collegium logicum

Der Schüler, der den hochberühmten Professor Faust um einen Rat angehen will, wie er sein künftiges Studium am besten und zweckmäßigsten einrichten soll, gerät statt an den Lehrer an den Teufel. Er erkennt ihn in der Gestalt des Mephisto aber nicht. So läßt Goethe den Mephisto deklamieren:

Zuerst Collegium logicum

»Mein teurer Freund, ich rat' Euch drum
zuerst Collegium logicum.
Da wird der Geist Euch wohl dressiert,
in spanische Stiefel eingeschnürt,
daß er bedächtiger so fortan
hinschleiche die Gedankenbahn,
und nicht etwa die Kreuz und Quer,
irrlichteliere hin und her.
– –
– –
Der Philosoph, der tritt herein
und beweist Euch, es müßt so sein.
– –
Wer will was Lebendiges erkennen und beschreiben,
sucht erst den Geist herauszutreiben,
dann hat er die Teile in der Hand,
fehlt leider nur das geistige Band.«

Es mag ein Trost sein, daß der Dichter Goethe dem Bösen solche abfällige Meinung über die Rolle und Wirkung der Philosophie in den Mund legt. Da aber in der Geschichte des Denkens auch vieles mit zutage getreten ist, was in diesen Faustversen ironisch widerklingt, ist es gut, sich auch mit solchen landläufig auftretenden Vorstellungen zu befassen und auseinanderzusetzen. Dreifach böse Mitgift wird hier der Philosophie – und zuweilen leider nicht ganz zu Unrecht – »angedichtet«: Das streng logische Denken macht eng; der Philosoph beweist alles – und nichts; die Philosophie verfehlt das Leben und damit die ganze volle Wirklichkeit, die sie doch angeblich zu erfassen strebt. Der Mensch hat dann geistig nur die Scherben der so zerstörten Welt in der Hand. Philosophie wird sinnlos, obwohl sie Sinndeutung zu sein behauptet.

Man tut gut daran, sich zu Beginn einer Einführung in die Philosophie und in das Philosophieren dieses mehr negative als positive Bild zu vergegenwärtigen. Man kann dann bei sich selber Reste ähnlicher Vorstellungen ausräumen und damit für das wirkliche Philosophieren unvoreingenommen frei werden.

Die tieferen Gründe für jenes engherzig einseitige Denken werden im Verlauf der Darstellung noch deutlich. Es gilt zunächst nur, Vorurteile zu beseitigen, die sich tief in das Bewußtsein der Menschheit, der Zeit und auch der einzelnen Menschen – je nach ihren geistigen Erfahrungen – eingefressen haben können.

Der Weise

Auch sehr achtungsvolle Vorstellungen vom Wesen der Philosophie und von der Haltung des Philosophen können zu Voreingenommenheiten führen. Das gilt besonders bei Überschätzung und Übersteigerung dieses Bemühens. Man muß sich davor ebenso wie vor negativen Vorurteilen hüten. Was damit gemeint ist, zeigt sich überzeugend etwa an der Gestalt des Schusters in Wilhelm Raabes Roman: »Der Hungerpastor«. Dieser Schuster sitzt vor seiner blitzenden Glaskugel, die es damals bei jedem rechten Schuhmacher gab, auf seinem Schemel. Er erkennt und bearbeitet die Welt von unten im schäbigen Zustand der abgelaufenen und schmutzigen Sohlen. Er sieht aber auch die Welt im ganzen und von oben in dem Rund der alles widerspiegelnden Kugel. Er erfährt sie im Leid oder erahnt sie im Glück. Darüber geht er sinnierend mit sich und seinen Mitmenschen schlicht und im besten Sinne »einfältig« zu Rate.
Man kann an die Stelle des Schusters auch einen anderen nachdenklichen Menschen setzen, einen Schäfer zum Beispiel oder den Glasschleifer und Optiker Baruch Spinoza, der holländische Philosoph im siebzehnten Jahrhundert, oder gar der Prototyp aller Weisen, Sokrates von Athen, würden sich dafür ebenfalls bestens eignen. Sokrates suchte in jedem Gespräch, selbst auf dem Markt der griechischen Weltstadt, die innere Wahrheit und philosophierte selbst beim nächtlichen Wachdienst im Peloponnesischen Krieg. Auch die vielzitierte Wendung vom Gesetz des gestirnten Himmels über mir und des moralischen Gesetzes in mir (Immanuel Kant) kann nur ein weiser Mensch gebrauchen, der zuerst das Leben und dann erst – wenn überhaupt – die Bücher studiert.
In all diesen Gestalten, den unbekannten sowohl wie auch den erlauchtesten und umfassendsten Philosophen in der Geschichte und von »Beruf«, treffen wir auf den Weisen.

*Doktor Faust in der Studierstube, Radierung von Rembrandt. Mit seinem »Faust« erhob Goethe ein altes und zugleich ewiges Grundanliegen der Philosophie auf die zeitlose Ebene der Dichtung. Im Symbol des faustischen Menschen spiegeln sich die Gegensätze von Licht und Finsternis, von Gut und Böse, von Diesseits und Jenseits. Michael und der Drache, Prometheus und Epimetheus, das Apollinische und das Dionysische ringen um ihren Anteil am Dasein**. *»Wissen ist Macht«, sagte die Aufklärung. Und wenn Faust sich für Wissen und Macht sogar dem Teufel verschreibt, dann wird damit in einzigartiger Weise der Weg des abendländischen Menschen bis in die neueste Zeit der zweiten und dritten industriellen Revolution gezeichnet. Unsere Epoche der Moderne schuf im faustischen Sinne einen gewaltigen Zuwachs an Wissen und Macht, sie rettete aber nicht die Seele und tat nicht genug für das innere Glück des Menschen, für seine sittliche Reife und Werterfüllung. Die Kluft zwischen Mensch und Natur wurde immer größer. Daher steht das Faustproblem heute dringender und mahnender als je zuvor vor uns.*

* Prometheus: der kühn und unbedenklich Fortschrittliche, der das Feuer vom Himmel holt.
Epimetheus: der bedächtige und nachdenkliche
Apollinisch: nach dem griech. Gott Apollo: maßvoll, klar, geordnet,
Dionysisch: nach dem griech. Gott Dionysos: rauschhaft, verzückt.

Seine Erfahrungsreife, seine gleichsam instinktiv natürliche Weisheit, steht oberhalb jeder Buchwissenschaft. Sie scheint ihr sogar oft feindlich entgegenzustehen. Dieser Philosoph, der den Stein des Weisen im Besitz hat, gilt als schlechthin alles wissend oder erahnend, unerschütterlich, jeder schwierigen Lebenslage gewachsen, beschlagen und wortgewandt, anspruchslos, im Äußeren meist vernachlässigt. Wenn er auch den Listen des Alltags und der Weltklugheit oft unterliegt, so ist sein Denken und Dichten doch über alles erhaben. Er wohnt in der Heimat des Heiligen, so wie die einfachen Leute Friedrich Nietzsche als einen Heiligen in ihrem italienischen Dörfchen sahen, mit dem positiven wie auch negativen Akzent, den dieses Wort meinen kann. Auch ein Mann wie Mahatma Gandhi wird von dieser Vorstellung umgriffen. Die Jugendlichkeit als Mangel an Reife und leiderprobter Erfahrung scheidet dabei allerdings regelmäßig aus.

An dieses hohe Bild vom Philosophen und von der Lebensweisheit können wir uns durchaus halten, wenn wir in das Wesen dieser Wissenschaft und Lebenskunst eindringen wollen. Doch schließt auch dieses Bild Unterschätzung wie Überschätzung nicht aus, wie schon hervorgehoben wurde. Man kann dem Weisen und damit dem Philosophen eine Heilsbringerrolle zumuten und ihn damit, wie das besonders im asiatischen Kulturraum geschieht, als Religionsbegründer feiern. Man wertet andererseits aber auch die Bedürfnislosigkeit und stoische Überlegenheit als ein absolutes Kennzeichen der wahren Philosophie.

Der Weise wird in dieser Auffassung von Philosophie sehr entschieden und manchmal sogar ausschließlich dem wissenschaftlichen Philosophen gegenübergestellt. Der wissenschaftliche Philosoph kann dann kein echter Philosoph mehr sein. Wie steht es mit diesem Gegensatz?

Philosophie als Weisheit

In der Tat braucht zwischen der Wissenschaft Philosophie und der Weisheit kein Widerspruch zu bestehen. Sie sollten vielmehr wie Geschwister, von der gleichen Mutter geboren, zusammengehen. »Alle Menschen streben von Natur aus danach zu wissen«, wie es der große griechische Philosoph Aristoteles am Anfang seines Hauptwerkes, der Metaphysik, betont. In jedem Menschen steckt eine Weltneugier, die nicht nur die vordergründigen Erscheinungen, sondern auch das, was hinter ihnen steckt, zu ergründen trachtet. In der die Erwachsenen oft quälenden Frage des Kleinkindes, in dem unbekümmerten »Warum«, bricht diese natürliche Neugierde in unverbrauchter Wucht auf. Diejenigen Menschen nun, die sich diese Unmittelbarkeit in Fragen und Fragenkönnen bewahren und trotz des Wissenszuwachses erhalten, haben das Zeug in sich, an den Lebenserfahrungen zu lernen und damit weise zu werden. Sie müssen Erfahrung und Wissen innig miteinander verknüpfen.

Dabei stellt die Weisheit eine gewisse abschließende und krönende Abrundung des Wissens dar, mit dem einen stets geübten Vorbehalt, daß das Weiterfragenkönnen erhalten bleibt. Das natürliche Wissen und Wissenwollen geht dann in Wissenschaft über, wenn es besonderen Bedingungen genügt, die der sozusagen naturhaften Weisheit nicht zu eigen sind. Beide, die Weisheit und die philosophische Wissenschaft, treffen sich im Ziel. Sie gehen aber verschiedene Wege.

Damit stoßen wir bereits auf eine der Bedingungen, unter denen das Wissen zu einer Wissenschaft werden kann: die Methode. Wörtlich übersetzt bedeutet dieses griechische Wort: nach einem bestimmten Weg. Die Wissenschaft eignet sich nicht dieses oder jenes Wissen an, sondern verfährt bei dem Wissenserwerb und damit schon in ihrem Fragen nach einer Methode. Wenn man nun einen ganz bestimmten Weg einschlägt, um an ein Ziel zu gelangen, so muß man auch einen bestimmten Anfangspunkt besitzen, zu dem man immer wieder zurückkehren kann, wenn der Weg, das heißt die Methode, ins Leere führt. Zu diesen beiden Bedingungen, der Methode und dem Ausgangspunkt, die für das Philosophieren eine ganz einmalige Bedeutung besitzen, gesellt sich noch eine dritte Bedingung, die im Grunde schon in den beiden ersten enthalten ist. Gemeint ist die systematische Ordnung bzw. das Streben, bei dem Wissenserwerb auf einem Gebiet oder im ganzen der Wirklichkeit eine möglichst umfassende Vollständigkeit oder eine wenigstens vollständige Ordnung des Gewußten zu erreichen.

So verschiedenartig und vielfältig die Welt oder die Wirklichkeit ist, auf die sich die menschliche Neugierde richtet, so vielfältig ist das Wissen und so zahlreich sind die möglichen Wissenschaften. Vergleichen wir die gesamte Wirklichkeit mit allem, was in ihr und hinter ihr verborgen ist, mit einem riesengroßen Kreis. Die einzelnen Wissensgebiete und die dazugehörigen Wissenschaften stellen gleichsam Kreissektoren dar, die je nach Umfang des zu untersuchenden Teilgebietes der Wirklichkeit verschieden groß sind. Die Physik ist zum Beispiel heute ein besonders großer Sektor, in dem sich wieder eine Fülle kleinerer Sektoren unterscheiden läßt, etwa die Mechanik oder die Elektrophysik oder die Atomphysik. Das Besondere und wirklich Einmalige der philosophischen Wissenschaft beruht, um im Bilde zu bleiben, darin, daß sie kein Sektor, sondern der Kreis selber oder zum mindesten der Kernkreis im großen Kreis sein will und auch sein soll. Diese Einmaligkeit macht auch den besonderen Reiz und die besondere Schwierigkeit der Philosophie aus.

Von den Einzelwissenschaften hat eine jede ihren bestimmten Gegenstand. Eine Legende berichtet, daß der Schöpfer einst die wissenshungrigen Menschen um sich versammelt hat, um die schöne Erde unter sie aufzuteilen, damit alle Dinge in seinem Namen und zu seinem Lob verwaltet würden. Der Botaniker bekam die Pflanzen, der Zoologe die Tiere, der Philologe die Sprachen und Literaturen und der Naturforscher die Naturgesetze zugewiesen. Der Arzt sollte sich um den Kranken kümmern, der Künstler die Menschheit mit seiner Kunst erfreuen und zum Höheren anregen. Als nun alle Gegenstände in der Welt verteilt waren und der Schöpfer sich soeben zufrieden zurückziehen wollte, da erschien, wie immer verspätet und versponnen, der Philosoph. Für ihn war nichts mehr übriggeblieben, und Tränen quollen aus seinen Augen. Dieser Anblick rührte den Schöpfer, und er sprach also: »Du sollst nicht leer ausgehen, obwohl ich für alle Dinge in der Welt bereits einen Verwalter bestellt habe. Dir gebe ich die ganze Welt, die Welt an sich. Versuche, ihren verborgenen Sinn zu ergründen, und wenn du die Wahrheit gefunden hast, dann teile sie auch meinen mit den Einzelgegenständen beschäftigten Knechten mit, damit sie ihren Platz in der Welt nicht vergessen und ihren Gegenstand mit dem Ganzen verwechseln.«

Seit damals wurde die Philosophie die Wissenschaft von der Welt. Ihr geht es nicht um Einzelheiten, sondern um das Ganze. Sie findet ihren Gegenstand nicht zur Verbreitung vor, sondern muß sich ihn erst geben. Alle Gegenstände der Einzelwissenschaften finden sich in der Welt vor. Das Ganze, die »Welt selbst«, findet sich nicht in der Welt vor. Wir wissen immer nur etwas von der Welt, in die wir hineingeboren werden. Das Ganze zu finden, das unserem Hiersein Sinn und Ziel verleiht, ist dem Philosophieren und der Philosophie vorbehalten.

Von diesem Bilde aus könnte man fast schon eine erste Ziel- und Begriffsbestimmung der Philosophie als Wissenschaft versuchen. Wir wollen uns dies aber zunächst aus einem doppelten Grund versagen. Einmal gehört es wesentlich zum Philosophieren, offen zu bleiben und auch das in Betracht zu ziehen, wovon sich nach einem Shakespeare-Wort »eure Schulweisheit nichts träumen läßt«. Zum anderen werden wir bei den verschiedenen Philosophien, wie sie zu den verschiedensten Zeiten der Menschheitsgeschichte und in den einzelnen Kulturzonen der bewohnten Erde auftreten, bald mehr Weisheitslehren, ja unter Umständen religiöse Heilslehren, bald wieder mehr oder minder strenge Wissenschaftssysteme finden. Diese Tatsache erhärtet aber die Grundüberzeugung, mit der sich eine Einführung in die Philosophie nicht an eine gelehrte Zunft, sondern an jeden denkfähigen und denkbereiten Menschen wendet. Das natürliche Maß an echter Neugierde, zu wissen, »was die Welt im Innersten zusammenhält«, reicht aus, um auch eine systematische Form des Philosophierens zu entwickeln, die sich im Ziel mit dem Weisheitsverlangen vieler und der tatsächlich erreichten hohen Lebensweisheit weniger trifft.

Mit der wissenschaftlichen Philosophie trifft sich die Lebensweisheit aber nicht nur im Ziel. Um überhaupt den inneren Prozeß dieses Ergründens des Ganzen in Bewegung zu bringen, bedarf es einer Haltung bei dem, der philosophiert. Wenn die Philosophie das nie völlig erreichte und erreichbare Fernziel darstellt, so ist das Philosophieren eine stets und von Anfang an wirksame Grund-Neugierde. Der natürliche Weise, der gescheite Wissenschaftler als Philosoph wie auch der Laienphilosoph, als den wir sicher den Leser eines sol-

chen Buches ansprechen dürfen, müssen diese Neugierde haben und bewahren. Jedem stehen dabei eigene Erfahrungen aus seinem Schicksal, aus Begegnungen, aus eigenen Denkvorgängen wie aus Beobachtungen all dessen bei anderen Menschen zur Verfügung.
Man hat sowohl das Staunen (Platon, Aristoteles) als auch den Zweifel (Descartes), die ichentrückte Versenkung (in den asiatischen Weisheitslehren) wie auch die Kritik (Kant) als Anfang der Philosophie oder besser des Philosophierens gerühmt und selber praktiziert. Tatsächlich gehört zu dieser Grundhaltung die Verwunderungskraft des Kindes, die verständliche Schärfe der Kritik und des Zweifels und die Kunst der Versenkung, der Meditation. Das sollen die folgenden Ausführungen verdeutlichen und dadurch in die Kunst des Philosophierens weiter hineingeleiten.

Von der Kunst des Meditierens

Meditieren heißt, wörtlich übersetzt, betrachten. Gemeint ist aber nicht in erster Linie die Betrachtung eines Bildes oder eines Ausschnittes einer Landschaft, des Menschen in seiner leiblichen Schönheit oder der sanften Mondsichel am nächtlichen Himmel. Es geht um die darüber hinaus reichende Schau oder eindringliche Betrachtung, die zum Wesen vorstoßende ruhig-verweilende geistige Anschauung. Meditieren ist also das, was das griechische Wort »Theorie« = Anschauung anzielt und was uns heute sehr verblaßt, ja sogar oft verfälscht mit dem Begriff »Theorie« oder »Theoretiker« in den Sinn kommt. Mit Recht suchen Philosophen die verschüttete Kunst der Theorie unter dem weckenden Anruf zur Meditation wieder frei zu machen.
Keine rechte Einführung in die Philosophie kann daran vorübergehen, die Voraussetzungen zur Meditation oder Theorie zu nennen und den Hörer oder Leser zur persönlichen Übung dieser Kunst aufzumuntern. In Goethe sehen wir eine Grundhaltung verwirklicht, die auch der Laienphilosoph vollziehen kann. Vielleicht erinnert sich mancher Leser eines Poststempels, der diese Haltung widerspiegelt: »Frankfurt steckt voller Merkwürdigkeiten.« Das ist ein Goethe-Ausspruch, den wir

Die antike Darstellung zeigt in einer übersichtlich geordneten und verständlichen Form das einfache Leben von Handwerkern, Hirten mit Esels- und Rinderherden und Fischer, die das Wissen um ihre Tätigkeiten zur Erhaltung des täglichen Lebens von ihren Vorvätern her in sich tragen. Die Türme der Stadt, ein Ölgemälde Lyonel Feiningers, entstanden 1931. Alle Weisheit gründet sich zwar auf das Irdisch-Menschliche, bleibt jedoch nicht an ihm haften, sondern strebt darüber hinaus zu größeren und erhabenen Höhen.

nur auf das Ganze der Wirklichkeit zu übertragen brauchen, um auch in uns jenen ersten Ansatz zur Kunst der Meditation zu erwecken: »Die Welt steckt voller Merkwürdigkeiten.« Es gibt nichts, was uns nicht Anlaß zu tieferer Betrachtung werden könnte; nichts ist unwichtig. Alles, worauf unser Auge fällt, alles, was unser Ohr vernimmt, jeder Blütenduft, ja jede verkostete Süße oder geschmackswiderliche Erfahrung kann Anstoß zu einer Betrachtung werden. Daß die Menschen in einer so sinnenhaft-überreichen Erlebniswelt wie der heutigen so wenig zum Philosophieren gelangen, hängt mit zwei Tatsachen zusammen.

Einmal fällt ihnen wegen der Überfülle an »Sensationen«, das heißt an »sinnlichen Erfahrungen«, nichts mehr auf. Keine Merkwürdigkeit begegnet ihnen mehr. Zum zweiten bleiben sie an der schönen oder häßlichen Oberfläche hängen und lassen sich nicht Zeit und Muße, zum Kern weiterzudringen. Der schöne oder häßliche Schein hält sie vom Sein der Dinge ab.

Philosoph aber kann nur werden, wer beim unscheinbarsten Spiel eines Kindes oder bei der schrecklichsten Katastrophe der Natur verweilen kann und will und von hier den Weg der persönlichen Auseinandersetzung und Tiefenschau beginnt. Wer in hektischer Unruhe von einem zum anderen jagt und sich für nichts mehr Zeit läßt, der lebt am Leben vorbei, und der gelangt nie zum Staunen und zum scheidenden und unterscheidenden Denken der Kritik. Beides ist der Anfang allen Philosophierens.

Auch wir können mit unseren Ausführungen nur Hinweis geben, nicht aber Staunen und Kritik ersetzen. Jeder muß selber staunen und scheiden lernen, wo es auch sei. Die Worte sind nur Stützen und Krücken, die jeder abwirft, sobald er zu meditieren beginnt.

Auch das lateinische Wort »sapientia« = Weisheit verrät uns etwas vom persönlichen Ursprung des Philosophierens. Das Grundwort, von dem das Substantiv sapientia abgeleitet ist, heißt sapere = schmecken. Der wirklich Schmeckende beobachtet mit seiner Zunge das Eigentümlich-Merkwürdige, das er kostet. Er prüft es langsam und unterscheidet es in seinem Wesen gegenüber anderen Proben. So wird die verweilende sinnliche Prüfung durch die Zunge zum Ausgang der geistig

Der Eremit, von Salomon Koninck. Der gesammelte Blick des ausdrucksvollen Kopfes und die kraftvoll stützende Hand sind Zeichen geistiger Konzentration. Große Maler sind zugleich Philosophen, die sich vom Schöpferischen her dem Reich des Geistes nähern. Ihre Kunst wird dem Betrachter zur Quelle vertieften Erlebens.

staunenden Schau und kritischen Wesensprobe der Dinge, also zur Weisheit.
Auch das Wort: »In vino veritas«, »im Wein liegt Wahrheit«, läßt sich so viel tiefer und besser verstehen, wenn wir den Weingenuß und die Weinprobe in ihrem Wesen uns vergegenwärtigen. Der wahre Weintrinker genießt mit dem Auge, mit dem geschärften Geruchssinn, mit dem Ohr (beim klingenden Glase) und schließlich mit allen Nerven seiner Zunge,

um zu einem runden vollmundigen Genuß des edlen Tropfens zu gelangen. In dieser vollsinnlichen und ganzgeistigen Aufnahme der Wirklichkeit »Wein« liegt die Wahrheit, besteht die Philosophie des Weingenusses, das »sapere« eines Teils der Wirklichkeit. In ihr enthüllt sich gleichnishaft die ganze Wirklichkeit. Sapientia, die Weisheit, erschließt sich nur dem Meditierenden, demjenigen, der vom sinnlich-verweilenden Aufnehmen der Wirklichkeit in die Mitte der Dinge, in die geistigen Gründe der Welt und seines Selbst betrachtend vorstößt. So kann man in allen Lebenslagen philosophieren, auf einem ratternden Gefährt, während einer monotonen Arbeit, bei einem Spaziergang. Aber man kann es nur im geistigen Verweilen, im Achthaben und Tiefergreifen-Wollen, nicht im Gejagtwerden und Hetzen. Ein Manager kann nicht meditieren. Er könnte sich aber befreien und besser arbeiten und leben, wenn er philosophierte. Hier wird Lebensweisheit auch zur Lebensklugheit, das Unnütze zum Nützlichsten aller Gegenwart.

Wie aber bringt man das in der Unrast, von der wir alle geplagt sind, zuwege? Indem man sich mindestens einmal am Tage für sich selber Zeit läßt. Ohne auf den Inhalt hier Bezug zu nehmen, dürfen wir darauf verweisen, daß es keine religiöse Gemeinschaft, keinen Orden gibt, die nicht aus der Sammlung und Kraft der Betrachtung, der Stille und des verweilenden Gebetes ihren weltbildenden und -beherrschenden Stil entwickelt hätten. Das zu beginnen, heißt, den ersten Schritt in das persönliche Philosophieren tun und damit auch in die heute einzig mögliche Bewältigung des so kompliziert und schwer gewordenen Alltagslebens.

Philosophie und Philosophieren

Das Vor-Urteil

Nachdem wir einen gewissen ersten und ganz allgemeinen Überblick über das gewinnen konnten, was Philosophie ist und was Philosophieren bedeutet, können wir nunmehr mit der Grundlegung für uns selber beginnen. Philosophie und Mensch, gemeint als Menschheit und als Ich in jedem einzelnen Fall, das ist das große erste Hauptthema unseres Buches. Keinem Leser darf etwas vorgeschrieben werden, was er sich ungeprüft zu eigen machen soll. Wir legen gleichsam nach Spatenstich und roher Ausschachtung nur die Bausteine und die übrigen Bauelemente in einer Ordnung vor. Das Haus muß sich jeder daraus selber errichten. Jedes Ich will und muß zu eigenen Einsichten gelangen. Was Philosophie und Philosophieren eigentlich und im letzten ist, kann sich nur im Mitlesen und Mitdenken herausstellen, wenn wir den Rohbau fertig haben, also Richtfest feiern, um im Bilde zu bleiben.
Schauen wir in uns hinein, beobachten wir den Strom des Bewußtseins, der unaufhörlich mit seinen Stimmungen, Gefühlen, Gedanken, Vorstellungen durch uns hindurchrauscht und doch immer unser eigenes Bewußtsein, unser Ich ist und bleibt. In dieser verwirrenden Fülle unseres Innern entdecken wir dabei vielfach etwas, was wir schon seit den frühesten Kindheitstagen mit uns führen und ganz selbstverständlich für wahr und gültig halten. Es sind die Vor-Urteile. Wir wollen sie hier absichtlich durch die Trennung des »Vor« vom »Urteil« kennzeichnen, um zu verdeutlichen, was da tatsächlich im Inneren eines jeden von uns vor sich geht und was unser persönliches Verhältnis zur Philosophie ausmacht.

Das Vor-Urteil ist der Sammelbegriff für alle jene ersten menschlichen »Urteile«, die uns in ihrem Sinngehalt schon vor dem eigentlich bewußten Denken und Urteilen bekannt werden. Sie sind vor jeder Rückwendung des Denkens auf sich selber, wie wir es jetzt vollziehen, da. Nehmen wir etwa den Sachgehalt, der sich in dem Wort »Vater« offenbart. Ein Wort entspricht natürlich noch keinem Urteil, sondern höchstens einem Begriff. Aber der tatsächlich erfahrene Lebensgehalt »Vater« besagt doch eine so oder so beschaffene innere Vorstellung. Der Vorstellende will von ihr zugleich sagen: Diese innere Vorstellung trifft auf diesen Menschen zu, den ich Vater nenne. Jeder meiner Leser wird mir sagen, daß dieses Vorurteil »Vater« zwar überall, wo dieses oder ein gleichbedeutendes Wort (père, father, pater, Papa) vorkommt, die gleich wirkliche Beziehung »Vaterschaft« meint. Sie ist auf einen bestimmten Menschen als zutreffend bezogen. Dieses Vorurteil spricht aber zugleich je und je verschiedene Erlebnisgehalte an, unter denen dieser Vater erstmalig als »Begriff« und »Wort« aufgefaßt wird. Bald ist erlebnismäßig ein Bild der Güte und der Ehrfurcht weckenden Autorität da. Bald wird strenge, kühle Zurückhaltung empfunden. Bald – wie bei Waisen oder Halbwaisen – tritt die Empfindung des Nicht-Gehabten zutage. Schließlich geht es um die Sehnsucht und das Verlangen nach einer völlig idealisierten Wirklichkeit »Vater«, um das seelisch Bleibende und Nachwirkende des an sich »sachlich« gleichen Inhalts Vater. Jeder Leser wird aber weiter zugeben müssen, daß dieses entscheidende Begleitmoment den Sachverhalt als solchen »einfärbt«. Das kann in einer aufhellenden Verklärung oder in eintrübender Verengung und Abwehr gegen den gemeinten Sachverhalt geschehen. Auch eine gewisse Gleichgültigkeit, die angeblich »nicht« dabei mitempfindet, kann mitschwingen.

Ein zweites Beispiel mag dies in einem scheinbar neutraleren Zusammenhang klarlegen. Das erlebnishungrige Kind eines Gebirgsdorfes, das noch nie über drei bis vier Kilometer im Umkreis seines Hauses herausgekommen ist, hört erstmalig von »Meer«, »Wüste«, »Dschungel«. Der Klang der Wörter und das erlebnismäßige Beiwerk beim ersten Aufnehmen dieser Wesensgehalte bestimmen eindeutig und vielleicht für das ganze Leben die innere sachliche Vorstellung. Daher denn

auch meist die Ent-täuschung (im negativen wie positiven Sinn), die mit der ersten wirklichen Bekanntschaft dieser unter völlig anderen Lebens- und Erlebnisbedingungen gewonnenen »Begriffe« eintritt. »Das hätte ich mir ganz anders vorgestellt!« An diesem Ausruf, den wir alle irgendwann gebraucht haben, ist nur das »hätte« falsch. Denn unser Vorstellungsgehalt war tatsächlich ein anderer, wesenhaft mibestimmt durch Affekte, Gefühle, Stimmungen, Bilder, äußere und innere, denen wir damals unterlagen, ja denen wir zugleich auch das Bleiben des sachlichen Gehaltes in unserem Gedächtnis verdanken.
Die Folgerung, die sich ergibt, liegt auf der Hand. Unsere ersten Lebens- und Erfahrungsbegriffe sind durchgängig als Vorbegriffe und Vorurteile erworben worden. Dabei ist kein später bewußtes Vorurteil falscher als dieses: zu glauben, man sei frei von Vorurteilen.

Sphinx von Gizeh, entstanden um 2850–2700 v. Chr., ein Mischwesen mit dem Körper eines Löwen und dem Kopf eines Königs. In der Mythologie ist die Sphinx ein weibliches Götterwesen, das Rätsel aufgibt, die, wenn sie nicht gelöst werden, den Tod bedeuten. Götterkult und Seelenwanderungsglaube führten zu einer vielgestaltigen Unsterblichkeitslehre, deren Einfluß auf die altgriechische Philosophie unverkennbar ist. Die gesamte Orphik und Platon nehmen immer wieder darauf Bezug.

In der Klarlegung und im selbstverständlichen Eingeständnis dieser schlechthin menschlichen Tatsache liegt bereits der entscheidende Ansatz für jedes Verstehen und für das Philosophieren selber.
Auch das Wort Philosophie selbst hat für uns, obwohl wir alle etwas Ähnliches damit meinen, einen solchen verschiedenartigen Erlebnis-Klang. Es ist ein Vor-Urteil, das wir zu einem Urteil klären müssen.

Der Pfeil in der Brust

Die verschiedenen Vorstellungen, die durch die Eigenart der Erlebnisse in den Menschen erzeugt werden, lassen sich auch in der Menschheit und in der Geschichte dessen, was wir im Abendland mit Philosophie meinen, ablesen und belegen. Wenn ein indischer Philosoph über ein Thema seiner Disziplin spricht oder schreibt, so haben wir Europäer vielfach den Eindruck, er meine eigentlich die Religion und nicht die Philosophie. Unser Bild von der Philosophie hängt allgemein menschlich an der Erwartung, die wir an sie stellen. Damit nimmt selbstverständlich die Philosophie in Europa oder in Amerika einen etwas anderen Platz ein als bei den Völkern Asiens; und sie bedeutet für den Christen unter Umständen nicht ganz dasselbe wie für einen religiös anders Gebundenen oder überhaupt nicht Orientierten. So lassen sich mindestens zwei oder drei verschieden gerichtete Grundhaltungen in der Menschheitsgeschichte nachweisen, deren Schwerpunkt von Kontinent zu Kontinent wechselt.
Das läßt sich an zwei Beispielen deutlich machen, die wir hier gegeneinander stellen wollen. Das erste ist eine Rede Gotamo Buddhas, der im sechsten Jahrhundert v. Chr. als ein Pilgerphilosoph Asien durchwanderte. Als zweites Beispiel dient ein Satz aus dem Hauptwerk, nämlich der Metaphysik, des schon genannten griechischen Philosophen Aristoteles, der im vierten Jahrhundert v. Chr. Schüler Platons und Lehrer Alexanders des Großen gewesen ist. Er wurde der Begründer der Wissenschaften im strengen Sinne.
In der Rede Buddhas heißt es nun: »Diesen Herrn Gotamo aber begrüßt man allenthalben mit dem frohen Ruhmesrufe,

so zwar: Das ist der Erhabene, der Heilige, vollkommen Erwachte, der Wissens- und Wandelsbewährte, der Willkommene, der Weltkenner, der unvergleichliche Leiter der Männerherde, der Meister der Götter und Menschen, der Erwachte, der Erhabene.«

Solchen geradezu hymnischen Sätzen steht die nüchterne Sprache abendländischer Philosophie im ersten Satz der Metaphysik des Aristoteles gegenüber: »Alle Menschen haben von Natur ein Verlangen nach Wissen. Ein Zeichen dessen ist die Freude an den Sinneswahrnehmungen; denn man freut sich an denselben, vom Nutzen abgesehen, um ihrer selbst willen, und unter allen am meisten an der Wahrnehmung durch die Augen.«

Hinter den beiden so verschiedenen Sprachen und Haltungen der östlichen und der westlichen Welt steckt die gleiche tiefe Unruhe und Sehnsucht, aus der die Philosophie hervorkommt. Dem gibt Buddha in zwei Versen Ausdruck: »Wer unermüdlich Wissen erwirbt, er bringt den Pfeil sich aus der Brust.«

Ein bohrender Pfeil, das ist das Wissenwollen, das den Menschen zur Philosophie und zur Wissenschaft überhaupt treibt. Im asiatischen Raum – mitbedingt durch die lange große Geschichte dieser Rassen und Völker – zielt dieses Wissenwollen auf ein Heils- und Erlösungswissen ab. Die Neugierde, die Philosophie und die Wissenschaft des Abendlandes treiben mehr auf ein reines Erkenntniswissen oder in der modernen Zeit auf ein Machtwissen zu. Das hängt natürlich mit der Rolle und Geltung der christlichen Heilsbotschaft zusammen, ist aber sicher auch von verschiedenartigen Grundeinstellungen der Völker und Kulturen mitbestimmt. Die Metaphysik ist zwar für Aristoteles auch eine natürliche Theologie, eine erhabene Lehre vom göttlichen Seinsgrund aller Wirklichkeit. Aber quantitativ ist sie weit mehr, und daher bedeutet sie ihm Einblick und Umblick, umfassende Befriedigung des Erkenntnisstrebens des Menschen im Ganzen und in einem sehr irdischen Sinn.

Wenn man innerhalb der in der Menschheit verbreiteten Erwartungen und Grundeinstellungen der Philosophie gegenüber eine fast schematische Einteilung versuchen dürfte, so könnte man drei Spielarten unterscheiden:

Die Offenbarung des Johannes, von Albrecht Dürer. Das Wort Gottes wird dem Menschen offenbart, während die Philosophie Denkerzeugnis des Menschen ist.

Weisheit als eine mehr religiöse und geradezu mystisch erfahrene Weltdeutung;
Weisheit als praktische und sittliche Weltbewältigung;
Weisheit als höchste und umfassende Welt-Wissenschaft.

In den verschiedenen Kulturzonen und in der geschichtlichen Entwicklung der Welt des Menschen liegt die Betonung jeweilig auf einer dieser drei Weisheiten. Die abendländische Philosophie bzw. die im Abendland entstehenden und sich ablösenden Philosophien können demnach auch Welt-Wissenschaft genannt werden. Die orientalische philosophische Einstellung und die Philosophien Asiens suchen überwiegend Weltdeutung und in ihrer Art Weltbewältigung zu geben.
Diese schematische Kennzeichnung darf nun natürlich nicht zu der Annahme verleiten, unsere abendländische Philosophie vermittle in ihren großen Systemen keine Deutung der Welt oder lasse den Menschen im Stich, wenn er aus der Philosophie sein eigenes Leben mitgestalten und die Dinge in seine Herrschaft bringen wolle. Auch umgekehrt darf man bei der östlichen Philosophie die Verachtung der praktischen Notwendigkeiten des Lebens nicht für ein Fehlen des Merkmals der Bewältigung der Welt ansehen. Die Unterschiede in der Akzentuierung betreffen die tiefsten Antriebe und die Art und Weise, wie Philosophie verstanden und betrieben wird. Der eine sucht in der Weisheit ein Eingehen und Aufgehen im letzten Grund und Sinn von Welt, der andere will wissen, was und wie es wirklich ist. Dabei kann die Philosophie aus reiner Wissenschaft auch zu einem Innewerden und Mitleben des Sinngrundes werden, wie später noch an Platons Philosophie zu zeigen sein wird. Die Versenkung in das eine Ganze kann zum unermüdlichen Wissenserwerb werden, wie er sich in den reichen Kulturformen und Techniken Asiens, etwa Chinas, zeigt. Wir müssen also bei der Betrachtung der Geschichte der Philosophie unterscheiden zwischen dem Antrieb für das Philosophieren, dem thematischen Schwerpunkt und den Methoden. Dabei ist ihre Entwicklung in den verschiedenen Kulturräumen und deren Systemen zu berücksichtigen, die von mathematisch exakt aufgebauten Lehrformen bis zu fast mystischen Weisheitsspruchsammlungen reicht.

Mit oder ohne Zahnweh philosophieren

Der gleiche Urtrieb des Menschen führt, wie wir sahen und in den späteren Ausführungen noch deutlicher sehen werden, oft zu sehr verschiedenen Fragestellungen und erst recht zu sich widersprechenden Lösungen. Diese Tatsache erregt bei vielen Kopfschütteln und die Meinung, daß jede philosophische Lehre gleich falsch und gleichermaßen unnütz wäre. Wenn man, wie es hier versucht wird, den Dingen auf den Grund geht, wird man aber viel mehr Übereinstimmungen feststellen als völlige Gegensätze. Man wird ferner beobachten können, daß die Unterschiede und die Widersprüche untereinander vom Standort des Philosophen oder, wie man auch sagt, vom Ausgang der Philosophie herrühren. Ausgang ist nicht als die Lösung und das Ende einer philosophischen Lehre gemeint, sondern als jene Stelle, von der man ausgeht, um Grund und Sinn zu gewinnen. Drücken wir es durch einen nachprüfbaren Vergleich aus, so wagen wir zu sagen: Es ist ein großer Unterschied, ob jemand mit oder ohne Zahnweh philosophiert, ob er aus einer vorwiegend negativen Lebenserfahrung schöpft oder aus beglückten Lebensumständen heraus über sich und die Welt nachzudenken beginnt.
Für den schon kenntnisreichen Leser könnte ein solcher Satz »relativistisch« klingen, also so, als ob es keine für alle Menschen gemeinsame Wahrheit gäbe, sondern jeder immer nur seine Wahrheit für sich besitze, wobei auch dies noch von Fall zu Fall wechsle. So darf der Vergleich mit den Zahnschmerzen nicht mißverstanden werden. Wir wollen nur zum Ausdruck bringen, daß die unmerklichen und unbewußt wirksamen Tatsachen, in die jeder Mensch eingesponnen ist, auf seine Denkungsart Einfluß nehmen. Sind wir uns dessen bewußt, daß wir jetzt Zahnweh haben und darum geneigt sind, alles weltschmerzlich zu betrachten, so werden wir unserem eigenen Nachdenken kritischer und wachsamer gegenüberstehen. Das gleiche gilt selbstverständlich auch gegenüber jeder anderen Lebenslage. Wir werden sie nicht abschütteln können. Wir müssen sie also in unsere Rechnung einstellen und dürfen die Bedingungen, unter denen wir leben und auch denken, nicht ohne weiteres verallgemeinern. Die ursprüngliche Neugierde muß sich mit einer kritischen

Wachsamkeit und mit der Aufrichtigkeit sich selbst gegenüber verbinden, wenn ein auf die Wahrheit der Dinge gerichtetes Philosophieren herauskommen soll. Nur im Zeichen dieser Redlichkeit lassen sich die allgemein menschlichen Bedingungen ermitteln, von denen das Nachdenken über die Wirklichkeit ausgeht. Bevor ein Philosoph mit seinem Philosophieren beginnt, hat er schon eine Grundeinstellung und ein Vorwissen um sich und die Welt. Es kann, wenn er es nicht sorgfältig prüft, als Hindernis auf dem Wege zur Wahrheit weiterwirken. Wir müssen deswegen, nachdem wir uns noch einmal eine Vorstellung über unsere Absicht zu philosophieren gemacht haben, zunächst nach den allgemeinen menschlichen Bedingungen forschen, also nach jenen Voraussetzungen, die nie und nimmer beim Nachdenken über Mensch und Welt abgestreift werden können.

Münchhausen greift nach dem eigenen Schopf, um sich aus dem Sumpf herauszuziehen. Was uns hier real unmöglich erscheint, ist beim Philosophieren immer dann gegeben, wenn der Mensch nach Daseinserhellung und nach Wahrheit sucht und dann doch erkennen muß, daß er beides nur in sich selber findet.

Um ein anderes Bild zu gebrauchen: Der Mensch, der über sich selber nachdenkt, findet sich in der Lage Münchhausens, der sich am eigenen Schopfe greift, um sich aus dem Sumpf herauszuziehen. Wer sein Ich betrachtet, betrachtet es mit seinem eigenen Ich. Wer Grund sucht, muß schon Grund haben, um überhaupt suchen und gehen zu können.

Manche Philosophen haben so getan, als könne man mit der Philosophie einen Punkt außerhalb der Welt gewinnen, von dem aus man die Welt in Bewegung zu setzen vermag. Das ist eine innere Unmöglichkeit. Auf der Suche nach uns selbst und auf dem Weg zur Welt leben wir bereits uns selbst und sind schon Teil dieser Welt, die wir erst kennenlernen wollen.

Mancher Leser könnte durch solche Bilder und Vergleiche erst recht in der Meinung bestärkt werden, daß also die Philosophie nichts anderes als ein Spiegelfechten sei, bei dem man mit keinem wirklichen Gegenüber, sondern eben nur mit seinem Spiegelbild die Klinge kreuze. Demgegenüber werden wir durch den Fortgang unserer Denkbemühungen aufzeigen können, daß das Philosophieren in der Tat zur bloßen Spiegelfechterei herabsinkt, wenn wir nicht bereit sind, gewissen Grundtatsachen, die uns selbst betreffen, ins Auge zu schauen und sie als gegeben hinzunehmen. Das meinen wir mit dem Aufsuchen jener Grundbedingungen, deren wir nicht entraten können. Wer glaubt, erst sein eigenes Ich mit Gründen beweisen zu müssen, der ist schon in das Spiegelfechten verfallen. Oder anders ausgedrückt: Der Satz vom Grund, mit dessen Hilfe jeder Beweis geführt wird, kann gar nicht erst bewiesen werden, denn um ihn zu beweisen, müßte ich den Satz vom Grund bereits anwenden, ich müßte ihn also schon haben, obwohl ich ihn angeblich erst beweisen will. Dieser Satz besagt, daß jedes Geschehen einen zureichenden Grund hat, nach dem es geschieht. Ähnlich verhält es sich da mit den sogenannten »Axiomen«, den Grundsätzen der Philosophie. Man kann sie nicht beweisen, sie brauchen aber auch gar nicht bewiesen zu werden, da sie unmittelbar als richtig einleuchten und deshalb als »Grundsätze« für andere Sätze dienen. Gemeint sind außer dem Satz vom Grund der Satz der Identität, der Satz des Widerspruchs und der Satz des ausgeschlossenen Dritten. Auf diese Grundsätze gehen wir später noch ein. (siehe Begriffslexikon)

Die in sich ruhende, erhabene Natur und das Ringen des Menschen mit den Naturgewalten bilden einen Kontrast. Die Unberührbarkeit und Unnahbarkeit versinnbildlicht Japans heiliger Berg Fuji Yama auf Nippon in seiner Ebenmäßigkeit und Größe. Die Japaner pflegen eine Kultur der inneren Erfahrung, in die auch die Landschaft einbezogen ist (oben). Der Kampf der Zentauren, aus Mensch und Pferd gebildeten Wesen, mit den Lapithen, einem mythischen Bergvolk im griechischen Thessalien. Michelangelo stellt das Ringen des geistigen Menschen mit der Kraft und Gewalt der Natur dar, die bis in die menschliche Existenz bestimmend hereinragt.

Philosophie als Wissenschaft

Aus den scheinbar recht zufälligen Erwägungen, die wir bis hierher angestellt haben, läßt sich bereits ein gewisses Ergebnis ziehen. Es ist ein Ergebnis mehr formaler Art, sagt also noch nichts über Sinn und Inhalt aus, hält aber doch schon gewisse Tatsachen und Absichten fest, die als gesamtmenschlich gelten können.

Es gibt Philosophie und Philosophen. Es gibt Weisheitslehren und philosophische Systeme. Sie stammen alle, sosehr sie sich in ihren Aussagen unterscheiden, aus einer allen Menschen eigenen Neugierde über sich selbst und über die Welt, in der sie leben. Sie haben mit der Fähigkeit des Menschen zu tun, in sich selbst und in der Welt wie in einem Spiegel zu lesen, also nachzudenken. Das Ergebnis dieses Nachdenkens in der Geschichte der Menschheit ist zum Teil in Schriften aufgezeichnet. Es lebt aber vor allem in den Köpfen und Herzen der Menschen weiter und verdichtet sich in Sprüchen und Redensarten und fast unbemerkt auch in der Lebensart der Menschen.

Der Philosoph, von Rembrandt. Vom erleuchteten Grund führt gleichnishaft der gewundene und steile Weg des Denkens in das Dunkel, das aufzuhellen ist.

Die in Schriftwerken aufgezeichnete Weisheit, die wir vorfinden, ist teils wieder in einer sogenannten wissenschaftlichen Form abgefaßt, teils hat sie sich in eine Art Dichtung oder Spruchweisheit, die durchaus keinen Anspruch auf Beweisbarkeit erhebt, gleichsam kristallisiert. Etwas strenger und wiederum schematischer wäre es so ausgedrückt: Wir können unterscheiden einmal zwischen ausdrücklich gemachter Philosophie (Lehren, niedergeschriebenen Systemen, dichterischen und wissenschaftlichen Darstellungen) und gelebter Philosophie. Letztere zeigt sich im Stil, in den Bräuchen und Sitten, in den Haltungen und inneren und äußeren Einstellungen der Menschen. Innerhalb der niedergeschriebenen Weisheit trennen und mischen sich zwei Formen, die mehr dichterische und die mehr wissenschaftliche Art. Das Werk des deutschen Philosophen Friedrich Nietzsche ist zum Beispiel überwiegend philosophische Dichtung, während die Arbeiten moderner Logistiker logisch-philosophische Urteile mit mathematischen Zeichen – Symbolen – darstellen und beweisen.

Auf diesen Blättern einer breiten Einführung in die Philosophie wollen wir, sicher in Übereinstimmung mit dem Interesse des Lesers, allen diesen Tatsachen gerecht werden. Das ist durchaus möglich, obwohl wir eine bestimmte Form zu philosophieren anwenden, nämlich die Niederschrift der Gedanken und eine möglichst strenge, wissenschaftlich bestimmte Form. Jede Wissenschaft unterscheidet sich von der Alltagserfahrung und dem Alltagswissen durch eine gewisse Ordnung und Vollständigkeit und durch die Methode, mit der das Wissen angeeignet wird. Dabei zielt das philosophische Suchen und Wissenwollen auf das Ganze von Welt und Ich ab. Die außerhalb des wissenschaftlichen Bereiches zur Weisheit gesteigerte Lebenserfahrung und Lebensklugheit interessiert allgemein. Diese Zuwendung kann jedoch unfruchtbar sein, wenn nicht eine geordnete, umfassende und auf klar bestimmten Wegen geführte philosophische Untersuchung für alles, was wir bedenken und niederschreiben, bestimmend ist. Diese philosophische Wissenschaft darf sich dabei nicht auf die Einsichten, Erkenntnisse und Ergebnisse anderer Wissenschaften allein stützen, sondern muß für den Philosophierenden möglichst lückenlos zu eigenen Einsichten führen. Damit spielen wir wieder auf die schon oben erörterte Notwendigkeit an, genau die Ausgangslage zu untersuchen und mit den Bedingungen eines allgemein menschlichen und auch gesicherten Vorwissens anzufangen. Das heißt nun in anderen Worten ausgedrückt: Gegenüber einer beliebigen Einzelwissenschaft, etwa der Physik oder der Historie, muß die Philosophie in ihren Fragen und Antworten auf erste klare und nicht begründungsbedürftige Einsichten (Prinzipien) gerichtet sein. Von daher wendet sie ihren Blick auf das noch unbestimmt Ganze von Welt und Wirklichkeit. Sollte es keine aus sich einsichtigen Tatsachen geben, dann wäre die Absicht und Erwartung, mit der wir Philosophie betreiben, nicht zu erfüllen. Es wäre dann auch keine andere Wissenschaft gesichert.

Der zeitgenössische Philosoph Martin Heidegger, mit dessen Gedanken wir uns noch im Kapitel über die Existenzphilosophie zu befassen haben, erläutert das griechische Wort »Aletheia« (= Wahrheit), um diesen auf nichts anderes als sich selbst gestützten Rückgang der Philosophie aufzuweisen. Das genannte griechische Wort hängt mit einem Wortstamm zusammen, der »vergessen« oder »verbergen« heißt. Das A, das sogenannte Alpha privativum, bedeutet das Gegenteil vom Hauptstamm; hier also: Die Unverborgenheit, das Unverborgene. Das erste, auf das es in der Philosophie ankommt, wäre demnach, das Unverborgene einfach aufzuweisen. So selbstverständlich, ja so simpel das klingen mag, so schwer ist es. Der Mitdenkende möge deswegen auch nicht die Geduld verlieren, wenn unsere Ausführungen scheinbar weitschweifig zu werden drohen. In Wirklichkeit sind sie nichts anderes als ein ständiges Umkreisen des Anfangs in seiner Selbstenthüllung, um den Zugang zu erleichtern.

Es wäre an dieser Stelle noch ein Wort darüber zu sagen, wie sich eine so definierte Wissenschaft von der Religion oder der Theologie abgrenzt. Im religiösen Streben und im theologischen Erkennenwollen ist unverkennbar der Bezug auf Sinn und Grund des Ganzen von Welt und Wirklichkeit enthalten. Andererseits wird, wie wir weiter oben schon andeuteten, in bestimmten Philosophien und in einzelnen Kulturzonen der Welt Philosophie mit Religion und Religion mit Philosophie gleichgesetzt. Wir werden uns damit genauer befassen müssen. Im abendländischen Kulturkreis wird jedenfalls, ziemlich allgemeingültig, die theologische Wissenschaft so abgegrenzt, daß sich ihre Einzeleinsichten und Urteile auf einen schon vollzogenen Glaubensakt an die übernatürliche göttliche Offenbarung anschließen. Für die Philosophie im strengen Sinne wird dagegen keine übernatürliche Offenbarung als Quelle unserer Erkenntnis benutzt. Wenn sich dann auch im Ergebnis, etwa in der Annahme eines göttlichen Urgrundes als Ursache allen Seins, eine Übereinstimmung zwischen Philosophie und Theologie im Inhalt ergeben kann, so sind doch die Ausgangslage und der Weg beider verschieden.

Die allgemeinen Bedingungen des Philosophierens

Ob die eine Philosophie behauptet, der Mensch sei Geist, oder eine andere, er sei höchst komplizierte Materie, oder eine dritte, die Welt sei zufällig entstanden, und eine vierte, es gebe ein verbindliches Sittengesetz, und eine fünfte wieder etwas anderes – in all diesen Behauptungen steckt etwas Gemeinsames und Allgemeingültiges, dem sich niemand entziehen kann. Der Mensch lebt nicht nur, er ist nicht nur vorhanden, sondern er ist sich dessen auch bewußt. Er kann fragen, er kann sprechen, er kann sich innere Vorstellungen von »etwas« und von sich selber machen und auch den anderen, die er für seinesgleichen hält, Auskunft darüber geben.
Nehmen wir einmal eine ganz »verstiegene« Philosophie an, die behauptet, nichts sei wahr und gewiß, außer daß das eigene Ich existiere, und die anderen Menschen nebst ihrer Welt nur Vorstellungen dieses einen Ich wären. In dem Augenblick, in dem solche Behauptungen niedergeschrieben oder auch nur anderen mündlich mitgeteilt werden, widerlegt sich eine solche Philosophie selber, und zwar durch die Tatsache, die sie setzt. Denn ein solcher sogenannter solipsistischer (»solus ipse« gleich »das Ich allein«) Standpunkt wird zum Beispiel nicht gegenüber einem Hund oder einem Affen vertreten, sondern nur gegenüber anderen Menschen. Und wenn eine noch so irrsinnige Behauptung aufgestellt und gar gedruckt wird, so setzt der Behauptende doch als selbstverständlich voraus, daß andere den Sinn einer solchen Behaup-

tung verstehen können, auch wenn sie nicht seiner Meinung sind. Man kann demnach sagen, daß die erste unumstößliche gemeinsame Tatsache und Selbstverständlichkeit, die hinter aller Philosophie, allen Wissenschaften, allen Betätigungen und sogar Nichtbetätigungen steckt, die des Gespräches zwischen Menschen ist.

Aus der Antike des Abendlandes wird von einem skeptischen Philosophen berichtet, der an allem zweifelte und nichts mehr für gesichert und wahr annehmen wollte. Er verzichtete deswegen auch darauf, noch mit den anderen zu sprechen, und machte nur Zeichen mit dem Finger, daß man ihn allein und in Ruhe lassen möge. Aber gerade damit verriet er das, was ihn in einer selbstverständlichen Wahrheit mit allen anderen verband. Denn die Zeichengebung hatte ja nur Sinn, wenn er ein Gegenüber als vorhanden und damit als wahr anerkannte und wenn er zudem noch als selbstverständlich betrachtete, daß die anderen seine Fingersprache oder sein Kopfschütteln verstanden. Man könnte diese Anekdote noch dahin ergänzen, daß sogar der Selbstmord aus Protest noch eine Bestätigung einer gemeinsam verbindlichen Wahrheit gewesen wäre. Der Mensch kann seinem Schatten nicht entgehen. Die Selbstverständlichkeit der Grundwahrheit wird auch in der Ablehnung jeglicher Wahrheit betätigt und damit unfreiwillig bestätigt.

Diese Grundwahrheit des Gespräches und Verstehens von Menschen untereinander, die wir in Fortführung von Gedanken des Philosophen August Brunner als unumstößliche gesamtmenschliche Bedingung ansprechen, schließt selbstverständlich eine Reihe von Einzeltatsachen ein. Wir können sie an dieser Stelle noch nicht in aller Ausführlichkeit behandeln. Wenn wir sie zunächst in Form mehrerer ganz schematischer Sätze und Urteile ausdrücken, so ist damit »selbstverständlich« noch längst nicht alles Selbstverständliche umfaßt.

Es ist etwas. Ich bin. Es gibt andere Menschen, mir wesensgleiche Wirklichkeiten. Ich erlebe in mir Vorstellungen von diesen anderen Menschen, und ich habe Bewußtsein von mir selber und diesen Vorstellungen in mir.

Ich kann sprechen, das heißt, das in mir Erlebte in Worte kleiden. Ich spreche mit anderen und ich verstehe andere, das

heißt, wir können uns gegenseitig als Menschen Vorstellungen und sogenannte Sinngehalte in Worten und Sätzen übermitteln und können uns auch im Mißverstehen noch verstehen. Denn wir bemerken, daß ein Sinngehalt vom anderen nicht aufgenommen wurde, obwohl es erwartet wurde und möglich gewesen wäre.
Diese und sicherlich noch eine ganze Reihe anderer Tatsachen bilden den unverrückbaren Untergrund und Hintergrund für jede Philosophie. Sie gelten auch für jede Äußerung des Menschen, ob sie nun in Schrift, Wort, Zeichen oder in einer Lebenshandlung sich ausdrückt. Von den ältesten Zeiten an hat es nie eine menschliche Tatsache gegeben, die ohne diese Selbstverständlichkeit geschehen wäre.
Man muß dies einmal aussprechen, selbst auf die Gefahr hin, daß Sätze, wie die oben niedergeschriebenen, naiv anmuten. Aus dem Leben von Leibniz, dem deutschen Philosophen im Übergang vom siebzehnten auf das achtzehnte Jahrhundert, wird berichtet, daß er sich längere Zeit mit der Absicht trug, ein philosophisches Alphabet zu begründen. Er suchte also offensichtlich jene Bausteine der Philosophie, die in den noch so unterschiedlichen Lehrmeinungen zusammengefügt werden, aber gleichwohl immer dieselben Elemente sind.
In dieses Alphabet der Selbstverständlichkeit gehört noch etwas hinein, was mehr formaler Natur ist und was wir in der späteren Erörterung der Logik noch genauer vorführen müssen. Wir meinen die schon erwähnten Prinzipien der Identität, der Kontradiktion oder des Widerspruchs und den Satz vom Grunde. Sprache als Ausdruck unserer inneren Vorstellung und Mitteilung von Gedanken wäre nicht möglich, wenn wir nicht mit dem gleichen Wort auch das gleiche meinten und mit einem anderen Wort das von diesem ersten Verschiedene bezeichnen könnten. Anders formuliert: Jedes Etwas ist nur mit sich selber gleich und von jedem anderen Etwas verschieden. – Zum Satz vom Grunde haben wir bereits ausgeführt, daß der Begründungswille des Menschen und die Begründungsmöglichkeit da ein Ende haben, wo wir die Gültigkeit dieses Satzes: Nichts ist ohne Grund, beweisen, das heißt wiederum begründen wollten. Sowohl die Identität wie den Widerspruch wie den Satz vom Grunde kann man nicht beweisen. Sie sind Gegebenheiten, die wir hinzunehmen

haben, ja die, wenn wir sie in Abrede stellen wollten, sich gerade dadurch als gültig erweisen. Denn auch der, der behaupten wollte: Das Sein ist grundlos, muß nicht nur den Satz der Identität und des Widerspruchs anwenden, sondern bereits vom Grund wissen und ihn damit anerkennen, wenn er ihn in Abrede stellen will. In der ursprünglichsten Form bedeutet der Satz vom Grunde die Tatsache, daß wir kein Sein, kein Wirkliches ohne Zusammenhang mit einem anderen Sein, mit einem anderen Wirklichen erleben und erfahren. Nichts ist isoliert, alles steht in Beziehung.

Diese obigen Ausführungen fordern unsere mitdenkende Bemühung geradezu heraus. Es dürfte gut sein, sich diese Erstgegebenheiten und aus sich selbst erhellten (evidenten) Tatsachen von Zeit zu Zeit ins Bewußtsein zu rufen.

Ein Tier kann keine Frage stellen

Bei Prüfungen erlauben wir uns gelegentlich den Scherz zu fragen: Kann ein Tier lachen? Die Antwort ist zunächst ein verlegenes Lächeln. Gewiß, ein Hund und auch das eine oder andere Tier zeigt uns eine Grimasse, die wir nach menschlicher Weise als Zeichen guter Laune und einer Wohlbefindlichkeit und eines lustbetonten Zufriedenseins ausdeuten können. Aber ein bewußtes Lachen des Tieres gibt es nicht. Im Lachen und Humor-haben-Können wird sogar die obere Grenze dessen deutlich, was den Menschen aus dem übrigen Sein der Wirklichkeit heraushebt. Man kann, und das ist schon vielfach geschehen, eine Philosophie des Humors entwickeln. Diese beruht auf der Grundbedingung des Menschen, daß er nicht nur sprechen, sondern vor allem auch fragen kann. Auch das Fragenkönnen ist einbezogen in die im vorangegangenen Kapitel behandelte Gesprächs- und Verständnistatsache. Fragen-stellen-Können setzt voraus, daß der Fragesteller zunächst etwas bemerkt hat und daß ihm dann an dem Bemerkten etwas auffällt. Bemerken und Auffallen ist nicht dasselbe. Der Unterschied besteht darin, daß das Auffallende besonders (fast isoliert) hervortritt und daß deswegen der Seinszusammenhang, in dem es steht, nicht mitbemerkt wird.

Drücken wir es anders aus, Fragen, die wir im täglichen Leben, in der Wissenschaft, in der Philosophie, in der gesamten Kulturgeschichte in Unsummen vorfinden, können nur entstehen, weil der Mensch von der Welt und sich Bewußtsein hat. Er macht Unterschiede zwischen dem Sein des einen und des anderen, er bemerkt einen Seinszusammenhang zwischen dem einen und dem anderen. In vielen Fällen sieht er schließlich diesen Zusammenhang nicht mehr mit. Das Auffallende gibt ihm die Frage auf. Ein griechisches Wort, das wir bis in den Alltag hinein verwenden, verdeutlicht die Beziehung zwischen dem Auffallenden und auf uns gleichsam Zufallenden mit der Notwendigkeit zu fragen.

Wir meinen das Wort Problem. Das Problema kommt von proballein, vorfallen, und wird als Kennzeichnung für vorspringende Meeresklippen und Küstennasen gebraucht. Kurzum: Nur ein denkendes Wesen hat Bewußtsein, bildet Urteile, unterscheidet sich und andere, bemerkt Auffälligkeiten und kann Fragen formulieren, die dann sogar das Selbstverständliche mit umfassen. Dieses Nachdenken und Fragen ist nur dem Menschen vorbehalten.

Halten wir Umschau, wonach der fragende Mensch seine Blicke richtet, so brauchen wir in der Geschichte wie auch in der Gegenwart nur auf die Auffälligkeiten zu achten, die sich in der gesamten Wirklichkeit aufdrängen. Da ist zuerst die größte (auch quantitativ größte) Auffälligkeit zwischen dem Menschen auf dieser Erde und dem Kosmos. Die zweite Merkwürdigkeit liegt in dem Unterschied zwischen dem Menschen und der ihn umgebenden Natur dieser Erde, in die der Mensch teils hineingehört, teils aber auch in Distanz steht. Die dritte fragenswürdige Besonderheit stellt die Folge einer im Menschen selbst erlebten Spannung dar: Der Mensch in seinem Verhältnis zu seinem eigenen Leben. Er lebt sich selbst und hat doch wieder im Bewußtsein von sich Abstand. Ein Beispiel ist der Münchhausen-Versuch, sich am eigenen Schopf zu nehmen. Wenn der Mensch in sich hinein und durch sich hindurch zu schauen beginnt, dann stößt er auf eine letzte Frage, die sich mit jener auf den Kosmos bezogenen trifft. Wir sind gewohnt, diese Fragwürdigkeit in die Gegenüberstellung Mensch und Gott zu kleiden. So wird jede Frage nach dem eigenen Wesen eine Frage nach Gott sein.

In die Sprache der philosophischen Zunft gekleidet, lassen sich demnach vier Problemkreise verfolgen, denen die Philosophen mit Bedacht und Leidenschaft nachgegangen sind und die auch nach der Klärung gewisser Grundfragen und nach der Bereitstellung des philosophischen Handwerkszeuges für uns die beherrschenden Themen werden.

1. Mensch und Kosmos (das Problem des Endlichen und des Unendlichen, sowie das von Raum und Zeit).
2. Mensch und Natur (die Sonderstellung des Menschen als vernunftbegabten Wesens; das Grundgefüge und die Schichten der Natur: Anorganisches, Organisches, Bewußt-Geistiges).
3. Mensch und Leben (Dualismus oder Einheit des in Schichten gegliederten Menschen, Verhältnis von Leib und Seele, von Geist und Leben).
4. Mensch und Gott (das Problem der Realität und der Überrealität, des Rationalen und Irrationalen; die Frage nach der Grenze des Menschen und der Möglichkeit der Erkennbarkeit des Überrealen und Überrationalen, das Problem der Freiheit und der Vorherbestimmtheit).

Die hier gegebene Aufzählung von Menschheitsfragen darf nicht dazu führen, schon die Berechtigung gerade dieser oder jener Fragestellung oder gar ihre Beantwortung in einem bestimmten Sinne anzunehmen. Die Aufreihung dieser Grundprobleme ist ein Hinweis, in welche Dimensionen sich tatsächlich die Fragen der Menschen und der Philosophen ergehen.

Auch in den praktischen Entscheidungen und in den täglichen Erfordernissen selbst unseres technischen Zeitalters klingen diese menschheitsalten Motive auf und bedrängen uns vielleicht noch heftiger, als dies in manchen vorangegangenen Epochen der Fall gewesen ist.

So wie die Fragestellung von der Bedingung abhängt, daß der Mensch überhaupt bewußte Erkenntnis hat, so setzt auch die jeweilige Frage schon ein Vorwissen der Antwort voraus. Wenn man diese Tatsache positiv wendet, so bewahrheitet sich die Erfahrung: Wer recht zu fragen versteht, hat schon die halbe Antwort.

Der denkende Mensch

Mit dieser Überschrift ziehen wir einen gewissen Trennungsstrich zwischen den Wesen, denen wir begegnen: Tier und Pflanze, und uns. Unter Denken wird dann alles einbegriffen, was sich als Inhalt unseres Bewußtseins ausmachen läßt: Empfindungen, Gefühlsbewegungen, Wahrnehmungen, Vorstellungen, Strebungen und Willensvorgänge und schließlich auch die Denkakte im engeren Sinne. Neben diesen Bewußtseinsinhalten, die einem großen Strom mit vielen verschiedenartigen Wassern vergleichbar sind, der dauernd durch uns hindurchrauscht, aus der Vergangenheit über die Gegenwart in eine noch unbekannte Zukunft hinein, kennen wir auch im Inneren des Menschen das Unbewußte. Die moderne Tiefenpsychologie mißt ihm eine entscheidende Bedeutung bei. Der gedankliche Zusammenhang, der von uns fordert, für das Philosophieren von allgemeingültigen und ohne Zweifel feststellbaren Tatsachen auszugehen, läßt es nicht zu, daß wir jetzt eine genauere psychologische Beschreibung vollziehen. Tatsache ist jedenfalls, daß wir Bewußtsein haben und daß sich in diesem Bewußtseinsstrom die Welt irgendwie spiegelt. Wir können sogar uns selbst in diesem Spiegel, wenn auch mit gewissen Einschränkungen, betrachten. Das Sein wird bewußt: Bewußt-Sein. Mit diesem Sachverhalt ist jedoch das denkende Wesen Mensch, das »vernunftbegabte Menschtier« noch keineswegs in seiner eigentümlichen Fähigkeit und Möglichkeit erschöpft. Wir bilden nicht nur die Welt in uns ab und vergegenwärtigen sie in uns ein zweites Mal, sondern wir greifen zugleich mit unserem Bewußtsein in die Welt hinein.

Auch in diesem Betracht helfen uns zum Verständnis des Gemeinten die griechische Sprache und ein Vorstellungsinhalt der griechischen Sage. Wir haben alle wahrscheinlich von Prometheus schon gehört, der nach jener alten Sage das Feuer vom Himmel holte und damit zum Begründer der menschlichen Kultur und Technik wurde. Die Wortbedeutung seines Namens ist: der Vorausdenkende, der in die Zukunft Blickende. Die in der Bewußtseinsgegenwart abgespiegelte Welt wird in ihrem Wesen erfaßt, und dann beginnt das wahrhaft prometheische Spiel. Wir können die in den Vor-

Wasserfall in Finnland in der Nähe des Polarkreises. Die reine, unberührte Natur folgt ihren inneren Gesetzen, die der Mensch erkennen kann, um sie dann zu seinem Nutzen anzuwenden (oben).
Landschaft um Schloß Reichardshausen bei Hattenheim im Rheingau. Der Mensch greift planend, ordnend, umgestaltend in die Natur ein und erzeugt eine Art zweite Schöpfung.
Hier steht die Freiheit des Menschen im Dienst der Ordnung und Menschenwürde.

stellungen und Begriffen in uns abgespiegelte Welt wieder in eigenen Verbindungen und Kombinationen neu zusammenfügen, zunächst in Gedanken und in der Phantasie und dann auch in Wirklichkeit. Der Mensch sieht einen tosenden Wasserfall, der Steine und Geröll mit unglaublicher Kraft in die Tiefe schleudert. Dann verbindet er die innerlich geschauten Bilder in einer neuen Weise miteinander und fertigt schließlich ein vom Wasser bewegtes schweres Mühlrad, ein Kunstwerk, ein Stück neue Welt in der alten vorgefundenen Welt der Natur. Wesensschau und Planung in die Zukunft sind Bedingung für die Kultur, die das Tier nicht kennt.

Der Philosoph Max Scheler betont in einer seiner letzten Schriften kurz vor seinem Tode, Ende der zwanziger Jahre dieses Jahrhunderts, daß unser Hund den Garten um unser Haus in seinen Einzelheiten in allen seinen Fährten sehr viel genauer »kenne« als wir. Aber kein Hund gewinne jemals einen Wesensbegriff vom Garten schlechthin, während schon das Kind bei seinen allerersten Sprechversuchen denken müsse, das heißt Wesensbilder und Wesensbegriffe erhalte, mit denen es dann weiter hantiert. Beim Ergreifen und Benennen des ersten Balls weiß das Kind bereits um das Wesen des Balls und kann daher jedes neue Exemplar von Ball, das sich in der Größe, in der Farbe, im Material noch so sehr vom ersterlebten Ball unterscheiden mag, als Ball wiedererkennen. Wir nennen diese Fähigkeit des Menschen, die zwar genau wie das Tier mit seinen Sinnen Eindrücke und Wahrnehmungen von der Welt empfängt, aber dann das Wesen des sinnlich Wahrgenommenen in Begriffen denkt, die Abstraktion.

Mit den Worten Max Schelers ausgedrückt: Tier und Mensch erfahren und erleben die Welt und sich selber zunächst im Widerstand. Der Mensch allein macht aber dann die Welt und sich selber zum Gegenstand. So baut sich unser inneres Weltbild, das sich im Bewußtsein niederschlägt, nicht aus bloßen Eindrücken und nach Art von Fotografien zusammen, sondern aus einer Fülle von gegenständlichen Einheiten, mit denen wir dann willkürlich operieren können. Auf der Widerstandserfahrung und dem Gegenstandsdenken erhebt sich dann die dritte Stufe, die prometheische Stufe, der Wirkung in die Zukunft, des Zusammenfügens einer neuen Welt

– ob gut, ob schlecht, ob richtig oder falsch, bleibe dahingestellt –, die wir Kultur heißen.

Mit Prometheus ist nur die eine Seite der Vernunft oder des Geistes des Menschen personifiziert. Die notwendig ergänzende Zwillingsfigur zu Prometheus bildet Epimetheus. Das ist der nach-denkliche Mensch, der in die Vergangenheit zurückgewendete, der alles das, was schon an unserem gegenwärtigen Ich vorübergerauscht und in die Vergessenheit des Gewesenen hinabgesunken ist, wieder gegenwärtig machen kann. Prometheus kann nur deswegen in die Zukunft hineinplanen und Werke schaffen, weil Epimetheus nicht nur am Augenblick hängt, sondern alles, was je war, wieder hervorholen und betrachten, nachvollziehen und bedenken kann. Das Tier lebt mit der vernunftlosen Natur ganz dem Augenblick. Seine Zukunft wird von den unbewußt und instinktiv wirksamen Triebregungen seines Organismus bestimmt. Die vernunftlose Natur steht wohl in einer Lebensentwicklung. Sie hat jedoch keine Geschichte.

Der epimetheische Mensch dagegen kann in Jahrtausende und Jahrmillionen zurück das Verschollene auf der Bühne seines Bewußtseins betrachten und zum Spielen bringen. Voraussicht und Rückblick kennzeichnen den menschlichen Geist. Er blickt von der Gegenwart her dem Seienden und Gewesenen nach, holt es aus der Vergangenheit in die Gegenwart hinein, hält mit Hilfe der Abstraktion die Gegenwart für die Zukunft fest und macht sich daraus strebend und planend seine eigene Zukunft.

Wenn dieser an den beiden Sagengestalten der Urmenschheit aufgewiesene Tatbestand richtig ist, dann offenbart das innere geistige Sein unseres Ich zwei Grundzüge oder Grundtendenzen oder Grundvermögen: erstens *die betrachtende oder reflektierende Weise* und zweitens *die strebende, planende, handelnde und wollende Seite.* Wiederum in der Sprache der philosophischen Wissenschaft ausgedrückt: Die Vernunft des Menschen gabelt sich in Denken und Wollen, in Verstand und Willen. Von der sinnenhaften Empfindung führt der Weg über das Wahrnehmungs- und Vorstellungsbild in unserer Seele zum Wesensbild und Wesensbegriff im Verstand. Wie schon Arthur Schopenhauer sagte, leuchtet dann der Verstand dem Willen mit diesen Wesensbildern auf dem Wege in die

Zukunft voran. Natürlich lassen sich diese beiden Grundkräfte, die unhabgierig betrachtende und denkende des Verstandes und die habenwollende des Willens, im Bewußtseinsaugenblick nicht voneinander trennen. Wir können nur wollen, was wir auch erkennen, und wir können nur mit unserem Denken bei einem Gegenstand verweilen, weil sich unser geistiges Streben auf ihn richtet. Aber in der Sache selbst, das heißt im inneren Gefüge unseres Ichseins, lassen sich diese beiden Grundverhaltungen zur Welt und zu uns selber unterscheiden.

Erstaunt wird der mitdenkende Leser fragen, wo bleibt denn in dieser Betrachtung der Vernunft des Menschen das Gemüt oder das Gefühlsleben? Neben den denkenden und strebenden Vorgängen im Bewußtsein unterscheiden wir doch ebenso sicher auch Gefühlsregungen der Freude, der Trauer, der Angst, ohne daß wir behaupten dürften, daß diese Gefühle etwa lediglich körperlich-sinnliche Empfindungen seien. Ein beglückendes Gefühl zum Beispiel kann wohl mit einem körperlichen Wohlbefinden zusammenhängen. Aber es ist doch in sich selbst etwas Eigenes und Unabhängiges. Es wäre unphilosophisch, einem solchen Tatbestand auszuweichen. Trotzdem glauben wir – und wir bitten den Leser, seine eigene Einsicht in diesem Punkte mitzuprüfen –, daß die Gefühle als notwendige Begleitmomente des Denkens und strebenden Wollens auftreten. Um wieder einen Vergleich zu wählen: Die Gefühle umgeben unsere Gedanken und planenden Wünsche wie eine Spiralwolke, mehr oder minder dicht, ganz verschiedenartig gefärbt und gefüllt. In ihrer Bewegungsrichtung sind sie aber wesentlich an diese Grundtendenzen angelehnt und von ihnen bestimmt.

Auch mit diesen Andeutungen und mit diesem letzten Vergleich sei beileibe nicht eine endgültige psychologische Beschreibung unseres Inneren, der menschlichen Vernunft, vollzogen. Ob man selbst zwei Grundkräfte, Verstand und Wille, oder drei Grundvermögen: Verstand, Wille, Gefühl, unterscheiden und bezeichnen will, sie bilden eine Einheit im Gemüt des Menschen. Augustinus sagte, sie fließen in der Einheit des Herzens zusammen, um das Spezifische und zur Einheit Verbindende des menschlichen Geistes zu bezeichnen.

Wie später gezeigt werden kann, brauchte der Geist oder die Vernunft keine Fragen zu stellen, wenn sie absolut wären. Aber nur der Geist kann Fragen stellen. Die menschlich-endliche Vernunft muß sie sogar stellen.

Zur Einteilung der Philosophie

Obwohl wir bereits eine ganze Reihe von inhaltlich recht gewichtigen Feststellungen getroffen haben, glauben wir doch nicht, übereilte Schritte gemacht zu haben. Wir haben das Terrain abgeschritten, auf dem wir uns, ob wir wollen oder nicht, bewegen müssen, sofern wir Mensch sind und menschlich handeln. Im Sprechen, Denken, Fragen und Wollen des Menschen prägen sich aus sich selbst wahre (evidente) Sachverhalte aus, die wir als Basis für alles Weitere ansehen müssen. Von dieser Grundlage her richtet die Philosophie, zumal in ihrer wissenschaftlichen Form, ihr Mikroskop und ihr Teleskop auf das noch unbekannte Ganze der Wirklichkeit oder was wir zunächst dafür halten. Für dieses schwierige Geschäft ist ein doppeltes zu beachten: einmal, wie wir mit unserem begrenzten Blick zweckmäßig das Ganze zu fassen bekommen. Und das führt uns auf die Einteilung der Philosophie in ihre verschiedenen Disziplinen. Zweitens müssen wir das Handwerkszeug bereitlegen und prüfen, mit dem sich diese nicht leichte Absicht verwirklichen läßt.
Bildhaft, wie schon oben begonnen, können wir uns das Verhältnis der Philosophie zu den vielen Einzelwissenschaften, die im Laufe der Zeit entstanden und immer vielfältiger sich entwickelt haben, wie einen riesengroßen Kreis vorstellen, in dessen Zentrum ein kleinerer Kreis beschlossen ist. Die Einzelwissenschaften, die sich ja immer einem Ausschnitt der Wirklichkeit (d.h. des Ganzen) zuwenden, die Physik zum Beispiel der unbelebten Materie und ihren nicht-substanzveränderlichen Bewegungen, bilden die vielen, vielen Sektoren des großen Kreises und damit in ihrer Addition auch den Kreis im Ganzen. Von den Einzelwissenschaften aus, und zwar von jeder, kann man durch ein Hinstreben auf den Mittelpunkt zur Philosophie gelangen, die als Kernkreis gleichsam alle Erkenntnisse und Ergebnisse im einzelnen bündelt.

Zur Einteilung der Philosophie

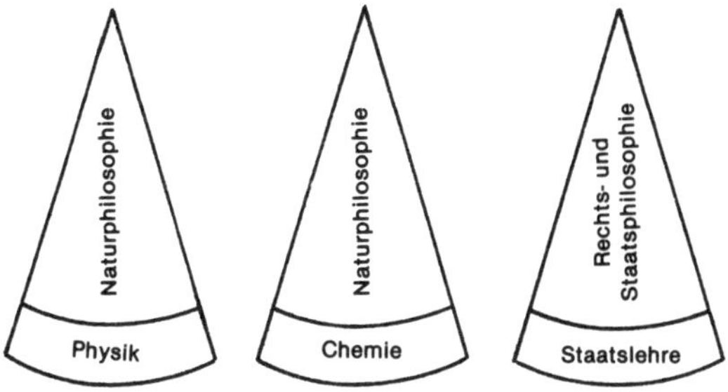

Diese schematische Darstellung will zeigen, daß jede Einzelwissenschaft auf ihre Weise in die Philosophie mündet, wenn das Problemdenken weit genug vorangetrieben wird.

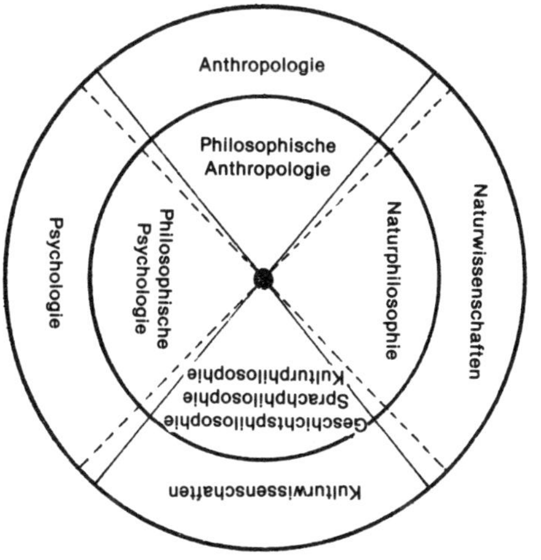

Die Philosophie und ihre Einzelwissenschaften, schematisch dargestellt. Je weiter wir uns dem Kreisinnern nähern, um so mehr geht das Grundanliegen der Einzelwissenschaften in Philosophie über.

Das geschieht praktisch in der Weise, daß die Wesensfrage einer bestimmten Wissenschaft gestellt wird. Wenn zum Beispiel die Physik die Strukturen der Materie beschreibt und die Beziehungsverhältnisse zwischen den Körpern in Gesetze faßt, so geht sie in dem Augenblick in Philosophie, das heißt in Naturphilosophie über. Sie fragt dann nach dem Wesen von Materie überhaupt oder nach der Gültigkeit und Berechtigung eines ihrer Grundgesetze, von dem her sie alle einzel-

nen Gesetze erfaßt, nämlich des Kausalitätsgesetzes, des Gesetzes von Ursache und Wirkung schlechthin.
Oder der Sprachwissenschaftler wird dann zum Philosophen, wenn er nicht nur die Struktur und Geschichte dieser oder jener Sprache untersucht, sondern nach der Herkunft der Sprache schlechthin, der Unterscheidung von menschlicher Sprache und der sogenannten Tiersprache forscht. In nuce, das heißt in der Nuß, enthält also der Kernkreis der Philosophie alles, was in den Sektoren des großen Kreises in vielen, vielen Details ausgebreitet ist und in Beziehung zum Ganzen gebracht werden kann. Wenn wir also nach einer Einteilung der Philosophie suchen, brauchten wir nur von den Wissenschaften selbst auszugehen und jeder der Disziplinen eine entsprechende philosophische Abschlußdisziplin anzufügen. Bei

Systematische Einteilung der Philosophie, ausgehend nicht vom Namen der einzelnen Wissenschaften, sondern von ihrem Problemanliegen. Auch hier gruppieren sich zur Mitte des Kreises hin die philosophischen Einzeldisziplinen.

diesem Versuch stoßen wir aber schon auf zusammenfassende Gruppen, in denen sich mehrere Disziplinen unter einem umfassenderen Gesichtspunkt verbinden. In der Biologie, der Chemie, der Physik Wesensfragen stellen, bedeutet

Zur Einteilung der Philosophie

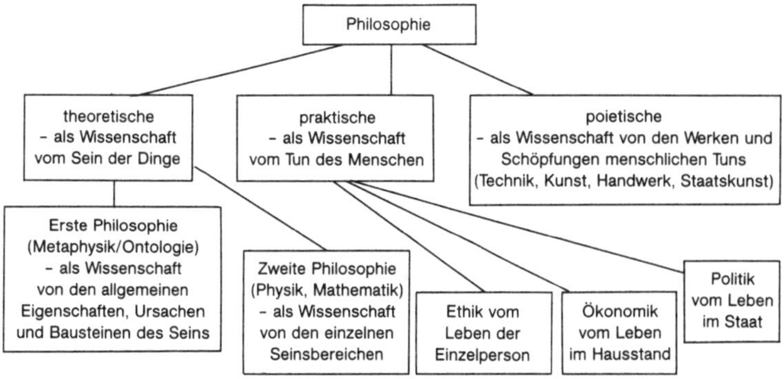

Systematische Einteilung der Philosophie nach Aristoteles, um 350 v. Chr., der mit Platon der bedeutendste altgriechische Philosoph ist.

immer Naturphilosophie betreiben. Auf diese Weise gelangen wir etwa zu folgenden, viele Wissenschaften umgreifenden philosophischen Disziplinen: Philosophie der Sprache, Geschichtsphilosophie, Naturphilosophie, Kulturphilosophie. Die Aufzählung dieser Gruppen deutet schon Überschneidungen an und führt uns unmerklich zu jenen vorgenannten Problemkreisen, in denen sich die fragende Menschheit von eh und je bewegte. Da der Mensch aber stets der Frager ist und der Ausgang seiner Fragestellung von der Grundunterscheidung Mensch und Welt bestimmt ist, lassen wir es am zweckmäßigsten bei zwei zusammenfassenden Gruppen bewenden, der Philosophie des Geistes und der Philosophie der Natur. In die Philosophie des Geistes sind dann jene Teilphilosophien eingegangen, die wir mit Sprach-, Geschichts- und Kulturphilosophie bezeichnen.

Wir können aber noch auf eine andere Weise zu einer Einteilung der philosophischen Disziplinen gelangen, indem wir ohne Rücksicht auf die Einzelwissenschaften und gleichsam vom Mittelpunkt aus die Abgrenzungen versuchen. Diese Einteilung liegt auch in der Linie, die besonders die abendländische Philosophie seit ihrer streng systematischen Begründung bei Aristoteles eingeschlagen hat. Entsprechend dem dargelegten Verhalten des Prometheus und des Epimetheus kann der Mensch entweder ein betrachtendes (theoretisches) Ver-

Dialektik	Physik	Ethik
- als Wissenschaft vom Denken (Reden)	- als Wissenschaft von der Natur, d. h. den Dingen, die von keines Menschen Hand geschaffen sind	- als Wissenschaft vom rechten menschlichen Tun und der guten Gestaltung der menschlichen Kulturbereiche (Staat, Hausstand)

Einteilung der Philosophie nach Xenokrates, um 350 v. Chr., nach platonischem Muster. Xenokrates war Vorsteher der platonischen Akademie. Auf ihn geht die Dreiteilung der Philosophie in die Disziplinen Dialektik, Physik und Ethik zurück.

hältnis zur Welt und zu sich haben, oder er kann sich praktisch, also handelnd und schaffend, einstellen. Die rein theoretische Philosophie, die also wissen will, wie das Ganze, die Wirklichkeit, das Sein in seinem letzten und innersten Grunde und an sich selber ist, wäre dann die Ontologie, die Lehre vom Sein als Sein. Ordnen wir unter die Ontologie jene umfassenden Gebiete oder Gegenstände, die wir als besonders auffällig erkannt haben, so ist die Naturphilosophie oder Kosmologie jener Teil der Ontologie, der sich mit den Wesensfragen der Natur, des Naturseins beschäftigt. Die philosophische Anthropologie, die philosophische Psychologie und die Psychologie des Geistes, charakterisiert sich als jener Teil der Ontologie, der sich dem Sein des Menschen und dem menschlichen Werk in Kultur und Geschichte zuwendet. Die philosophische Gotteslehre, Metaphysik, natürliche Theologie, Theodizee, bildet schließlich einen besonderen Teil der Ontologie, der nur dann wissenschaftlich erfüllbar ist, wenn mit philosophischen Mitteln ein Zugang zu dem Überrealen gesichert werden kann.

Das praktische Handeln des Menschen läßt sich, im Anschluß an Aristoteles, in das sittliche und soziale Handeln auf der einen Seite und das praktisch-technisch-künstlerische Werkschaffen und Hervorbringen auf der anderen Seite unterscheiden. Dementsprechend sollen in diesem Bereich die Disziplinen der Ethik, also Moralphilosophie, Sozialphilosophie, Rechts- und Staatsphilosophie, und die Philosophie der Technik bzw. des künstlerischen Schaffens (Ästhetik) dem Wesen des Menschen als moralischem und politischem und als spielendem Subjekt, dem homo ludens, nachspüren.

Damit haben wir auch die in der Geschichte herkömmlich genannten und betriebenen besonderen Philosophien in die zwei großen Gruppen der Ontologie (als theoretischer) und der praktischen Philosophie untergebracht. Eine Art Vorhalle oder, besser, Vorfeld in die eigentlich inhaltlich bestimmte Ontologie und Moralphilosophie bildet die Erkenntnistheorie, in der die Vorfrage geklärt werden muß, ob und inwieweit der Mensch überhaupt zu wahrer Erkenntnis befähigt ist. Praktisch haben wir einen Teil dieser Erkenntnistheorie schon abgehandelt, da wir uns mit den aus sich selbst evidenten Grundsachverhalten beschäftigten, die als unverbrüchlicher Ausgang allen weiteren Bemühens gelten müssen. Mit dieser Aufhellung der Prinzipien allein ist es aber keinesfalls getan. Die Erkenntnistheorie sowie die Lehre vom Denken, das heißt vom richtigen, wahrheitsbildenden Denken, die Logik, haben die Bedingungen und Umstände der Erkenntnis zu sichern. Diese Aufgabe der Logik, besonders der sogenannten formalen Logik, fällt mit dem zusammen, was wir mit der Bereitstellung und Prüfung des Handwerkszeuges gemeint haben. Um diesen gewaltigen Inhalt bewältigen zu können, der der Philosophie aufgegeben ist, bedarf es eines feinen und durch und durch erprobten Instrumentes, eben der Logik. Schon der vielgenannte Aristoteles hat sie als Organon, das heißt als Werkzeug der Philosophie, erstmalig dargestellt. Von allen Disziplinen der Philosophie, von denen wir in dem jetzt folgenden Teil wenigstens die Grundlagen vermitteln wollen, werden wir uns zuerst und auch verhältnismäßig ausgiebig diesem Handwerkszeug, den Begriffen, den Methoden zuwenden.

Abschließend bleibt noch ein kurzes Wort für die Geschichte der Philosophie. Die Geschichte der Philosophie kann auch als eine eigene Disziplin angesprochen werden. Gleichwohl darf sie nicht nur als Aneinanderreihung aller in der Welt auftretenden Systeme philosophischer Lehrmeinungen bestehen. Die Geschichte der Philosophie steht zur Philosophie im anderen Verhältnis, als dies in den Einzelwissenschaften der Fall ist. Kant sagt, das wäre ein armseliger Kopf, dem die Geschichte der Philosophie seine Philosophie ist. Und Thomas von Aquin sieht die Aufgabe der Geschichte der Philosophie darin, daß sie nicht nur zu wissen trachte, was die Men-

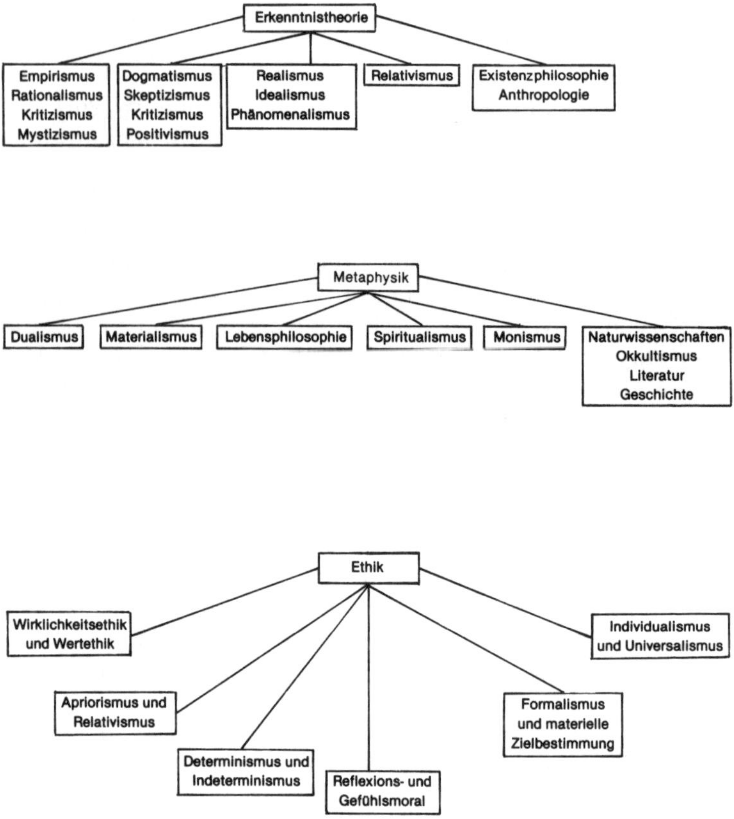

Einteilung der Philosophie nach Walter Schönfelder. Der Philosoph hat diese Gliederung der gesamtphilosophischen Wirklichkeit in seinem Bändchen »Einführung in die Philosophie« näher begründet.

schen einmal gedacht hätten, sondern wie sich diese Auffassungen zur Wahrheit der Dinge, zum Sein selbst verhielten. Wilhelm Windelband hat die Rolle der Geschichte der Philosophie in einem Aufsatz charakterisiert, aus dem wir zwei Stellen hier folgen lassen. In der späteren Darstellung der Geschichte des Denkens werden wir dieser Auffassung Rechnung tragen, also die Entfaltung des menschlichen Geistes in der Geschichte an hervorragenden Beispielen aufzeigen und zum Beweise dessen auch entscheidende Kernsätze aus den Werken bedeutender Philosophen anführen.

Zur Einteilung der Philosophie

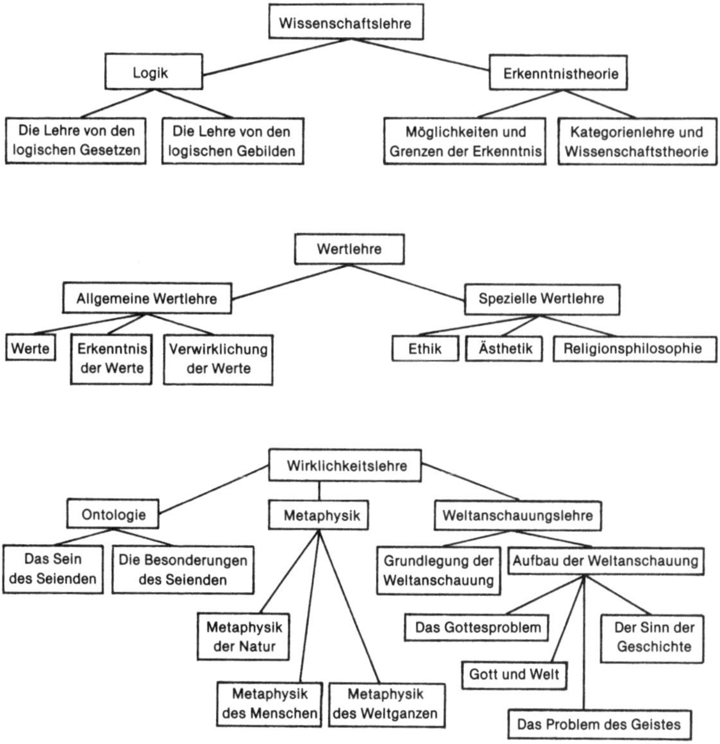

Einteilung der Philosophie nach Johannes Hessen, der um die Herausarbeitung einer religiösen Weltanschauung vom erkenntnis- und werttheoretischen Standpunkt aus bemüht ist. In seinem Buch »Vom Sinn des Lebens« versuchte er, die ethischen Grundanliegen mit den Anforderungen unseres Daseins in Einklang zu setzen.

»Ein intimes und notwendiges, allen anderen Wissenschaften gegenüber prinzipiell eigenartiges Verhältnis der Philosophie zu ihrer Geschichte ist deshalb nur dann zu verstehen, wenn man ihre Aufgabe so bestimmt, daß ihrem Gegenstande selbst, den sie zu erkennen hat, eben die Entwicklung wesentlich ist, die in ihrer Geschichte, empirisch erforschbar, vorliegt. Hier liegt der Kernpunkt der Frage, und hier liegt auch der Grund, weshalb der deutsche Idealismus mit seiner neuen Auffassung vom Wesen der Philosophie auch ein philosophisches Verständnis ihrer Geschichte verlangt hat.«

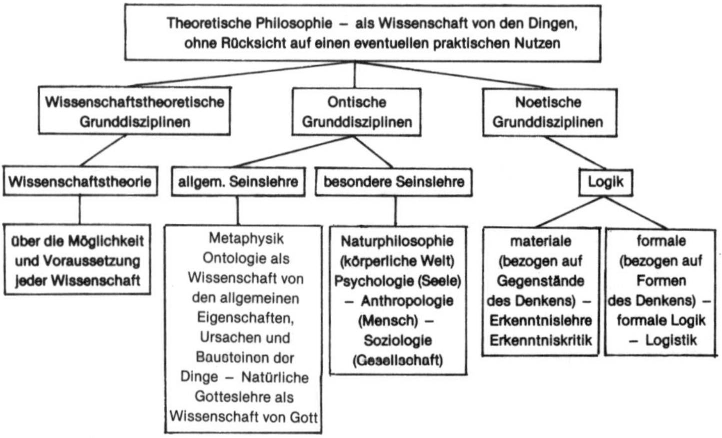

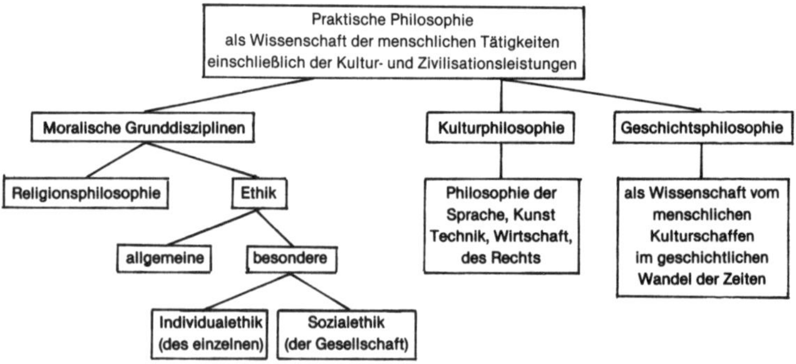

Die vom Verfasser zugrunde gelegte Einteilung der Philosophie.

In allgemeinerer Formulierung hat Kuno Fischer das in der Einleitung zu seiner Geschichte der neueren Philosophie so ausgesprochen, daß er die Philosophie selbst als die Selbsterkenntnis des menschlichen Geistes definiert und den »fortschreitenden Bildungsprozeß«, der zu dem Wesen dieses ihres Gegenstandes gehört, für den Grund des »fortschreitenden Erkenntnisprozesses« erklärt, »den sie in ihrer Geschichte aufweist.«

Zur Einteilung der Philosophie

»Es ist außer Frage, daß die Geschichte der Philosophie in der wissenschaftlichen Arbeit des neunzehnten Jahrhunderts eine Ausdehnung und eine Bedeutung gewonnen hat wie zu keiner Zeit vorher: und man begegnet vielfach der Ansicht, diese Emsigkeit des historischen Interesses stehe in wesentlichem Zusammenhang mit dem Mangel an schöpferischer Kraft und Lust, der nach der überreichen Entladung des metaphysischen Triebes als ein natürlicher Rückschlag eingetreten war – es sei ein Zeichen der Erschöpfung und der Sammlung wie nach einer verlorenen Schlacht. Diese Auffassung trifft auch wirklich in gewissem Sinne die Verhältnisse der Philosophie im Anfang der zweiten Hälfte des Jahrhunderts, wo ein großer Gelehrter das Wort geprägt haben soll: Es gibt gar keine Philosophie, es gibt nur eine Geschichte der Philosophie.

Allein es würde ein großer Irrtum sein, wenn man meinen wollte, darin liege der Ursprung und der entscheidende Grund für die lebhafte Beschäftigung der Philosophie mit ihrer eigenen Geschichte.«

Der denkende Mensch

Collegium logicum

Also doch, mag mancher denken, die Mahnung des Mephisto im Faust wird befolgt und der geduldige Leser in die spanischen Stiefel der Logik eingezwängt! Nach dem voraufgegangenen Begründungszusammenhang ist freilich eine solche Vermutung unangebracht. Wir haben für unser Philosophieren eine evidente Basis herausgefunden, die wir unter dem Stichwort des Gesprächs und des Verstehens der Menschen untereinander mit allen sich daraus unmittelbar ergebenden Folgerungen als tragfähig betrachten dürfen. Im geschichtlichen Teil unserer Darstellung werden wir besonders bei der Besprechung der Lehre des Descartes und seines methodischen Zweifels und ebenso bei der Erörterung der Lehre Kants über das »Ding an sich« und die »Erscheinung« noch einmal die Tragfähigkeit dieser erkenntnistheoretischen Prinzipien prüfen können. Es ist überhaupt gut, von neuem scheinbar erledigte Probleme aufzugreifen und sich ihre Lösung um so tiefer zu eigen zu machen. Die großen Denker waren darin Vorbild.
Die Skizzierung der Logik als eigener Disziplin der Philosophie dient hier der Schärfung und Prüfung des Instrumentariums, mit dem wir künftig zu arbeiten haben. Dabei läßt sich auch, fast nebenher, eine Reihe von Begriffen mitklären, die für den Fortgang unserer Untersuchung wichtig sind.
Die philosophische Wissenschaft als Inbegriff und Summe des unmittelbar oder mittelbar einsichtigen Wissens steht dem bloßen Fürwahrhalten, dem Meinen und Wahrscheinlichsein gegenüber. In der »Meinung« ist ein Einblick in den

Sachverhalt, mindestens im vollen Umfang, nicht gegeben. Wissen im strengen Sinne, das wir für die Philosophie durchgängig erreichen sollten, liegt nur dann vor, wenn wir eine Sache unmittelbar oder mittelbar in ihrem So- und Nichtanderssein anschauen oder zum mindesten Gründe dafür angeben können.

Aller logischen Begründung als Mittel und Werkzeug des Denkens muß eine unmittelbare geistige Anschauung (Intuition) von selbstverständlichen Wahrheiten vorangehen, wie wir dies oben dargetan haben. Ohne diese Voraussetzung bleibt die Logik tatsächlich nur formal, das heißt eine Art Schachspielregel ohne Schachfiguren. Hier bietet sich nun eine Begriffsgegenüberstellung an, die den Sinn aller Logik deutlich werden läßt. Wenn Kant den Begriff Vernunft von dem Begriff Verstand abhebt oder wenn Thomas von Aquin den Intellectus und die Ratio unterscheidet und wenn schließlich Pascal die Raison du cœur von der reinen Raison trennt, dann kommt in diesen begrifflichen Gegenüberstellungen etwas zum Vorschein, was als roter Faden schon viele Kapitel unseres Buches durchzieht. Die Vernunft vernimmt das Sein in einer unmittelbaren Weise. Der Intellectus schaut gleichsam in die Dinge hinein und gewinnt daraus eine keiner weiteren Begründung bedürftige Einsicht. Die Raison du cœur erfaßt mit dem ganzen menschlichen Gemüt in einer intuitiven Form das Wesen. Erst wenn sich dieses unmittelbar Vernommene und im Gemüt aufgenommene Sein einstellt, beginnt das schrittweise begründende und zergliederte Denken des Verstandes, der Ratio, der Raison. Die Anschauung oder die Intuition ist die Grundlage des rationalen, eben logischen Denkens. Sie ist aber nicht das Feld der Logik selber. Nur durch die Pforte der Anschauung und der unmittelbaren Einsicht kann man die Logik erreichen. Auf ihrem Felde beginnt dann die schwierige Arbeit des Beweisens.

Es lassen sich in der Geschichte der Menschheit zwei Fehlanwendungen der Logik nachweisen. Die erste versucht das Unbegründbare zu begründen. Die zweite möchte aus dem erst zu Begründenden unmittelbare und keines Beweises bedürftige Einsichten machen. Im ersten Falle beißt sich die Logik in den Schwanz, im zweiten Falle läßt sie den Wunsch den Vater des Gedankens sein. Wir können wohl auf einige wenige Intuitionen zurückgehen, sie, wie wir es taten, einfach als selbstverständlich aufweisen. Dann aber beginnt die Mühsal des Denkens. Diese zu klären und zu erleichtern, ist die Aufgabe der Logik als Lehre vom rechten Denken. In eine Definition gekleidet, läßt sich die Logik als Wissenschaft als jene Disziplin der theoretischen Philosophie verstehen, die die gesetzmäßigen Bedingungen untersucht, unter denen eine wahre, das heißt den Sachverhalt treffende Erkenntnis zustande kommt. Nur wenige Ersterkenntnisse sind *intuitiv* zu erfassen. Alle weiteren geschehen diskursiv. Die *diskursive* (fortschreitende) Erkenntnis bedient sich der Denkmittel. Die Denkmittel wiederum sind *Begriff, Urteil* und *Schluß* (Schlußfolgerung). Damit konzentriert sich die Logik als Wissenschaft auf eine Untersuchung dieser Denkmittel und auf ihren Beitrag zur Wahrheitsfindung. Die wesentlichste Untersuchung ist hierbei dem Urteil zu widmen, da sich im Urteil die Erkenntnis ereignet.

Die Aufgabe der *Logik* als Lehre vom rechten Denken und dem Gebrauch der Denkmittel ist sehr genau zu unterscheiden von der *Psychologie des Denkens.* Wenn bei der Beantwortung einer Prüfungsfrage der Kandidat sich überlegt, wie kommt denn der Prüfer zu dieser ausgefallenen Fragestellung, dann betreibt er ein Stückchen Psychologie des Denkens.

Die Psychologie des Denkens bezieht sich auf das Entstehen und die besondere individuelle Färbung der Art, in der Erkenntnisse zustande kommen. Sie bezieht sich aber nie auf die Wahrheit, also auf das eigentliche Was des Gedankens. In der Logik dagegen interessiert gerade das Was des Denkinhalts, ob und wie weit der Denkinhalt mit dem übereinstimmt, was dadurch gedacht und bezeichnet wird.

Wie so oft schlägt auch hier das griechische Wort, nämlich Logos, die Brücke zum besseren Verständnis des Gemeinten. Logos bedeutet sowohl das Wort wie den Geist, wie auch den Gedanken. Den drei Denkmitteln Begriff, Urteil und Schluß entsprechen in der Sprache das Wort, der Satz und die Satzfolge. Die Elemente oder Mittel der Sprache sind nichts anderes als Verdichtungen der Vorgänge im Geiste. Auch die Bedeutung der Sprachmittel steht in strenger Parallele zu den Denkmitteln. Nicht das Wort, sondern der Satz ist das wichtigste. Wenn das Kind auch zunächst nur einzelne Worte lallt, will es in Wahrheit einen Satz bilden, oder logisch ausgedrückt ein Urteil von sich geben. »Ball« heißt dann entweder »da ist ein Ball« oder »ich will diesen Ball haben«. Genausowenig wie der Satz um der Wörter willen da ist, ist auch das Urteil um des Begriffes willen da. Das Urteil baut sich vielmehr auf den Begriffen als Elementen auf, und der Begriff ist in erster Linie schon ein Urteil. Die Logik sagt dazu: ein Demonstrativ-Urteil, also ein hinweisendes Urteil, das in einen einzigen Begriff, in ein einziges Wort gekleidet ist. Unter diesem Vorbehalt können wir die Reihenfolge Begriff, Urteil und Schluß beibehalten. Die Drehachse der Logik bleibt das Urteil.

Wie entsteht der Begriff?

Die Antwort auf diese Frage haben wir schon gegeben, als wir von der Abstraktion handelten. Im Strom von Empfindungen und Wahrnehmungen, der uns unaufhörlich durchzieht, bleibt unser Ich, das heißt, die bewußte Aufmerksamkeit an dieser oder jener Stelle dieses Stromes erhalten. Nehmen wir an, daß wir zum erstenmal in unserem Leben einen feuerspeienden Berg wahrnehmen, das heißt mit eigenen Augen in Tätigkeit sehen. Und nehmen wir weiter an, daß aus irgendwelchen Umständen wir noch niemals von der Existenz solcher Vulkane gehört hätten und daß uns damit auch der Name feuerspeiender Berg und erst recht Vulkan noch nicht begegnet sei. Sobald diese Wahrnehmung vorüber ist, bleibt in unserem Bewußtsein nicht nur die Möglichkeit, jederzeit die gehabte Wahrnehmung zu wiederholen, also eine Vorstellung zu erwecken, sondern wir haben in Verbindung mit dieser erstmaligen und vielleicht einmaligen Wahrnehmung eines feuerspeienden Berges eine dauernde Abstraktion vollzogen oder einen Begriff gebildet. Wir haben etwas Wesentliches aus diesem Erlebnis abgehoben, wie die wörtliche Übersetzung von Abstraktion besagt, nämlich eine irgendwie geartete Erhebung über die Erdoberfläche, aus deren Innerem eine Feuer-, Rauch- und Aschensäule emporsteigen kann.

Auch wenn uns nie mehr eine solche Wahrnehmung überkommt, weil das wirkliche Erlebnis eines feuerspeienden Berges ausbleibt, verbinden wir mit dem Wort Vulkan zwei wesentliche Gedanken oder Merkmale, Erhebung über dem Boden und Feuer. Das Denken im engeren Sinne beginnt gerade mit der *Abstraktion*, mit der Erfassung der Welt als Gegenstand, wie wir im Anschluß an Max Scheler formulierten.

Noch ein anderes Beispiel möge das Gesagte illustrieren. Einem Botaniker begegnet bei seinen Spaziergängen zum erstenmal eine noch nie gesehene Pflanze. Ihre Blüte erinnert ihn an eine Rose. Beim Ausgraben dieser Pflanze entdeckt er aber eine Zwiebel, und das erinnert ihn wieder an eine Tulpe. Er ist sich selbstverständlich unschlüssig, in welche Gattung dieses neuentdeckte Gewächs einzuordnen ist, und sucht nun sicherlich nach weiteren neuen Wesensmerkmalen, die die Zugehörigkeit zur einen oder zur anderen Gruppe rechtfertigen.

Alles Suchen, Neuentdecken und Vergleichen und Einordnen wäre unmöglich, wenn der Mensch nur Wahrnehmungen hätte und nur Vorstellungen in sich bildete. Die Grundlage für alle wirkliche Erkenntnis gibt die Abstraktion, die erste Entfaltung des Denkens im Begriff.

Hier ist vielleicht eine doch zur Sache gehörende Nebenbemerkung erlaubt. Die Abstraktion ist heute in Verruf gekommen, und wenn man jemanden einen abstrakten Denker nennt, dann kann das geradezu als Schimpfwort verstanden werden. In Wahrheit verhält es sich aber so, daß man entweder denkt, und dann muß man immer abstrakt denken, das heißt in Abstraktionen, oder man bleibt im Bereich der reinen Wahrnehmung und der Vorstellung. Man meint mit der negativen Kennzeichnung des nur abstrakten Denkens in Wirklichkeit etwas ganz anderes. Man wünscht, daß das Denken in seinen Begriffen sich immer wieder an den konkreten Dingen und Sachverhalten orientieren möge, und man weiß vielleicht auch, daß es keine noch so »abstrakte Abstraktion« gibt, ohne daß eine Begleitvorstellung als Stütze des abstrakten Gedankens nötig ist. Wenn ich zum Beispiel die Zahl pi (π) hinschreibe oder ausspreche, dann meine ich selbstverständlich den Abstraktionsgehalt oder den Begriff Verhältnis-

zahl zwischen Kreisumfang und Durchmesser oder Kreisinhalt und Durchmesser, also 3,14159.
Um aber diese Zahl pi meinen oder denken zu können, muß ich mir gleichzeitig in meinem Bewußtsein entweder die Zahlen ausgeschrieben vorstellen oder den griechischen Buchstaben vor mir sehen oder einen bestimmten Ton hören oder mir vielleicht auch die Gestalt des listig lächelnden Mathematiklehrers ins Gedächtnis zurückrufen, der diesen Begriff erstmalig erklärte.
Entwicklungsmäßig betrachtet, ist der Begriff die in ein Wort verdichtete Abstraktion, die in einer Wahrnehmung oder mit Hilfe einer stützenden Vorstellung als eine innere Bewußtseinseinheit wesentlicher Seinsmerkmale gewonnen wird. Das erste Wort des Kindes, das beim Auftauchen eines erst einmal gesehenen Gegenstandes ertönt, ist ein Laut gewordener Begriff und Zeuge des Denkens, das heißt der Abstraktionsfähigkeit des Kindes.
Der Begriff stellt eine Bewußtseinseinheit dar, die wesentliche Merkmale zu einem inneren Gegenstand des Bewußtseins zusammenfügt. Der Begriff bildet sich auf Grund von Abstraktionen, die wir ursprünglich aus der Wahrnehmung oder aus der wiederholten Wahrnehmung (der Vorstellung) gewinnen. Die Abstraktion enthält dabei ein gewisses Mehr gegenüber den Bestandteilen der Wahrnehmung, das wir den Sinngehalt nennen. Zu jedem Begriff gehört eine oder gehören unter Umständen auch mehrere Begleitvorstellungen, die den Bewußtseinsinhalt (den Sinngehalt) des Begriffes gleichsam stützen.

Das Kind gelangt von der Wahrnehmung zum Begriff. Alles Denken geht vom Erleben aus. Auch das abstrakte Denken ruht auf einer gestalthaften Erlebnisschicht und hat vom Inhalt her mit Philosophie zu tun.

Der Zeitpunkt, wann die bloße sinnenhafte Empfindungs- und Wahrnehmungstätigkeit des Kindes in Abstraktion übergeht und damit zum begrifflichen Denken wird, ist dabei nicht entscheidend. Obwohl wir alle in der frühesten Kindheit diese Entwicklung mitgemacht haben, geschah sie doch unbewußt. Jedenfalls gibt der Übergang vom Lallen zum ersten sinnvoll angewandten Wort uns unmißverständlich von der vollzogenen Abstraktion im Kinde Aufschluß. Noch aber ist mit dieser Geschichte des Begriffs die Rolle nicht umschrieben, die der Begriff für die menschliche Erkenntnis hat.

Was leistet der Begriff?

In vielen Fällen stellt sich der Begriff, der innere Denkgegenstand unseres Bewußtseins, als verkürzte Form eines Urteils dar. Als das griechische Heer von seinem weiten Perserzug an die kleinasiatische Küste zurückkehrte, erscholl der Ruf Thalatta, Thalatta (das Meer). Das beglückt ausgerufene Wort, der Begriff Meer, stand stellvertretend für den Satz (das Urteil): Nun haben wir endlich das Meer wieder erreicht, die meerumspülte Heimat Griechenland ist nicht mehr allzu weit. Das waren die Gedanken der Soldaten, die sich in diesem Denkinhalt, dem Begriff Meer, verdichteten.
Ganz ähnlich verhält es sich auch mit der Definition. Definieren heißt ursprünglich abgrenzen, also einen bestimmten Gedankeninhalt von einem anderen Begriffsinhalt klar und deutlich unterscheiden. Wenn wir etwa die Elektrizität als eine bestimmte Naturerscheinung oder eine bestimmte Art von Bewegung mit bestimmten Wellenlängen definieren, so grenzen wir in diesem Wort oder Begriff Elektrizität diesen in unserem Bewußtsein vorhandenen Denkgegenstand von einem möglichen anderen Begriff, etwa der Wärme, ab. Sie ist ja auch eine Naturerscheinung, auch eine Bewegung in der Natur, wie etwa der Schall, nur daß andere Wellen und auch andere Wellenlängen in Frage kommen. Um definieren zu können, muß man bereits über die Sache selbst etwas wissen. Man muß also ein Urteil haben, das sich auf die abgekürzte Formel eines Wortes oder eines Begriffes bringen läßt. Der Begriff weist also auf Schritt und Tritt auf das Urteil hin, in

dem sich das Wichtigste für unsere gesamte Erkenntnis begibt. Es ist die Erkenntnis, daß entweder etwas so ist, wie wir es in einem Urteilssatz behaupten, oder nicht so ist, wie das Urteil es aussagt.
Wenn also der Begriff ein verkürztes Urteil darstellt, wozu müssen wir uns dann noch mit dem Begriff befassen, statt gleich auf den wichtigsten Teil der Denklehre, nämlich das Urteil, einzugehen? Die Antwort ist folgende: Wir können auch Begriffe bilden, ohne in ihnen ein Stück Wirklichkeit wiedergeben zu wollen, also ohne sie als verkürztes Urteil zu betrachten. Wenn wir zum Beispiel den Begriff »Marsmensch« in uns vergegenwärtigen, so können und wollen wir

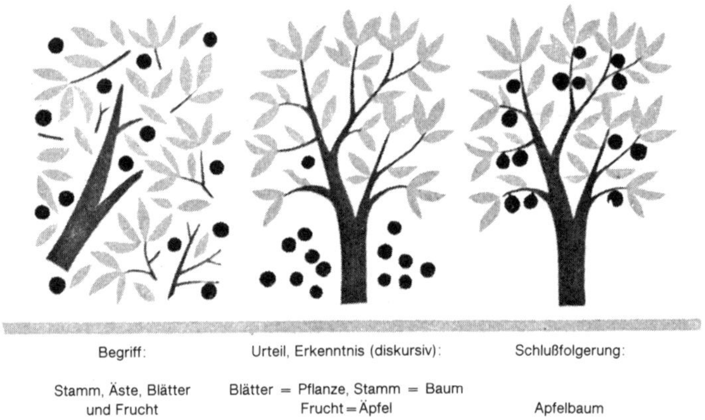

Die Darstellung versucht zu zeigen, wie sich aus Begriffen Urteile und Schlußfolgerungen und damit echte Denkleistungen ergeben.

damit ja noch nicht behaupten, daß der Marsmensch wirklich existiert. Wir denken uns ein lebendes und geistiges Wesen, das so ähnlich ausgestattet sein könnte wie der Mensch und das vielleicht den besonderen Bedingungen eines anderen Planeten entspricht. Wir machen uns ja auch einen Begriff von einem Schlaraffenland, in dem wir alle Annehmlichkeiten des Lebens unter Ausschluß aller Widerwärtigkeiten als Merkmale zu einem inneren Vorstellungs- und Denkgebilde zusammenfügen. Oder die Mathematiker bilden einen Begriff »Kreis«, den es in Wirklichkeit in dieser Weise nie gibt. Das, was es gibt, sind ja nur kreisförmige Dinge, der Kreis als sol-

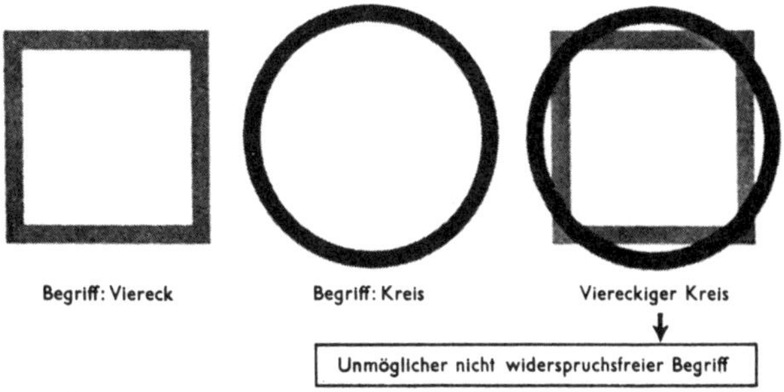

Einander widersprechende Merkmale lassen sich nicht widerspruchslos zu einer inneren Einheit zusammenfügen.

cher existiert nicht. Alle diese Begriffe, für die Beispiele angeführt wurden, stehen unter einer Bedingung: sie müssen möglich sein. Das wird deutlich, wenn wir den Versuch machen, etwa einen Begriff »viereckiger Kreis« zu bilden. Was sich in unserem Bewußtsein abspielt, ist der Versuch, zwei Vorstellungen bzw. zwei Begriffe, nämlich Kreis und Viereck, zu einer Einheit gleichsam zusammenzuzwingen. Dieser Versuch mißlingt aber, wenn wir den inneren Vorgang genau prüfen. Es bleiben nach wie vor zwei Vorstellungen oder zwei Begriffe nebeneinander. Unser Denkversuch bleibt deswegen vergeblich, weil der Begriff auch dort, wo er kein verkürztes Urteil ist, einem Grundsatz des Denkens und der Wirklichkeit entsprechen muß. Er muß widerspruchsfrei sein. Es lassen sich keine widersprechenden Merkmale zu einer inneren Bewußtseinseinheit zusammenfügen. Alles, was ist, und alles, was gedacht werden kann, ist immer mit sich selbst gleich und kann nur mit sich selbst gleich gedacht werden. Es kann nicht zugleich ein anderes oder sein Gegenteil sein. Die Philosophie nennt dieses Grundgesetz den Satz von der *Identität* und der *Kontradiktion.*

Wenn der Begriff etwas leisten soll und ein brauchbares Werkzeug unseres Denkens abgeben soll, dann muß er möglich sein. Er muß mit anderen Worten widerspruchsfrei gebildet werden und die Bedingung des Identitätssatzes erfüllen. Wir können den Begriff also selber definieren als jene von unserem Bewußtsein mit Hilfe von Vorstellungen sinnenhafter Art gebildete Einheit, die Merkmale des Seins (der Wirklichkeit) widerspruchsfrei miteinander verbindet. Sie

fügt nur solche Merkmale zusammen, die nicht wechselseitig in Widerspruch stehen. Der viereckige Kreis ist ein Unbegriff. Auch die Zusammenfügung von Merkmalen, die sich nicht vollständig widersprechen, aber auf ganz verschiedenen Ebenen der Wirklichkeit liegen, führt zu absurden Begriffen. Etwa als Beispiel der »grünkarierte Fleiß«. Fleiß als Eigenschaft oder Tugend eines bewußten Wesens steht auf einer ganz anderen Ebene der Wirklichkeit als eine Farbbezeichnung, die nur materiellen Dingen zukommt. Freilich kann in einem Bild auch ein Merkmal aus einer anderen Ebene gewählt werden. Dann muß aber für diesen Vergleich ein Ansatz im Wesen des anderen Merkmals gegeben sein. Dafür das Beispiel »sonnenbeschienenes Glück«.
In diesem Zusammenhang ist es nützlich, einen Unterschied zu beachten, den die Philosophie macht, wenn sie von einem *konträren* und einem *kontradiktorischen* Widerspruch redet. Konträr nennen wir den Gegensatz von Schwarz und Weiß, Grün und Rot, kontradiktorisch dagegen den Gegensatz von Schwarz und Nicht-Schwarz, Farbig und Nicht-Farbig. Der kontradiktorische Widerspruch ist absolut, der konträre Widerspruch in der Regel ausgeschlossen, wenn man einen richtigen Begriff bilden will.

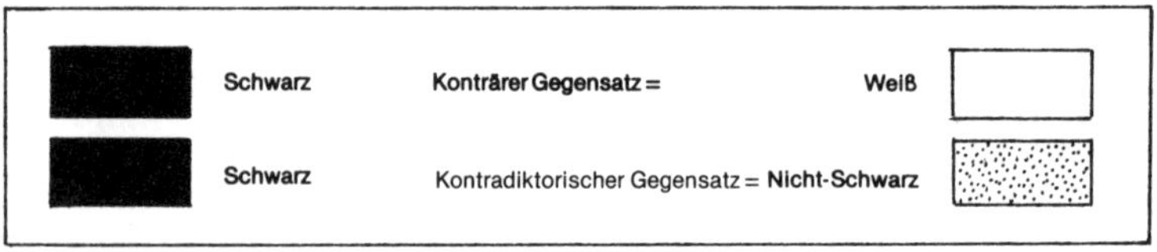

Der konträre Gegensatz von Schwarz ist Weiß oder eine andere Farbe, der kontradiktorische Gegensatz von Schwarz ist Nicht-Schwarz.

Ein klein wenig Grammatik

Die Sprache hat mit dem Denken viel zu tun. Eine unklare und ungenaue sprachliche Form zeugt von einem unklaren und verschwommenen Denken. Aber nicht nur dies. Das Denken braucht auch die Sprache, um sich entfalten zu können. Wir haben sicher gelegentlich von Untaten in der Menschheit gehört oder gelesen, bei denen Kinder, sich selbst überlassen, in einer Wildnis ausgesetzt waren, ohne einen menschlichen Umgang zu haben. Als man dann auf diese verwilderten menschlichen Geschöpfe stieß, die sich ohne eine menschliche Sprache wie Tiere entwickelt hatten, waren sie auch in ihrem geistigen Vermögen zurückgeblieben und unentfaltet.

Ohne an dieser Stelle den innersten Gründen des Zusammenhangs zwischen Sprache und Denken nachzugehen, wollen wir hier, da wir uns mit den Denkmitteln beschäftigen, deren sich jede Wissenschaft und auch die Philosophie bedient, nur eine Entsprechung herausgreifen, nämlich die von Grammatik und Denken. In der Schule haben wir bereits gelernt, daß jeder Satz sich aus Wörtern zusammensetzt. Im Denken entspricht dem Wort der eben abgehandelte Begriff, und dem Satz entspricht das Urteil, mit dem wir uns im nächsten Kapitel zu befassen haben.

Mehrere Sätze (Hauptsatz und Nebensatz) fügen sich zu einer Satzfolge zusammen. Sie werden durch Konjunktionen in ihrem jeweiligen Verhältnis zueinander verbunden (und, oder, daß, weil, wenn, denn, also). Wie in der Logik dem Wort der Begriff, dem Satz das Urteil entspricht, so ist auch die grammatikalische Satzverbindung oder Satzfolge (Syntax) in der Schlußfolgerung der Logik wiederzuerkennen. Der Dreistufenbau Wort, Satz, Satzverbindung oder Satzfolge in der Grammatik hat in Parallele im Bereich des Denkens die Dreigliederung der Denkmittel von Begriff, Urteil und Schlußfolgerung. Sich diesen Zusammenhang zwischen Sprache und Denken klarhalten, heißt dann auch die Denkmittel in der Ordnung und Zuverlässigkeit einsetzen, daß daraus ein logisches Denken erfließen kann. Daß die Sprache in vielen Fällen nicht logisch, sondern auch willkürlich und zufällig verfährt, darf dabei nicht übersehen werden, sowenig wie auch mit einer noch so gut gehandhabten Logik nicht die Wirklichkeit als solche voll erfaßt oder gar ausgeschöpft werden kann. Nach dem Wort Shakespeares gibt es eben Dinge zwischen Himmel und Erde, von denen sich die Schulweisheit nichts träumen läßt.

Ohne demnach ein blindes Vertrauen in eine bloß formale Anwendung der Denkmittel haben zu dürfen, kann wirkli-

ches Philosophieren nur gedeihen, wenn es sich der Hilfe dieser Mittel, soweit es das Sein und die Wirklichkeit nur gestatten, bedient. Wo die Grenzen der Logik liegen, das werden wir unten noch zu besprechen haben.
Das von Mephisto gepriesene Collegium logicum kennt diese Grenzen nicht und muß daher zu einem falschen Denken und einer falschen Philosophie führen.

Das Urteil

Das Urteil umschließt unser Denken, es ist der Ausdruck unseres Denkens, ob es wahr oder falsch, exakt oder ungenau ist. Auch der Zweifel und die Frage und der Wunsch wie die Forderung kleiden sich in einen Urteilssatz. Worin besteht das Wesen eines Urteils? Blicken wir dabei zunächst auf die grammatikalische Seite, den Satz, und wählen wir ein Beispiel.
Sokrates, der griechische Philosoph, wurde im Jahre 399 v. Chr. von den Athenern zum Tode verurteilt. In dieser Aussage (Urteil) wird von Sokrates (Subjekt des Satzes) etwas ausgesagt. Die Verurteilung durch die Athener ist Prädikat des Satzes. Diese Beziehung einer Satzaussage auf einen Satzgegenstand bildet auch den Kern jedes Urteils. Von einem Seienden wird etwas Bestimmtes ausgesagt oder, anders ausgedrückt: es wird ein bestimmter Sachverhalt von einem Etwas (Ding oder Person) behauptet oder verneint. Ein Urteil im logischen Sinne liegt immer dann vor, wenn ein bestimmter Sachverhalt an einem Seienden als gegeben oder nicht gegeben bejaht oder verneint wird. Das Entscheidende, damit überhaupt ein Urteil zustande kommt, ist die Bekräftigung durch den Sprechenden: Ja, das ist so; nein, das ist nicht so. Damit ist dem Seienden und der Wirklichkeit bereits ein wesentlicher Platz eingeräumt.
Diese Bekräftigung können wir uns auch vom Bewußtsein des Denkenden und Sprechenden her klarmachen. Was ereignet sich in unserem Bewußtsein, wenn wir ein Urteil wie das obige aussprechen? Wir stellen uns Sokrates vor und stellen uns die verurteilenden 500 Athener vor. Diese beiden Vorstellungsgehalte oder auch Begriffsgehalte beziehen wir dann in

unserem Bewußtsein aufeinander und sagen dann: Ja, diese Beziehung besteht. Wir vergegenwärtigen uns also mehrere, mindestens zwei Begriffsgehalte und bringen sie zur Dekkung. Die Logik drückt das schematischer aus, indem sie formuliert: Der Subjektsbegriff (S), hier Sokrates, und der Prädikatsbegriff (P), hier die Verurteilung der Athener, sind aufeinander bezogen. Diese Bezogenheit wird bejaht, P wird von S als wirklich wahr ausgesagt.

Diese reichlich schematische und den Leser möglicherweise anödende Darstellung des Urteils bekommt sicherlich etwas Farbe und Bedeutung, wenn wir uns andere Beispiele vergegenwärtigen, in denen wahre Urteile nicht zustande kommen bzw. nicht möglich sind oder in denen an Stelle eines Urteils nur der *Zweifel* tritt. Wenn in der Aufklärung einer verwikkelten Mordsache kein Geständnis des Täters vorliegt, aber andererseits Indizien vorhanden sind oder die Täterschaft wahrscheinlich machende Zeugenaussagen, dann liegen vom gleichen Subjekt (dem Angeklagten) zwei Prädikate vor: Es ist der Mörder; es ist nicht der Mörder. Damit berühren wir das Wesen des echten Zweifels, wie ja auch das Wort Zweifel, das mit zwei zusammenhängt, es umschreibt. Es liegen in Wahrheit zwei in unserem Bewußtsein vorgestellte Halburteile vor, die sich widersprechen, ohne daß die Wahrheit oder Falschheit von $S = P\ 1$ oder $S = P\ 2$ entschieden werden kann.

Der Zweifel verwirklicht nur den ersten Teil des Urteilens in uns, nämlich die Vergegenwärtigung von zwei Begriffen in ihrer möglichen Beziehung zueinander. Das denkende Ich sieht sich nicht imstande, die Zustimmung zu einer dieser im Bewußtsein gegenwärtigen Beziehungen von S und P zu geben. Dieser zweite Teil des Urteilens macht erst ein wirkliches Urteil aus. Mit einem lateinischen Wort nennt man diese Zustimmung, dieses Ja- oder Neinsagen, den Assensus. Überall da, wo der Assensus mit Recht nicht gegeben werden kann, läßt sich höchstens eine Frage, ein Zweifel oder eine bloß vermutete Möglichkeit behaupten. Ein wahres und endgültiges Urteil muß immer mit dem bekräftigenden Punkt abschließen können.

Wählen wir noch ein weiteres Beispiel, bei dem zwar kein Zweifel im strengen Sinne gegeben ist und doch ein abschließendes wahres Urteil fehlt:

»Die Zahl aller Sterne ist gerade; die Zahl aller Sterne ist ungerade.« Wir können diese hier formulierten Behauptungen als ein Alternativurteil ansprechen. Es bestehen nur diese beiden Möglichkeiten. Welche von beiden aber wirklich ist, bleibt für uns unentscheidbar. Wir vergegenwärtigen in unserem Bewußtsein zwei Sachverhaltsbeziehungen, ohne einer von beiden den Zuschlag, den Assensus, geben zu können. Die logische Frage nach der Wahrheit spitzt sich demnach auf die andere Frage zu: Wann können und dürfen wir mit Recht die Bekräftigung im Sinne von »es ist so« oder »es ist nicht so« geben? Die Wahrheit, die wir im Urteil aussprechen und die das Ziel unseres Wissenwollens ist, hängt aufs engste mit dem Erscheinen der Wahrheit, ihrem Offenbarwerden für uns, zusammen. Die Philosophen sagen, die Wahrheit muß evident werden.

Die Evidenz

Wenn wir ein gutes deutsches Wort für den lateinischen Begriff Evidenz suchen, so könnte man vielleicht von Erscheinen oder Herausleuchten oder Offenbarwerden sprechen, wie wir es soeben schon getan haben.

Wenn der Leser sich im Augenblick dieser Lektüre selber in seinen Stimmungen beobachtet, wird er vielleicht eine gewisse Langeweile in seinem Inneren feststellen. Er wird also das Urteil fällen: Mir ist bei dieser Lektüre langweilig zumute. Die Wahrheit dieses Satzes ist ihm in seinem Bewußtsein unmittelbar anschaulich, er »fühlt« diese oder auch eine andere Stimmung direkt. In diesem Beispiel ist also die Evidenz verwirklicht.

Über Stimmungen und innere Vorgänge in einem anderen Menschen können wir aber nicht in gleicher Weise urteilen, weil uns keine unmittelbare Evidenz für diesen Tatbestand gegeben ist. Wir sind auf eine Vermittlung angewiesen. Unmittelbare Evidenz, also ein direktes Aufleuchten der Wahrheitsbeziehung, liegt aber beispielsweise auch dann vor, wenn wir behaupten $2 \times 2 = 4$ oder eine unmittelbar einzusehende Feststellung treffen, daß irgendein Etwas nicht zugleich ein Nichts oder ein Anderes sein kann.

Von dieser unmittelbaren Evidenz unterscheiden wir eine abgeleitete oder mittelbare Evidenz, die dann immer vorliegt, wenn wir zwar die Wahrheit eines Sachverhaltes behaupten und auch einsehen können, aber nicht direkt aufleuchten sehen.
Es klopft an unserer Tür, wir rufen herein. Noch bevor die Tür sich öffnet, können wir behaupten als wahr und gültig, daß jemand, also irgendein Wesen, an der Tür geklopft hat und damit vor der Tür sich befindet. Die Wahrheit stellt sich uns nicht direkt vor unserem äußeren oder inneren Auge selber dar. Wir müssen vielmehr eine andere Wahrheit und deren Evidenz als Stütze oder Umweg benutzen, um die Wahrheit des Satzes, es ist jemand draußen vor der Tür, als wahr behaupten zu können. Auf solche mittelbaren Evidenzen sind wir in Hülle und Fülle angewiesen. Wir benutzen sie auch recht häufig, ohne uns immer genügend der möglichen Fehlerquellen in der Anwendung bewußt zu sein. Denn, um auf unser Beispiel zurückzukommen, es könnte ja durchaus sein, daß irgendein lebloser Gegenstand durch einen Zufall auf die Tür schlägt und in uns den Eindruck des Klopfens durch eine menschliche Person hervorruft. Die Wissenschaft kann mit mittelbaren Evidenzen deswegen nur so weit arbeiten, als diese letztlich wiederum auf unmittelbare zurückgehen, d. h. auf tatsächlich zutage tretende Sachverhalte.
Am häufigsten dürfte in unserem Leben eine dritte Form von Evidenz sein, die sich nur als persönliche oder als *Vertrauensevidenz* bezeichnen läßt. Wir »wissen«, daß Karl der Große im Jahre 800 in Rom zum Kaiser gekrönt wurde, oder daß die Vereinigten Staaten von Nordamerika zwischen 6000 und 7000 Kilometer vom mitteleuropäischen Festland entfernt sind. Nur für ganz wenige Menschen läßt sich die Wahrheit dieser Sachverhalte, an denen nicht zu zweifeln ist, im Wege von mittelbaren Evidenzen herstellen. Die weitaus überwiegende Zahl der Menschen nimmt diese Wahrheiten nur entgegen, indem sie statt der sachlichen mittelbaren Evidenz eine persönliche Vertrauensbestätigung einschiebt. Wann ist eine solche Vertrauensevidenz trotzdem gerechtfertigt? Immer dann, wenn die Quelle selbst, aus der wir die Wahrheit nehmen, vertrauenswürdig ist und wenn die betreffende Person, die wir als Quelle anerkennen, auch selber einen mittelbaren oder unmittelbaren Einblick in den Sachverhalt hat.

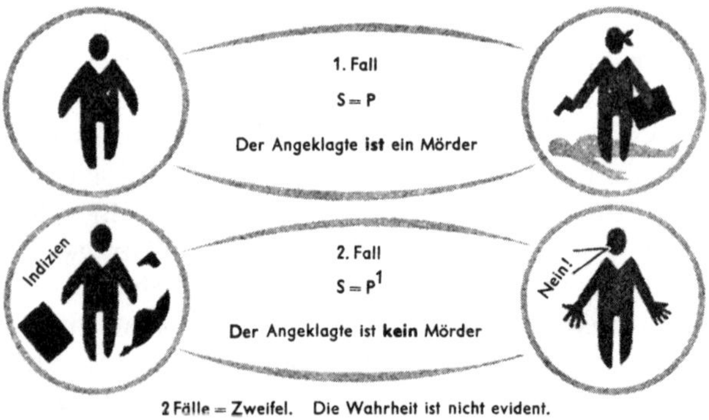

Durch die beiden verschiedenen Behauptungen wird die Wahrheit nicht unmittelbar einleuchtend, nicht evident. Das objektive Recht wird vom Rechtsgefühl ergänzt, das reife und ethische Verantwortung verlangt.

Wenn uns ein Aufschneider, der von einer Afrika-Reise zurückkehrt, über ungewöhnliche Tiere berichtet, die dort existierten, so werden wir das kaum als Ersatz für eine sachliche Evidenz wählen können. Wenn uns dagegen ein ernstzunehmender Forscher über den gleichen Tatbestand etwas aussagt, übernehmen wir diese Wahrheit mit Recht. Beides, die persönliche Vertrauenswürdigkeit und der sachliche Einblick, gehören zu dieser Vertrauensevidenz hinzu. Wenn uns ein als aufrichtig bekannter Mensch über Tatbestände etwas sagt, die seinem Einblick entzogen sind, dann ist das noch kein für uns genügender Evidenzersatz.

Zusammenfassend kann also für die logische Brauchbarkeit des Urteils gesagt werden und muß gefordert werden, daß der Zuschlag, der Assensus, die Bejahung oder die Verneinung nur dann gegeben werden sollen, wenn eine der vorgenannten Evidenzen vorliegt. Ein vorschnelles oder blindes Urteil ist dann zu verzeichnen, wenn ein Urteil als solches gewagt wird, ohne daß Evidenz vorhanden ist. Es kann dann zwar auch ein wahres Urteil sein, aber wir haben keine psychologische Gewißheit. Es wäre dann ein Urteil nach dem Motto: Ein blindes Huhn findet auch ein Korn. Und auf diesen unsicheren Weg sollte sich ein philosophierender Mensch nie begeben.

Schlußfolgerung

Wenn man die Unhaltbarkeit und bloß mechanische Verspieltheit der sogenannten Schulphilosophie (der Scholastik) [in Wahrheit: eine Abart von Scholastik] zeigen will, führt man in der Regel das Schlußverfahren (den Syllogismus) an. Aus ihm werde deutlich, wie man auswendig gelernte Regeln ohne Sinn anwendet, um dadurch »richtige« Beweise zu gewinnen. Die richtig angewandte Schlußfolgerung, deren wir uns im Leben, in der Wissenschaft, in der Philosophie bedienen – meist ohne daß wir es merken –, ist aus wenigen Grundbedingungen zu erklären. Man sollte sich ihrer im Zweifelsfall erinnern, um weder einen Kurzschluß noch einen Trugschluß, noch eine unberechtigte Verallgemeinerung zu vollziehen. Denn das sind die drei Fehlformen, die häufig genug vorkommen und die wir uns also hier aufs Korn nehmen wollen.

Die Beweise, die Schlußfolgerungen, wie immer wir sie nennen wollen, stellen immer Verknüpfungen von mindestens je zwei Urteilen dar, aus denen dann ein drittes Urteil, die eigentliche Schlußfolgerung, gezogen wird.

Philosophen handeln überlegt
Sokrates ist ein Philosoph

Also handelt Sokrates mit Überlegung.

Dieses recht platte und selbstverständliche Beispiel zeigt uns zwei Vordersätze, die sogenannten Prämissen, und unter dem Strich die conclusio oder die consequens (Konsequenz), das was etwa in einem mathematischen Beweis zu begründen war: quod erat demonstrandum.

Zerlegen wir nun die drei Urteile dieses Beispiels in Subjekts- und Prädikatsbegriffe, so können wir formelhaft so schreiben:

S_1 (Philosophen) – P_1 (handeln überlegt)
S_2 (Sokrates) – P_2 (Philosoph)

S_2 (Sokrates) – P_1 (handelt überlegt)

Die beiden oberen Urteile (die Prämissen) stimmen in einem Begriff (Philosoph) überein, der in der ersten Prämisse (der major) Subjekt und in der zweiten Prämisse (der minor) Prädikat ist. Diesen übereinstimmenden Begriff heißt man Mittelbegriff und kürzt ihn mit M ab.

Danach können wir unsere Schlußfolgerung noch etwas vereinfachter so schreiben:

M (Philosophen)	–	P_1 (handeln überlegt)
S_2 (Sokrates)	–	M (Philosophen)
S_2	–	P_1

Daran ist zu sehen, daß der Mittelbegriff in der conclusio fortfällt. Er hat seine Schuldigkeit getan, nämlich die Verknüpfung geleistet, und »kann gehen«.
Bevor wir die wesentlichste praktische Folgerung ziehen, wie nämlich der Trugschluß zu vermeiden ist, seien erst die harmloseren Fehlfolgerungen aufgezeigt.
Ein *Kurzschluß* liegt dann vor, wenn nur eine Prämisse gegeben ist, also, um ein in der Logik oft verhandeltes Beispiel zu wählen:

Minos ist ein Kreter

Also lügt Minos.

Die Folgerung bleibt ein Kurzschluß, wenn nicht eine zweite Prämisse dazu kommt: Alle Kreter lügen.
Mit diesem offensichtlich in seiner restlosen Verallgemeinerung falschen Urteil berühren wir die ebenfalls sehr häufige logische Sünde der *Generalisierung* (Verallgemeinerung). Generalisierung ist an sich eine Verfahrensweise der Mathematik und der Naturwissenschaft, die auf dem Wege der Induktion aus den Einzelheiten die Gemeinsamkeiten heraussondert. In den Geisteswissenschaften führen solche Verallgemeinerungen häufig zu Trugschlüssen. Dazu müssen wir einen kleinen Einschub über die Urteilsarten machen.

Urteilsarten

Kants Urteilstafel zählt zwölf Urteilsarten auf, die wir hierher schreiben wollen, um bei Gelegenheit auf diese Tafel zurückzugreifen. Es sind vier Einteilungsprinzipien, die je drei Urteilsarten unter sich begreifen. Die Einteilungsprinzipien heißen:

Quantität	(Gesichtspunkt der Zahl, für die ein Urteil gilt)
Qualität	(ob ein Urteilsgehalt bejaht, verneint, nur zum Teil bejaht oder verneint wird)
Modalität	(wie das einzelne Urteil begründet, das heißt in welchem Maß es evident ist)
Relation	(in welcher Beziehung ein Urteil zu einem anderen Urteil steht oder ob es ganz für sich gilt: kategorisch)

Urteilstafel

Quantität:	allgemein	– partiell	– unbestimmt
Qualität:	bejahend	– verneinend	– limitierend (begrenzend)
Modalität:	apodiktisch (denknotwendig)	– assertorisch (erfahrungsbegründet)	– problematisch (ohne strenge Evidenz)
Relation:	kategorisch (für sich gültig)	– hypothetisch (wenn das eine, dann auch das andere)	– disjunktiv (entweder das eine oder das andere)

Wir wollen später noch auf diese Tafel zurückgreifen und beschränken uns jetzt nur auf das Notwendigste, um nicht zu verwirren.

Allgemein wäre beispielsweise ein Urteil, das von all den Subjekten gilt, über die ein Urteil gefällt wird: »Alle Säugetiere bringen lebende Junge zur Welt.«

Partiell ist das Urteil: »Ein Teil der Säugetiere sind Huftiere.«

Unbestimmt der Zahl nach wäre ein Urteil wie: »Menschen sind Egoisten.«

Die so häufige falsche Generalisierung (Verallgemeinerung) entsteht bei einer Schlußfolgerung dann, wenn man allgemeine und partielle (oder unbestimmte) Prämissen gemischt hat und trotzdem eine allgemeingültige Schlußfolgerung daraus ableitet, etwa nach dem Schema:

Menschen sind Egoisten
Paul ist ein Mensch

Also ist Paul ein Egoist.

Man möge sich an diesen platten und selbstverständlich falschen Konsequenzen nicht stoßen und erklären, da sieht man ja die Überdrehtheit der Philosophen, die aus allem einen Donnerschlag machen. So trivial diese Beispiele sind, in komplizierteren Schlußfolgerungen achten viele leider nicht auf solche Selbstverständlichkeiten oder lassen sich von anderen düpieren. Das »Puzzle«-Spiel einer gewissen Scholastik bestand eben darin, daß alle nur möglichen Urteilsarten miteinander verbunden wurden und dann Regeln aufgestellt wurden, ob und wann ein und welcher Schluß herauskommen müsse. Wir wollen dieses Wahrscheinlichkeitsspiel nicht wiederholen, sondern auf den Kern zurückführen, nämlich auf den Mittelbegriff.

Der Mittelbegriff

Als drastisches Beispiel für eine falsche Bildung der Schlußfolgerung, weil die Funktion des Mittelbegriffs nicht beachtet ist, diene der Syllogismus:

Der Fuchs ist ein Vierbeiner.
Der Steuersünder ist ein Fuchs.

Der Steuersünder ist ein Vierbeiner.

Äußerlich scheint unser Schema, das wir oben gaben,

$$\begin{array}{lcl} S_1\,(M) & - & P_1 \\ S_2 & - & P_2\,(M) \\ \hline S_2 & - & P_1 \end{array}$$

erfüllt zu sein. Der Drehbegriff (Fuchs) fällt in der Conclusio fort.

Was ist hier falsch? – Der aufmerksame Leser hat es sicher schon entdeckt. Es handelt sich gar nicht um einen Mittelbegriff, sondern nur um ein Mittelwort, hinter dem zwei verschiedene Begriffe stecken. Sie sehen nur im Wege einer vergleichenden Übertragung (einer teilweisen Analogie) wie ein Begriff aus. Man nennt dieses Trugschlußverfahren auch quaternio, also eine Prämissenbildung mit vier Begriffen, während es nur drei sein dürfen.

Auch dieses wenig geistreiche Exempel dürfte so lächerlich selbstverständlich sein, daß man mit einigem gesunden Menschenverstand auch ohne solche logischen Überlegungen auskommt. Wir betonten aber schon, daß solche Düperien nicht so offenkundig angewendet werden wie in unseren Beispielen. In versteckter Form spielen sie eine um so erfolgreichere Rolle im Leben eines jeden Menschen und sogar in der Wissenschaft, in den »Sophismen«, also den Trugschlüssen sophistischer Art.

Die formale Logik, als wissenschaftliche Disziplin, kann dem gesunden Menschenverstand eine mehr negativ wirkende heilsame Korrektur bieten, damit er die Logik als praktische und kritische Kunst immer besser zu handhaben versteht. Fassen wir die wesentlichen Ergebnisse zusammen, so ist zu achten auf:

1. eine widerspruchsfreie und klare Begriffsbildung,
2. die Wahrheit und die Evidenz des Urteils,
3. die durch einen echten Mittelbegriff geschehene Verknüpfung von wahren und evidenten Urteilen (mindestens zweien) zur echten (und darum wahren) Schlußfolgerung,
4. auf die Urteilsarten. Sie sind zu prüfen, wobei eine einschränkende Geltung, Ausdehnung oder Begründung eines

der beiden Prämissenurteile auch eine solche Abschwächung und Begrenzung im Schluß zur Folge hat. Aus zwei problematischen oder einem problematischen und einem apodiktischen Urteil kann nie eine nicht problematische Schlußfolgerung gezogen werden.

Am Beispiel der formalen Logik zeigt sich ein uns überraschendes psychologisches Gesetz: Selbstverständlichkeiten sind nicht immer Selbstverständlichkeiten. Sonst wäre die Geschichte des Denkens nicht von Irrungen und Wirrungen durchzogen, sonst häuften sich nicht die Verallgemeinerungen, Kurz- und Trugschlüsse im Leben. Wieweit das rechte Denken auch mit dem rechten Wollen zusammenhängt, das wird uns noch im Kapitel: »Der handelnde Mensch« beim Problem der Freiheit und Willkür beschäftigen. Denken und Wollen in Einklang zu bringen, gehört zu den Aufgaben jeder sittlich und ethisch reifen Persönlichkeit. Die Philosophie führt zum rechten Erkennen, den Weg dazu muß der Mensch aber selber gehen.

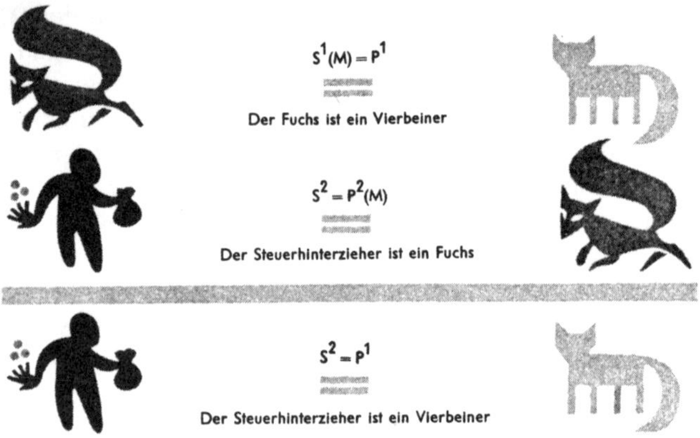

Daß man mit der Logik auch das Gegenteil beweisen kann, zeigte schon Aristoteles auf: Der Schluß wurde schon von den Sophisten zur Begründung ihrer Scheinwahrheiten mißbraucht und spielt im allgemeinen Denken der Menschheit immer wieder eine große Rolle.

Methodisches Handwerkszeug

Besser lautete die Überschrift: Methodisches Geistwerkzeug. Denn wie die Hand schafft, so braucht auch der Geist ein Werkzeug, das die eigentümliche Kraft der Hand beziehungsweise des Geistes verlängert und verfeinert. Die Denkmittel Begriff, Urteil, Schluß sind gleichsam die Grundwerkzeuge, weswegen auch die erste Schrift, die sich mit Begriff, Urteil und Schlußfolgerung befaßte, als »Organon« – des Aristoteles – zusammengefaßt wird. Unser heutiges Fremdwort Organ besagt im Griechischen ursprünglich Werkzeug, also Mittel, dessen sich der Mensch beim Schaffen (materiellem oder geistigem) bedient, um ein gutes und immer besseres Werk hervorzubringen. Auch das Wort Methode stammt aus der griechischen Sprache und bedeutet: »auf dem Wege«. Wir treffen also hier ein paar begriffsklärende Feststellungen, auf welchem Wege Wissenschaft und Philosophie zu Urteilen gelangen, die dem oben besprochenen Typ und seinen wahrheitssichernden Bedingungen entsprechen. Anders ausgedrückt: Auf welche Weise gelangen wir zu Erkenntnissen (wahren Urteilen)? Darauf gibt es nicht nur eine Antwort, sondern mehrere. Es gibt ja verschiedene Methoden, mit deren Hilfe die verschiedenen Seins- und Wirklichkeitsbereiche sich erschließen. Wir wollen das hier noch nicht auf die darin auch verschieden vorgehenden Wissenschaften anwenden, sondern nur die Möglichkeiten aufweisen, die je nach der Perspektive des Betrachtenden auch in sich gemischt vorkommen. Was ist Erkenntnis?

Jede menschliche Erkenntnis baut sich – vom Erkenntnisvermögen des Menschen her gesehen – aus zwei sich bedingenden und ineinander übergehenden Faktoren auf: Anschauung und Denken. Unser vielzitierter deutscher Philosoph Immanuel Kant sagt in seiner »Kritik der reinen Vernunft« schlicht und zutreffend, daß *Anschauung ohne Denken blind und Denken ohne Anschauung leer* sei. Die Abstraktion, wie wir sie oben als ersten Denkvollzug beschrieben haben, hebt an einem anschaulich vorgestellten Bild (etwa dem Ball) das Wesen – den Kerngehalt von einem rundlichen und handlichen Etwas – denkend ab und hantiert dann mit diesem Gedankending weiter.

Dementsprechend gewinnen wir unsere ersten Erkenntnisurteile »intuitiv«. Intueri (lateinisch) heißt anschauen. Bevor wir beweisen können, müssen wir erst unbeweisbare, aber auch eines Beweises nicht bedürftige unmittelbare Anschauung besitzen, die wir dann gedanklich zu begrifflichen Abstraktionen durchdringen. Es gibt philosophische Lehren, die im Grunde alle unsere philosophischen Erkenntnisse als solche Intuitionen, als unmittelbar geschaute Ideen (Platon), als eingeborene Ideen (Descartes), als Wesensschau (Phänomenologie Edmund Husserls), als Wertfühlen (Max Scheler) bezeichnen.

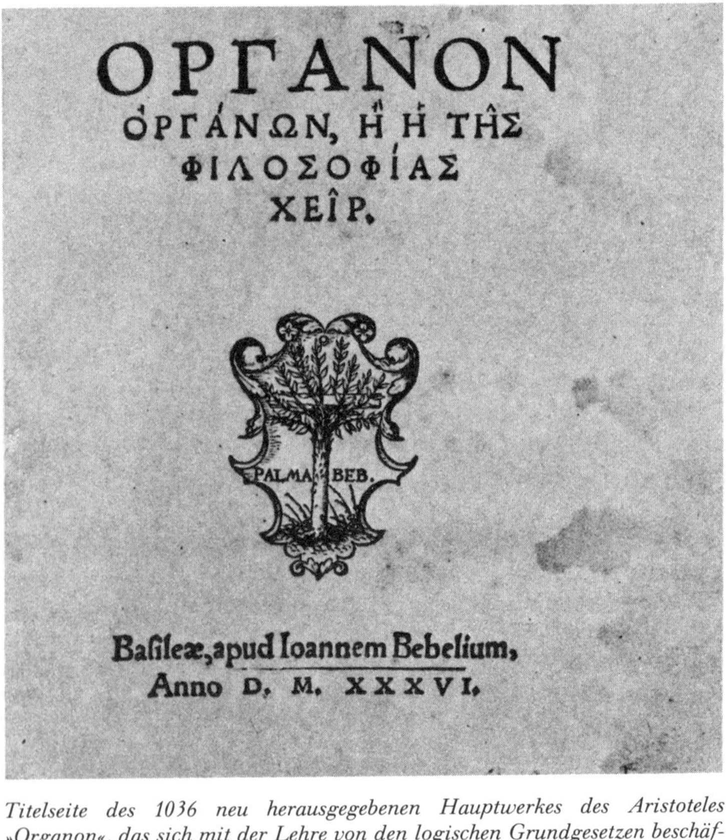
ΟΡΓΑΝΟΝ
ὈΡΓΆΝΩΝ, Ἢ Ἡ ΤΗ͂Σ
ΦΙΛΟΣΟΦΊΑΣ
ΧΕΙ͂Ρ.

PALMA BEB.

Basileæ, apud Ioannem Bebelium,
Anno D. M. XXXVI.

Titelseite des 1036 neu herausgegebenen Hauptwerkes des Aristoteles »Organon«, das sich mit der Lehre von den logischen Grundgesetzen beschäftigt. Es wurde auch »Analytik« genannt und hat mit Begriffen, Urteilen und Schlüssen zu tun.

Nicht im Gegensatz, sondern in Ergänzung zum Begriff der Intuition ist der der Reflexion zu sehen. Reflex (lateinisch) bedeutet Spiegelung. Das Geschaute wird im Verstand noch einmal abgespiegelt, wiederholt und von mehreren Seiten betrachtet, die uns erst in mehreren Anschauungen zugänglich werden. Ist die Intuition ein punkthaftes Verweilen bei je einer Anschauung, so leitet die *Reflexion* das ein, was wir mit einem neuen methodischen Begriff *diskursives* Erkennen nennen.

Es wäre denkbar, daß der menschliche Geist, so wie wir uns einen reinen Geist – der keinen Körper besitzt – vorstellen können, eine Anschauung an die andere fügt, ohne beweisen und ableiten zu müssen. Die menschliche Erkenntniskraft ist aber tatsächlich anderer Art. Sie schreitet fort, sie diskurriert, das heißt, sie muß Ketten von Begründungen durchlaufen, um Erkenntnisfortschritte zu machen. Sie kann nicht einfach bloß hinschauen und damit alle und jede Wirklichkeit erfassen. *Unser Denken ist diskursiv.*

Dieses aufbauende durchlaufende Erkennen geschieht nun wieder in doppelter Gangart, wobei wir zwei neue Wege des Beweises begrifflich einführen: die *Induktion* und die *Deduktion*. Es sind die hinaufführende und herabführende Beweismethode. In der Induktion wird von den vielen Einzelfällen – der Erfahrung – zum allgemeinen umfassenden Gesetz, einem umgreifenden Urteil, emporgeführt. Alle Naturwissenschaften müssen so verfahren. In der Deduktion wird aus einem umfassenderen Obersatz oder mehreren solcher umgreifenden Urteile auf ein engeres und spezielleres Urteil geschlossen. Es ist ein Verfahren, das in der Mathematik ständig angewendet wird und das sich sehr bequem als *Syllogismus* darstellen läßt.

Entscheidend für die Anwendung dieser richtungsmäßig verschiedenen Verfahren ist, daß sie beide in echten Intuitionen (ersten unmittelbaren Wesensanschauungen) gründen müssen, damit überhaupt ein »Lauf«, ein diskursives Verfahren, beginnen kann. Ebenso wesentlich erscheint aber auch, daß beide Verfahrensweisen selten in voller Reinheit zur Darstellung kommen, sondern daß die Mischung beider mit Schwerpunkt in dem einen oder anderen Verfahren die Regel ist. Blaise Pascal drückt die Bedingung der Intuition in seinen

Pensées (Gedanken) so aus, daß er einen »esprit de finesse« (Feinsinn) und einen »esprit de géometrie« (einen logisch-beweisenden Erkenntnis-Sinn) unterscheidet, die für jeden Wissenschaftler gleich unentbehrlich seien. Der Feinsinn entdeckt, der Beweis erschließt, und der Feinsinn fügt dann wieder in eine größere Einheit zusammen.
Nach unserer Auffassung gründen sich viele Irrtümer in der Geschichte des Denkens und der Wissenschaft darauf, daß man einspurig verfährt, also aus einer Methode alles ableiten will. Das verwickelte (komplizierte) und vielschichtige Sein der Wirklichkeit fordert aber auch eine Vielheit der Wege, auf denen allein es sich uns erschließt. Der denkende Mensch muß sich dem Sein anpassen, muß offen und »erschlossen« sein, wie die moderne Philosophie sagt. Er muß »Hirte des Seins« (Martin Heidegger) und nicht Herr des Seins sein wollen. Liebe zur Weisheit (Philosophie) bedeutet die Unterordnung der Logik unter die Ontologie, der Denklehre unter die Seinslehre.

Erklären und Verstehen

Um sich die verschiedenen Wege noch einmal in einer möglichst einfachen und der heutigen Sprachübung folgenden Weise klarzumachen, könnte man folgenden Stufenaufbau errichten, der uns wie eine Treppe von der schlichten Beschreibung dessen, was ist, bis zu einer moralischen oder ästhetischen Beurteilung führt:

beschreiben (darstellen)
erklären
verstehen
deuten
bewerten (beurteilen).

Zunächst wird jede gewissenhafte und wahrheitsliebende Untersuchung im Leben und in der Wissenschaft schlicht das wiedergeben, also darstellen oder beschreiben müssen, was da ist und wie es da ist. Der Historiker will zunächst einmal wissen, »wie es wirklich gewesen ist«. Der Naturwissenschaftler muß genau beobachten, was tatsächlich in der Natur oder bei einem Experiment vor sich geht. Ohne diese Grundstufe kommt keine Wissenschaft und selbstverständlich auch die Philosophie nicht aus.

Darauf baut dann im wörtlichsten Sinne die Erklärung oder Begründung im streng kausalen Gebrauch auf: Mitten im Winter gibt es plötzlich ein Gewitter. Wir suchen nach der Erklärung, dem Grund hierfür und finden ihn dann in den gleichen physikalischen Bedingungen in der Atmosphäre, die wir auch von einem uns vertrauten Sommergewitter her kennen.

Die erklärende Methode wird in allen Wissenschaften angewandt, denn sie bedeutet nichts anderes als das Rückführen einer Wirkung auf eine oder gegebenenfalls auch mehrere Ursachen in einer direkten Spur. Die Spur ist bereits durch Parallelfälle, die man aus der Erfahrung kennt, eingefahren.

Die erklärende Methode herrscht vorwiegend in der Naturwissenschaft, obwohl wir auch dort nicht allein mit diesem wissenschaftlichen Wege auskommen. Daher fügt sich an die Erklärung als Stufe die weitere des Verstehens. Dieses Verstehen, das gerade auch in der modernen Philosophie (wir erinnern an Wilhelm Dilthey) mit Recht eine größere Rolle spielt, kann wiederum mehrschichtig aufgefaßt werden. Die erste Teilstufe des Verstehens bedeutet das Zusammenschauen aller Ursachen in einem Sinnganzen und die Einbeziehung auch des Zweckes oder Zieles, um dessentwillen eine bestimmte Ursache eine bestimmte Wirkung auslöst. Wenn uns zum Beispiel beim Anblick oder beim Duft einer bestimmten Frucht das Wasser im Munde zusammenläuft, dann läßt sich diese Wirkung physikalisch und meinethalben auch chemisch erklären. Verstehen kann man diesen Vorgang aber erst aus der inneren Zielsetzung dieses natürlichen Ablaufs, nämlich der Genußfreude und damit der Selbsterhaltung des menschlichen Wesens. In zweiter Linie wird von Verstehen als Weg wissenschaftlicher Erkenntnis dort gesprochen, wo es sich nicht um die Erkenntnis von Dingen oder Sachen dreht, sondern um den Einblick in den Menschen und in menschliche Taten. Eine geschichtliche Persönlichkeit, ein fremdes Seelenleben, eine historische Tat lassen sich niemals restlos erklären. Sie wollen aus der Person des andern selbst verstanden werden. Pascal sagt einmal, eine Fliege könne

Schlachten entscheiden. Er meint offenbar damit, wenn ein solches kleines Wesen im falschen Moment etwa dem Feldherrn ins Auge fliegt oder in die Nase kriecht, dann können augenblicklich Folgen ausgelöst werden, die fatale Wirkungen haben. Gleichwohl wird man eine gewonnene oder verlorene Schlacht in der Geschichte trotz der Bedeutsamkeit solcher Zufälle nicht ohne die gesamte Persönlichkeit verstehen können, in die man sich vom eigenen Seelenleben her einfühlen muß, wie man sagt. Das Verstehen in diesem Sinne schaltet also das eigene Erleben ein und benutzt es als Brücke zu der anderen Persönlichkeit und deren Werk. Ein Kunstwerk können wir zwar technisch erklären, jedoch nur im Erlebnis und Mitfühlen mit dem Künstler verstehen. Damit würde sich, schematisch ausgedrückt, das Verstehen entweder als das Zusammenschauen aller Gründe und Ursachen aus dem Sinn- und Zweckganzen oder als das mitfühlende Einleben in andere Wesen oder deren Werke »verstehen«. Bei einem Kunstwerk kommt es überhaupt darauf an, daß wir den schöpferischen Weg des Künstlers nachvollziehen.
Die Stufe der Deutung geht nun noch einen weiteren Schritt über das Grundsuchen im Leben und in der Wissenschaft hinaus und bezieht ein einzelnes Geschehen in der Natur oder in der Geschichte auf das Ganze der Welt und der Menschheit. So können wir etwa von dem oben angeführten Beispiel der Genußfreudigkeit eines Lebewesens her allgemeiner deuten, daß alle lebenserhaltenden und lebensfördernden Vorgänge mit einem Lustempfinden oder einer positiven Reaktion verbunden sind. Oder wir können etwa die Geschichte der Menschheit in der Antike als eine Vorbereitung auf die Offenbarung in Jesus Christus ansehen, so wie das in der christlichen Geschichtsdeutung geschieht, die alle Fakten und Ereignisse von dem Ereignis der Erlösung her beurteilt.
Damit sind wir bereits auf die oberste Stufe unseres methodischen Aufbaus gelangt, nämlich zur Bewertung oder Beurteilung. Die Bewertung oder Beurteilung beläßt es nicht nur bei einer Deutung, sondern sie wendet dann diese Deutung auf das Handeln des Menschen an.
Aus der Deutung ergibt sich eine Folgerung für das, was der Mensch tun soll, nicht nur eine Folgerung dafür, wie der Mensch die Dinge und Geschehnisse betrachten kann. So wie

das Wort Urteil, das wir weiter oben logisch erklärt haben, auch den Spruch des Richters und des Gerichts mit umschließt, so meinen auch Beurteilung und Bewertung: einen Maßstab setzen, an dem sich der Mensch selbst richtet oder ausrichtet für sein praktisches Tun.

Für die in diesem Kapitel aufgeführte Stufenfolge in der Methodik läßt sich ein amüsantes Beispiel aus der Philosophiegeschichte anführen, das den Unterschied im Vorgehen, in der Begründung und in der Beurteilung gegenüber dem gleichen Vorgang deutlich macht.

Der zum Pessimismus neigende Philosoph Arthur Schopenhauer begründet den Pessimismus unter anderem damit, daß er sagt, schon das eben geborene Kind begrüße die Welt mit Schreien und Weinen.

Der erste Schrei des Kindes ist eine Tatsache. Sie läßt sich erklären aus dem Umstand, daß mit dem Abbinden der Nabelschnur die seitherige Ursache-Wirkungs-Verbundenheit mit dem mütterlichen Organismus aufhört und das eigene Luftholen als Bedingung für den Kreislauf des selbständigen kindlichen Organismus eben durch diesen Schrei ausgelöst wird.

Verstehen läßt sich dieses Faktum eben erst aus der Zielsetzung, nämlich der Begründung der eigenen Lebensfähigkeit des Säuglings in Unabhängigkeit von der Mutter. Gedeutet und bewertet wird dieses Ereignis im Zusammenblick mit allen anderen Lebenserscheinungen auf dieser Erde. Die Deutung bringt also von außen her etwas in das Ereignis des ersten Schreies des Kindes hinein, das als solches gar nicht darin enthalten ist. Darum kann die Deutung sehr viel Willkürliches und Subjektives mit sich führen, wie es offensichtlich in dem Beispiel Schopenhauers trotz aller sonstigen Begründungen seines Weltpessimismus gegeben ist.

Vom Sinn des Daseins

Der fragende Mensch

Das Denken und auch das methodische Denken, wie wir es in den vorangegangenen Kapiteln abgehandelt haben, geschieht nicht um seiner selbst willen.

Aus einer tiefen Unruhe, aus einer ursprünglichen Lebensneugierde stammt dieses bewußte und bis zur Wissenschaft emporgeführte Erkennen. Der Mensch ist geradezu als das fragende Wesen schlechthin zu bestimmen. Und fragen kann nur ein Wesen, dem etwas bewußt auffällt und das andererseits selber begrenzt ist. Die Fragemöglichkeit und die eigene Fragwürdigkeit gehören aufs engste zusammen. Gott kann nicht fragen (wenn wir es einmal menschlich so umschreiben), weil er alles weiß oder, besser, weil er selbst in sich alles besitzt. Ein Tier kann auch nicht fragen, weil es keinen Geist in sich trägt, weil es trotz seiner Beseelung einfach schlicht hinlebt, ohne sich um das Warum, das Woher und das Wohin dieses seines Weges kümmern zu können. Insofern gibt uns die Tatsache, daß der Mensch einesteils fragen muß und andernteils fragen kann, einen höchst wichtigen Aufschluß über das Wesen des Menschen selbst. Darauf macht zum Beispiel Martin Heidegger in seinem Kommentar zu Kants »Kritik der reinen Vernunft« aufmerksam, wenn er diese eigentümliche Stellung des Menschen im Ganzen der Welt in ähnlicher Weise umschreibt, wie wir das hier getan haben.

Wonach fragt nun der Mensch? Auch hier können wir wiederum Kant bemühen, der alle nur möglichen Fragestellungen in drei oder mit einer dieser drei Fragestellungen zusammenzufassenden vierten Frage bezeichnet hat. Kant formuliert:

Was kann ich wissen?
Was soll ich tun?
Was darf ich hoffen?

Diese drei Fragen bilden dann zusammen die eingangs schon erwähnte Schlüsselfrage nach dem Wesen des Menschen: »Was ist der Mensch?« Schlichter hat die gleichen Richtungen des Fragens und Fragenmüssens Augustinus bezeichnet, wenn er Gott und die Seele als die beiden Ziele des Forschens und Wissenwollens angibt. Wieder anders ausgedrückt lassen sich unterscheiden die großen Bereiche der Natur des Menschen und dessen, was über Natur und Mensch hinausgeht. So verschieden die Wege sind, die die Philosophie einschlägt, so verschieden die Begriffe gewählt werden, so einheitlich ist doch die Grundrichtung, in der der fragende Mensch sich bewegt.
Wir dürfen an dieser Stelle uns nicht davon bestimmen lassen wollen ob die Fragen, die der Mensch stellt, alle zu beantworten sind oder ob sie in philosophischer Weise mit Begründung und bis in die Tiefe eigener Einsicht zu lösen sind. Es geht zunächst nur einmal darum, gleichsam den Katalog von Fragemöglichkeiten aufzustellen und die Tatsache zu würdigen, daß Fragen in die drei verschiedenen Richtungen hinein, wie wir sie eben bezeichneten, sich dem Menschen aufdrängen. Das zeigt sowohl die Geschichte, hier vorab die Kulturgeschichte. Das beweist aber auch der bohrende Pfeil in jedes Menschen Brust, von dem wir an anderer Stelle dieses Buches sprachen.
Das Fragenmüssen und die Art der Fragen selber offenbaren uns zugleich ein Stück Wesensbild des Menschen. Auch wenn keine Frage wirklich zu beantworten wäre, würden wir doch im Dickicht der Fragestellungen uns selbst erblicken, eben die Fraglichkeit des Menschen.

Mensch und Kosmos

Aus der den Menschen umgebenden Natur heben sich die kleine und große Welt, voneinander verschieden und doch miteinander verbunden, ab. Blickt der Mensch in die große

Der Kopf Adams von Michelangelo und die Büste eines Propheten von Jörg Syrlin dem Älteren. Der fragende Mensch, in dem der Geist als Odem des Schöpfers erwacht, steht dem in sich versunkenen Propheten gegenüber. Philosophische Schau und religiöse Meditation haben etwas Gemeinsames. Jedoch spricht der Philosoph das aus, was er auf der Suche nach Wahrheit denkend selber findet, während der Prophet von dem kündet, was ihm von Gott eingegeben wurde.

Welt, in den Makrokosmos, so wird ihm die eigene Enge und Begrenzung noch deutlicher bewußt, als wenn er den Naturgewalten der engeren, zu dieser Erde gehörigen Natur gegenübersteht. Diese Gewalt der Natur im großen und kleinen, der der Mensch ausgesetzt ist und selbst im technischen Zeitalter mit seinen naturbeherrschenden Möglichkeiten noch weiter ausgeliefert bleibt, hat die Frage nach der Unendlichkeit der Welt ausgelöst. Auch in jenen Zeiten, in denen man noch nicht in die Tiefe des Weltraums mit seinen Tausenden und Millionen von Lichtjahren hineinschauen konnte, ließ die Ohnmacht des Menschen das Problem aufkommen. Es stieg die Frage auf, ob diese gewaltige Welt einen Anfang und damit auch ein Ende habe, ob es nicht ein unaufhörlicher, anfang- und endloser Kreislauf sei, in den alles Werden und Vergehen, alles Neuentstehen und Verblühen eingeordnet sei.

So hat zum Beispiel der schon öfter genannte griechische Philosoph Aristoteles sich eine Antwort auf diese Frage nach Endlichkeit oder Unendlichkeit der Welt gegeben. Sie verbindet in gewisser Weise zwei Lösungen miteinander. Einesteils nimmt Aristoteles einen ersten unbewegten Beweger an, der diesen Prozeß erst angestoßen hat, ohne selber von irgendeiner anderen Wirklichkeit seine Kraft erhalten zu haben. Man kann also in diesem ersten alles auslösenden Beweger eine Parallele zu unserer Gottesvorstellung sehen. Aber diese göttliche geistige Kraft ist nach der Auffassung des Aristoteles nicht ein Schöpfer aus dem Nichts im strengen Sinne. Denn die Welt, die der erste Beweger in Bewegung bringt, ist als Materie schon da, sie ist als solche anfang- und endelos, also unendlich.

Wie gesagt, wollen wir uns hier noch nicht mit der Begründetheit bestimmter Lösungen auseinandersetzen, sondern zunächst einmal die Frage in ihrer jeweiligen Entfaltung ganz zu erfassen suchen. In dem geschilderten Beispiel bedeutet »unendlich« auf der einen Seite und »endlich« auf der anderen eine Bestimmung der Welt und Wirklichkeit in der Zeit. Wir wählen dann auch die Gegenbegriffe Ewigkeit und Zeitlichkeit. Das ist aber nicht der einzige Sinn vor Unendlich und Endlich. Wir fassen Unendlich auch als eine Verfügung über sich selbst auf, also als ein Absolutsein, eine Qualität, die ein vollständiges Unabhängigsein von irgend etwas anderem bedeutet.

Diese zweite *Unendlichkeit*, die sich demnach nicht nur auf die Dauer bezieht, sondern auf das ganze Sein, wird in den eigenen theologischen Antworten angezielt, in denen von dem unendlichen Wesen Gottes die Rede ist. Mit dieser Unendlichkeit verbindet man selbstverständlich auch die unbegrenzte Dauer dieses Wesens und die ständige Gegenwart seiner selbst, in der das absolute Sein besteht. Endlich gegenüber dieser tiefer erfaßten Unendlichkeit heißt dann nicht nur zeitliches Begrenztsein, sondern ein auch qualitativ begrenztes Wesen besitzen, mit anderen Worten ein Abhängiger sein. Es gibt für diese Eigenschaft des Endlichen auch den Ausdruck *Kontingenz* oder *Zufälligkeit*. Ein Wesen, das nicht absolut unabhängig, nur in sich selbst verankert ist, verdankt sein Sein einem anderen Wesen und ist somit relativ.

Schließlich lassen sich der Begriff Unendlich und sein Gegenbegriff Endlich auch noch rein mathematisch verstehen. Wir sprechen zum Beispiel von einer unendlichen Reihe oder von unendlich kleinen Teilen, die dann zusammen doch wieder eine endliche Größe ausmachen können. So läßt sich beispielsweise mathematisch ein enger begrenzter Raum, sagen wir ein Quadratmeter oder ein Kubikmeter in unendlich viele Flächen oder Räume unterteilen. Diese mathematische Unendlichkeit darf nicht ohne weiteres mit der zeitlichen oder alle Seinseigenschaften umgreifenden Unendlichkeit gleichgesetzt werden. Alle drei Unendlichkeiten hängen zwar miteinander zusammen. Sie stellen als Begriffe den Versuch dar, aus der tatsächlichen Begrenzung und Endlichkeit des Menschen sich der wahren Unendlichkeit zu nähern. Man könnte, wenn man dieser Frage Mensch und Kosmos nachsinnt, noch eine vierte Unendlichkeit entdecken, nämlich die aus unserem menschlichen Wesen aufsteigende Unruhe und Sehnsucht nach Unendlichkeit. Unsere tiefsten Fragen, wie wir sie in diesen Kapiteln nachzeichnen, erweisen uns als auf Unendlichkeit angelegte Wesen, die durch das Fragen sich größer als alle andere zeigen und die nur vom Unendlichen selbst in ihrer Sehnsucht gestillt werden können. So spricht zum Beispiel Blaise Pascal von dem Menschen als einem denkenden Schilfrohr. Seiner Meinung nach sei zwar der Mensch ein sehr schwaches und schwankendes Gebilde, das von den winzigsten Umständen entscheidend bestimmt werden könne. Mit seinem Geiste aber könne der Mensch grundsätzlich alles umgreifen und in sich hineinziehen, so daß er dabei ein König dieser Welt werde.

Wir berühren damit schon eine weitere Fragestellung, der wir im nächsten Kapitel nachgehen wollen. Für die hier gestellte Frage Endlich-Unendlich bleibt maßgeblich, daß die Anlage zum Unendlichen eine neue, gleichsam vierte Dimension des Unendlichen ist, die wir in diesem Menschheitsproblem sinnvoll unterscheiden können.

Das denkende Schilfrohr

Auch der Blick in die kleine und kleinste Welt belehrt den fragenden Menschen darüber, daß er rein physisch der Natur unterlegen ist. Naturkatastrophen bedeuten auch im fortschrittlichen Zeitalter eine ernste Bedrohung des Menschen. Selbst gegenüber den lebenden Wesen der Natur und den engeren Artgenossen, unter die man den Menschen seiner Leiblichkeit nach einordnen kann, den Säugetieren, ist der Mensch körperlich schwach ausgerüstet. Er bedarf einer viel längeren Zeit, bis der menschliche Säugling aus seiner völligen Hilflosigkeit auf eigene Beine kommt. Und auch danach vergehen noch viele Jahre, bis der Mensch physisch so erstarkt ist, daß er – nun freilich mit einer anderen zusätzlichen Gabe ausgestattet – sich in dieser Natur behaupten kann.

Die Frage drängt sich also von alters her und immer wieder neu auf: Ist der Mensch entweder ein verkümmertes oder ein besonders entwickeltes Naturwesen? Oder gehört er zwar auch in diese Abfolge von lebendigen Naturwesen hinein und stellt gleichzeitig als ein vernunftbegabtes Wesen doch etwas Eigenes und Neues dar?

Im Gegensatz von Natur und Leben und zugleich im Gegensatz von Leben und Geist zeigt sich die Verschlungenheit (Komplexität) dieses Problems. Sicherlich gibt es keine ernsthafte Philosophie oder allgemeine Weltauffassung, in der nicht diese Unterschiede bemerkt werden. Ein Stein, eine Pflanze, ein Tier, ein Mensch sind jeweilig etwas ganz Verschiedenes. Das Bemerken solcher Unterschiede löst aber in gewisser Weise die Frage erst aus: Kommt alles aus einem einzigen Urelement, aus einem einzigen Urstoff? Oder wenn es verschiedene Urstoffe sind, bringen sie vielleicht nicht durch ihre jeweilige Mischung etwas ganz Verschiedenes hervor? Solcher Art war das Tasten und Suchen der ersten Philosophie im Abendland, der sogenannten vorsokratischen Naturphilosophie. Wir werden später noch darauf zurückkommen.

Die tiefer schürfende Fragestellung setzt aber erst da ein, wo man in den unterschiedlichen Ebenen der nichtlebendigen Materie, des Lebens und des Bewußtseins nicht nur dem

Grade nach verschiedene Seinsformen entdeckt, sondern etwas prinzipiell Neues und der anderen Ebene gegenüber Überlegenes erkennt. Je nach Antwort, die auf diese differenziertere Problemstellung gegeben wird, haben wir es mit einer anderen naturphilosophischen Deutung zu tun. Man spricht von *Monismus,* wenn nur eine einzige Seinsschicht bestehen soll, aus der sich alles andere entwickelt habe. Monistisch ist vor allem der *Materialismus* gerichtet, der

Wappen des Filippo Maria Visconti. Dieses Steinrelief läßt symbolisch die Verschlungenheit der Natur und des Menschen in ihr sichtbar werden, der sich dennoch als Geist von ihr löst, um Freiheit zu erlangen.

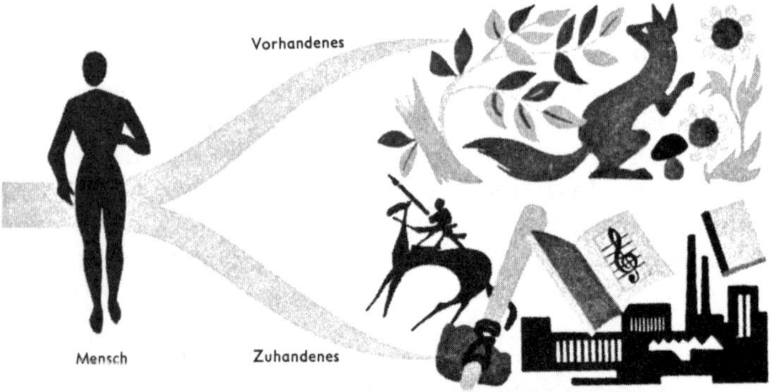

In der Heideggerschen Philosophie wird die zwischen Mensch und Welt entstandene Kluft durch die Begriffe »das Vorhandene« (Natur) und »das Zuhandene« (Werk des Menschen) ausgedrückt.

eben behauptet, alle diese Entfaltungen der Wirklichkeit vom Kleinsten bis zum Größten, vom anorganischen Substrat bis zum Bewußtsein des Menschen, haben sich aus einem Urstoff, der Urmaterie, entwickelt. Es gibt aber auch einen Monismus geistiger Prägung oder besser einen *Spiritualismus:* Alles ist das Weben und Wirken eines einzigen Geistes. Die Materie, die Leiblichkeit, ist nur die Außensicht oder sogar nur der bloße Schein gegenüber dieser einzigen geistigen Wirklichkeit.

Eine andere Antwort gibt der naturphilosophische *Dualismus,* der die gesamte Wirklichkeit aus nebeneinander getrennt wirksamen Prinzipien oder Elementen aufgebaut sieht. Dabei kann ein solcher Dualismus die Natur, als anorganische und organische Wirklichkeit zusammengefaßt, dem Geist entgegensetzen. Der Philosoph Descartes hat das in seiner später noch zu beschreibenden Unterscheidung von der »ausgedehnten Substanz« und der »denkenden Substanz« getan. Es tritt aber auch ein *Dualismus* auf, der alle Lebensstufen von der untersten Lebenszelle in einem Einzeller bis zum höchstentfalteten menschlichen Bewußtsein in eine Seinsschicht zusammenzieht und der Materie gegenübersetzt. In der neuesten Zeit macht sich dieser Biologismus, wie man die eine Seite dieses Dualismus auch nennen könnte, in einer anderen Abgrenzung und vor allem in einer anderen Bewertung zwischen dem Lebendigen schlechthin und der geistigen Wirklichkeit bemerkbar. Wenn Ludwig Klages den Geist als den Widersacher der Seele schon im Titel seines Hauptwerkes bezeichnet, dann wird damit dem Lebendigen der Vorrang sowohl vor der anorganischen Materie wie aber auch vor dem im Bewußtsein und Selbstbewußtsein sich selbst verkehrenden Geist gegeben.

Schließlich gibt es Antworten auf diese Grundfrage nach dem Verhältnis Natur und Mensch. Sie behaupten zwar die Zusammensetzung der Natur und des Menschen aus verschiedenen Elementen, aber erklären doch das jeweilige Wesen Pflanze, Tier, Mensch als eine innerlich verbundene Einheit. Am meisten Schule hat die doppelschichtige Lehre des Aristoteles gemacht, wonach alles Wirkliche eine Einheit von durchformter Materie sei. Diese beiden Prinzipien Form und Materie sind in allem Wirklichen aufeinander angewiesen und erfahren in der menschlichen Wirklichkeit eine Höchstentfaltung. Die Seele ist das Formprinzip des Leibes und besitzt selber wieder in drei Stufen oder Schichten eine vegetative, eine sensitive und eine eigentlich geistig intellektuelle Seite. Wir führen auch dieses Beispiel nicht an, um uns hier bereits für eine bestimmte Lösung zu entscheiden, sondern nur, um die Grundrichtungen in der möglichen Antwort auf die Frage Verhältnis von Mensch und Natur anzudeuten.

In der modernen Philosophie unseres Jahrhunderts dürfte sich die Sonderstellung des Menschen gegenüber der Natur wohl ausgesprochen in der Sicht deuten lassen, wie sie in dem Bilde der Kapitelüberschrift vom denkenden Schilfrohr angezeigt ist. Wie jedes lebendige Wesen empfindet auch der Mensch die Natur als Widerstand. Durch sein Bewußtsein, seinen Geist, kann aber der Mensch die Natur, ja sogar sich selbst zum Gegenstand machen. Damit kann er über die Welt und sich selbst verfügen. So kommentiert Max Scheler die menschliche Situation gegenüber der Natur in seinem auch weiter unten noch zitierten letzten Werk: »Die Stellung des Menschen im Kosmos.«

Auch die Gegenüberstellung, die Martin Heidegger macht, wenn er das »Vorhandene« (Natur) und das »Zuhandene« (das Zeug, das Werk des Menschen) gegeneinander abwägt, betont diese Auffassung. Die von Pascal so tief empfundene physische Ohnmacht des Menschen gegenüber der Natur (Schilfrohr) wird in der modernen Philosophie ebenso deutlich gefühlt. Dazu tritt aber noch sehr entschieden die Beobachtung, daß die geistige Überlegenheit des Menschen gegenüber der Natur sich nicht nur gegen die Natur, sondern auch selbstzerstörerisch gegen den Menschen wenden kann. Für diese Tatsache hat die heutige Generation ein waches Bewußtsein. Die geistige »Überlegenheit« darf nicht die Grenzen der Natur, die sie auch dem Menschen setzt, übertreten.

Mensch und Gott

Die Stellung des Menschen in der Natur (Nietzsche sagt, der Mensch sei ein Seil, gespannt zwischen Tier und Übermensch) verweist in ihrer Fraglichkeit und in ihrer Antwort über den Menschen und die Natur hinaus. Gibt es eine wahre Unendlichkeit, löst sich die Vielgestalt der Schichten des Wirklichen in einer alles umfassenden Einheit als Wirklichkeit auf, woher stammt das Leben, woher das Substrat, an dem sich dieser unaufhörliche Prozeß vollzieht?
Diese Grundfragen können als solche nie und nirgends ausgeschaltet werden, auch wenn die Beantwortung vielleicht aus einer nur philosophischen Methode nicht erwachsen kann. Das macht es auch erklärlich, warum in weiten Teilen der Welt und in sehr vielen Theoremen die Grenzen zwischen Religion und Wissenschaft oder zwischen Theologie und Philosophie fließend sind. Auch im Gebrauch unseres Wortes Metaphysik schwingt noch diese Schwierigkeit einer Abgrenzung mit. Es bildet sich zugleich die Frage nach einem ersten und höchsten Sein in ihrer Unaufhaltsamkeit ab, mit dem alles andere in letztem Bezug steht. Das Rätsel des Lebens öffnet uns den entscheidenden Zugang zu den Kernfragen allen Philosophierens. Wenn wir von den Lehren der großen Weltreligionen einmal absehen, so werden die in früher geschichtlicher Zeit beginnenden Philosophien davon bestimmt, daß sie entweder selber religiöse Vorstellungen übernehmen oder sich kritisch damit auseinandersetzen. Die Fragestellung selber wird nicht angetastet. Ja sie wird erst in ihrer ganzen Bedeutung für den fragenden Menschen dringlich.

Es ergeben sich sonach drei verschiedene Modelle, in denen diese Grundfrage sich verwirklicht. Einmal das Modell, das vorwiegend im asiatischen Kulturbereich anzutreffen ist und in dem eine Trennung zwischen Philosophie und religiös mystischer Schau nicht eigentlich vollzogen wird. Die Weisheit der Philosophie beruht geradezu in der Versenkung in den Weltgrund und der daraus sich ergebenden auch praktischen Weltüberwindung. Die zweite Form der Fragestellung und der ihr nachfolgenden Antwort durchzieht die gesamte klassische Philosophie des Abendlandes: Plato, Aristoteles, Augustinus, Thomas, Descartes, Leibniz, Kant, Hegel. Das einsichtsuchende Wissen, also die Philosophie im strengen Sinne, kann der Frage nach Gott nicht ausweichen und darf sie daher auch nicht allein und ausschließlich der Theologie oder der Offenbarung überlassen. Innerhalb dieses zweiten Modells unterscheiden wir freilich mehrere Lösungsversuche.
Wir meinen einesteils die streng philosophische Erweisbarkeit eines göttlichen Seinsgrundes, etwa bei Thomas oder Leibniz. Anderenteils handelt es sich um die in sich behauptete Unmöglichkeit, einen streng einsichtigen Zugang zur Wirklichkeit Gottes zu besitzen. Daher ergibt sich die Notwendigkeit, Gott als Postulat (Forderung) der praktischen Vernunft (Kant) anzusehen oder als das Irrationale schlechthin oder als das Irreale zu verstehen.
Das dritte Modell, von dem wir sprechen, geht nicht nur wie das zweite auf eine Kritik an den Fabeleien von Göttern und Dämonen zurück. Es erweitert die Kritik auf die Möglichkeit eines unendlichen persönlichen Wesens überhaupt und setzt an die Stelle dieses Seinsgrundes das Leben, das All, die Materie. Es spart gleichsam diese Stelle aus, um sich nur dem sich unmittelbar zeigenden Wirklichen zuzuwenden. Auch diese Art »Atheismus« vermag die Urfrage als solche nicht gänzlich außer Kurs zu setzen. Denn jede mögliche Erklärung und Kritik an der Möglichkeit einer Antwort läßt doch das Fragezeichen bestehen. Das gilt auch für einen so ausdrücklichen atheistischen Standpunkt, wie ihn der französische Existentialist Jean Paul Sartre vertritt. Danach ist der einzelne Mensch mit seiner Freiheit gleichsam ins Nichts gestellt und verdankt sein individuelles Wesen nur seiner eigenen Entscheidung.

Der Schöpfer, die Welt messend. Nach einer Abbildung in einer französischen Bibel, Mitte des 13. Jahrhunderts. »Aus den Maßen der Welt läßt sich denkend auf den Schöpfer schließen« – so lautet in der damaligen Zeit die Aufgabe der Philosophie gegenüber dem Glauben. Philosophie und Theologie waren eng aufeinander bezogen.

Wie auch schon bei den vorangehenden Fragen wollen wir uns nicht mit bestimmten Antworten kritisch befassen. Es geht nur um den Nachweis, daß die genannten Probleme die Triebkräfte des Philosophierens sind. Sie bleiben dies auch in allen jenen Systemen, die eine Beantwortung einer bestimmten Frage in Abrede stellen oder die Frage als solche umgehen wollen. Unsere hier besonders interessierende Problemstellung um die Wirklichkeit Gottes hat aber philosophisch auch noch einen weiteren Grund. Es dreht sich nicht nur um das Dasein eines Absoluten, sondern auch um das Verhältnis dieses Absoluten zur Welt und zum Menschen im besonderen. Wenn Leibniz zum Beispiel eine »Theodizee« schreibt, so ist dieser Titel wörtlich zu nehmen, er bedeutet eine Verteidigung Gottes gegenüber den Tatsachen von Krankheit, Tod, Übel und Sünde. Schlicht umschrieben, versucht die »Theodizee« eine Antwort auf die die Menschen so tief quälende Frage nach dem Ursprung des Schlechten und Verkehrten zu geben. Auch dem Problem der Vereinbarkeit eines absolut Guten mit der Freiheit, der Willkür des Menschen, versucht sie näherzukommen. Schon der griechische Philosoph Epikur hat zum Theodizee-Problem Stellung genommen. Seine Frage lautet: Will Gott das Übel in der Welt aufheben und kann es nicht aufheben, oder kann er es aufheben, will es aber nicht oder will er es weder aufheben noch kann er es aufheben?

Solche Einkleidungen der Grundfrage nach Gott sind nicht nur in der philosophischen oder metaphysischen Literatur anzutreffen. Sie kehren vor allem im täglichen Leben wieder, in der Gegenwart angeregt durch die Tragödie der menschlichen Geschichte, der Kriege und Irrungen des menschlichen Geistes. An dieser Fragerichtung erweist sich besonders treffend ein übereinstimmendes Merkmal aller dieser Grundfragen, die hier erörtert werden, nämlich ihr existentieller Bezug. Dieser macht sie zu eigentlich philosophischen Fragestellungen. Es mag interessant sein zu wissen, wieviel Arten einer bestimmten Pflanzengattung vorkommen, welche Formen und Farbspiele von Schmetterlingen es gibt, ob die Zahl der Sterne im Weltall gerade oder ungerade ist, aus wieviel Elementen sich die Materie zusammenfügt. Existentiell sind diese interessanten und für die Einzelwissenschaften auch wichtigen Fragestellungen nicht. Dieser letzte Bezug offenbart sich erst überall dort, wo sich in der Frage und erst recht in einer möglichen Antwort eine Beziehung zum menschlichen Wesen, seiner Haltung und Entscheidung herausschält. Darum ist es verständlich, daß die moderne Philosophie bei allen Wesensfragen diesen ausdrücklichen Bezug auf den Menschen mit hervorkehrt und schon in der Verwendung des Wortes Existenz, nur als Dasein des Menschen und nicht als Dasein schlechthin, diesen Umstand betont.

Denken und Glauben

Obwohl das Fragen ein Bewußtseins- und Denkvorgang ist, dürfen das Fragen und das Denken nicht miteinander gleichgesetzt werden. Das Denken stellt eine bestimmt geartete Bemühung dar, auf eine Frage Antwort zu finden oder mindestens zu suchen. Innerhalb der Denkmethoden und der logischen Darlegungen haben wir schon einen strengeren Begriff vom Denken vermittelt. Es handelt sich hier um einen absichtlich ausgelösten Bewußtseinsvorgang, durch den ein einsichtiges Wissen von einem Gegenstand der Wirklichkeit oder an der Wirklichkeit erreicht werden soll. Durch das Denken will der Mensch ein möglichst getreues Bild der Wirklichkeit gewinnen, von dessen Echtheit er sich auch in unmittelbarer oder mindestens mittelbarer Weise überzeugen kann. Wir erinnern daran, daß wir den so gewonnenen Wissensbesitz als evident bezeichnet haben, als die höchste im Bewußtsein erlebte Gewißheit. Das Denken versichert sich der Wahrheit des Gedachten in dem direkten Aufleuchten der Wahrheit oder mit Hilfe einer Begründung, die letztlich wieder auf unmittelbar evidente Sachverhalte zurückgeht. Das Denken ist aber nicht die einzige Verbindung, die der Mensch mit der Wirklichkeit oder mit den anderen Menschen gewinnt. Wie oft ertappen wir uns selbst dabei, daß wir einen Tatbestand lediglich erahnen. Wir glauben zu wissen, daß es sich mit dem oder jenem Menschen, mit dieser oder jener Sache so oder so verhält. Es würde weder dem Menschen zu seinem Wesen gerecht werden, noch auch die Wahrheitsfindung zutreffend beschreiben, wenn man den Menschen in seinem Wesen lediglich als denkendes Wesen definiert.

Hier liegt der Fehler des sogenannten »Rationalismus«, der in der modernen Zeit auf den so häufig genannten René Descartes zurückgeht. Er behauptet, der Verstand bilde die einzige Quelle zuverlässiger Erkenntnis, und das Denken sei der einzige und wesensgemäße Zugang für den Menschen zur Wahrheit. Die menschliche Vernunft umfaßt aber mehr als den Verstand. Sie wird in ihrer Ganzheit sicherlich von Verstand, Wille und Gemüt (Gefühl) dargestellt. Sie verbindet sich aufs engste mit den Bedingungen unseres körperlichen Daseins, konkret ausgedrückt mit unseren sinnenhaften Empfindungen und Erfahrungen.

Wenn diese Auffassung von der Vernunft richtig ist, dann spielt der Verstand nicht die, sondern eine Rolle in der Aneignung von Welt. Da, wo dem Verstand ein einsichtiges Wissen möglich ist, bedeutet er Bekrönung menschlicher Geistestätigkeit. Im Augenblick aber, in dem er sich vermißt, alles und jedes klar und deutlich zu erfassen, oder umgekehrt, nur das als wirklich anerkennen zu dürfen, was er klar und deutlich einsieht, wird aber das Wesen des Menschen völlig verkannt. Der Wahrheitsbesitz wird gefährdet. Dafür einige Beispiele: Wer von meinen Lesern »weiß«, daß er das Kind dieser seiner Eltern ist, oder kann mit eigeneinsichtigen Mitteln behaupten, daß der Erdumfang 44 000 Kilometer beträgt oder die mittlere Entfernung Mitteleuropa – New York 6000 bis 7000 Kilometer ausmacht? Auch da, wo die grundsätzliche Möglichkeit besteht, durch ein einsichtgewinnendes Denken sich einer bestimmten Wahrheit zu versichern, müssen wir in den allermeisten Fällen auf diese Möglichkeit verzichten, weil wir sonst für unser praktisches Leben, die täglichen Entscheidungen, aber auch für den Fortschritt in der Wissenschaft nicht weiterkämen. Wenn jeder Historiker zum Beispiel sich noch einmal durch eine möglichst unmittelbare Quelleneinsicht aller geschichtlichen Ereignisse aus eigener Einsicht vergewissern wollte, so käme er nur durch einen kleinen Abschnitt der Weltgeschichte hindurch. Ihm wäre es unmöglich, auch nur einen einzigen Schritt über das hinaus zu tun, was geschichtlich als »gewußt« bereits vorliegt. Ähnliches gilt auch von den Naturwissenschaften, in denen unmöglich alle jene Experimente wiederholt werden könnten auf denen unser heutiges Wissen auch nur um die bescheidensten

Grundtatsachen der Natur aufbaut. Auch die bedeutendsten und schöpferischsten Wissenschaftler sind gezwungen, neben einem kleinen Fundus von Wissen aus eigenster Einsicht einen sehr viel größeren Fundus zu übernehmen, der von vielen anderen im Laufe der Jahrzehnte und Jahrhunderte und sogar Jahrtausende erarbeitet wurde. Wir stehen hier, so verwunderlich dies vielleicht manchem Leser vorkommen mag, vor dem Phänomen des Glaubens.

Glauben, hier noch in keiner Weise etwa religiös oder theologisch zu verstehen, bedeutet nichts anderes als die Übernahme eines Denkgutes oder Wissensbesitzes aus der Hand eines anderen, ohne daß man selber Einsicht in den Sachverhalt hat oder haben müßte. Daß Karl der Große im Jahre 800 in Rom zum Kaiser gekrönt wurde, das glauben praktisch 100 Prozent aller Menschen, die von dieser Tatsache »wissen«. Diese paradoxe Formulierung beleuchtet die Masse des menschlichen Wissens. Sie wird gewonnen durch eine vertrauensvolle Übernahme bestimmter Inhalte, die wir dann selber als wahr ansehen. Statt der eigenen unmittelbaren oder mittelbaren Evidenz tritt ein persönlicher Vertrauensakt, der freilich von dem denkenden Menschen und damit von jedem philosophisch Bemühten nicht leichtfertig vollzogen werden soll. Der denkende Mensch muß mindestens darin seine Verstandestätigkeit einschalten, daß er die Vertrauenswürdigkeit dessen prüft, von dem er etwas übernimmt. Diese Vertrauenswürdigkeit äußert sich in einer doppelten Richtung: einmal in dem beständigen Willen, die Wahrheit zu sagen und nicht den anderen Menschen zu belügen, und zweitens in einer gewissen Zuständigkeit für den ausgesagten Inhalt. Wenn ein noch so wahrheitswilliger Mensch, der aber von technischen Dingen keine Ahnung hat, mir über die Zusammensetzung eines Motors Aussagen anbietet, dann werde ich als kritischer Mensch mit einer glaubensmäßigen Übernahme solcher Aussagen sehr vorsichtig sein.

Soweit es sich im religiösen Glauben um die Übernahme nichteinsichtiger Urteile handelt, ist die Lage der oben beschriebenen durchaus gleich. Glauben verdient nur eine persönliche Quelle, die vertrauenswürdig ist, deren Wahrheitswille und Zuständigkeit gegeben ist. Daß der religiöse Glaube in weit stärkerem Maße als jede andere Glaubensübernahme noch von willens- und gefühlsmäßigen Momenten abhängig ist und nach der Lehre etwa der christlichen Kirche ein Geschenk des sich selbst offenbarenden Gottes ist, braucht uns in diesem Zusammenhang nicht besonders zu interessieren. Der um eigene Einsicht bemühte Philosoph muß diesen Sachverhalt und dieses Selbstverständnis des religiösen Glaubens allerdings kennen, um auch die Möglichkeiten und Grenzen des systematischen Denkens zutreffend zu erfahren und zu erfassen.

Fühlen und Erkenntnis

Der Ausspruch »Ich fühle das« ist eine alltägliche Redewendung, die der Philosoph nicht ohne weiteres abtun kann, sondern auf ihren zutreffenden Gehalt und ihre Berechtigung prüfen muß. So wie es neben den einsichtigen Sachverhalten eine größere Zahl von Urteilen gibt, die wir glaubend und vertrauend uns aneignen, so müssen wir uns auch in sehr vielen Fällen auf eine »Ahnung« oder ein »Fühlen« verlassen. Auch mit seiner Hilfe können wir uns einen bestimmten Sachverhalt zu eigen machen. Ohne etwa eine bestimmte Einsicht oder klare Gründe zu haben, gebrauchen wir besonders bei der Beurteilung menschlicher Eigenheiten sehr oft die Formel: Ich fühle, daß mir dieser oder jener wohlwill oder daß dies die Absicht des Betreffenden gewesen ist. Dieses »gefühlsmäßig« gewonnene Wissen ist einesteils sehr viel undeutlicher und unbestimmter als das denkend Erworbene, andererseits bezeichnet es aber zuweilen auch gewisse Zwischentöne, die nicht mit einem klaren und logischen Beweis ermittelt werden können. Jedenfalls besagen solche Tatsachen für den Philosophen, der nicht mit einer bestimmten Voreinstellung an den Menschen herangeht, daß das vernünftige Wesen des Menschen sich nicht in einer streng rationalen Verfahrensweise in der Begegnung mit der Wirklichkeit erschöpft. Der Mensch ist eine Ganzheit und muß als solche behandelt werden.

Wenn Pascal den logischen Sinn und den Feinsinn unterscheidet und beide, wie schon weiter oben betont, nebeneinander und miteinander für die Gesamterkenntnis durch den Menschen und für das Gesamtverständnis des Menschen für wichtig hält, dann gibt er diesem Fühlen auch ein gewisses Anrecht. Von den Rationalisten aller Schattierungen wird dieses Anrecht bestritten. Max Scheler geht in der Philosophie unseres Jahrhunderts einen Schritt über Pascal hinaus, indem er behauptet, daß wir einen Wert, sagen wir die Treue oder die Wahrhaftigkeit, in ihrem gültigen Anspruch für uns »fühlten«, so wie wir etwa im Bereich der sinnlichen Empfindung eine Farbe von der anderen unterscheiden. Es kann uns niemand den Unterschied zwischen zwei Farben denkend klarmachen. Wir müssen sie sehen und empfindend erleben und wissen dann um ihre Wesensbeschaffenheit. Genauso, argumentiert Scheler, sei es auch mit den Wertgebilden, die sich uns im Fühlen erschlössen.

Es mag wieder dahingestellt sein, ob der moderne Philosoph mit dieser Behauptung recht hat oder ob es sich nur um den notwendigen Ausgleich gegenüber einer nur rationalen oder gar rationalistischen Verfahrensweise handelt. Jedenfalls entdecken solche Einsichten über den Menschen philosophisch auch den Menschen selber. Diese Bewertung des Fühlens als mitentdeckender Kraft unseres Gemütes verrät sich auch an dem in der heutigen Zeit sehr viel gebrauchten Flickwort »irgendwie«. Die Grundstimmung, in der die Vernunft des Menschen steht, wird durch ein solches Wort, das wiederum ganz unbewußt gebraucht wird, deutlich. Dabei tritt nicht nur das Bewußtsein um die Zwischentöne, das in Worte kaum Kleidbare, das Unwägbare hervor, sondern auch ein, man möchte sagen, überrationales Erfassen des Ganzen. Wieweit durch die Beachtung und Bewertung dieses oft stark vernachlässigten Momentes nun ein Überschlag nach der anderen Seite »Mode« geworden ist, wird in der geschichtlichen Abhandlung unseres Buches im Abschnitt der modernen Philosophie noch darzustellen sein.

Für die Erfassung des philosophierenden Menschen sind uns aber diese Hinweise von größtem Belang. Sosehr sich einsichtiges Denken, vertrauensvolles Glauben, sinnenhaftes Empfinden und Erleben und das die Zwischentöne und die Ganzheit ergreifende Fühlen in einem rationalen Denkakt unterscheiden lassen, in der Wirklichkeit des fragenden Menschen, der nach der Wahrheit sucht, spielen alle diese bewußten und

unbewußten Vorgänge zusammen. Eine Formel, die wir sehr viel weiter vorn bereits gebraucht haben, wird vielleicht jetzt erst in ihrer vollen Bedeutung klar. Wir meinten dort, es sei ein Unterschied, ob man mit oder ohne Zahnweh philosophiere. Der die Welt betrachtende Mensch, der theoretische, der philosophische Mensch, sieht nicht nur die gleiche Welt oder denselben Gegenstand jeweils aus verschiedenen Sichten. Er sieht sie auch aus einem je verschiedenen Grundwissen und einer oft wechselnden Grundstimmung heraus. Schon die Blickwendung unseres Interesses, die uns an einem bestimmten Gegenstand haften läßt, ist entscheidend für das, was wir wirklich erkennen. Mann und Frau, die vor der gleichen Auslage eines Geschäftes stehen, haben trotz gleicher sinnenhafter Eindrücke in der Regel etwas ganz Verschiedenes gesehen.
Möge das Gesagte zusammenfassend durch ein Zitat aus dem Werk von August Brunner »Die Grundfragen der Philosophie« verdeutlicht werden: »Die Begriffslehre zeigte, daß nicht alles im menschlichen Erkennen auf den Gegenstand zurückgeht, von der Art seines Seins Kunde gibt, sondern daß in jeder Erkenntnis auch ein Moment mitenthalten ist, das herrührt von der Art und Weise, wie das erkennende Subjekt den Gegenstand erfaßt. Um also zu philosophischen Erkenntnissen über das Sein der Dinge zu gelangen, ist es erforderlich, diese beiden Momente der Erkenntnis voneinander zu trennen. Das Mittel hierzu ist die Lehre von den Unterscheidungen und Unterschieden, von den Distinktionen, die in der Scholastik eine große Rolle spielt, von der modernen Philosophie aber sehr zu ihrem Schaden vernachlässigt wurde. Allerdings haben solche Unterscheidungen in einem idealistischen System, wo das Sein als eine Funktion des Bewußtseins betrachtet wird, keinen Platz.«

Was ist der Mensch?

Unversehens haben wir in diesen letzten Kapiteln einen Umriß dessen gegeben, was man mit philosophischer Anthropologie bezeichnen kann, also der philosophischen Lehre vom Menschen. Aber noch ist dieser Umriß nicht abgeschlossen. Wenn wir von drei Grundkräften der menschlichen Vernunft, dem Verstand, dem Willen und dem Gefühl oder Gemüt ausgingen, so fehlt in der jetzigen Darstellung noch der Wille. Während sich das Erkennen des Verstandes, aber auch die Empfindungs- und Gefühlsregung unseres Gemütes von den Objekten oder den Wirkungen dieser Objekte bestimmen lassen, offenbart sich im Willen jener Faktor unseres Geistes, durch den wir als Subjekt in die Welt der Objekte hineingreifen. So hat schon die antike Philosophie zwischen zwei grundverschiedenen Haltungen differenziert, die der Mensch der Welt und sich selbst gegenüber haben kann: die rein beschauende (theoretische) Einstellung und die handelnd tätige (praktische) Haltung. Im ersteren Fall, der Theorie, bleiben wir ganz in uns selbst und lassen die Welt in uns eindringen. Im zweiten Fall dagegen, in der tätigen Haltung, gehen wir aus uns heraus und greifen in die Welt hinein.

An dieser Stelle zeigt sich der Wert der auf der vorigen Seite besprochenen Unterscheidungslehre. Theorie und Praxis sind verschiedene Einstellungen, die in ihrer Farbe und Strömungsrichtung nicht zu verwechseln sind. Sie gehen aber wie in einem vielfarbig schillernden Strombett neben und miteinander her, wobei bald das eine, bald das andere mehr an die Oberfläche tritt oder wieder in den Grund des Stromes absinkt, ohne ganz zu verschwinden. Machen wir das an einem Beispiel klar.

In einem Modegeschäft oder in der Auslage eines solchen Geschäftes haben Mann und Frau Verschiedenes gemeinsam beobachtet. Sie haben je für sich anderes wahrgenommen, obwohl beide die gleichen sachlichen Eindrücke erhalten haben. Das physische Auge wurde von dem gleichen Reiz erfaßt, das geistige Auge hat aber je Eigenes festgehalten. Warum? Weil unbewußte und bewußte Antriebe aus dem Willen das Interesse für dies oder jenes festbanden. Unbewußt tendierte der praktische Mensch in der Frau etwa auf einen neuen Hut. Der praktische Sinn des Mannes stellte das geistige Auge auf eine schon länger vermißte Krawatte ein. Infolgedessen war dann auch die Theorie, das heißt die geistige Erfassung von Gegenständen, anders bei dem einen und bei dem andern.

In diesem Bild und Beispiel haben wir jetzt noch eine weitere Unterscheidung eingefügt, die man bei der Beschreibung der Grundkräfte und Haltungen des Menschen in keiner Weise übersehen darf. Sie haben darum auch in der modernen Psychologie, besonders in der Psychoanalyse oder der Tiefenpsychologie ihre gebührende Würdigung erfahren. Es sind die bewußten und unbewußten oder die bewußten und unterbewußten Vorgänge. Um das Bild vom Strom weiterzuführen, können wir uns unsere gesamtmenschliche Vernunft nicht nur aus verschiedenartigen miteinander zusammenwirkenden Teilströmungen des einen Flusses verdeutlichen. Wir müssen auch sehen, daß die Breite und Tiefe dieses Stromes immer nur wenige Teile des Ganzen an die Oberfläche spült. Das bewußte geistige Tätigwerden des Menschen gleicht sozusagen nur der gerade eben vorüberziehenden Oberfläche des breiten und tiefen Stromes. Was eben noch im hellen Strahl des Bewußtseins stand, ist im nächsten Augenblick unter der Oberfläche verschwunden. Es ist in das Unter- oder Unbewußte abgesunken, aus dem es dann irgendwann einmal vielleicht wieder emporgespült wird oder vom Menschen selbst mit der Strömung seines Willens an die Oberfläche gezogen wird.

Man kann das vielschichtige Wesen des Menschen mit vielen Bildern umschreiben, aber nie – eben wegen der Vielschichtigkeit – in einem einzigen Bild erschöpfend ausdrücken. Der eben verwandte Begriff Schicht und Schichten greift zu einem anderen Bild, um den gleichen Wesenssachverhalt auszusagen. Das Interessante liegt nun darin, daß trotz dieser komplex und bewegt ineinandergreifenden Wirklichkeit der Mensch nicht nur eine Einheit der Vernunft, sondern auch eine Einheit des Geistes mit seiner Leiblichkeit bildet, die sich im Ich und im Ichbewußtsein ausdrückt. Im Selbstbewußtsein richtet der Mensch sich selbst auf sich selbst. Er beschaut sich in dieser seiner Theorie und Praxis, in seinen verschiedenen Vermögen und Fähigkeiten, in dem Zusammenwirken von Körper und Geist in dieser Einheit und zugleich aus dieser Einheit. Der Betrachtende und der Betrachtete sind derselbe. Freilich stimmt dies nicht im allerstrengsten Sinne. Wenn ich beispielsweise mich beobachte oder beobachten will, während ich gerade einen Zornausbruch »tätige«, dann verfliegt eben dieser Zorn unter meiner Beobachtung. Mindestens ein kleiner Zeitverzug ist hier im Spiele, so wie auch Münchhausen lügt, wenn er behauptet, sich selbst am eigenen Schopf aus dem Sumpf gezogen zu haben.

Für den Fortgang unserer philosophischen Überlegungen ist an dieser Gegenüberstellung des theoretischen und praktischen Menschen noch dieses wichtig, daß die philosophische Theorie sich sowohl dem theoretischen Menschen als auch dem praktischen Menschen zuwenden kann. Wenn wir über die Theorie philosophieren, dann betreiben wir die Disziplinen der Logik, der Erkenntnistheorie, der Ontologie (Seinslehre), der Naturphilosophie. Wenden wir uns dagegen dem handelnden oder tätigen Menschen zu, dann sind es vor allem die philosophischen Disziplinen der Ethik und der Ästhetik, die dann in Rede stehen. Bringen wir es auf eine klare Abgrenzung, so dürfen wir sagen, die Ethik sei jene theoretische Disziplin, die sich mit der Praxis, also mit dem Handeln des Menschen nach Motiven und Normen, beschäftigt, und die Ästhetik stelle jene Disziplin dar, die sich mit dem tätigen Hervorbringen von Werken insbesondere künstlerischer Art befasse.

In der philosophischen Anthropologie als einer besonderen Disziplin der Philosophie wird man aus den theoretischen und praktischen Bereichen alles das in einer systematischen Weise vereinen, was geeignet ist, ein Wesensbild des Menschen zu geben. Damit kommen wir also wieder auf jene drei Fragen zurück, von denen wir ausgegangen waren und die auch den Entwurf der Anthropologie bei Kant bestimmen:

Was kann ich wissen?
Was soll ich tun?
Was darf ich hoffen?

zusammengefaßt in der Klammerfrage heißt es:

Was ist der Mensch?

Die erste Frage sucht Antwort auf Umfang, Grenze und Sicherung des menschlichen Wissens und zeigt den Menschen als ein zwar auf das Unendliche angelegtes, aber in seiner Möglichkeit endlich begrenztes Wesen.

Die zweite Frage geht aus dem theoretischen Bereich heraus und sucht nach der Wahrheit der für den Menschen und sein

Was ist der Mensch? Albrecht Dürer gibt mit dem Kupferstich von 1504 »Adam und Eva« seine Antwort in künstlerischer Form auf die Frage, der die philosophische Anthropologie in ihrer Weise nachgeht.

Handeln verbindlichen sittlichen Norm oder nach den Maßstäben für sein poetisches Tun, also sein praktisch-hervorbringendes Schaffen. Auch hier zeigt sich die gleiche Grunddisposition des Menschen. Er ist auf das Überzeitliche angelegt und muß doch in den Grenzen der jeweiligen Zeitlichkeit handeln. Im moralischen Gesetz und im Wertbereich des Schönen bricht gleichsam die Unendlichkeit herein. Sie kann aber nur im endlichen Maßstab von dem begrenzten Menschen aufgefangen werden. Dieses Hereinbrechen des Absoluten und des Unendlichen ist auch der tiefste Grund dafür, daß Kant an dieser Stelle die drei Postulate der praktischen Vernunft als unabdingbar einführt: die *Freiheit,* die *Unsterblichkeit* und das *Dasein Gottes.*

Mit dem letzten und vorletzten Postulat greifen wir bereits in die dritte Fragestellung hinüber. Sie ist weder von der reinen Vernunft im Sinne einer Denknotwendigkeit noch von der praktischen Vernunft als einem Anspruch des Menschen zu lösen. Sie zeigt aber wiederum die Grundanlage des endlichen Menschen auf eine unendliche Erfüllung, und ihre Verwirklichung heißt hoffen.

Nehmen wir im kantischen Sinne die Schematik der philosophischen Disziplinen, um diese drei Fragen einzuordnen, dann entspricht der ersten Frage Erkenntnistheorie und Logik. Eine Ontologie im philosophischen Sinne wird von Kant, wie später noch zu zeigen ist, ausgeschlossen. Die zweite Frage betrifft die Moral oder Ethik und die Philosophie der Kunst, der Technik, Ästhetik. Die dritte Frage schließlich hat es mit der herkömmlichen Metaphysik zu tun, die aber von Kant ganz dem Zugriff der Philosophie entzogen und dem Glauben allein anheimgestellt wird.

Zum Abschluß dieses Abschnittes muß noch einmal wiederholt werden, daß die Beziehung auf bestimmte Philosophen und die Beispiele nicht etwa eine abschließende Beurteilung der in den Fragen aufbrechenden Probleme abgeben kann. Die Betrachtungen dienten nur der notwendigen Verdeutlichung, damit die Grundfragen als solche und die Richtung einer möglichen Lösung erkannt werden können.

Grundbegriffe, Grundrichtungen und Disziplinen der Philosophie

Ontologie oder Seinslehre

Wie aus den bisherigen Darlegungen hervorgeht, bedeutet die Einteilung der Philosophie in bestimmte Disziplinen schon eine Vorentscheidung über den Inhalt und die möglichen Grenzen der Philosophie. Da Kant in seiner »Kritik der reinen Vernunft« die Aufgaben der exakten Wissenschaft außerordentlich beschränkte, hatte in seinem System eine philosophische Lehre vom Sein und seinen wesentlichen Bestimmungen keinen Platz. Denn die in der Kritik der reinen Vernunft begründete Bedingung der Erkenntnis schließt jede Aussage über das Sein selber, oder im kantischen Sprachgebrauch, über das »Ding an sich« aus. Die wissenschaftlich strenge Erkenntnis wird auf das sogenannte »Phänomen«, die Erscheinung, begrenzt.

Eine Ontologie im Stile einer wissenschaftlich begründeten Seinslehre zu betreiben, setzt eine bestimmte Erkenntnistheorie voraus. Das Erkennen des Subjekts und das Sein und Wesen der Dinge als Objekt müssen in einer sich wechselseitig bedingenden Beziehung stehen. So verschieden die philosophischen Richtungen auch sein mögen, sofern sie eine Seinslehre für möglich erachten, stimmen sie alle in dem wirklichen Bezug von Subjekt und Objekt überein: Der Mensch erkennt wirklich Wirkliches.

Bevor wir die Grundrichtungen, also die entscheidenden Denksysteme, skizzieren, müssen wenigstens die Schwerpunkte der Fragestellung in der Ontologie und in den anderen noch nicht wie Logik und Erkenntnistheorie ausdrücklich behandelten Disziplinen der Philosophie benannt werden.

Ihre Möglichkeit vorausgesetzt, stellt die Ontologie die Frage: Was ist Sinn und Wesen von Sein? Allem, was wir in den Blick bekommen können, sprechen wir das Sein zu, einem technischen Gegenstand, einem Naturding, einem lebendigen Wesen, dem Menschen, aber auch einer Eigenschaft, einem Werden, einem mathematischen oder logischen Gebilde. Überall kehrt das Wort »sein« wieder, und doch in einer jeweils anderen Weise. Die Grundfrage der Ontologie richtet sich auf die allgemeinste Bestimmung dieses allgemeinsten »Begriffes« vom Sein.
In der nächstfolgenden Stufe einer Untersuchung des Seins schließt sich dann die Frage nach dem Wesen von Wirklichkeit oder Realität an. Dabei liegt der Unterschied zu dem, was wir als gedachtes Sein oder ideales Gebilde bezeichnen, auf der Hand. Ein kreisrunder Tisch ist ein wirkliches Gebilde, während der Kreis als solcher nur ein gedachtes, ideales und nicht wirkliches Sein besitzt. Indem man diesen dem gesunden Menschenverstand so einleuchtend erscheinenden Unterschied zwischen einem wirklichen und einem nur gedachten (idealen) Sein niederschreibt, stockt man aber als Philosoph. Denn es gibt Denksysteme, bei denen gerade das ideale Sein das Wirkliche ist, während die handfeste sinnenhafte Wirklichkeit als uneigentlich und abgeleitet gilt. Im platonischen Idealismus erweisen sich gerade die Ideen als real: der Mensch als Idee ist das wirkliche Sein des Menschen. Die einzelnen Gegenstände oder die Menschen, die als real erscheinen, nehmen nur an dieser eigentlichen Wirklichkeit teil. Jedenfalls wird deutlich, daß jede Ontologie sich am Wesen oder Begriff von Wirklichkeit spezifisch charakterisieren läßt und daß damit auch alle weiteren Folgerungen und näheren Beschreibungen des Seins von der Grundfrage abhängen:

Was ist Wirklichkeit?

Eine weitere wichtige Fragestellung zeigt sich in dem Gegenüber von *Dasein* und *Sosein*. Alles, was ist, ist in irgendeiner Weise da und hat auch immer ein bestimmt geprägtes Sosein. Es hat Wesen im weitesten Sinn. Das Sosein des Kreises, den ich mit Kreide an die Tafel male, ist auch das Sosein des Kreises, den ich als gedachtes Gebilde in Sinn habe, wenn ich all die mathematischen Bestimmungen und Beziehungen ausspreche und begründe, die eben jenem Kreis zukommen. Das Dasein aber des mit Kreide an die Tafel gemalten Kreises und das des idealen (mathematischen) Kreises ist sehr verschieden. Der mathematische Kreis wird immer wieder neu gedacht und ist nur als gedachter da. Der an die Tafel gezeichnete Kreis dagegen besitzt eine gewisse reale Existenz (in Kreide) und bleibt auch unabhängig davon, ob sich jemand mit ihm beschäftig oder nicht, in seinem Dasein. – Wie dieser Unterschied in der Weise des Daseins Realität und Idealität prägt, so läßt sich auch das »Fürsichsein« im Sein abgrenzen. Denn nichts besteht für sich, sondern nur »an« einem anderen. Die Tafel, an die wir unseren Kreis gemalt haben, hat ein gewisses Fürsichsein. Die Form der Tafel, die Farbe, die Eigenschaften des Materials, aus denen diese Tafel gefertigt ist, sind Seiende, die nie für sich bestehen, sondern immer nur als Sein an einem anderen auftreten. Größe, Form, Dichtigkeit, das alles sind Bestimmungen eines Seins, das in sich selber keine Eigenständigkeit besitzt. Der Denkakt, den wir jetzt vollziehen, wenn wir uns den Sinn dieser Sätze klarmachen, stellt einen Bewußtseinsablauf dar, der sich an und in unserem Selbst vollzieht. Als Denkakt kommt er nie selbständig und losgelöst von einem Denkenden vor. Dieser Denkende dagegen ist auch dann da, wenn er nicht denkt, also beispielsweise schläft. In der Ontologie wird dieser Unterschied von »Fürsichsein« und »Aneinemanderensein« durch die Begriffsgegenüberstellung von *Substanz* und *Akzidens* ausgedrückt.

In einer einigermaßen ausgeführten Ontologie müßten eine ganze Reihe weiterer Entsprechungen in solchen Gegenbegriffen genau erläutert werden. Die Art unserer Einführung in philosophisches Denken, in die großen beherrschenden Fragen und in die entscheidenden Systeme verbietet aber naturgemäß eine solche sehr spezielle Untersuchung. Sie würde auch den philosophischen Laien mehr schrecken, als daß ihm dadurch ein wirklicher Anreiz und auch ein brauchbarer Ansatz zum selbständigen Durchdenken von Problemen geboten würde. Wir beschränken uns deswegen lediglich darauf, diese polaren Begriffspaare zu nennen. Dabei erfährt in der folgenden Erläuterung von Grundbegriffen und Grundsystemen die Philosophie das eine oder andere der folgenden Begriffspaare eine gewisse Durchleutung:

Sein und Werden
Akt (wirkliches Sein) – Potenz (mögliches Sein)
Form und Materie
Transzendentale Seinsbestimmungen und kategoriale Seinsbestimmungen
Materielles Sein und geistiges Sein (als Realität)
Allgemeine Seinsstruktur und Seinsschichten (Stufen des Seins)
Ding-Sein und Person-Sein.

Am fruchtbarsten für die gegenwärtige Fortbildung ontologischer Fragen erweist sich der Begriff der *Kategorie.* Hierauf werden wir bei der Besprechung von Nicolai Hartmanns Philosophie noch eingehen. Kategorie heißt ursprünglich Aussageweise. Für Aristoteles, der diesen Begriff zum erstenmal anwendet, bedeutet Aussageweise zugleich auch Seinsweise. Das, was in Begriffe gekleidet werden kann, wird am Sein oder am Seienden selbst endeckt. Die Verwendung, die Kant dem gleichen Begriff der Kategorie zukommen läßt, schränkt Kategorie nur auf den Sinn von Aussageformen oder Aussageweise ein. Wenn wir Kategorien bilden, etwa die der Substanz oder kausalen Beziehung, so sind das für Kant nur ganz bestimmte und notwendige Formen, in denen sich unser Denken vollzieht. Wir dürfen aber nach seiner Auffassung nicht annehmen, daß wir mit Hilfe der Kategorien gleichsam das Sein abbilden. Nicolai Hartmann greift die aristotelische Begriffbestimmung von Kategorie wieder auf, ohne sich den von Aristoteles festgelegten Inhalten dieser Seinsbestimmung und Aussageformen anzuschließen. Es gibt, nach Hartmann, nur wenige durchgängige Seinskategorien. Die meisten Seinsbestimmungen kommen nur einer bestimmten Seinsschicht oder Seinsstufe zu. Unsere philosophische Aufgabe besteht wesentlich darin, daß wir in einer geduldigen und genauen Nachzeichnung der Wirklichkeit in ihren verschiedenen Schichten auch die Kategorien abgewinnen, die sie wirklich bestimmen. Wir dürfen nicht in einer willkürlichen und gleichsam vom Denken her konstruierenden Weise die Wirklichkeit in Formen einzwängen, die wir dann für Kategorien

im Sinne von Seinsbestimmungen halten, ohne daß es an dem ist.
Einen weiteren fruchtbaren Ansatz für die heute wieder aufgegriffene Seinslehre werden wir ebenfalls in der jüngsten Philosophie bei der Besprechung der Heideggerschen Fundamental-Ontologie kennenlernen.

Die harte Wirklichkeit

Wenn man jemanden als Träumer oder unverbesserlichen Idealisten abstempeln will, so geschieht dies in der Regel mit dem Hinweis auf die harte Realität oder Wirklichkeit. Sie soll eine ähnliche Vorstellung im Bereich philosophischer Überlegungen wecken wie der Begriff der harten Währung im Wirtschaftsleben. Hart im landläufigen Sinn von Wirklichkeit sind die »greifbaren« Tatsachen. Dazu gehört alles, was sich mit den Sinnen erfassen, also sehen, hören, riechen, schmecken, vor allem aber mit »Händen greifen« läßt. Es ist kurzum all das, was wir mit materieller Wirklichkeit zu bezeichnen gewohnt sind. Je »verdünnter«, je unstofflicher irgend etwas ist, um so weniger real scheint es dem allgemeinen Bewußtsein zu sein.
Es gehört zu den weiteren Aufgaben der Seinslehre, eine Klärung von Wirklichkeit oder Realität zu vollziehen. Auch außerhalb des geistigen und machtmäßigen Geltungsbereiches des sogenannten dialektischen und historischen Materialismus ist vom Vorherrschen eines praktischen Materialismus die Rede. Daran dürfte die Vorstellung von der »harten« Wirklichkeit neben dem Aufgehen in einem sehr materiellen Genußleben schuld sein. Was ist nun wirklich? Was ist Realität? Sind nur die Dinge, die materiellen, also die körperlich ausgedehnten und mit den Sinnen zu ergreifenden Dinge wirklich? Oder sind sie wirklicher als etwa der menschliche Geist? Ist der Denkakt, den wir jetzt gemeinsam in uns mit dem Blick auf Realität tätigen, etwas Wirkliches? Oder sind nur wir es als Denkende? Ist das Denkgebilde, der Denkinhalt, den wir in diesem Augenblick so oder so erwecken, wirklich? Kann überhaupt ein Prozeß, ein in der Zeit geschehender Ablauf, real sein, oder nur Dinge oder Seiende, in

Das eherne Zeitalter. Trotz des geistigen Ursprungs aller menschlichen Werke, wie er in der Gestalt Rodins sichtbar wird, erscheint vielfach nur noch die materielle harte Wirklichkeit als die einzige Wirklichkeit (links). Der Denker. Die Last des Denkens löst zugleich den Menschen aus seiner Erdenschwere und Erdgebundenheit.

denen und an denen etwas geschieht? Ist eine Eigenschaft »wirklich« zu nennen oder nur der Träger dieser Eigenschaft?

Wir könnten seitenweise diese Frage fortsetzen, die aber, je mehr man sie stellt und unvoreingenommen erwägt, uns zeigen, daß die obige Vorstellung von der harten Realität platt und einseitig ist. Wie steht es in Wirklichkeit mit der Wirklichkeit? Diese wiederum paradoxe Frageformulierung läßt ein Vorwissen erahnen und erkennen, das wir schon von Wirklichkeit besitzen. Wann – so fragen wir zum letzten

Male – nennen wir etwas wirklich? Was ist erfüllt, wenn wir dieses Wort zutreffend gebrauchen?
Wir wissen bereits, daß von dem Nicht-Sein her, von der Verneinung aus, eine Antwort leichter fällt. Ein Phantasiegebilde, etwa das Schlaraffenland, bezeichnen wir als nicht wirklich. Warum? Weil wir es mit Hilfe unserer Phantasie erst hervorbringen, weil wir es nicht vorfinden. Das erste Merkmal von Wirklichkeit wäre die unabhängig von unserem Denken oder unserer Phantasie bestehende Vorfindbarkeit. Wir nennen das auch objektiv. Objektiv heißt gegenständlich, dinglich, sachlich, nicht bloß gedacht, unabhängig von subjektiven Meinen.
Aber – und nun wieder ein negativer Ausschluß – nicht alles, was objektiv ist, ist auch real. Ziehen wir wieder den schon oft bemühten mathematischen Kreis heran. Sicher ist dieser kein Phantasieprodukt von uns. Jeder hat seine Phantasievorstellung für sich, während wir alle den gleichen mathematischen Kreis mit den gleichen objektiven Merkmalen denken müssen. Der Kreis ist irgendwie da, er ist objektiv vorfindbar, aber nicht als solcher, das heißt als ein einzelnes konkretes Etwas anzutreffen. Er findet sich objektiv immer gleich als ein Sachverhaltsbündel an wirklichen Dingen, die wir kreisförmig nennen und an denen wir den Kreis »objektiv« entdekken können, ohne ihn in seinem Wesen verändern zu können.
Wir haben somit gleich zwei neue Merkmale des Wirklichen im Sinne des Ausschlusses von Nichtwirklichem gewonnen. Alles Reale ist vereinzelt (konkret) da. Es bietet unserem Denken, nicht nur unserem Körper wie bei den materiell-realen Dingen, einen Widerstand. Das Schlaraffenland können wir uns willkürlich so oder so vorstellen, eine einzelne wirkliche Leckerspeise aber eben nur so, wie sie ist oder uns erscheint. Natürlich können wir den objektiven mathematischen Kreis auch nicht in seinen Merkmalen willkürlich verändern. Auch er bietet unserem Denken einen sehr harten Widerstand (aber nur im Sosein nicht im Dasein). Denn der Kreis ist nicht wirklich, weil er nicht vereinzelt-konkret ist. Wir bezeichnen solche Seienden wie den Kreis als ideale Gebilde, worüber wir uns später noch ausführlicher verbreiten werden.
Formelhaft ausgedrückt gilt für das Wirkliche:

a) objektiv (als Seiendes unabhängig vorfindbar und nicht von unserem Denken gemacht)
b) vereinzelt-konkret
c) unserem Denken und, bei den materiellen Dingen, auch unserem Körper Widerstand bietend (in Dasein und Sosein).

Kommen diese drei Merkmale zusammen, dann haben wir es wirklich mit harter »Realität« zu tun. Untersuchen wir dies jetzt genauer.

Realität und Aktualität

Strenggenommen nennen wir wirklich oder real nur diejenigen Seienden, Dinge oder lebendige Wesen oder Personen, die als jeweilige konkrete Einheiten unabhängig von unserem Denken objektiv existieren. Sie setzen unserem Denken, ja auch unserer Körperlichkeit, sofern es auch körperliche Realitäten sind, einen unaufhebbaren Widerstand entgegen. Wenn ich etwa mit dem Kopf durch eine wirkliche Wand will, dann tut das dem Kopf auf Grund des ihm entgegengebrachten Widerstandes nicht gut, sehr zum Unterschied bei einer nur in der Phantasie hergestellten Wand, die ich ohne Widerstand durchstoßen kann.

Im weiteren Sinne sprechen wir auch da von wirklich oder real, wo wir nur ein Etwas an einem Wirklichen meinen. Wir sagen etwa, daß ich diesen Denkakt mit diesem Inhalt über das Wirkliche wirklich besitze. Das geschieht im Unterschied von einem Bewußtseinsvorgang, den ich einmal gehabt habe oder vielleicht in Zukunft haben werde, wenn ich einen Roman lese oder eine noch so interessante, aber doch ein wenig den Kopf beanspruchende Frage durchdenke.

Dieser Umstand weist uns auf ein neues Moment hin, dem wir bei unserer nun ontologischen Untersuchung über die Wirklichkeit auch Rechnung tragen müssen. Es handelt sich um den jeweiligen Selbststand des Wirklichen und das »Wirkliche an« oder »Wirkliche in«. Letzteres findet sich als Vorgang oder Eigenschaft an oder in einem selbständigen Wirklichen. »Selbststand« und Realität »an« deuten zusammen auf das Werden des Wirklichen und damit auf die Zeit hin, in der das von uns erfahrene Wirkliche steht. Damit haben wir eines der schwersten Bündel dieses ganzen Buches vor dem Leser ausgebreitet. Es gilt jetzt, das Bündel sorgfältig aufzuschnüren. Stab für Stab genau zu betrachten und geduldig in der Hand zu wägen.

Prüfen wir die Realität »Ich«, von der wir zwar nicht wissen, was sie ist, von der wir aber sicher wissen, daß sie ist. Ja unser Ich, das denkt und zweifelt und kritisch prüft, kann und muß als der ausgezeichnete Prüfstein angesehen werden. Mit seiner Hilfe wird eben das Wirklichsein ausgemacht und bestimmt. In diesem Ich lassen sich sehr genau der Selbststand und das Wirklichsein »an« oder »in« unterschieden. Ich schlafe, esse, schreibe, lese, fahre, verrichte eine Handarbeit, denke, erleide einen Schmerz, habe bestimmte Empfindungen, Gefühle, Absichten, ich will oder will nicht, entscheide mich so oder so. Niemand wird leugnen, daß Schlafen, Essen, Schreiben, Lesen, Fahren, Handarbeiten, Werken, Denken, Schmerzerleiden, Empfindungen, Gefühle, Absichten, Wollen und Entscheiden etwas Wirkliches sind. Doch alle diese aufgezählten Realitäten stehen nie für sich als Wirklichkeit da. Empfindung kommt nicht als reale Wesenheit für sich vor. Immer ist es ein empfindendes Wesen: ein Tier, ein Mensch, das empfindet. Ich, Tier, Mensch, Baum sind selbst-ständig Wirklichkeiten (Selbststand), während das andere Wirklichkeiten »an« oder »in« sind, die es ohne diese »Träger« nicht gäbe.

Der aufmerksame Leser wird mit Recht einwenden, daß es aber auch diese »Träger« oder »Selbst-stände« nicht gäbe, wenn sie nicht etwas trügen, wenn sie nicht durch Wirklichkeiten »an« oder »in« geprägt und bestimmt wären. In der Tat sind die Wirklichkeiten im strengen Sinne und die Realitäten im weiten Sinne aufeinander angewiesen und bezogen, wenn auch in ihrem Seinscharakter verschieden. Da das lateinische Wort »relativ« bezogen oder bezüglich heißt, müssen wir auch bei den Wirklichkeiten, denen wir in der von unserem Ich ausgehenden Erfahrung Selbst-stand zusprechen, von einem »relativen« und nicht absoluten Selbststand reden.

Kehren wir zum Ich zurück. Das relativ selbständige Ich hat als Realität den Erlebnissen, dem Tun, dem Erleiden etwas voraus. Es ist immer aktuell, während ein Denkakt, ein

Schmerz, eine Entscheidung wechselnd da sind und wieder verschwinden. Unser Ich, das nicht mit dem Bewußtsein gleichzusetzen ist, ist auch in unserem Schlaf aktuell. Als aktueller Träger bleibt unser Ich in der Zeit, während die Zustände, Vorgänge, Erlebnisse mit der Zeit verschwinden. Sie sinken in die Möglichkeit (die Potenz) ab, um wiederkommen zu können. Unser »Ich« wäre also der gleichbleibende relative Selbst-stand in Aktualität und Träger der wechselnden Aktualitäten von Wirklichkeiten »an«. – Das klingt reichlich verschroben und geradezu komisch, macht aber

Wirklichkeit	und	Wirklichkeit
(im engeren)		(im weiteren Sinne)

deutlich. Es erklärt – nach dem Gesagten –, daß wirklich wirklich nur das Aktuelle (nicht die Möglichkeit, Potenz) ist.

Aber auch das Ich und alles, was wir an aktuellen Wirklichkeiten an ihm sehen und erfahren, war einmal inaktuell. Es war nur in der Potenz möglich, nämlich vor unserem eigenen Dasein. Darum können wir alle von uns direkt erfahrbare Realität (in Aktualität) als relativ bezeichnen. Denn alles hat einmal in seinem aktuellen Sein zu sein begonnen. Wir dürfen an dieser Stelle einen Hinweis auf ein Zitat aus Thomas von Aquin geben, das wir in der geschichtlichen Darstellung unseres Buches folgen lassen. Der Philosoph schließt darin in einfacher und prägnanter Weise aus dieser Relativität des Wirklichen auf das absolute Sein, die absolute Aktualität eines höchsten und unendlichen Wesens. Wir verfolgen noch im nächsten Kapitel die relative und aktuelle Realität als zeitliche Wirklichkeit. Wir wollen uns dabei in der gebotenen Kürze und Einfachheit der »neuen Wege« einer Ontologie bedienen, wie sie in unserem Jahrhundert der Philosoph Nicolai Hartmann (zuletzt in Göttingen) vorgebahnt hat.

Zeit und Werden

Noch sind wir in unserer Betrachtung nicht ganz über die angedeuteten schwierigeren Abschnitte hinweg. Auch dem philosophischen Laien, in dessen Vorstellungs- und Ausdruckswelt das vorliegende Buch einzudringen sucht, muß

Sibyllen aus Michelangelos Deckengemälde der Sixtinischen Kapelle in Rom: Sibilla Cumaea (oben links), Sibilla Persica (oben rechts), Sibilla Erithraea (unten links), Sibilla Delphica. Im Altertum wurden die Sibyllen als Künder der Zukunft, als Träger göttlicher Weisheit und als Mittler zwischen den Göttern und Menschen verehrt. Die Klarheit des schöpferischen Logos, der Gedanke verdrängte das Orakel.

eine schwerere Kost zugemutet werden, wenn überhaupt philosophiert werden soll. Jedoch, wie schon mehrfach betont wurde, wird keine spezielle wissenschaftliche Kenntnis vorausgesetzt. Auch das steilere philosophische Bergsteigen knüpft – als Sicherung – an die Stützen an, die der Leser schon aus eigener Lebenserfahrung mitbringt. Wie beim Bergsteigen in großer Höhe und bei steilen Hängen oder gar Überhängen die Herztätigkeit außerordentlich zunimmt, so setzt das schwierigere Philosophieren eine erhöhte geistige Anspannung voraus. Mit dieser erneuten Captatio benevolentiae (der Gewinnung des Wohlwollens – des Lesers) wollen wir zugleich noch einmal etwas sehr Wesentliches über das Philosophieren sagen, das gar zu leicht verkannt wird.

Der Stützpunkt, an dem wir uns bei unserer Bergpartie anseilen, ist wiederum das Ich.

Dabei ist das Ich, um im Bilde zu bleiben, kein bloßer Punkt, sondern Punkt und Erstreckung zugleich. Aus einer uns persönlich unbekannten Vergangenheit (Geburt und früheste Kindheit) wandert unser Ich immer weiter, erfüllt sich mit immer neuen Inhalten. Auch unser vom Ich mitumfaßter Körper macht vielfältige Wandlungen mit. Er bleibt gleichwohl unser Körper. Mit anderen Worten: Ein Kernpunkt bleibt immer, trotz allen Veränderungen, die sich zutragen. Das Unveränderlich-Gleiche steht in engstem Blutsverband mit dem stets Veränderlich-Ungleichen. Sein im Werden, Werden im Sein – das ist wieder eine neue Formel, die wir für den Tatbestand der uns vor Augen liegenden Wirklichkeit anwenden können.

Platon läßt, wie noch im Kapitel Idealismus zu zeigen ist, nur das unveränderliche und ewige Sein der Ideen als das wirkliche Sein gelten. Das, was wir die »harte Realität« (der Dinge dieser Welt) bezeichneten, charakterisiert er dementsprechend als uneigentlich und als Werden. Durch diese radikale Trennung von Sein und Werden wird dann zugleich auch das Absolute und Relative scharf getrennt und im Grunde nur das Wirkliche in seiner absoluten Form anerkannt. Das unveränderliche und absolute Sein ist in der Tat zeitlos, weil es kein Werden, keinen Prozeß, kein Mehr oder Weniger, kein Vorgehen gibt, sondern nur eine einzige Gegenwart des erfüllten Seins.

Vergangenheit und Zukunft sind die Phasen des Werdens, beobachtet aus der Gegenwart des In-sich-selber-Seins (das Selbst-standes unseres Ich). Der im vorigen Kapitel erwähnte Nicolai Hartmann betrachtet nun die *Zeit* als eine alles Wirkliche charakterisierende Bestimmung (Kategorie). Sie gilt dementsprechend durchgängig für alle Stufen des Wirklichen, also für das Anorganische, das Organische, das geistig-personale Sein. Wirklich ist für ihn nur das zeitlich Bestimmte und damit der Veränderung (dem Werden) Unterliegende, während der Idealismus Platons gerade und nur das der Zeitlichkeit Entrückte wirklich nennt. Für Nicolai Hartmann fällt damit ein zeitloses unendliches absolutes Wesen (Gott) nicht unter jenes Wirkliche, mit dem es Philosophie und Wissenschaft zu tun haben. Für Platon sind andererseits die Welt der Ideen und die menschliche Seele etwas Göttliches, weil Wirkliches.

Auch in diesem Zusammenhang geht es, wie so oft, nicht um die endgültige Entscheidung, ob Platon oder Hartmann recht hat, sondern was aus der Sache heraus ersichtlich ist. Dann dürfte kein Zweifel möglich sein, daß alles Wirkliche, dem wir in Natur und Welt begegnen, einschließlich des Menschen, seiner Geschichte, Kultur und Technik, vom *Werden* geprägt und durchzogen ist. Es steht also in der Kategorie der Zeit, die sich in unserem Bewußtsein als Zeitlichkeit (Vergangenheit und Zukunft, aus der Gegenwart überblickt) darstellt. Daß aber die Zeit unter allen Umständen Wesenszug von Wirklichem ist, das ist nicht einsichtig. Daß es also ein zeitlos-absolut Wirkliches gibt, darf mindestens nicht philosophisch verneint werden. Soweit dürfte unsere gemeinsame vorsichtige Gedankenführung es schon gebracht haben. Wir verweisen übrigens auch hier wieder auf eine später folgende Stelle über Augustinus, in der der Unterschied von Zeit und Zeitlichkeit einerseits und der zeitüberhobenen Gegenwart deutlich wird.

Idealität und Realität

Bei der Beschreibung der Merkmale der Wirklichkeit stießen wir bereits auf Übereinstimmungen und Unterschiede zwischen Realität und Idealität. Ein kreisrunder Tisch als etwas Wirkliches und der mathematische Kreis als ideales Gebilde unterscheiden sich dadurch, daß dieser so und so aussehende kreisrunde Tisch einmalig konkret ist. Der mathematische Kreis kommt als Sachverhalt an dem wirklichen kreisrunden Gegenständen vor, die wirklich sind, und kann immer wieder an neuen realen Gebilden vorkommen.

In dieser immer gleichbleibenden Wesenheit, dem Sosein des Kreises, besteht und gilt die Idealität des Kreises auch dann, wenn es überhaupt keine wirklichen kreisrunden Gegenstände gäbe. Wenn jedes wirklich Seiende eine Einheit von Dasein und Sosein ist, könnte man von idealen Gebilden etwas kühn formulieren, daß es sich hier um ein Sosein ohne Dasein handle. Es ist ein Sosein, das von einem Dasein, etwa dem denkenden Menschen, vorgestellt und gedacht werden muß, das also sein Sosein an einem anderen (denkenden) Dasein »festmachen« muß, um überhaupt in Erscheinung zu treten. Wir meinten, das sei eine kühne Formulierung, da ja der mathematische Kreis, die Tapferkeit oder Reinheit als ideale Werte, die Zahl π oder die mathematische Unendlichkeit ∞ auch dann gelten, wenn überhaupt kein Menschengeist sie denkt oder verwirklicht.

Das ideale Sein ist nie konkret. Es ist *kein Konkretum* = Zusammengewachsenes aus Dasein und Sosein. Es ist ein Unveränderlich-gleichbleibend-Gültiges, das sich an der Wirklichkeit als Sachverhalt vorfindet und darum an der Wirklichkeit entdeckbar ist, ohne selber ein Wirkliches zu sein. Die unveränderliche Soseinshaftigkeit des Idealen und seine zeitüberhobene Gültigkeit veranlaßten Platon, diese Ideen als das eigentlich Wirkliche zu bezeichnen. Nicolai Hartmann führt das dazu, das Fehlen von Zeit als Kennzeichen des Idealen und die Zeitlichkeit als durchgängige Kategorie des Realen einzuführen, wie im vorigen Kapitel gezeigt wurde.

Überzeitlich-allgemeine und unveränderliche Wesenshaftigkeit (Sosein) in nicht konkreter Vereinzelung wäre demnach

die Formaldefinition für das Ideale oder die Idealität. Diese Definition erhält noch eine Verdichtung, wenn wir das Gegenstück anschauen und sowohl an das deutsche Wort Wirk-lichkeit wie an das lateinische Wort Aktualität anknüpfen.
Das wirklich Seiende (Naturding, Naturwesen, Person, technisch-künstliches Ding) ist immer durch aussendende und erleidende Wirkungen gekennzeichnet. Es tätigt Akte oder ist den Akten anderer Wirklicher passiv ausgesetzt. Das kleinste Materieelementarteilchen, etwa ein Neutron oder Elektron, ein organischer Einzeller kann Wirkungen erfahren. Es kann »beschossen« werden oder einer Bestrahlung ausgesetzt werden. Jedes reale Etwas in seiner Aktualität kann aber ebenso auf anderes einwirken, wobei merkwürdigerweise die »Kraft« dieser Wirkung gar nicht von der Größe des Wirklichen abhängig ist. Es scheint im Gegenteil geradezu umgekehrt zu liegen. Die ungeheure Wirkungsentfaltung bei der Spaltung des Atomkerns, also der kleinsten Wirklichkeit, die wir kennen, bewahrheitet ein Dichterwort Schillers: »im kleinsten Punkt die größte Kraft zu sammeln«. Vielleicht hat jemand aber auch die Erinnerung parat, nach der doch auch ein Ideal wirke. Es sei doch unbestreitbar, daß ein ideales Verhalten des Menschen anziehe und dadurch Nachahmung bewirke: Exempla trahunt (Beispiele ziehen an).
Wodurch wirkt aber dieses ideale Gebilde? Durch den Wert an sich? Sicher dadurch, daß der Wert in oder an einem Aktuellen erscheint. Das ideale Gebilde bedarf der Verwirklichung, damit eine Wirkung einsetzen kann. Das wird noch deutlicher, wenn wir uns das »Wirkung-Erleiden« vor Augen führen. Jedes Wirkliche muß sich Wirkungen gefallen lassen. Mit der stärksten Wirkungsintensität kann ich aber die Liebe oder die Gerechtigkeit als Wert in sich nicht um ein Jota verändern, so wie ich auch den Kreis oder die irrationale Zahl nie ummodeln kann. Alles Wirkliche steht ja in einem stets weiterlaufenden Wirkungsprozeß, dem Werden. Es ist vielfältig gebend und nehmend, »Schläge verteilend und einsteckend«, wenn man es mit einer Formel aus dem Boxsport verdeutlichen will. Real oder Realität heißt demnach jenes vereinzelte konkrete (Einheit von Dasein und Sosein) Etwas, das unabhängig von unserem Denken in sich ist und Wirkung ausstrahlt wie erleidet.

Wir erfahren das Reale in der Zeit, also in einem Prozeß des Werdens, des ständigen Übergangs von Potentialität in Aktualität und umgekehrt. Wir heißen auch den Ablauf, den Vorgang, die Eigenschaften sowie die Wirkungen von und an dem Konkret-Realen wirklich. Der von Meister Eckhart geprägte Begriff »Wirklichkeit« erhält die Eigenschaft des Wirkens; in der altgriechischen und römischen Philosophie wurde Wirklichkeit mit Wahrheit gleichgesetzt.
Nach der von Aristoteles ausgehenden Unterscheidung können wir das Wirkliche im engeren Sinne mit Substanz (Selbststand) und das Wirkliche im weiteren Sinne mit den Akzidenzien (Sein »an«) gleichsetzen. Insofern ein ideales Gebilde von uns gedacht und innerlich vorgestellt wird, also der objektive Inhalt unseres Denkens ist, nennt die philosophische Tradition dies Gedankending (ens rationis). Der Wert der Tapferkeit ist also ein ideales Gebilde, während die von mir jetzt erlebte und angeschaute Tapferkeit ein Gedankending ist.

Realismus und Idealismus als Denksysteme

Dem berechtigten Wunsch nach begriffsklaren Vorstellungen können wir nach dieser hinter uns gebrachten schwierigen Gedankenarbeit in Form von Definitionen der verschiedenen Denksysteme zum Teil bereits nachkommen. Zunächst gilt ganz allgemein, daß die Bezeichnung Idealismus und Realismus im allgemeinen als Bestimmungen des erkenntnistheoretischen und ontologischen Standpunktes des betreffenden Philosophen verwendet werden. Erst in zweiter Linie wird dann auch eine ethische (moralische) Haltung damit gekennzeichnet. Es heißt, das ist ein Idealist, also ein nach Ideen sich richtender Mensch, oder das ist ein Realist, also jemand, der sich den »realen« Gegebenheiten anpaßt. Da wir uns mit den sittlich-praktischen und technisch-künstlerischen Disziplinen der Ethik und Ästhetik erst etwas später befassen, begrenzen wir die nachfolgenden Definitionen auf die Ausgangslage der Erkenntnis- und Seinslehre.
Realismus ist dann jenes Lehrsystem, das die grundsätzliche Verbindung unserer Erkenntniskraft mit dem Sein, der Wirklichkeit, dem »Ding an sich« bejaht. Es behauptet, daß unsere

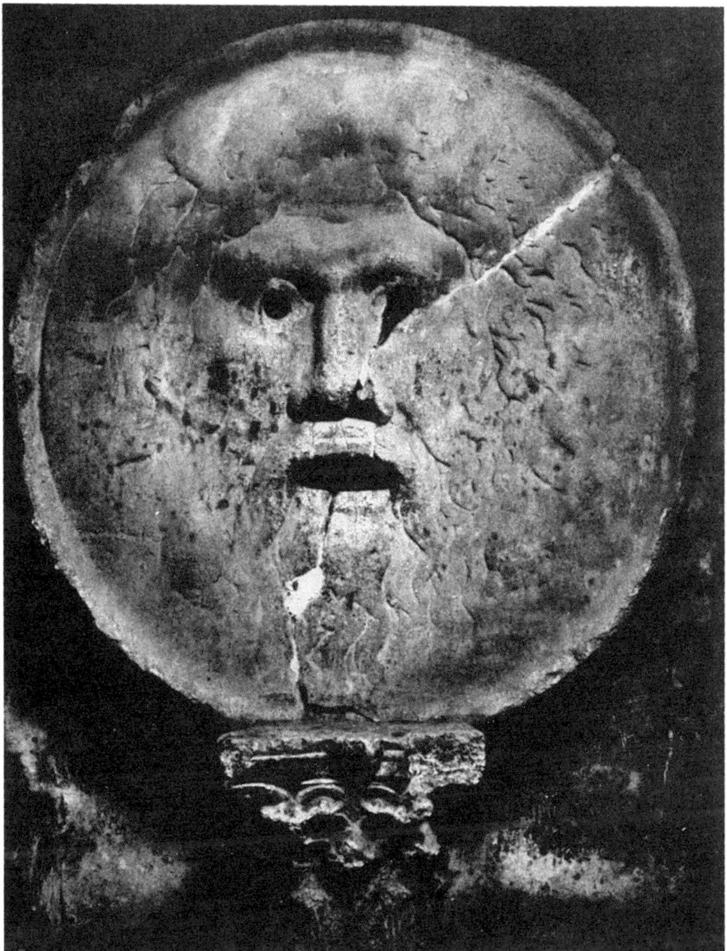

Bocca della Verità, Mund der Wahrheit. Brunnen in Rom. Nach dem allgemein verbreiteten Volksglauben hat man im Altertum die rechte Hand in die Mundöffnung legen müssen, um die Wahrheit einer Aussage zu bekräftigen. Sprach man dabei eine Lüge, so soll der Mund zugeschnappt haben.

sorgfältig gebildeten Urteile Wesensaussagen über das Wirkliche selber sind. Dabei muß ein naiver von einem kritischen Realismus unterschieden werden. Der naive Realist, glaubt also demnach, die Welt sei in sich genau ebenso, wie wir sie in unseren Urteilen aussprechen. Der *kritische Realist* ist sich darüber im klaren, daß uns einmal die Sinne täuschen können. Er weiß auch, daß selbst die zutreffendste Aussage über das Sein und die Wirklichkeit analog ist, das heißt unserem begrenzten Erkenntnisvermögen (Anschauung und Denken) entspricht.

Wenn wir zum Beispiel vom Licht als einem leuchtenden Etwas reden, so sagen wir etwas Richtiges über die Wirkung dieses Seienden auf uns aus. Wir treffen aber noch keine eindeutige Wesensaussage. Der Physiker, der von den Wellenlängen spricht, trifft damit ein wesentliches Stück dieser Realität, aber gleichwohl noch nicht alles, was für die reale Tatsache Licht charakteristisch ist.

Unter *Idealismus* verstehen wir jene philosophische Richtung, die nicht leugnet, daß es Wirklichkeit an sich selber gibt, die wir ja innerst in unserem eigenen Ich erfahren. Sie anerkennt aber die wesenhafte Verbindung von Erkenntnis-Ich und Welt nicht. Wir erkennen – nach dieser Auffassung – nur Erscheinungen (Phänomene). Sie werden erst von unserer Anschauung und unserem Denken bei der durch die Sinne vermittelten Berührung mit der Realität gebildet. In den Anschauungsformen von Raum und Zeit und den Kategorien des Verstandes (Substanz, Kausalität) formen wir einen Gegenstand. Er gleicht nicht dem wirklichen »Ding an sich«. Wir müssen ihn uns aber so und so als eine Erscheinung oder als ein »Modell« des wirklichen Dinges vorstellen. Der Idealismus Platons stellt eine Ausnahme gegenüber diesem so definierten Idealismus dar, indem er eigentlich einen Realismus besonderer Art bildet.

Danach sind nur die Ideen wirklich. Es sind die vor unserer Geburt von unserer Seele geschauten immateriellen und unveränderlichen Wesenheiten. Sie werden das wirklich Reale genannt, das wir im denkenden Erinnern uns wieder bewußt machen können. Die gängige Wirklichkeit stößt nur unsere Erinnerung über die Sinne an. Sie ist aber nur der Schatten der reinen Ideenwirklichkeit.

Rationalismus und Empirismus

Realismus und *Idealismus* unterscheiden sich im Grunde durch den Grad des Zutrauens des Menschen zu seiner eigenen Vernunft. Rationalismus und Empirismus überschneiden in gewisser Weise die Denksysteme realistischer und idealistischer Prägung. Das Gemeinsame von Rationalismus und Empirismus liegt in der Tatsache, daß beide einem gewissen Realismus huldigen, also durchaus der menschlichen Erkenntnis eine Verbindung zum Sein zutrauen. Sie treffen sich weiterhin in dem Umstand, daß sie beide eine, wenn auch jeweils entgegengesetzte Anwort auf die Frage nach der Quelle der Erkenntnis geben. Damit sind wir am entscheidenden Punkt.

Rationalismus heißt jene philosophische Richtung, die den Verstand als einzige wahrheitverbürgende Kraft der Erkenntnis ansieht.

Empirismus nennen wir jene philosophische Lehrmeinung, nach der die einzige wahrheitverbürgende Erkenntnisquelle die Erfahrung, vorwiegend die sinnliche Erfahrung sei.

Natürlich kennt der Empirist auch das Denken und den Verstand. Und kein Rationalist leugnet, daß der Mensch anschauliche Erfahrungen macht und daß durch diese Wahrnehmungen Vorstellungsbilder von der Wirklichkeit in unserem Bewußtsein hervorgebracht werden. Es ist also nicht die Tatsache, daß wir Anschauung und Denken in den uns zuteil werdenden Erkenntnissen zum Zuge kommen lassen. Die Bewertung von Verstand und Anschauung scheidet *Rationalismus* und *Empirismus.*

Beziehen wir uns auf den Vertreter des modernen Rationalismus, Descartes, so ist nach seiner Lehre eine streng gültige und eindeutige Erkenntnis der Welt, der Dinge, der Körper nur durch den Verstand und seine eingeborene Idee von der ausgedehnten Substanz, der Materie, möglich und gegeben. Die sinnliche Wahrnehmung oder Erfahrung spielt nur eine untergeordnete Rolle.

Diese Idee von der ausgedehnten Materie ist dem Menschen klar und deutlich gegeben und verbürgt ihm so das Dasein und Sosein der Außenwelt. Natürlich würde es Descartes nicht einfallen, im Ernst daran zu zweifeln, daß auch die sinnenhafte Erfahrung uns Kenntnis von der Außenwelt vermittelt, daß man sich also beispielsweise den Kopf blutig schlägt, wenn man mit ihm durch die Wand will. Als wissenschaftlich saubere und mit hundertprozentiger Sicherheit brauchbare Quelle erkennt jedoch der Rationalismus die anschauliche Erfahrung nicht an, weil sie ja auch Täuschungen beschere und zu undeutlichen und unseren Geist verwirrenden Vorstellungen führe. Genau umgekehrt argumentiert der Empirismus. Er leugnet nicht die Tatsache des Denkens, stützt sich aber auf den unleugbaren Zusammenhang zwischen Anschauung und Denken. Er sagt daher, daß keine Denkbewegung in uns zustande komme, solange nicht durch unsere äußere Wahrnehmung auch unsere innere mit Inhalt versorgt würde. Eben aus dem gleichen Grunde habe das Denken und damit der Verstand nur eine nachträgliche verknüpfende und ordnende Aufgabe. Als Quelle der Erkenntnis scheide der Verstand aus. Würde er gleichwohl dazu benutzt, so führe dies zu Phantasien oder Spekulationen und Konstruktionen, die mit der Wirklichkeit nichts zu tun hätten. Im Zusammenhang mit der geschichtlichen Darstellung werden wir uns selbstverständlich noch einmal mit beiden Richtungen befassen und auseinandersetzen. Hier genügt im Augenblick eine interessante Anmerkung. Der Empirismus, der nach einem weiter oben gebrauchten Wort in erster Linie die »harte Realität« des materiellen und sinnenhaft wahrnehmbaren Geschehens gelten läßt, entwickelt sich zum Teil in Richtung eines Idealismus oder eines »Positivismus«. Er sieht in unserer Erkenntnis gewissermaßen nur Modelle der Wirklichkeit, aber nicht sie selber abgebildet. Zum Teil geht dann dieser Empirismus auch in einen Materialismus über.

Etwas ganz Ähnliches kennzeichnet auch die Fortentwicklung des Rationalismus. Auch aus ihm leiten sich grundverschiedene Richtungen her. Es gibt da eine Art Spiritualismus, der nur die Realität des Geistes anerkennt und die materielle Welt als Schein oder Einbildung des Geistes abtut.

Daneben steht ein »positivistischer Idealismus«, der unsere Ideen, Vorstellungen, Begriffe nur als brauchbare und widerspruchsfrei ineinandergreifende Schemata ansieht. Mit ihrer Hilfe kann man die im letzten unerkennbare Wirklichkeit begreifen und ist vor allem in der Lage, sie technisch zu nutzen.

Wir wollen uns mit diesem Fortwirken jener in der modernen Zeit so außerordentlich wichtigen Richtungen teils in der geschichtlichen Darstellung, teils auch im Rahmen der Naturphilosophie noch beschäftigen. Zum Abschluß genügt es deshalb hier, einige erkenntnistheoretische Begriffe zu definieren.

Sensualismus ist jener Empirismus, der nur die sinnenhafte Erfahrung und nicht auch die innere Erfahrung, etwa unseres Bewußtseins als solchem, als Quelle der exakten Erkenntnis anspricht.

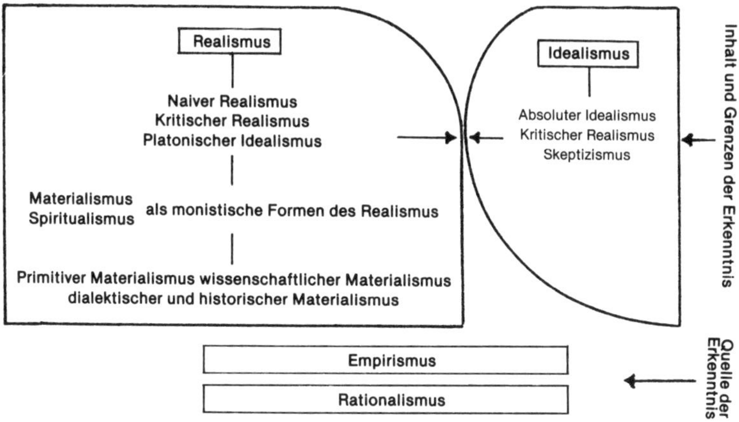

Schematische Darstellung der wichtigsten philosophischen Erkenntniswege.

Als Materialismus könnte man jenen monistischen Realismus bezeichnen, der allein die Materie als Wirklichkeit bezeichnet. Der Spiritualismus muß auch als ein monistischer Realismus gelten, der eben nur die geistige (immaterielle) Realität kennt. Innerhalb des Materialismus lassen sich wiederum zwei Formen unterscheiden. Wir sprechen vom vulgären oder populären Materialismus (auch primitivem Materialismus), auf den wir im Zusammenhang mit der naturphilosophischen Auseinandersetzung und unter dem Stichwort Ideologie weiter unten noch eingehen werden. Davon unterscheidet sich der dialektische oder historische Materialismus.

Skeptizismus ist jene philosophische Richtung, die schlechthin eine wissenschaftliche Erkenntnis, sei es der Realität, sei es einer phänomenalen Idealität in Abrede stellt.

Erst in den weiteren Darlegungen werden diese hier verzeichneten Begriffe deutlich werden. Vor allem zeigen sich die wechselseitigen Überschneidungen.

Ding und Person

Das vorstehende Schema hat trotz mancher Verdeutlichung vorweg noch nicht jeden möglichen Zweifel oder bestehende Verwirrungen zerstreuen können. Wir müssen sogar dem Leser noch eine weitere mögliche Erschwerung vorführen, die wir aber nicht aus Mutwillen, sondern um einen aktuellen geistigen Klärungsversuch zu machen, hier niederschreiben wollen.

Der wissenschaftliche Materialismus bezeichnet sich gern als den einzigen Realismus. Die vorstehend aufgezeigten philosophischen Richtungen tut er gern mit dem Kennwort »idealistische Philosophie« ab, das rein abwertend gemeint ist. In der Tat zieht sich dieser Abgrund durch die Gesamtgeschichte der Philosophie. Auf der einen Seite stehen jene Richtungen, die eine geistige Realität und dann gewöhnlich auch eine materielle Realität anerkennen. Davon unterscheiden sich die Anschauungen, die so oder so materialistisch sind. Verfolgt man diesen Trennungsstrich, dann stehen in der Tat Plato, Aristoteles, Augustinus, Thomas, Descartes, Leibniz, Kant, Hegel, und wie die klassischen Repräsentanten noch heißen mögen, alle auf der »idealistischen« Seite. Sie sind der festgegründeten Überzeugung, daß die tiefste und eigentliche Realität Geist oder Person ist. Sicher stimmen die genannten Denker auch in gewissen grundlegenden Urteilen über den Geist als Realität nicht überein. Aber die Tatsache und die beherrschende Sachlage der geistigen Realität bindet sie alle. Bezeichnend in diesem Zusammenhang ist eine höchst interessante Wendung in Augustinus Bekenntnissen. Er berichtet darin freimütig und schlicht, daß die entscheidendste Phase auf seinem schwierigen Weg zur Wahrheit jene den Platonikern zu verdankende Erkenntnis gewesen sei, daß es eine geistige Realität gibt. Der Prager Philosoph und Pädagoge Otto Willmann hat die klassisch-realistischen Philosophien in seinem Buch »Geschichte des Idealismus« (2. Auflage 1907) zusammengefaßt. Damit wollte er dartun, daß im großen Zuge der abendländischen Philosophie gerade die geistige Wirklichkeit in den Mittelpunkt gerückt ist. Die Folge ist eine Verurteilung jeder materialistischen Philosophie als eine Verirrung des abendländischen Denkens und einer Art Unphilosophie.

Neben der Kategorienfrage in der Erkenntnis der Wirklichkeit dürfte demnach in der Seinslehre nichts wichtiger sein als der Unterschied zwischen *Ding* und *Person*. Gibt es über die dinghaft vorhandene Wirklichkeit hinaus Realität, deren Dasein sich nicht im bloßen Vorhandensein erschöpft, sondern eine Verfügung über die Dinge und über sich selbst bedeutet? Diese eigentümliche Realität, die die moderne Philosophie der Existenz mit dem Dasein, im Unterschied zu einem bloß vorhandenen Gegebensein, bezeichnet, erfahren wir in uns und an uns selbst, in unserem Personsein. Es kommt dabei nicht so sehr auf den Namen oder den Begriff Person an, obwohl auch er wichtig ist. Es geht vielmehr darum, ob die Philosophie sich in der kritischen Betrachtung dieses kapitalen Unterschieds von dinglichem Dasein und bewußtem geistigem Dasein (Existenz) bewußt wird. Wir wollen uns diese Tatsache im nachfolgenden Kapitel »Individuum und Person« klarmachen. Es ist bezeichnend, daß der Materialismus jeder Schattierung auch beim Menschen nur den Seinscharakter des Individuums erkennt und anerkennt und das personale Eigendasein von Grund aus mißversteht.

Individuum und Person

Wenn in den verschiedenen Kundgebungen und Proklamationen der modernen Zeit von der Freiheit und dem Recht des Individuums die Rede ist, so ist das terminologisch nicht in Ordnung. Denn in Wahrheit meint man in solchen Fällen das Recht und die Freiheit der Person. Wir werden zwar die terminologische Gewohnheit nicht mit einem Schlage außer Kurs setzen können. Es genügt aber, wenn man zunächst ein Empfinden für den Unterschied dessen, was mit Individuum und Person eigentlich gemeint ist, gewinnt. Denn dadurch werden dann auch Begriffe und Wirklichkeiten wie Recht und Freiheit, Verantwortung und Gemeinwohl in ihrem wahrhaft menschlichen und nur menschlichen Gehalt deutlich. Kurz gesagt: Als Individuum steht der Mensch in der gleichen organischen Ordnung wie Tier und Pflanze. Als Person jedoch ragt er über die Natur hinaus in eine neue Sphäre, nämlich in die des Geistes hinein. Nach einem Wort des Philosophen Max Scheler ist der Mensch »das der Welt und sich selbst überlegene Wesen«. Als ein Individuum, das zugleich auch Person ist, trägt der Mensch die für ihn so charakteristische Spannung zwischen Natur und Geist in sich aus.

Was besagt nun Individuum, und was besagt Person?

Individuum ist die numerische Vereinzelung im Bereich der Natur, *Person* die numerische Vereinzelung im Reich des Geistes. Da der *Mensch* sowohl der Natur als auch der geistigen Wirklichkeit angehört, ist er *sowohl Individuum als auch Person.* Jedes Individuum, ob Atom, ob Pflanze, ob Tier, ob Mensch, ist ein einzelnes einer bestimmten Gattung oder Art in der Natur mit einem ganz bestimmten Wesen. Individuum heißt ja wörtlich – genau wie Atom – das nicht mehr Teilbare. Wenn ich das Individuum eines Staubgefäßes teile, dann behalte ich nicht mehr ein Staubgefäß, sondern eine andere individuelle Ansammlung von Zellen. Grundsätzlich kann ich aber im Bereich der materiell-physischen Natur immer weiter teilen, so daß ich dabei immer wieder auf neue individuelle Einheiten stoße. Schon Leibniz sagt in seiner »Monadologie« mit Recht, daß, solange Ausdehnung besteht, auch grundsätzlich die Teilbarkeit fortgesetzt werden kann, selbst wenn unsere technischen Mittel nicht mehr ausreichen. So setzt sich die gesamte Natur in ihren organischen und anorganischen Bestandteilen aus einer Unzahl von Individuen zusammen, die sich in der Ordnung der Lebewesen zu organisch gegliederten Individuen, also Vereinzelungen einer bestimmten Art oder Gattung, zusammenfügen. Die individuelle Vereinzelung bleibt demnach immer nur ein Teil eines übergeordneten Ganzen. Auch der Mensch steht als Individuum zur Art »Homo sapiens« in einem ähnlichen Verhältnis wie ein einzelnes Blatt zu dem Baum, an dem es wächst, oder die einzelne Pflanze zu ihrer Art, mit der sie ihr Wesen und ihren Namen gemeinsam hat. Das äußert sich bereits im untrennbaren Bezug zur Gemeinschaft.

Wie schon oben formuliert, meinen wir mit Person jedoch die Vereinzelung im Bereich des Geistes. Es ist die jeweilige Einmaligkeit eines bestimmten Ich, die unvertauschbar und unverwechselbar ist und die auch als solche nicht mehr ein Teil eines höheren sie umfassenden Ganzen ist.

Der eben gerade erwähnte Philosoph Leibniz unterscheidet die Monade, also das einzelne geistige Wesen, von der teilbaren Welt. Er meint, daß es, wenn es überhaupt Wesen gibt, solche immateriellen unteilbaren Gebilde geben müsse, die sich als eben dieselben durch alle Veränderungen der ausgedehnten und teilbaren Natur hindurchtragen. Jeder Mensch kann sich diese natürlich nicht leicht zu fassende Wirklichkeit an seiner eigenen Ich-Erfahrung bestätigen. Wir wissen, daß sich der Zellenaufbau des Menschen im Verlauf bestimmter Zeitspannen wahrscheinlich total erneuert. Die Billiardenzahl von Zellen, die unseren Körper und seine Organe ausmachen, werden im Verlauf von Jahrzehnten durch eine Billiardenzahl anderer Individuen (Zellen) ausgetauscht. Und trotzdem sind wir die gleichen. Der Kern unseres Wesens, die Wirklichkeit, von der aus dieses viel verästelte Gefüge von Individuen zusammengehalten wird, ist unvertauschbar und unverwechselbar gleich geblieben. Schon Boethius (um 500 n. Chr.) definiert daher die Person als die vereinzelte Substanz der geistigen Natur. Der Mensch ist seiner leibhaftigen Wirklichkeit nach Individuum und zugleich in seinem geistigen Sein unvertauschbare, sich selbst bewußte und über sich selbst verfügende Person.

Damit sind bereits auch die beiden Merkmale benannt, in denen sich der Person-Charakter des Menschen ausdrückt und durch die auch die Würde und Erhabenheit des Menschen gekennzeichnet ist. Auch die Gefährdung und das Wagnis, das mit der gleichen menschlichen Person gesetzt ist, werden sichtbar. *Die menschliche Person* erkennt sich selbst und sie bestimmt sich selbst. Fassen wir es mit den gewohnten Begriffen, so heißt das, der Mensch hat Bewußtsein von sich, und er besitzt die Freiheit *in einem verantwortlichen Gewissen.* Im Unterschied zum Tier und natürlich auch der übrigen Natur ist der Mensch als Person das einzige Wesen, das sich im Ich-Bewußtsein als eigenes Selbst erfährt und sich von den anderen Menschen und den Gegenständen der Natur

Die naturbedingt gewachsene und darum verwinkelte, unübersichtliche Stadt aus dem Mittelalter bildet einen Kontrast zu der im Zeitalter des Absolutismus auf dem Reißbrett klar und übersichtlich durchdachten Stadtanlage, einer rein rationalistischen Schöpfung. Der Gegenüberstellung der beiden Städteformen entsprechen die philosophischen Gegensätze von Empirismus und Rationalismus, von Romantik und Rationalismus.

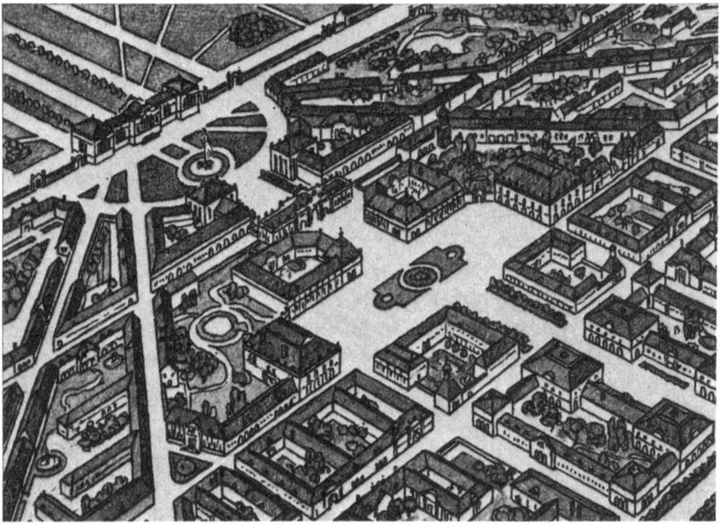

unterscheiden kann. Der Mensch besitzt Sprache nicht nur in dem Sinne einer Lautgebung im Tierreich. Dort dient die Lautgebung dem Anzeigen einer Gefahr, dem Liebeswerben oder auch dem Ausdruck einer schmerzlichen oder lustvollen Erfahrung. *Was im Tierreich fehlt, ist die Sprache als Sinnvermittlung*. Max Scheler drückt dies in seinem kleinen Buch »Die Stellung des Menschen im Kosmos« klar aus. Vom Tier sagt er, es erfahre die Welt im »Widerstand«. Der Mensch dagegen erlebe die Welt als »Gegenstand«. Ein Hund könne hundertmal besser als wir mit seinen Sinnen alle Fährten und Besonderheiten eines großen Gartens kennen. Einen Begriff vom »Garten« überhaupt besitzt er aber nicht. Dagegen hat schon das kleinste Kind in seinen Benennungen etwa das Wesen eines Balles erkannt. Es erkennt einen anderen Ball sofort als Ball, auch wenn dieser aus einer ganz anderen Materie gebildet, eine völlig andere Größe und Farbe aufweist.

Die Sprache ist demnach nicht nur als Ausdruck, sondern auch als Sinngebung und Sinnvermittlung das erste Kennzeichen dieses Merkmals der Person als eines ichbewußten Wesens. Von der Sprache bedeutet es nur einen kurzen Schritt zur *Kultur*. Denn Kultur im weitesten Sinne stellt ja nichts anderes dar als eine Eigenschöpfung des Menschen, die er auf Grund der in der Natur bekannten und abgelesenen Wesensgesetzlichkeit in Form von neuen Gebilden hervorbringt.

Der einfachste Holzpflug und die komplizierteste Maschine, das Buch und das Kleid, ein Gebrauchsgegenstand und ein Gedicht, ein Spiel und ein Lied, kurzum: Kunst, Handwerk und Technik sind Eigenschöpfungen des personhaften Menschen. Er gewinnt sie zwar aus den Möglichkeiten und Mitteln der Natur, bildet sie aber in stets von Generation zu Generation wechselnder Weise neu.

Das Tier bleibt unbewußt an die Gesetze gebunden, die seine Produkte in grundsätzlich gleicher Form hervorbringen lassen. Bienenstock und Bienenwabe, Vogelnest und Spinngewebe sind vielleicht Naturformen, die in ihrer Schönheit, in ihrer technischen Gesetzlichkeit und zugleich Einfachheit kaum von den feinsten menschlichen Gebilden erreicht werden. Aber diese Naturformen werden von Tiergeneration zu

Die naturverbundene und zugleich naturerhabene Geistperson des Menschen: Franz von Assisi predigt den Vögeln. Wandbild in der Oberkirche zu Assisi von Giotto, 1267–1337 (links). Verkündigungsengel am Westportal der Kathedrale in Reims.

Tiergeneration immer wieder in der gleichen Weise hervorgebracht. Sie erleiden keine grundsätzliche Wandlung. Der instinktive Drang, sie zu schaffen, erlischt nie, auch wenn ihre Fertigung unnötig geworden ist. Der Mensch kennt eine Steigerung, eine Vermehrung, aber auch eine Einbuße und gar einen Verlust der Werke, die frühere Generationen hervorgebracht haben. Die Instinktsicherheit des Menschen ist gegenüber der der Tiere vermindert; Wissenschaftler sprechen von »rudimentär« (verkümmert). Seine Kunst und Kulturgebilde fließen aus der Geistigkeit, aus dem Personencharakter des Menschen. Damit berühren wir bereits ganz entscheidend das zweite Merkmal der Person, die Selbstverfügung des Menschen über sich. Er kann nicht nur in die Natur eingreifen und gleichsam in die Natur eine zweite von ihm erst erzeugte »Natur« hineinbauen, sondern auch in sein persönliches Geschick und in das der Menschheit im ganzen. Wieder mit schärferen Begriffen gefaßt: Der Mensch besitzt Geschichte und Sittlichkeit. Er ist als einziges Wesen in der Vielfalt der uns bekannten Welt in der Lage, »unmenschlich« zu sein oder zu werden. Das Nur-Individuum Tier kann nie untierisch

werden. Wenn wir untierische Vorgänge beobachten, dann sind sie immer erst vom Menschen hervorgebracht (Dressur, Züchtung).
Der Mensch verfügt auch über sein Inneres. Er unterscheidet und entscheidet im Sinne von Gut und Böse. Er wertet und handelt nach Recht oder Unrecht. Ein richtungsweisendes Gewissen mahnt ihn zwar, seiner Natur entsprechend zu handeln, zwingt ihn aber nicht zur Entscheidung. In seiner ahnungsvollen dichterischen Art drückt Goethe einmal das Zugleich von Individuum und Person im selben Menschen folgendermaßen aus:
»Alle gleichen wir uns, denn wir sind eines Geschlechtes; allen gleichen wir nicht, sagt einem jeden das Herz.«
Die Gleichheit der Zugehörigkeit zum menschlichen Geschlecht umfaßt unser Individualsein. Der personenhafte Eigenstand und die Distanz von allem und jedem werden durch das Herz, also den Inbegriff der geistigen Wirklichkeit in uns, überhaupt erst bezeichnet.

Ethik und Moral

Mit der Erörterung über den Personcharakter haben wir uns bereits über die Seinslehre (Ontologie) hinausbegeben. Wir haben bereits die Disziplin der philosophischen Anthropologie (Was ist der Mensch?) und vor allem als weitere Grunddisziplin der Philosophie die Ethik oder Moralphilosophie erreicht. Wir wollen sie jetzt in den folgenden Kapiteln in ihrer wichtigsten Fragestellung erklären.
In der dreigestuften Fragestellung Kants sind wir der praktischen Philosophie als Ethik schon unter der schlichten Wendung: Was soll ich tun? begegnet. Gerade darin ist jener etwas säuerliche Beigeschmack vermieden, der den Begriffen »moralisch« und auch »ethisch«, »sittlich«, heutzutage anhaften kann. Trotzdem ist gerade die Klärung des sittlichen Rechtverhaltens zum Bedürfnis der modernen Gesellschaft geworden. Die Anerkennung eines für alle verbindlichen Guten, das wir tun sollen und das wir in freier Verantwortung tun können, betrifft auch unsere Gesellschaftsordnung oder Sozialordnung. Damit weitet sich jede Ethik zugleich zur

Sozialphilosophie (Sozialethik) aus und bietet dem Laienphilosophen vielleicht den günstigsten Einstieg in die Philosophie. Damit ist sein ureigenstes Lebensinteresse in der heutigen, oft so kompliziert und zugleich so mechanisch-unfrei gewordenen Gesellschaft berührt und angesprochen, gerade weil der soziale Konsens (Übereinstimmung in der Gesellschaft) brüchig geworden ist.

Von der Aufzeichnung der wichtigsten Fragen, denen wir in einzelnen beispielhaft Skizzen nachgehen wollen, sei noch eine begriffliche Klarstellung vorausgeschickt.

Wie wir wissen, umfaßt die Pädagogik sowohl das erziehliche und bildende Tun (Praxis) wie auch die gedanklich-wissenschaftlichen Erörterungen über Bildung und Erziehung (Theorie). In ähnlicher Weise betrifft der Begriff Ethik oder Moral die Sittlichkeit als Haltung, Verhalten und Entscheidung. Er meint aber auch die Theorie über dieses nach Normen sich entscheidende Tun. Es trägt einem gewissen Sprachgebrauch Rechnung, wenn man Moral mehr für das praktische Verhalten und Ethik stärker für die hier allein mögliche philosophische Darstellung in Anspruch nimmt.

Schlicht gesagt, es kann, im Widerspruch natürlich, jemand ein kluger Ethiker sein, ohne ein moralischer Mensch zu sein. Und umgekehrt verhalten sich viele Menschen durchaus moralisch, ohne von der Ethik und ihren Begründungen philosophisch eine Kenntnis zu haben. Was wir suchen, ist aber eine geistige Durchdringung der Frage: Was soll ich tun? Erst dann können wir wirklich als moralisches Wesen handeln, das heißt in freier Bejahung eines Gesetzes, das uns zum Handeln auffordert, aber nicht zwingt. Wir folgen auch hier einer Unterscheidung unseres größten deutschen Philosophen, Immanuel Kants, der Legalität und Moralität einander gegenüberstellt.

Ein legales Verhalten entspricht zwar dem sittlichen oder rechtlichen Gesetz. Es erfolgt aber nicht aus freien Stücken, weil man sich das objektiv gültige Gesetz nicht zum eigenen Gesetz macht. Moralität liegt nur dann vor, wenn der Mensch in Freiheit die objektive Pflicht, das Sollen des Guten, sich zum eigenen Gesetz in der Selbstverpflichtung macht. Das ist die Autonomie (Selbstgesetzgebung) des moralischen, d. h. freien Menschen. Nicht er erfindet das Gesetz, er findet es

vielmehr vor. Er legt es sich aber auf und verfährt in der sozialen und staatlichen Ordnung danach.
Philosophisch sind also zwei Fragen zu beantworten, die den Grund der Ethik ausmachen:
1. Ist der Mensch wirklich frei, und was heißt Freiheit?
2. Gibt es ein objektiv Gutes, einen sittlichen Wert, der uns geistig verpflichtet, aber nicht wie ein Naturgesetz zwingt?
Wir wollen diese Probleme in der Folge an den Begriffen Freiheit, Wertgesetz, Recht und Rechtsstaat erläutern.

Ist die Freiheit ein leerer Wahn?

Die Freiheit hat einen Januskopf, einen Kopf mit zwei Gesichtern. Sie ist »Freiheit wovon« und »Freiheit wofür«, wenn ich eine von Nietzsche geprägte Gegenüberstellung heranziehe, ohne mich seiner Ansicht anzuschließen.
Die erstere rüttelt an Ketten: Frei werden vom staatlichen Absolutismus, von kapitalistischer Ausbeutung, von der gesellschaftlichen und grundherrlichen Reaktion, von Zensur und von Eingriffen der Polizeigewalt, von der Willkür der Rechtspflege, von einem totalitären System. Es kann auch heißen, frei von religiöser Bevormundung, von Übergriffen des Staates ins kirchliche Leben, von Angriffen auf die Unverletzlichkeit der Person, von der Bevorrechtigung bestimmter Stände. Das war und ist stets nur das eine Gesicht der Freiheit. Hinter ihm und hinter diesem Abschütteln des Zwanges steht fordernd und verpflichtend die andere eigentliche Freiheit: die »Freiheit wofür«. Schlichter ausgedrückt: Haben wir nicht oft die folgenden Worte des alten Matthias Claudius bloß wie eine hausbacken fromme Mahnung betrachtet?

> *»Der ist nicht frei, der da will*
> *tun können, was er will,*
> *Sondern der ist frei, der das*
> *wollen kann, was er tun soll.«*

Meinten wir nicht, man könne sie allenfalls den Kindern ins Lesebuch drucken, aber niemals den »im Leben stehenden« Politikern aufs Pult legen?

Wenn es um die Freiheit wirklich so stünde, dann wäre sie nichts als eine hohle Deklamation oder eine teuflische Massensuggestion. Friedrich von Schiller wäre ein Verführer, wenn er in den »Worten des Glaubens« verkündet:

> *»Der Mensch ist frei geschaffen, ist frei,*
> *Und würd' er in Ketten geboren.«*

Die »Freiheit wovon«, das Freisein von irgendeinem Zwang, von irgendwelchen äußeren Vorschriften oder Gesetzmäßigkeiten, das ist erst die halbe Freiheit. Denn die Freiheit, etwas nicht zu tun, die Freiheit, einfach sich loszusagen, die Freiheit der »Willkür«, wie man auch sagen kann, die ist mit unserem Menschsein einfach mitgegeben. Sie wird in jeder Form, im Rechttun wie im Unrechttun, betätigt und bestätigt. Sie braucht also keines besonderen Schutzes. Wenn dagegen die Freiheit unter den Rechtsschutz gestellt wird, so kann es sich, philosophisch gesehen, eben nur um die Freiheit »wofür« handeln. Es geht dann um diejenige Freiheit, »das Vernünftige zu tun«. Goethe meinte damit diejenige Freiheit, die ein Gegenüber, ein Pendant hat, die sich einer Aufforderung gegenüber sieht, das zu tun und jenes nicht tun zu sollen. Es ist die Freiheit in Grenzen, die von der Vernunft gesteckt wurden.

Die Freiheit, etwa bei einem Vortrag als Zuhörer oder gar als Vortragender aufzustehen und den Saal zu verlassen, hat jeder von uns. Wir machen von dieser Freiheit im allgemeinen aber aus den verschiedensten Gründen keinen Gebrauch, denn wir halten eine solche Rücksichtslosigkeit dem anderen gegenüber für unanständig.

Diese Freiheit der Entscheidung ist nun einmal mit dem Menschen verbunden. Sie erstreckt sich auf alle möglichen Bereiche, nicht nur auf den sittlichen und sozialen Bereich. Sie ist keine absolute Freiheit, sie ist eine relative Freiheit, nämlich begrenzt auf den Rahmen unserer physischen Möglichkeiten. Wir können nicht alles, was wir wollen. Aber im Bereich unserer Möglichkeiten können wir die unsinnigsten und sinnvollsten Dinge vollziehen – aus Willkür.

Das Problem der Freiheit beginnt erst da, wo wir uns einer Pflicht, einem Sollen, einem Anspruch gegenüber befinden.

⊗ Es kann auch der Anspruch an den Staat sein, Möglichkeiten zur freien Entfaltung zu schaffen.

Der Kräutersammler, Holzschnitt von Hans Weidlitz. In der Natur suchten die Alchimisten die Kraft des Lebens und den Stein der Weisen.

Hier stehen wir in der Tat in einer »Deliberatio«, in einer Überlegung vor einer Entscheidung. Hier wägen wir ab, was sollen wir tun, was dürfen wir tun? Das bedeutet nun die eigentliche Freiheit die Entscheidung, die das, was in der Natur gesetzmäßig geregelt ist, unmittelbar tut.

Jedes Tier, jede Pflanze entwickelt sich ohne willentliches Zutun. Es läuft einfach ein inneres Gesetz ab, nach dem sich das Tier, die Pflanze richtet. Auch beim Menschen läuft ein solches Gesetz ab. Auch der Mensch ist besonders in seiner biologischen Entwicklung Naturgesetzlichkeiten unterworfen, an denen er freilich, wie genetische Versuche heute zeigen, mit großem Aufwand manipulieren kann. Aber schon im Bereich der reinen Physis ergibt sich ein sehr weiter Spielraum, wie sich jemand entwickelt. Das gilt erst recht im Bereich seiner inneren, seiner geistigen und seiner sozialen Wirklichkeit. Dort weitet sich der Spielraum.

Wenn ich einmal versuche, bei diesem nur sehr kurzen Überblick eine Definition unseres Freiheitsbegriffes zu geben, so könnte man sagen: Die Freiheit des Menschen besteht in der Möglichkeit, das Gesollte oder das Rechte oder das »Vernünftige« spontan zu tun. Nicht durch einen Zwang, nicht durch gesetzliche Notwendigkeit, sondern das Rechte aus eigenem Antrieb, aus eigener selbstverantwortlicher Tätigkeit zu tun, das ist »Freiheit wofür«. Selbstverständlich kann der Mensch sich in jedem Moment auch gegen das Rechte, gegen das Gesollte wenden. Die reine Willkür-Freiheit, die gerade die echte Freiheit bedroht, ist nur »abwehrend« unter das Gesetz zu stellen. Daß der Mensch alles mögliche tun kann, das ist unbezweifelt. Daß er aber nicht alles tun darf, das ist der eigentliche Sinn des Schutzes der Freiheit. Jeder von uns kann verbrecherisch handeln, wenn er will. Aber er darf es nicht. So kann der Schutz der Freiheit sich nur auf diese Möglichkeit, das Rechte zu tun und das Gesollte zu wollen, beziehen. Es ist völlig falsch und absurd, einen Freiheitsbegriff lehren zu wollen, ohne zugleich die Verbindlichkeit einer mit Anspruch auftretenden Wertordnung einzuschließen. Da sitzt, wenn ich mich so ausdrücken darf, ein giftiger Keim in der modernen geistigen Entwicklung. Wir spielen gern mit Werten, ohne Taten damit zu verbinden.

Wenn man etwa einen »absoluten« Freiheitsbegriff oder einen Freiheitsbegriff ohne das Pendant einer verbindlichen Wertordnung lehrt, dann entfesselt man die völlige Willkür.

Bis an diesen Punkt sind wir ja, mindestens literarisch, gediehen. Der Freiheitsbegriff beispielsweise eines Sartre (des französischen Existenzialisten) ist ein solcher absoluter Freiheitsbegriff. Er besagt ganz klipp und klar, daß das gut ist, was ich völlig frei aus mir selbst tue. Ohne ein objektives Gesetz, dessen Gültigkeit Sartre ebenso absolut ablehnt, schützt diese »Freiheit« auch das Verbrechen. Wie will man einem Verbrecher von Staats und Rechts wegen in die Parade fahren, wenn man erklärt: Alles ist gut, was in Freiheit geschieht?

Es gibt, das sagt Sartre wörtlich, keine verbindliche Ordnung, es gibt keinen verbindlichen Wertanspruch. Wie will man dann eine Lebensordnung aufrechterhalten? Dann schützen die Gesetze zum »Schutz der Freiheit« nur die Willkür.

Der freie Wille erschließt sich uns gemäß der innersten Selbsterfahrung. Wir folgen nur der von unserem Personkern verursachten Auswahl eines bestimmten Motivs unter mehreren. Der freie Wille ist die von äußeren Umständen oder anderen Motiven unabhängige »Weichenstellung«, die unser

Versucht der Mensch mit dem Mißbrauch seiner Freiheit nicht Gott?
Prometheus, der nach der griechischen Sage den Menschen das Feuer von der Sonne brachte, ist von den erzürnten Göttern an einen Felsen des Kaukasus gekettet. Ein Adler frißt an der stets nachwachsenden Leber, bis Prometheus durch Herakles die Freiheit zurückerlangt.

Kolonialsklaven sind bedingunslos der Willkür preisgegeben. Die Sklavenhändler mißbrauchen ihre Macht über Menschen, die sie gar nicht als Lebewesen betrachten.

Straßenkampf während eines Arbeiteraufruhrs, nach einer Skizze von L. von Elliot. Die unterdrückte Arbeiterklasse bekundet den Freiheitsanspruch in einem verzweifelten Aufstand, um dann zu spät ihre Ohnmacht einzusehen.

Ich unmittelbar zwischen den Schienen (Motiven) vornimmt. Die Geleise sind gelegt. In welches Geleise eingefahren wird, ist nur von der Willkür des Ich abhängig.
Unter sittlicher Freiheit verstehen wir nun jene Freiheit der Wahl, durch die der Mensch die Höchstvollendung seines Menschseins bejaht. Als einziges der Geschöpfe, die wir erfahren, vollendet sich menschliche Existenz nur unter der Mitwirkung des Menschen. Anders als das Tier, das seinen Weg gehen muß, kann der Mensch sein Sein bejahen oder verneinen. Er kann es fördern oder hemmen, er kann der Stimme seines Gewissens folgen oder sie verleugnen. Das im Sein verankerte Gesetz des Menschen zu seinem Wahlgesetz machen, bedeutet sittliche Freiheit. Wir sagen dann ja zu unserem Gewissen, zum Anruf Gottes (Verantwortung).
»Gott ist schuldlos, die Schuld liegt bei dem Wählenden«, so sagt Platon im Schluß-Mythos seines Staates. Der Held »Er« berichtet dort, wie jeder Mensch, der zur Erde zurückkehrte, aus dem Schoße der Lachesis (Schicksalsgöttin) sein Los wähle, das dann sein Schicksal würde.
Wir müssen dem erfahrenen Kritiker und Satiriker Lichtenberg (1742–1799) recht geben, der in seiner aphoristischen Art über die Freiheit schreibt: »Was die wahre Freiheit und den Gebrauch derselben am deutlichsten charakterisiert, das ist der Mißbrauch derselben.« Reue und Scham bringen uns mehr als jedes andere Gefühl zu Bewußtsein, daß wir an einem Scheideweg standen und uns in Freiheit gegen das entschieden haben, was wir unserem tiefsten Menschsein gemäß eigentlich hätten wählen sollen. Anders ausgedrückt: Wir können auch gegen unseren innersten Kern handeln, uns negativ entscheiden und uns damit unter uns selbst hinabentwickeln. Ein Tier kann nie »untierisch« handeln, weil es überhaupt nicht aus freier Entscheidung handeln kann. Dem Menschen bleibt es vorbehalten, auch »unmenschlich« werden zu können, indem er von seiner Freiheit einen negativen Gebrauch macht.
Wollten wir diese Möglichkeit zum Negativen nicht zugestehen, dann könnte und dürfte niemals ein Gericht ein »Schuldig« sprechen. Schuld setzt eine freie Entscheidung voraus.
Es waltet ein geradezu schreckliches Geheimnis über der menschlichen Freiheit. Der Mensch kann an den Wendepunk-

ten seines Lebens und seiner Geschichte den Weg seiner wirklichen Vollendung unter seine Füße nehmen und damit seine höchste Würde erreichen. Er kann sich aber ebenso mit Freiheit vernichten. Denn es kommt immer auf den rechten Gebrauch der Freiheit an.

»Der Mensch ist manchmal seines Schicksals Meister,
Nicht durch die Schuld der Sterne, lieber Brutus,
Durch eigene Schuld nur sind wir Schwächlinge.«

So läßt sich Shakespeare durch Cassius zu Brutus in seinem Drama »Julius Cäsar« über Schuld und Freiheit vernehmen.

Wertgesetz und moralisches Gesetz

Der Mensch begegnet in der Erkenntnis wirklichen Dingen und wirklichen Personen. Nehmen wir an, er wendet sich einem erkannten Ding, etwa einem gesunden, schönen Apfel, strebend und wollend und mit den Kräften seiner Empfindung und seines Gefühls zu. Dann entdeckt er diese Dinge als ein Gut oder als Güter, in unserem Beispiel also den Apfel als Gut. Das Gut des Apfels lockt den Willen als Motiv, weil ein Wert auf diesem Etwas beruht: Geschmackswert, Nährwert usf. Es lassen sich Wertbereiche unterscheiden, die dem Wesen des Menschen in seinen Schichten entsprechen:

Wert	Gut	Wertanzeige im Gemüt
Nützlichkeitswerte	Ding der Technik	Befriedigung
Vitalwert: Edel	Naturwesen oder eine Lebensfunktion in ihrer Steigerung	Lust, Freude
Geistige Werte: Das Schöne	eine Statue	geistiger Genuß
Sittlicher Wert	freie Handlung	moralische Genugtuung

Den Nützlichkeitswerten entspricht das Materielle, den Edelwerten das Lebendige, den geistigen Werten das Immaterielle.
Der sittliche Wert dagegen gehört nicht mehr einem bestimmten Seinsbereich an, sondern bezieht sich auf den Menschen in seiner Totalität, auf die Person! Von den Werten geht ein Anspruch, ein Sollen, eine normierende Kraft aus. Sie zwingt nicht, wie wir sagten, schlechthin wie ein Naturgesetz zur Verwirklichung, sondern ruft den Menschen zur Verwirklichung dieser Werte auf.
Sittlich im objektiven Sinne heißen wir jenen Wertbereich, der den Menschen in seiner gesamten personalen Wirklichkeit zur Vollendung seines Menschseins aufrüttelt.
Sittlich im subjektiven Sinne ist die frei gewählte Tat, die diesem in einem Motiv sich ausdrückenden Anruf entspricht und die der Mensch als eben seine eigene vertritt. Seine Antwort auf diesen Wertanspruch erweist sich als freie Ver-antwortung.

Recht, Gesetz, Rechtsstaat und Gewaltstaat

Wie der Leser schon verschiedentlich bemerkt hat, beziehen wir uns in diesem systematischen Teil unserer Darstellung schon in voraus auf Zitate und nähere Erläuterungen im geschichtlichen Abschnitt des Buches. Seit der antiken Philosophie des Abendlandes wird die sozialethische Frage ausgefochten, ob das Recht – als moralischer Anspruch – als Wertgesetz der menschlichen Ordnung anzusehen ist oder als eine von den Menschen (vom Staat) allein ausgehende Regelung. Möge die Antwort das folgende Zitat von Kant geben: »Die Sittlichkeit, die die menschliche Gesellschaft allein zu tragen und zu fördern geeignet ist, ruht auf einem für alle verbindlichen und gleichen Recht.« Immanuel Kant gibt in seiner Schrift »Zum ewigen Frieden« unter dem Merkmal »republikanisch« die Charakteristik, die für den Rechtsstaat gültig ist. Was ist ein Rechtsstaat? Ein Rechtsstaat ist dasjenige Staatsgebilde, das die Gültigkeit des Rechtes für den Staat wie für den einzelnen vor und über dem Staat als gegeben und verbindlich anerkennt. Ein vorstaatliches, ein vorgesellschaftliches Recht, das als Sollen, als Anspruch zum Wohl für den einzelnen wie für die Gesellschaft gilt, ist die Grundlage seines Lebens.

Der Gewaltstaat ist dagegen derjenige Staat, der sich als Schöpfer des Rechtes betrachtet. Es gibt kein anderes Recht als das, das erst durch den Staat gesetzt ist. Im Gewaltstaat kann sich keine einzelne Person auf ein überstaatliches und übergesellschaftliches Recht gegenüber dem Staat berufen.

Ich sehe beispielsweise ein rechtsstaatliches Handeln etwa im Verhalten und in der Anerkennung des Müllers von Sanssouci gegenüber dem Alten Fritz, obwohl wir es da mit einer absoluten Monarchie zu tun hatten, aber eben doch mit einem Rechtsstaat, in dem sich der Müller gegen den einzigen Repräsentanten des Staates gleichwohl auf ein überstaatliches und vorstaatliches Recht berufen konnte. Das ist das Entscheidende, auch wenn es sich nur um eine Anekdote handelt.

Sicher, der Staat hat auch in unserer Auffassung die Pflicht, Gesetze zu machen, und wir alle haben die Verpflichtung, den staatlichen Gesetzen zu gehorchen. Aber die Gesetze müssen in letzter Instanz für den Staat, für die Gesellschaft und auch für den einzelnen auf ein für alle verbindliches und gleiches Recht rückführbar sein.

Dieser uralte geistige Kampf, wenigstens im Abendland, der sich zwischen Plato und Sokrates einerseits und den Sophisten andererseits abgespielt hat, ist immer noch nicht zu Ende ausgetragen; durch eine neue positivistische und relativistische Auffassung vom Recht haben wir selbst wieder die Fruchtbarkeit und Wirksamkeit eines rechtsstaatlichen Lebens unterminiert. Wir haben zwar Formen, die die Rechtsstaatlichkeit garantieren. Wir haben Grundgesetze, die die Rechtsstaatlichkeit proklamieren, wir haben Institutionen, die auf Rechtsstaatlichkeit aufbauen. Aber wir haben nicht genügend breit und tief, so scheint mir, das Wertbewußtsein von der einzelnen menschlichen Person, die als Staatsbürger wie der Staat selbst aus dem gleichen rechtlichen Ursprung ihre Bedeutung hat. Denn beide, Person und Staat, haben sich dem Recht zu beugen.

Im Gewaltstaat geht oder soll das Recht vom Staat ausgehen. Er behauptet, er sei Schöpfer des Rechts. Alles Recht und alle

Gesetzgebung dienen seinem Schutz. So wie er dekretiert, so ist es »recht«. Es gibt keine unabhängigen und über den Staat erhabenen Instanzen, an die man appellieren könnte, wenn der Staat selbst ein Unrecht begeht. Er kann überhaupt kein Unrecht begehen. Nach dieser gesellschaftstheoretischen Auffassung ist es nicht der Staat, sondern der einzelne, der geirrt oder sich verfehlt hat. Der Staat als solcher tut kein Unrecht, er bringt ja erst das Recht hervor. Selbst wenn ein solches Vorgehen in Gesetze gekleidet wird, dann sind es doch Formen, die lediglich einen gewissen Anschein der Legalität geben. Den tiefen von Kant immer wieder betonten Unterschied zwischen »Legalität« und »Moralität« verwischen sie jedoch.

Der Rechtsstaat muß ein moralischer Staat sein. Recht ist etwas nicht erst darum, weil es legal ist, sondern etwas kann nur legal sein, weil es Recht ist. Das ist schließlich die entscheidende Sache: Das Recht ist »physei«, von Natur aus, vor dem Menschen und vor dem Staat, und nicht nur »thesei«, keine bloße Setzung. Die Sophisten behaupten, das Recht sei eine Setzung. Plato und Sokrates hingegen sagten: Das Recht ist »physei«, es ist von Natur. Das ist unser abendländisch-europäisches Erbe.

Prometheus und Epimetheus

Eine Ethik läßt sich nicht besser zusammenfassen, als wenn wir den Blick noch einmal auf die beiden Sagengestalten Prometheus und Epimetheus richten. Sie wurden schon eingangs des Buches vorgestellt. Wir machten daran die Ver-antwortung als ethische Kategorie deutlich. Aber man kann an ihnen ebenso den bereits zum Schlagwort herabgesunkenen Begriff Angst deutlich machen.

Es hieße Eulen nach Athen tragen, wenn man feststellt, daß der Mensch von heute sich bedroht weiß oder mindestens sich bedroht fühlt. Gewisse Philosophien sprechen sogar von der Angst als einer »Grundbefindlichkeit«, einer Grundstimmung des Menschen der Gegenwart. Vergegenwärtigen wir uns gewisse Kunstwerke: Porträts in früherer Zeit und heutige Porträtdarstellungen in der modernen Kunst. Stellen wir einander gegenüber ein Renaissanceporträt, gemalt und gezeichnet von einem Holbein, Dürer, einem Tizian oder einem anderen, und das wohl gute Werk eines heute Lebenden. Dann werden wir in dem Menschenantlitz der Vergangenheit in der Regel Sicherheit, unter Umständen selbstzufriedenen Stolz und vielleicht eine satte Überheblichkeit sich ausdrücken sehen. Das Gesicht des modernen Menschen ist dagegen durchzuckt von etwas Ungewissem und Drohendem oder einer doch irgendwie verwirrenden Nervosität. Wir wollen hier ganz von jenen Formen und Fällen der Gegenwartsmalerei absehen, in denen wir vergeblich ein Antlitz oder nur ein Auge suchen und sonst auch nichts Menschliches im farblichen und geometrischen Gewirr entdecken. Ob gekonnt oder ungekonnt, ob sie uns zusagt oder schreckt, die Kunst ist Ausdruck der Zeit.

Sie ist der Spiegel unseres Wesens und Unwesens. Der Mensch, der sich selbst entfremdet, der sich geistesgeschichtlich selbst der große Unbekannte geworden ist, darf sich dann auch nicht wundern, wenn ihm in der Kunst sein eigenes Antlitz, sein eigenes Entfremden, seine eigene Unsicherheit entgegenblickt.

Die moderne Philosophie, Literatur, Kunst registriert oft genau wie ein Erdbebenmesser, wie sehr der Mensch im Augenblick einer gewissen Höchstentfaltung seiner techni-

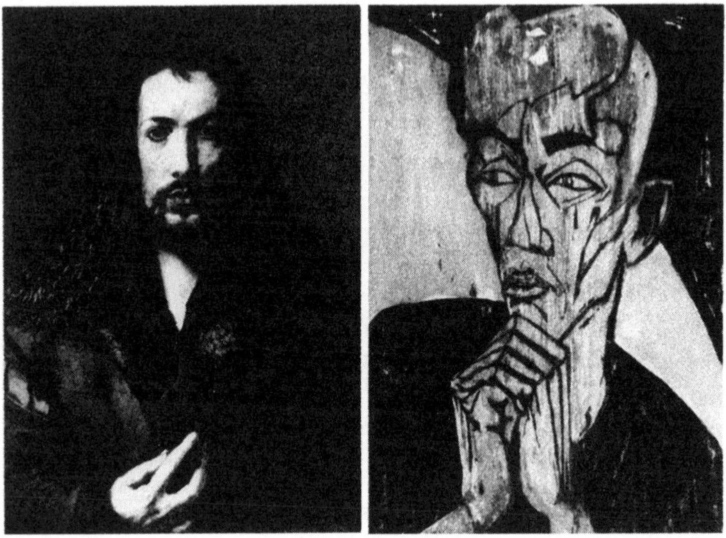

Ruhe und Unruhe des Menschenantlitzes zeigen das Selbstporträt Albrecht Dürers um 1500 in der Geborgenheit des christlichen Mittelalters und das moderne Porträt von Erich Heckel, voll Ungewißheit und Unsicherheit. Der Mensch in seiner leiblichen Erscheinung und in seiner realen Sicherheit ist zum Problem geworden.

schen Fertigkeiten seiner selbst nicht mehr sicher ist. Die Menschheit ist im Gehäuse ihrer Bunker und Betonbauten, in ihren automatischen Sicherungsanlagen von der Sorge erfüllt, daß irgendein Wahnsinniger, ein politischer Amokläufer, heute oder morgen die Welt in die Luft sprengen könnte.

Der Mensch ist seinem Wesen nach etwas Paradoxes. Das ist das erste. Von Anfang an war der Mensch in der Lage, sich selbst zu vernichten. Er geht nicht den Weg, den die ganze übrige Schöpfung geht, einer naturnotwendigen, instinktiv geleiteten, einer ihrer selbst unbewußten Macht. Der Mensch ist in der Tat das einzige Wesen, das in die Natur und auch in die Natur seines eigenen Wesens eingreifen kann. Darum ist und war der Mensch immer in der Lage, mit seinen eigenen Kräften sich selbst zu fördern und zu steigern und sich zu nützen oder mit den gleichen Kräften sich selbst abträglich zu sein, ja sich selbst der Vernichtung preiszugeben. Das war grundsätzlich immer so, ob in der Zeit des Steinbeils oder des Streichholzes oder der Atombombe.

Ein weiterer Grund rührt noch mehr an den Kern unserer Überlegung. Der moderne Mensch hat sich selbst distanziert. Er vertraute allein oder doch überwiegend dem von ihm produzierten Werk und der Mechanik einer Organisation. Es fällt ihm schwer, den Mut aufzubringen und durchzuhalten, den er zu sich selber haben sollte und haben kann. Er wollte in diesen Jahrhunderten hoher technischer Entwicklung, wie sie uns die neue Zeit beschert hat, den »Homunkulus«, den perfekten Menschen in der Retorte, der unfehlbar, untadelig und exakt funktioniert.

Statt frei aus sich selbst zu handeln, wollte er die risikofrei geplante Bestimmung mit allen technischen Möglichkeiten. Statt zu wagen, statt zu entscheiden, statt den Menschen als Menschen einzusetzen, verlor er sich an eine Welt der Künstlichkeit. Er nahm dabei das Risiko auf sich, zugrunde zu gehen. Die mechanische, die bloß automatische Sicherungsorganisation, vor allem der Glaube an ihre Unfehlbarkeit, stürzt neben anderen Faktoren, die wir hier zunächst vernachlässigen können, den modernen Menschen eher noch tiefer in äußere und innere Unsicherheit. Sie löschen sein eigentliches Menschsein aus.

Der Mensch kommmt aus dieser Situation des »Zauberlehrlings« nicht heraus und verliert sich immer mehr darin. Auf vielen Gebieten des technisch durchkonstruierten Lebens wird diese Gegebenheit mindestens sehr stark praktiziert. Wir können uns daraus nur dann befreien, wenn wir wieder menschlich werden und verantwortlich handeln. Menschlich sein heißt, von seiner Freiheit Gebrauch machen und nicht ihr fluchen. Es heißt, auf die Welt nicht nur reagieren, sondern auf die Welt antworten, in eigener Entscheidung. Und es heißt weiter, selbst verantwortlich leben, selbst vorsorgen, selber handeln, ohne daß der Mensch dabei die neuen Mittel, die leichteren Wege, die ihm die Jahrhunderte der Naturwissenschaft und der Technik beschert haben, zu vernachlässigen braucht.

Es gibt eine Reihe Parallelen, in denen der moderne Mensch anders als eine früher lebende Generation sich selbst von allen Seiten umdroht sieht. Deshalb schaut er mit aller Macht nach Stützen aus, die ihn vor dieser Existenznot und Existenzangst bewahren können.

Durch die naturwissenschaftlich-technische Entwicklung nimmt der Mensch einen sehr erfolgreichen Kampf gegen die Seuchen auf. Er schafft hygienische Verbesserungen. Er mindert die Säuglingssterblichkeit. Er erhöht die Lebenserwartung. Andererseits ist seine Existenz aber im gleichen Augenblick durch neue technische Errungenschaften wieder in einem Maße gefährdet, wie dies früher nicht der Fall war.

Der Mensch, der humane Mensch der neuen Zeit, erreicht durch Vereinbarungen in der Humanisierung der Strafrechtspflege, in der mindestens theoretischen und größtenteils auch praktischen Anerkenntnis gewisser humaner Spielregeln im Kriegsfall außerordentlich viel. Aber auf der anderen Seite »sublimiert« der moderne Mensch geradezu die Grausamkeit, die in früheren Jahrhunderten, man möchte fast sagen, in einer natürlicheren Form vor sich ging. Sie kannte noch nicht jene abgründigen und geradezu perversen Formen technischer Perfektion wie heute. Aber wieviel Gründe wir anführen mögen, es bleibt dabei, daß der Mensch des zwanzigsten Jahrhunderts nicht zufällig von der Existenzbedrohung spricht und ein wachsendes Sicherungsbedürfnis hat. Dieses Sicherungsbedürfnis kann sich in zweifacher Weise äußern. Entweder der Mensch macht Ernst mit der Tatsache der Bedrohung der Existenz. Er überlegt sich dann: Mit welchen Mitteln kann ich als einzelner und kann ich als Gesellschaft dieser wirklichen oder dieser psychologischen, mich mindestens zermürbenden Bedrohung entgegentreten?

Oder der Mensch wird zum Nihilisten, zum Defätisten. Er zieht die bekannte »Ölhaut« über sich. Er wird gegen alles unempfindlich. Ihm ist »alles egal«. »Morgen ist Weltuntergang.« Diese Einstellung verleitet allzuoft, die Freiheit in Willkür umzusetzen.

Ein Kranker, insbesondere wenn er psychisch erkrankt ist, wird nur dann gesund, wenn er nicht ohne Unterlaß nur auf sein eigenes Kranksein »starrt«, sondern wenn er von seinem Ich loskommt. Er muß einmal von sich und seinen Schmerzen, zunächst psychisch, frei und auf eine Aufgabe, auf ein Gegenüber gelenkt werden. Es liegen Statistiken darüber vor, daß bestimmte Krankheiten, besonders wiederum psychischer Art, in dem Augenblick schwinden, in dem die Menschen durch äußere Umstände gezwungen sind, sich mit anderem als mit sich selbst zu beschäftigen. Ihnen bleibt dann einfach keine Zeit zur Analyse ihres Unglücks. So hat in einer gewissen Analogie die moderne Menschheit in dem Streben, sich ganz allein mit sich selbst zu beschäftigen und das andere, das Dritte, auszuschalten, gerade ihr eigenes Gebrechen, ihre Selbstentfremdung, gefördert. Damit bin ich an dem entscheidenden Punkt, der uns hier interessiert. So wie der Kranke selbst an seiner Gesundung mitzuwirken hat, so wie der Mensch nur zu sich selbst kommt, wenn er sich nicht ausschließlich auf sich selbst richtet, so kommen auch Mensch und Menschheit zu eigener Sicherheit und Sicherung nur aus der Verantwortung und einer das Ich wagenden Mitwirkung an Aufgaben.

»Nur wer seine Seele verliert, wird sie gewinnen«, so lautet eine auch für den vorreligiösen Bereich gültige Weisheit des Evangeliums. Nur dann, wenn der Mensch sich auch anderen gegenüber verantwortlich weiß und entsprechend handelt, wenn er nicht sein Ego, sein Ich, zum alleinigen Betrachtungs- und Zielpunkt seiner Wünsche und Bemühungen macht, wird er frei und wesentlich. Nur dann, wenn er einer objektiven Pflicht lebt, wenn er sein Gegenüber, ein mitmenschliches Du kennt, eine Norm, ein sittliches Gebot, letztlich eine religiöse Aufgabe, sichert er auch sich.

Das schöne deutsche Wort »Verantwortung« sagt es uns. Es steckt die »Antwort« darin. Der Mensch ist ein Wesen, das Antwort gibt auf ein Du, auf ein Gegenüber, auf ein Es. Und nur durch dieses Antwortgeben, zu dem man steht, weil es die eigene Antwort ist, kommt der Mensch zu seiner Menschlichkeit. Er überwindet dann Selbstentfremdung und Unsicherheit und aktualisiert die höchste menschliche Möglichkeit, die bedrückende und beglückende Selbstverantwortung.

Aus dem Wesen des Menschen heraus ist das »Hilf-dir-Selbst« und »Verpflichte-dich-Anderem« die einzige Form, in der auch der realen oder der psychisch empfundenen Unsicherheit entgegengetreten werden kann. Nur aus dieser Haltung holt der Mensch sich dann auch »die Arme der Götter« herbei.

Wir haben in der abendländischen Sagenwelt die beiden Gestalten Prometheus und Epimetheus, den vorausschauend wagenden, kühnen Prometheus, der den Göttern das Licht

entriß, und den Epimetheus, den zögernden, theoretisch abschätzenden, vorsichtig nachdenklichen Menschen. Ich glaube, weder der eine noch der andere für sich allein sind absolute Ideale. Denn der Prometheus kommt immer wieder in die Gefahr jener Hybris, jenes falschen Stolzes, den Göttern zu trotzen und zu glauben, daß der Mensch ein absolutes, ein letztlich vollkommenes Wesen sei oder daß er es dank seiner eigenen Organisation einmal werden könne. Es ist der Irr-Wahn der Selbsterlösung. Und der Epimetheus allein kommt nicht zur eigenen Entscheidung vor lauter Nachdenklichkeit. Beides zusammen, das sollte den Menschen auszeichnen, das Vorsorgende und Wagende und das Nachdenkliche. Beides weiß und übt, wer aus sich selbst und aus wirklicher Verantwortung handelt. Der gelangt auch zu seiner Sicherheit.
Diese verantwortliche entscheidungsoffene Haltung ist nur dem erreichbar, der sich immer bewußt bleibt, daß alles Menschliche unvollkommen bleibt und daß wir uns um dieses unser Wesen, um diese unsere Art, immer wieder nachdenklich zu bemühen haben. Darum, glaube ich, können wir den Gedanken, daß wir unsere wahrhafte innere und äußere Sicherheit nur im Akt der Hingabe und der Selbstverantwortung realisieren, nicht besser als im Hinblick auf die beiden Gestalten beschließen, die uns in der Vorsorge und in der Nachdenklichkeit das ganze Bild der eigenen Verantwortung umreißen.

Naturwissenschaft und Naturphilosophie

Von jeder Einzelwissenschaft führt ein direkter Zugang zur Philosophie. Er wird dadurch erreicht, daß man die Wesensfrage stellt. Während sich die Naturwissenschaft (Physik, Chemie, Biologie) mit den Tatsachen und Gesetzmäßigkeiten der Natur beschäftigt, bekrönt die naturphilosophische Fragestellung alle diese Einzeluntersuchungen, nicht nur mit einer Zusammenfassung, sondern mit einem Durchstoß in letzte oder mindestens vorletzte Seinsfragen. Der Biologe befaßt sich mit den Arten und Gattungen der pflanzlichen und tierischen Lebewesen. Er stellt innere und äußere Verwandtschaften an typischen Merkmalen fest. Er klärt die chemischen Zusammensetzungen und Bedingungen der lebendigen Arten. Der gleiche Forscher wird dann zum Naturphilosophen, wenn er die eigentliche Wesensfrage stellt, also die Frage nach dem, was Leben heißt, und ob es einen prinzipiellen Unterschied zwischen dem organischen und dem anorganischen Dasein, zwischen dem Lebendigen und dem Nicht-Lebendigen gibt. Wenn er besteht, was der naive Mensch ohne weiteres und als selbstverständlich annimmt, möchte der Forscher wissen, worin er besteht. Mit dieser Frage beginnt der Weg des Philosophierens.

Ein solcher Zusammenhang und Übergang, wie wir ihn hier für die Naturwissenschaft und Naturphilosophie angedeutet haben, besteht im Grunde für jede Einzeldisziplin und die Philosophie. Die so gewonnenen Teilphilosophien könnte man mit gutem Recht alle der Seinslehre oder Ontologie zurechnen. Wenn wir hier in einigen Kapiteln den naturphilosophischen Erwägungen eine Sonderstellung einräumen und sie sozusagen als eigene Disziplin führen, dann vor allem deswegen, weil in der heutigen Zeit ein gewaltiges Interesse dafür vorhanden ist. Durch das Vordringen der Naturwissenschaft in die größten und kleinsten Räume, in die Astrophysik und -chemie wie auch die atomare Physik und Chemie, und durch die praktischen Erfolge der auf die Naturwissenschaft gegründeten Technik wird die Bevölkerung in ihrer gesamten Breite betroffen und für derartige Gedankengänge aufgeschlossen. Damit sind auch die psychologischen Grundlagen für eine nachdenkliche Betrachtung gegeben.

Wenn wir nicht nur auf das Ende der einzelwissenschaftlichen Forschung und den dort sich bietenden Übergang in die Philosophie sehen, sondern auch Grundfragen und Voraussetzungen der Einzelwissenschaften ins Auge fassen, dann bietet sich uns noch ein zweiter Zugang zur Philosophie. Auf Anfang und Ende der Naturwissenschaft bezogen, ergeben sich demnach zwei Frageblöcke, mit denen es die Naturphilosophie von heute zu tun hat.

1. Das erkenntnistheoretische Fundament: Welche Voraussetzungen müssen gegeben sein, damit die exakte Naturwissenschaft überhaupt möglich und als exakte Disziplin durchgeführt werden kann? Diese entscheidende Frage findet heute ihre Verdeutlichung in der Unterfrage: Gilt die

Kausalität, also das Ursache-Wirkung-Gesetz unbegrenzt? Es kommt die Frage hinzu: Gelten auch für die Naturwissenschaft besondere weltanschauliche Voraussetzungen?

2. Was ist das Wesen der Materie? Was ist das Wesen der belebten Materie? Gibt es nur einen Urstoff oder nur ein Prinzip der materiellen Wirklichkeit oder mehrere Prinzipien? Diese am Ende der naturwissenschaftlichen Forschung stehenden Probleme ergeben die streng ontologische Fragestellung. Sie entzünden sich heute besonders heftig an gewissen Tatsachen, besonders im Bereich des Mikrogeschehens. Man kann sie gewöhnlich in der Gegenüberstellung von zwei verschiedenen Vorstellungsweisen der gleichen Naturerscheinung verdeutlichen, der sogenannten korpuskularen (also feinkörperlichen) Erklärung und der wellentheoretischen (also sozusagen unkörperlichen) Verdeutlichung.

Es ist nur allzu verständlich, wenn wir uns in einer solchen Einführung in die Philosophie nur auf wenige Grundfragen beschränken. Sie müssen aber so gestellt und in möglichen Lösungen so formuliert sein, daß das brennende Interesse des Lesers dadurch zu eigener weiterer Bemühung getrieben wird. Wir wollen uns deswegen in den drei nachfolgenden Kapiteln mit dem Problem der Kausalität, mit den Grundfragen der objektiven und subjektiven Voraussetzungen und schließlich mit einigen wesentlichen Naturdeutungen befassen, die in der heutigen Welt eine gewisse Rolle spielen.

Kausalität und Kausalgesetz

Das Problem ist in der Sache schwierig. Gleichwohl läßt es sich durch eine wichtige Unterscheidung, eben der von Kausalitätsprinzip und Kausalgesetz, verhältnismäßig leicht umschreiben.

Das naturwissenschaftliche Kausalgesetz, etwa das Gesetz vom freien Fall, besagt, daß eine bestimmte Wirkung auf eine ebenso bestimmbare Ursache zurückgeht. Es besteht also eine eindeutige und streng gesetzliche notwendige Verbindung zwischen dieser Ursache und dieser Wirkung. Wenn ein Stein

1 Kilkenny: *Berkeley (1684)*
2 Edinburgh: *Hume (1711)*
3 Eyton-on-Severn:
H. v. Cherbury (1583)
4 Trelleck: *Russell (1872)*
5 Ottery St. Mary/Devon:
Coleridge (1772)
6 Wrington:
Locke (1632)
7 Malmesbury: *Hobbes (1588)*
8 London:
Francis Bacon (1561),
Toynbee (1889)
9 Kopenhagen:
Kierkegaard (1813)
10 Könno: *Keyserling (1880)*
11 Riga: *N. Hartmann (1882)*
12 Moskau:
Dostojewskij (1821)
Solowjew (1853)
13 Jasnaja Poljana/Tula:
Tolstoj (1828)
14 Simbirsk:
Lenin (1870)
15 La Haye:
Descartes (1596)
16 Paris:
Maritain (1882), Malebranche (1638)
Marcel (1877), Bergson (1859)
17 Genf: *Rousseau (1712)*
18 Aosta: *A. v. Canterbury (1033)*
19 Montpellier: *Comte (1798)*
20 Madrid:
Oriega y Gasset (1883)
21 Cartagena:
Isidor v. Sevilla (560)
22 Córdoba:
Averroës (1126)
Maimonides (1135)
23 Malaga: *Avencebrol (1020)*
24 Florenz: *Dante (1265)*
Machiavelli (1469)
25 Kraljevic:
Steiner (1861)
26 Bagnorea:
Bonaventura (1221)
27 Pescasseroli:
Croce (1866)
28 Rom: *Marc Aurel (121)*
29 Roccasecca:
Thomas v. Aquino (1225)
30 Nola:
Giordano Bruno (1548)
31 Elea:
Parmenides (540 v. Chr.)
32 Tagaste:
Augustinus (354 n. Chr.)
33 Mondovi:
Camus (1913)
34 Castelvetrano:
Gentile (1875)
35 Agrigent:
Empedokles (483 v. Chr.)
36 Samos:
Epikur (342 v. Chr.)
Pythagoras (580 v. Chr.)
37 Stagira:
Aristoteles (etwa 384 v. Chr.)
38 Athen:
Platon (427 v. Chr.)
Sokrates (469 v. Chr.)
39 Ephesos:
Heraklit (544 v. Chr.)
40 Milet:
Thales (etwa 625 v. Chr.)
Anaximander (611 v. Chr.)
Anaximenes (585 v. Chr.)
41 Hierapolis: *Epiktet (um 50)*

Wie sehr Philosophie über nationalen Vorurteilen steht, zeigt das Zusammenwirken aller Nationen am Geist des Abendlandes.

vom Dach fällt, beschleunigt er seine Fallgeschwindigkeit im Verhältnis zu seiner Schwere (Gewicht) und dem Abstand zur Erde in der gleichen Weise. Stets fängt das Wasser zu sieden an, wenn es bei einer normalen Dichtigkeit der Atmosphäre 100 Grad Celsius erreicht.

Das philosophische Kausalitätsprinzip dagegen meint in keinem Betracht einen eindeutigen Zusammenhang zwischen dieser Ursache (den 100 Grad) und jener Wirkung (dem Siedevorgang). Es spricht ganz allgemein die unmittelbare Seinserfahrung aus, daß alles, was wird oder vergeht, kurz, was sich verändert und in Bewegung ist, für dieses sein Werden und Vergehen, für seine Veränderung und seine Bewegung, irgendeine Ursache haben muß. Das philosophische Kausalitätsprinzip drückt sich ganz volkstümlich in dem Liedvers aus:

»'s hat alles seine Ursach,
's hat alles seinen Grund.«

Welcher Art diese Ursache oder dieser Grund ist, ob wir ihn je entdecken oder überhaupt je entdecken können, das alles bleibt unberührt und unbestimmt. Wir sprachen darüber bereits einleitend und im Abschnitt über den denkenden Menschen.

Zufolge der Beobachtungen, die die moderne Naturwissenschaft gerade in den Kleinstbereichen der Natur, im sogenannten Mikrogeschehen der Atome, gemacht hat, kann eine eindeutige Beziehung von dieser Ursache zu jener Wirkung nicht mehr feststellbar sein. Man kann dann mit Recht von einem Unterbrechen des Kausalgesetzes, aber nicht von einer Durchbrechung des Kausalitätsprinzips sprechen. Vorhersagen, wie sich dieses oder jenes Elementarteilchen bei einer Beschießung durch ein anderes verhalte, seien unmöglich, so sagt der Naturwissenschaftler. Es seien nur im großen und ganzen mehr statistische Mitteilungen hierüber zu machen, wie sich die große Menge von Teilchen verhalte.

Unter solchen Umständen ist in der Tat die klassische Form einer immer und überall erkennbaren Ursache-Wirkung-Beziehung (Determination) nicht mehr gewährleistet und eine streng notwendige Vorhersage ausgeschlossen.

Es ist aber philosophisch nicht haltbar, daraus zu folgern, daß damit die Kausalität, das grundsätzliche Verhältnis von Ursache und Wirkung überhaupt, aufgehoben sei. Hier wird Kausalgesetz mit Kausalitätsprinzip verwechselt. Mit dem Mantel, dem Kausalgesetz, läßt man vorschnell auch den Herzog, das Kausalitätsprinzip, fallen. Man kann diesen Sachverhalt aber noch anders ausdrücken.

Die Verwechslung dieser beiden trotz allen Zusammenhangs sehr verschiedenartigen Sachverhalte, Kausalgesetz und Kausalitätsprinzip, hat gerade in der gegenwärtigen Diskussion viel Unheil angerichtet. Man glaubte, daß bei einer eingeschränkten Geltung der naturwissenschaftlichen Kausalgesetzlichkeit damit auch das philosophische Kausalitätsprinzip hinfällig geworden sei. In Wahrheit bildet aber die philosophische Kausalität die erkenntnistheoretische Voraussetzung für die Möglichkeit, ein naturwissenschaftliches Kausalgesetz zu entdecken und in wissenschaftliche Form zu bringen.

Denn der Beobachter oder Experimentator, der das Verhalten von Körpern oder Kräften unter ganz bestimmt determinierten Bedingungen untersucht und dabei einen ebenso bestimmbaren Wirkungserfolg feststellt, kann die Beobachtung und das Experiment nur mit dem Grundwissen und der Grundseinserfahrung beginnen. Sie besagt, daß überhaupt eine neu auftretende Wirkung von einer Ursache abhängig ist und daß ein allgemeiner Zusammenhang zwischen den werdenden Seienden besteht. Demnach ist die philosophische Kausalität Bedingung und Grundlage für die naturwissenschaftliche Ursache-Wirkung-Aussage.

Die Erfahrung der philosophischen Kausalität knüpft an unsere erste Seinserfahrung an und bezieht sich vor allem auf die Gewahrung unseres eigenen Ichs in seiner Gleichzeitigkeit von durchtragender Beharrung (Selbststand) und beständiger Neuwerdung (abhängiges Sein an). Dabei können wir den von unserem Ich ausgehenden Impuls als Ursache und die in den inneren Entscheidungen sich ergebenden Folgen als Wirkungen und Veränderungen unmittelbar beobachten. Das Wesen der oben besprochenen induktiven Methode, durch Beobachtung, Messung und Experiment zu einer allgemein gültigen Gesetzmäßigkeit und einer Ordnung zu kommen, kann sich nur unter der erkenntnistheoretischen Voraussetzung erfüllen. Sie sagt aus, daß das Sein in seinem Werdenszusammenhang in einem Ursache-Wirkungsablauf steht und daher bei dem Forschenden und Beobachtenden die berechtigte Erwartung entstehen läßt, daß sich auch eine bestimmte Ordnung innerhalb dieses Seins entdecken und formulieren läßt.

Weltanschauung und Naturwissenschaft

Wir müssen uns in der Betrachtung dieser Frage zunächst von einer zu engen Auffassung des Begriffes Weltanschauung frei machen. Wir pflegen Weltanschauung heute landläufig mit religiöser Überzeugung oder politischer Überzeugung gleichzusetzen. Sicher ist auch die religiöse und politische Überzeugung ein Stück oder die letzte Ausprägung von Weltanschauung. In allererster Linie bedeutet aber Weltanschauung etwas sehr viel Weiteres. Wir wollen sie nunmehr auch mit der Einzelwissenschaft und vor allem mit der Naturwissenschaft in eine sachlich zutreffende Beziehung bringen.
Im Unterschied zu der Wissenschaft bedeutet Weltanschauung, wenn wir den Wortsinn schlicht anerkennen, eine naive Anschauung der Welt. Gemeint ist eine aus den jeweiligen Erfahrungen und Lebensumständen gewonnene Anschauung über den Zusammenhang der Dinge, die Eigenart des Menschen und der Natur. Diese Auffassung ist nicht das Ergebnis eines zielstrebigen, also methodisch geleiteten Sammelns von Erfahrungen. Man kann sie auch nicht die bewußte Ausnützung und Ausdeutung von eigens angestellten Beobachtungen und Versuchen nennen. Diese Auffassung fällt einem jeden gleichsam ungewollt zu. Er hat sie. Ihr Anliegen ist dabei in erster Linie, dem lebenserhaltenden Instinkt des Menschen folgend, auf die Lebenssicherung und praktische Gestaltung gerichtet. Trotz des von der Natur gegebenen Wissensdranges ist die Weltanschauung nicht nur eine theoretische Verarbeitung und eine zu letzter Eigenansicht gesteigerte Bewältigung des Lebens. Sie ist eine auf das Verhalten, auf das Tun abgestellte Überschau, die sich aus den verschiedensten und verschiedenartigsten Elementen zusammensetzt. So wirken zusammen: die Eigenerfahrung, die Gewöhnungen und

Grundsätze der uns zuteil gewordenen Erziehung, die nie abreißenden Einflüsse der gesamten Umwelt. Auch die methodisch-wissenschaftlichen Einsichten, soweit sie sich, meist unbemerkt, mit den übrigen Elementen, mit dem Ziel der praktischen Lebensbewältigung verbinden, sind in diesem Begriff enthalten. Ferner finden wir darin die Formen, Lehren und praktisch-sittlichen Regeln des religiösen Glaubens oder auch Nichtglaubens. Dies alles vereinigt sich in einer der überwiegenden Mehrzahl unbewußt geschehenden Weise zu einem Gesamtbild der Welt. Diese Weltanschauung ist schon im Kern vorhanden, noch bevor das Kind die ersten Buchstaben lernt. Und sie begleitet uns, auch da und dort, wo wir mit Strenge und Unerbittlichkeit einer Wissenschaft leben und in ihr wachsen, bis zu unserem Tode. Der wissenschaftliche Mensch gibt sich nur Rechenschaft darüber, welche Elemente, die in diese Gesamtweltanschauung eingehen, aus der Welt der Wissenschaft, des Glaubens stammen und welche nicht. Diese bewußte Klärung und Sonderung ist eine vordringliche Aufgabe des Philosophen.

Daß jeder eine Weltanschauung hat und daß diese Weltanschauung sich aus den verschiedensten Bestandteilen bildet, wissenschaftliche Erkenntnis eingeschlossen, wird wohl von niemandem bestritten. Wie steht es aber mit der Einflußnahme der Weltanschauung auf die Wissenschaft? Hat diese Weltanschauung, die sich schon in den Analphabeten betätigt, eine Bedeutung für unsere späteren wissenschaftlichen Erkenntnisse? Sind Aussage und Urteile der Wissenschaft mitgeprägt von den »Vorurteilen« der Weltanschauung?

Fassen wir das Beispiel der Philosophie ins Auge, so ist es auch über jeden Zweifel erhaben, daß die ersten philosophischen Erkenntnisse an das anknüpfen, was die Weltanschauung vorgibt. Wir haben die Vorgaben schon sehr viel weiter oben behandelt und können das dort Gesagte noch einmal zusammenfassen.

1. Es gibt ein ES, ein SEIN, in das wir als Ich, als setzende, behauptende, zweifelnde, negierende, kurz als sprechende und meinende Subjekte eingeschlossen sind.
2. Es besteht im Gespräch ein Verstehen und Verständigen zwischen einem Ich und vielen Du. Sie treffen sich auch dann, wenn sie anderer Meinung sind, in diesem gemeinten

Sein, in einem von ihnen unabhängig existierenden Es der »Dinge«, der Menschen. Dabei ist das Du und Ich noch nicht näher umrissen.

3. Es besteht allgemeingültig und denknotwendig der Satz der Identität und des Widerspruchs.
4. Es besteht der Satz vom zureichenden Grund.

   Diese von uns in Übereinstimmung mit der philosophischen Tradition »Axiome« benannten Urteile sind ausnahmslos evident. Sie sind ohne eine formelle Begründung und Begründbarkeit unmittelbar in ihrer Wahrheit zwingend anschaubar. Wären sie in echtem Sinn begründbare Sätze, so müßte die Begründung, mit deren Hilfe wir diese Erkenntnisse gewinnen, selbst wieder axiomatischer Natur sein. Der letzte Erkenntnisgrund ist somit als unbewußt gelegte und vollzogene Weltanschauung dasselbe, was dann die Erkenntniskritik der Philosophie erst ins Bewußtsein hebt.

Wenden wir das bisher Erarbeitete nun auf die Naturwissenschaft an, so ist jenes weltanschauliche und später auch philosophische Minimum, wie wir es eben in den Axiomen beschrieben, auch für jede Einzelwissenschaft gültig. Das Ziel etwa der Physik als Wissenschaft kann noch so eingeengt und begrenzt formuliert werden. Trotzdem wird auch die bescheidenste physikalisch gemachte Aussage immer von diesem eben gezeichneten Minimum auszugehen haben. Da der Physiker im allgemeinen sich nicht wie der Philosoph dieser erkenntnistheoretischen Mindestvoraussetzung bewußt ist, bleiben demnach diese Voraussetzungen für ihn weltanschaulich-unbewußte Gegebenheiten. Er muß sich also, sobald er sich der Voraussetzung seiner Aussage bewußt wird, auch diese Mitaussage allgemein-weltanschaulicher Art offen und ehrlich eingestehen. Ich glaube mit diesem Gedankengang gezeigt zu haben, daß in jeder wissenschaftlichen Aussage, schon objektiv genommen, ein Stück »Minimal-Weltanschauung« steckt. Wir können sie allerdings mit Hilfe der philosophischen Betrachtung in den Rang einer wissenschaftlichen Klärung erheben. Dann aber machen wir unbewußt Gelebtes bewußt und bekennen uns zu einer bestimmten allgemeinsten Gebundenheit, deren Bestehen viele wissenschaftliche Menschen auch in redlichster Absicht leider übersehen.

Schlicht umschrieben, gehört demnach zu den weltanschaulichen Voraussetzungen auch der strengsten Naturwissenschaft die realistische Überzeugung, daß es eine materielle Welt gibt. Diese reale Welt ist in einer dauernden Veränderung begriffen. Ihre Veränderungen vollziehen sich in streng notwendigen Ursache-Wirkungszusammenhängen (Gesetzen), und der Mensch ist in der Lage, diese Welt grundsätzlich zu erkennen und diesen Gesetzen nachzuspüren.

Naturphilosophische Auffassungen der Gegenwart

Es ist äußerst schwierig, auf ganz wenigen Seiten sich verständlich und doch in der Sache einigermaßen zutreffend über auch nur einige bedeutendere Auffassungen in bezug auf die Naturwirklichkeit auszudrücken.
Wir müssen, wie wir das schon öfter getan haben, dabei auf den historischen Teil unserer Darstellung verweisen. Dort befassen wir uns innerhalb der Philosophie des neunzehnten und zwanzigsten Jahrhunderts, auf einzelne Autoren bezogen, mit Naturdeutungen philosophischer Art. Es müssen in diesem Abschnitt lediglich ein paar Definitionen herhalten, um wenigstens die Umrisse dieser verschiedenen Auffassungen deutlich werden zu lassen.
Gehen wir alphabetisch vor, so kann man zuerst den Biologismus nennen. Dem Namen »Bios« (=Leben) entsprechend, bedeutet Biologismus jene naturphilosophische Auffassung, die für alles Geschehen in der Natur eine einzige Kraft, eben das Leben, verantwortlich macht. Es läßt sich in allen Stufen des materiellen Seins, vom anorganischen (toten) Sein bis hinauf zum Bewußtsein im Menschen als der Motor des Geschehens bezeichnen. Es gibt dabei auch einen eingeschränkten Biologismus, der nicht schlechthin jede bewegende Kraft in diesem einen Prinzip sucht, sondern nur innerhalb des organischen Daseins in seinen verschiedenen Stufen jedes Werden auf dieses Lebensprinzip zurückführt. Es wird dann in der Regel kein deutlicher und prinzipieller Unterschied mehr gemacht zwischen dem Lebensprinzip der Pflanzen, Tiere, Menschen und dem Geist im engeren Sinne. Es ist ein einziges Lebensprinzip mit verschiedenen Erscheinungsformen.

Eine zweite Naturauffassung, die schon auf Aristoteles zurückgeht, bietet sich im Hylemorphismus an. »Hyle« ist gleich Materie zu setzen, »Morphe« gleich Form, Gestalt. Im Unterschied zu den Erklärungsweisen des Biologismus, wie auch später des Materialismus, stellt der Hylemorphismus keine monistische, also »Ein-Prinzip«-Lehre dar. Er sieht die Welt und ebenfalls die Natur in ihren verschiedensten Seinsschichten aus zwei Prinzipien aufgebaut. Sie kommen aber niemals isoliert, sondern immer nur zusammen, zusammengewachsen (konkret) vor. Jedes Ding bildet ein Konkretum, also eine innere Zusammenfügung zu einer Einheit aus Materie und Form. Materie ist dabei nicht schon im Sinne dessen gemeint, was wir heute Materie nennen. Sie ist der formlose, ungestaltete Stoff, das rein aufnehmende Prinzip, in das dann die jeweilige Form aktiv gestaltend eindringt. Form und Materie kommen nicht für sich vor, sondern bedingen sich gegenseitig. Man kann sich das Verhältnis von Materie und Form am besten an einem künstlich gefertigten Ding klarmachen. Der gleiche Materiestoff Marmor kann, je nachdem, welche wirkende Form ein Künstler an dieses Material heranträgt, eine menschliche Gestalt (Statue) oder etwa eine Grabplatte werden. In einer ähnlichen Weise sieht der Hylemorphismus auch die gesamte Natur, zumal die organische Natur, in ihrem Formen- und Artenreichtum gebildet. Vielleicht läßt sich durch diese Naturdeutung auch ein Verständnis dafür gewinnen, daß man denselben Naturvorgang in doppelter Weise zu erklären in der Lage ist. Wir hatten schon darauf hingewiesen, daß sich im Atomgeschehen ein ähnlicher Vorgang abspielt. Uns überrascht, daß die gleiche Veränderung eines Teils rein körperlich (korpuskular) und andererseits als Welle, also als Energie, erkannt werden kann.
Der Hylemorphismus hält trotz seines Doppelprinzips an einer geschichteten Seinsstufung der Wirklichkeit fest. Er unterscheidet also zwischen anorganischem, organischem und geistig bewußtem Sein als Realität.
Schließlich geben wir einen Hinweis zum Materialismus als primitivem und dialektischem Materialismus.
Der primitive (vulgäre) Materialismus entstand mit der vorrevolutionären französischen und englischen Aufklärungsphilosophie im achtzehnten Jahrhundert. Naturwissenschaftlich

Der Nestbau der Rauchschwalben, die Fütterung der Jungstörche, der Wabenbau der Bienen und die Gewohnheiten der Rehe zeigen die durch Instinkte geordnete Eigenwelt der Tiere. Tiere sind der Natur angepaßt, sie richten sich nach einem inneren Gesetz, ohne sich dessen bewußt zu werden. Der Mensch dagegen wurde frei geboren. Er steht zwar immer im Wertkonflikt, er muß sich immer für etwas gegen ein anderes entscheiden. Das Problem der Ethik stellt sich ihm ständig in seiner vollen Größe.

ausgebaut wurde er vor allem in der deutschen Philosophie des neunzehnten Jahrhunderts. Er stellt jene monistische Richtung dar, in der als einziges Seins- und Werdensprinzip nur die Materie gesehen wird. Dementsprechend wird nur eine mechanische Form der Entwicklung des Urstoffs vom Urleben bis zum komplizierten menschlichen Gehirn »als Seele« zur Erklärung anerkannt.

Der dialektische Materialismus, wie er in Anknüpfung beziehungsweise in Umkehrung der Philosophie Hegels von Marx und Engels gelehrt und dann besonders von Lenin, auch Stalin, weitergebildet wurde, gleicht darin dem eben beschriebenen primitiven Materialismus. Auch er kennt nur einen – eben den Materie-Urstoff –, aus dem alles hervorgegangen ist.

Er unterscheidet sich von der primitiven Form des Materialismus vor allem durch zwei Momente. Einmal erklärt er das Werden und Entfalten der Materie nicht mechanisch, sondern dialektisch. Gemeint ist ein Zustand, aus dem durch »Entzweiung« sein Gegenteil hervortritt. Aus der Setzung (Thesis oder These) kommt die Entgegensetzung (Antithesis oder Antithese). Die Antithese bildet dann selbst wieder eine neue Setzung, die sich weiter dialektisch in Rede und Gegenrede emporentfaltet, bis einmal die Synthese – die Vereinigung im Ganzen – erfolgt. Aus der unentfalteten Materie wird schließlich die gegensatzfrei entfaltete Welt, dargestellt in der klassenlosen Gesellschaft.

Das zweite Moment, durch das sich dieser dialektische Materialismus von dem primitiven unterscheidet, liegt in der Anerkenntnis der qualitativ, also ihren Grundeigenschaften nach verschiedenen Stufen dieser einen dialektischen Entwicklung. Die Hauptstufen heißen anorganisch, lebendig, bewußt. Bei genügend großen dialektischen Veränderungen im meßbar-quantitativen Sinn wird ein sogenannter »qualitativer Umsprung« behauptet. Dialektisch ergibt eine genügend große Änderung in der Zahl der materiellen Elemente eine neue Art, eine neue Qualität. Gerade dieses zweite Moment zeigt vielleicht noch stärker als alles andere den dogmatischen Charakter dieser Lehre. Es wird einfach »behauptet«, ohne daß eine einsichtige Begründung für diese Grunderkenntnis gegeben werden kann und ohne daß die Frage nach der Ewigkeit der Materie aus sich selber gestellt wird.

Historischer Materialismus nennt sich diese Auffassung dann, wenn sie sich nicht auf die Natur, sondern auf den Menschen, seine Gesellschaft, seine Geschichte bezieht, die nach dieser Lehre nur die Vollendung dieser Naturgeschichte ist. Die menschlich-gesellschaftliche Entwicklung geht mit der gleichen dialektischen Naturnotwendigkeit vonstatten wie die übrige Natur auch. Darum ist es auch gerechtfertigt, diese Lehre im Rahmen der Naturphilosophie darzustellen. Da in der geistigen und praktischen Auseinandersetzung der Gegenwart diese Lehre eine entscheidende Rolle spielt und in der Welt eine einsichtig begründete Philosophie der Freiheit zu überspielen droht, wollen wir uns die Grundzüge dieser dogmatischen Weltanschauung noch einmal in einem kleinen eigenen Kapitel unter dem Stichwort der Ideologie klarmachen.

Ideologie

Ideologie bedeutet im ursprünglichen Wortsinn eine Zusammenfassung von Ideen zu einem einheitlichen Ganzen. Im Gebrauch und der geschichtlichen Fortbildung bewahren manche Begriffe nicht mehr den ursprünglich gemeinten Sinn. Das wird am Begriff Ideologie seit dem Aufkommen der marxistischen Ideologie besonders deutlich. Nach dieser Ideologie, in ihrer heutigen Forbildung als dialektischer und historischer Materialismus, sind die Ideen, wie sie in der menschlichen Gesellschaft im Laufe der Geschichte aufkommen, abhängig von den materiell-wirtschaftlichen Verhältnissen. Die Ideen sind nur die Spiegelungen dieser Verhältnisse und Gegebenheiten im Bewußtsein. Der primitive Materialismus hatte noch formuliert: »Der Mensch ist, was er ißt« (Ludwig Feuerbach). Der marxistische Materialismus wandelt diese Behauptung gleichsam ab: »Der Mensch denkt, je nachdem wie er physisch und sozial lebt.« Ein Sklave muß sklavisch denken, eine kapitalistische Gesellschaft besitzt notwendig eine kapitalistische Ideologie. Hiermit bekommt der Ideologiebegriff schon eine vom ursprünglichen Wortsinn wesenhaft abweichende Farbe. Er erscheint als Ideensammlung, die vom materiell-wirtschaftlichen Gesellschafts- oder

Klassenzustand eindeutig abhängig und nichts anderes ist als der Bewußtseinsreflex, die Bewußtseinspiegelung der materiellen Basis.

Dieser andere Begriff für ein gleiches Wort (das »Quiproquo« oder »Dies-für-Das«) wird noch in seiner Verschiedenartigkeit zum herkömmlichen Verständnis bestärkt durch die Hereinnahme Hegelscher Auffassungen. Dies erfolgt freilich in Umkehrung (Marx = umgestülpter Hegel) und in Verbindung mit dem Begriff Notwendigkeit. Die Philosophie Hegels behauptet, daß die Ideen sich dialektisch entwickeln, das heißt, daß eine Idee ihr inhaltliches Gegenteil in der Geschichte des Denkens hervorrufe. Der dialektische Materialismus vertritt die These, daß die Natur wie die menschliche Gesellschaft nach einem ehernen Gesetz der Notwendigkeit dialektisch ablaufe. Er meint damit, daß ein Natur- und Gesellschaftszustand (Thesis) von einem entgegengesetzt anderen (Antithesis) abgelöst werde, welch letzterer dann wieder die neue Basis (Thesis) für eine neue Entgegensetzung bilde. In dialektischen Sprüngen entfalte sich so die Urmaterie und später die dumpfe, unentwickelte Urgesellschaft hin bis zur Synthese einer aller ihrer Möglichkeiten sich voll bewußten Menschheit der klassenlosen Gesellschaft.

Die Ideenbildung folgt der Dialektik und der Notwendigkeit der Gesellschaftsentwicklung. Die einzelnen Ideologien sind nur zeitweilig gültige und aus einer These oder Antithese mit absoluter Notwendigkeit hervortretende Spiegelungen dieser Gesellschaftsstufen oder Gruppen.

Eine Ideologie – die darum auch die Lehre genannt wird – hebt sich aus diesen relativen zeit-, gesellschafts- oder klassenbezogenen Ideologien als einzig wahre heraus. Die kommunistische Natur- und Gesellschaftsphilosophie sucht diese Dialektik und Notwendigkeit für alles Geschehen, das auf eine Urmaterie zurückgeht, zu behaupten und zu rechtfertigen. Die einzelnen anderen Ideologien werden in dieser ständigen Auseinandersetzung der Gesellschaft, im Klassenkampf, polemisch gebraucht. Man verwendet sie als Waffe des wirtschaftlichen und gesellschaftlichen, zunächst blutigen und nach Anbruch des Sozialismus innerhalb dieser Welt auch unblutig fortdauernden Kampfes. Das geht bis zum endgültig alle Klassen und Ideologien aufhebenden

Gesellschaftsstand, in dem dann auch der Staat überflüssig geworden ist. Die kommunistische Lehre soll sich in der Auseinandersetzung mit den reaktionären Ideen zunächst deren Ideologie bedienen. Das erscheint taktisch so lange richtig, als das fortschrittliche Geschichtsbild noch nicht da ist. Wenn der von bürgerlichen Vorurteilen noch geprägte Mensch den fortschrittlich-nächsten Gesellschaftsstatus des Proletariers erreicht hat, dann erst kann, ja muß er ganz zwangsläufig sozialistisch denken.
Dazu ist in bezug auf den Begriff Ideologie und seinen Gebrauch kritisch einiges zu sagen. Dieser polemisch verstandene Ideologiebegriff läßt eine Anwendung im Sinne einer allgemeinen, wahren und menschheitsgültigen Sammlung von Ideen, Leitbildern nicht zu. Das gilt besonders, wenn ein solches Leitbild die geistige Auseinandersetzung mit dieser kommunistischen Ideologie in Gang bringen und zu praktisch wirksamer Überzeugung und Haltung führen soll. Die Absurtität dieses Verständnisses von Ideologie zeigt sich in der heutigen Praxis offenkundig.

Ästhetik – Philosophie des Schönen

Vielen Laienphilosophen, wie wir den philosophisch Interessierten schon hin und wieder nannten, eröffnet das Werk Arthur Schopenhauers die Liebe und das Verständnis für philosophische Themen. Der Frankfurter Philosoph war ein Außenseiter, der zeitlebens den Philosophieprofessoren als einer von wirklichem geistigem Leben verlassenen Zunft grollte. Er schrieb mit einer spitzen Feder, die manchen aus der Schulphilosophie sticht und darum jedermann mit Interesse für seine philosophische Schriftstellerei erfüllte. Das ist vor allem der Grund für diese Breitenwirkung der Schopenhauerschen Philosophie, die sich freilich erst spät einstellte.
Ebenso bedeutungsvoll an diesem fast kuriosen Umstand ist ein Teil der Thematik in der Schopenhauer-Philosophie. Der Ästhetik wird dort ein breiter und mit den letzten ethischen Zielsetzungen seiner Philosophie nahe zusammenhängender Raum gewährt. Wir werden bei der Besprechung seiner Philosophie darauf zurückkommen.

Wenn wir, wie das im Verlauf einer philosophischen Darstellung immer wieder geschieht, auf die Wortbedeutung von Ästhetik und ästhetisch zurückgreifen, dann besagt dieser Wortstamm das gleiche, was wir im Deutschen mit Wahrnehmung, wahrnehmen, anschauen und Anschauung ausdrücken. Die Ästhetik ist demnach urprünglich die Lehre von der Anschauung. In diesem Sinne gebraucht auch Immanuel Kant in der »Kritik der reinen Vernunft« das Wort Ästhetik. Der Sache nach, also im Sinne der philosophischen Lehre vom Schönen, verwendet Kant seine dritte Kritik, nämlich die der Urteilskraft dafür.

Zeitlich parallel oder sogar etwas vorangehend dringt aber im deutschen Sprachgebrauch das Wort Ästhetik als Lehre von der Kunst und der Philosophie des Schönen durch eine gleichnamige Veröffentlichung von Baumgarten ein. Schließlich setzte sich das Wort in dem auch von uns hier gemeinten Sinne im allgemeinen Gebrauch durch.

Der Leser wird diese Begriffsunterscheidung nicht für überflüssig halten, da sowohl für eigene Lektüre wie auch für das Verständnis des hier Gesagten nützliche Folgerungen und Erleichterungen geboten sind.

In Clownerien kommt es gelegentlich vor, daß sich ein Spaßmacher als »Künstler« vorstellt. Sein ebenso spaßiger Partner pflegt dann zu fragen, was für eine Kunst er denn betreibe. Der Clown antwortet, er sei Schirmmacher. Darauf folgt dann wieder die verdutzte Gegenfrage, ob das denn eine Kunst sei. »Na, dann machen Sie mal einen Schirm«, lautet die Antwort unseres Clowns.

In dieser Anekdote tritt eine andere, philosophisch nicht unwichtige Unterscheidung zutage, der wir nachgehen wollen.

Beides, die Kunst im eigentlichen und engsten Sinne als Verwirklichung des Schönen, und die Kunstfertigkeit, die technisch-handwerkliche oder ingeniöse Kunst, führt den gleichen Namen. Wir wollen hier, in Anknüpfung an die große Tradition des Abendlandes, mit dem Wort und Begriff Ästhetik nur jene philosophische Lehre umgreifen, die sich mit dem Wesen des Schönen an sich befaßt. Sie folgt damit der Ethik, die sich mit dem Wesen des sittlich Guten und seinen Bedingungen auseinanderzusetzen hat. Zu den Bedingungen der

Verwirklichung des Schönen zählt dann auch die Disposition des Künstlers und des kunsterlebenden und nachschaffenden Menschen. Diese Frage einer eigentlichen Philosophie der Kunst kann also noch mit unter die Ästhetik gerechnet werden.

Wenn man aber den Gesamtvorgang der menschlichen Schaffenskraft, ihrer Bedingungen und ihrer Verwirklichung im Auge hat, dann sollte man sich an jenes, von uns auch schon einmal genannte Wort der Poiesis, der Poesie, und demgemäß auch der Poetik im ersten und allgemeinsten Sinn halten. Schon Aristoteles hat sie ja entwickelt und zunächst am Beispiel der Dichtkunst verdeutlicht. Unter Poiesis verstanden die Griechen das gesamte tätige Hervorbringen von Werken, etwa angefangen von der Technik des Schuhmachers oder Baumeisters bis hinauf zu einer dichterischen oder musikalischen Komposition.

Die Kunst im engeren Sinn wurde als ein besonders feiner Ausdruck der für den Menschen schlechthin geltenden Schaffenskraft und ihrer Verwirklichung in Werken angesehen.

Wenn man will, wurde also dem Gedanken unserer Clownerie Rechnung getragen. Für unser heutiges Ordnungsbedürfnis empfiehlt sich meines Ermessens folgender Unterschied. Wir fassen auf der einen Seite Ästhetik beziehungsweise Philosophie der Kunst als Lehre vom Schönen und den Bedingungen der Verwirklichung im eigenen Schaffen oder Nachvollziehen und Nacherleben zusammen. Auf der anderen Seite unterscheiden wir eine Philosophie der Technik beziehungsweise der hervorbringenden Schaffenskraft des Menschen neben und außerhalb des Bereiches des Schönen. Sie untersucht, ob Technik die Persönlichkeit gefährde. Denn jeder, der sich der Technik verschreibt, muß sich auch ihren Gesetzen unterwerfen.

Dabei zeigt sich freilich, daß die Bereiche, wie wir sie heute etwa als Kunst aller Gattungen und Technik aller Stufen zusammenfassen, doch sehr viel Berührung miteinander haben.

Ein wirklich bis ins letzte dem menschlichen Zweck untergeordnetes technisches Werk, sagen wir eine bis in die kleinsten Feinheiten durchkonstruierte und realisierte Lokomotive, wird dann auch ein ästhetisches Werk. Man kann geradezu behaupten, daß ein technisch stümperhaftes oder fehlerhaft ungenügendes oder durch zu viele Zwecke ineinandergeschachteltes Werk jedenfalls keine Bedingung für die Verwirklichung des Schönen im Werke bietet.

Das moderne Theater

Welche Hauptfragen ästhetischer Art bewegen uns Heutige? Zunächst ist rein äußerlich festzuhalten, daß in den »zünftigen« Philosophenkreisen die Ästhetik als solche in den Hintergrund getreten ist. In mehr feuilletonistischer Form beherrscht allerdings die ästhetische Fragestellung noch weithin das Feld. Es überwiegt die Grundfrage, die wohl nie zum Schweigen kommen wird: Was ist das Schöne an sich selber? Daneben drängt sich heute eine andere Problematik auf: Muß die Kunst überhaupt schön sein? Man fragt auch: Hat die Darstellung des Bösen, des Verkehrten, des Unschönen, des Häßlichen nicht auch ihr Recht? Die bildende und dramatische Kunst, aber auch der künstlerische Roman und die Novelle fordern diese Fragestellung geradezu heraus.

Wir wollen dem Leser nicht eine fertige Antwort geben. Wir möchten aber wenigstens die Richtung einer Lösung benennen.

Der mittelalterliche Philosoph Thomas von Aquin definiert das Schöne als »splendor ordinis essendi«, also als »Glanz der Ordnung des Seins« oder der Wirklichkeit. Anders ausgedrückt heißt das: der den Sinnen in irgendeiner Form schmeichelnde und gefallende Schein der inneren Gefügtheit des wesenhaft Wirklichen. Unsere klassische Zeit sprach eine Forderung des Wahren, Guten und Schönen aus, die als Inschrift über dem alten Frankfurter Opernhaus prangt. Sie besagt, daß das tiefste Sein der erkannten und dargestellten Wirklichkeit in seiner Wahrheit, Güte und Schönheit ein und dasselbe ist. Die gleiche Einsicht drückt sich in der oben zitierten Formel des Thomas von Aquin aus.

Dementsprechend ist auch die Vergegenwärtigung des Häßlichen und Verkehrten nicht kunstwidrig, wenn es dieser letzten und tiefsten Wahrheit entspricht und so auch eingefügt bleibt.

Es würde allerdings unseres Ermessens dem Wesen der künstlerischen Darstellung widersprechen, wenn die Vergegenwärtigung des Bösen und der dämonischen Häßlichkeit selber mit häßlichen und perversen Mitteln erreicht werden soll.
Die den Sinnen in irgendeiner Weise gefällige Form der Vergegenwärtigung der Wirklichkeit bleibt nach dieser Auffassung ein unverlierbar gültiges Gesetz aller Kunst. Das sei zusammenfassend an einem Beispiel, dem des Theaters, gezeigt.
Das Theater von heute, das neben und mitten unter den modernen »Emporkömmlingen« von Rundfunk, Film und Fernsehen steht und mit vollstem Recht bestehen kann und soll, braucht weder im Inhalt noch grundsätzlich in der Form die große Theatertradition zu verlassen. Es darf sich aber auch nicht bloß an gewisse »Überlieferungen« verkrampfen, besonders soweit diese an eine Gesellschaftstradition anschließen, die heute überholt ist.
Das Opfer des eigenen Lebens aus einer mit der Kraft des Herzens geschauten Idee erschüttert und bewegt die Menschen heute genauso wie vor zweitausendfünfhundert Jahren, ob bei Sophokles, Euripides, Shakespeare, Racine, Hauptmann oder Zuckmayer.
Es kommt allein auf das »Wie« an, auf die Form, durch die ein ursprünglich allgemein-menschlicher Gehalt als jetzt auf der Bühne vergegenwärtigter und verdichteter Akt den Zuschauer zum Miterlebenden, Mitentscheidenden und Mithandelnden macht.
Alles noch so berechtigte Experimentieren im Theater sollte sich ausschließlich auf die Form, nicht auf den Inhalt beziehen. Wer die großen Themen von Geburt und Tod, Hingabe und Opfer, Freundschaft, Treue, Liebe, Frömmigkeit und Reinheit aus einem Aktualitätsbedürfnis heraus durch psychoanalytische Krampfprobleme ersetzt, wird Eintagsfliegen auf die Bühne bringen. Sie verschwinden wie die Fliegen in Sartres gleichnamigem Stück, das wir gleichwohl nicht als Eintagsfliege betrachten, mit dem Hauptdarsteller Orest.
Verwendet dagegen der Bühnenautor die gleiche dramatische und stilistische Kraft und Zuwendung darauf, die uralten Themen auf unsere Seelensituation und unser aus der Zeit-

frage geborenes Bedürfnis um- und abzustimmen, so hat uns das Theater wirklich etwas zu sagen und erfüllt ein geistiges Anliegen.
Wir sind daher in Hinsicht auf die formale Gestaltung nicht mehr etwa an die Einheit von Ort, Zeit und Handlung oder an die klassischen Stufen der Exposition, Verwicklung, des Höhepunktes und der Lösung sklavisch gebunden. Das dahinter liegende Prinzip der künstlerischen Vergegenwärtigung eines inneren Geschehens in Gestik und Sprache zur aktiven inneren Beteiligung des Zuschauers ist und bleibt natürlich unabhängig davon ein Wesensgesetz des Dramatischen im weitesten Sinne.
Gerade die neuen Ausdrucksformen, die mit der Entwicklung der Technik aufgekommen sind, haben formal das Bühnenstück sehr stark beeinflußt. Sie haben die künstlerischen Bereiche, die neben den publizistischen und Unterhaltungsbereichen stehen, und damit den engsten Begriff von Kunst gesprengt, verändert und bereichert. Die Verwendung illusionärer Mittel und die unterschiedlichsten Szenenformen von der bänkelsängerhaften Moritat bis zur Revue, vom strengen aufs Wort gebauten Versdrama bis zur kabarettartigen Szenenfolge mit ihrer Verwischung des Unterschiedes zwischen Bühne und Zuschauerraum können das heutige Bühnenstück charakterisieren. Man kann dazu nicht sagen, das sei alles, bis auf die klassischen Formen, kein Theater mehr. Voraussetzung bleibt freilich immer die innere thematisch-dramatische Einheit, die mit Hilfe der gewählten Schau- und Ausdrucksformen ein Gegenstück im Formal-Künstlerischen findet, also schön sein muß, und die Erfüllung des Anspruches, der innerhalb gesteckter Grenzen gestellt worden ist.

Psychologie und Philosophie

Mit diesem kleinen Kapitel beschließen wir den ersten Hauptteil unseres Buches, in dem wir Grundrichtungen, Grundbegriffe und die hauptsächlichsten Disziplinen in der Philosophie vorgestellt haben.
Soweit bestimmtere und vor allem aktuelle Probleme in einer solchen Einführung in die gesamte Philosophie zur Erörte-

rung stehen, haben wir diese dem Schlußteil unseres Buches nach der geschichtlichen Darstellung vorbehalten. Dort kommt auch die sehr drängende Gegenwartsfrage der Bewältigung der Technik zur Sprache.
Unter den Grunddisziplinen, die in diesem Hauptkapitel ihren Platz fanden, wird man wahrscheinlich noch die Psychologie, also die Lehre von der seelischen und geistigen Wirklichkeit, vermissen. Wenn man dem abendländischen Zug der Wissenschaftsentwicklung folgt, wird man die Ansätze für die meisten Wissenschaften schon in der Antike, besonders bei Aristoteles, finden. Unter seinen zahlreichen Werken befindet sich auch ein Buch über die Seele. Die Biologie und Physik und manches andere ist bei Aristoteles schon in den wissenschaftlichen Grundfragen und Hauptforderungen angelegt, so daß alle diese Einzelwissenschaften uns wie Teile einer universalen wissenschaftlichen Philosophie erscheinen.
Schlicht ausgedrückt, sind mehr oder minder alle Einzelwissenschaften, wenn man diesen Vergleich wagen darf, emanzipierte Töchter der Philosophie. Sie haben sich von ihrer Mutter losgesagt und erfüllen ihre eigene Aufgabe. Wie sich Einzelwissenschaft und Philosophie grundsätzlich unterscheiden, haben wir vorgängig schon mehrere Male dargelegt. Während Einzelwissenschaften Erkenntnisse am Wirklichen gewinnen, ist die Philosophie um Erkenntnisse des Wirklichen selber bemüht.
Das gilt naturgemäß auch für die Psychologie, bei der ähnlich wie bei der Pädagogik eine noch stärkere innere Verbindung zur Philosophie besteht, beziehungsweise bestehen sollte.
Eine Psychologie ohne Seele ist eine innere Unmöglichkeit, obwohl ganze Richtungen der Psychologie dies zu verwirklichen versucht haben. Entweder gibt es eine eigene, individuelle Realität Seele, dann kann ich auch in einer charakteristischen Weise Einzelbeobachtungen anstellen und einzelwissenschaftliche Fragen beantworten. Gibt es aber eine eigene Realität des seelischen oder geistigen Selbststandes nicht oder verneint man diese Wirklichkeit von vornherein, dann verflüchtigt sich das Aufgabengebiet der Psychologie in das der Physiologie, also der Lehre von den körperlich-materiellen Prozessen. Das Leben aber wird damit ausgeschaltet.

Eine philosophische Psychologie ist also Voraussetzung wie auch Ende einer einzelwissenschaftlichen Psychologie, ähnlich wie auch eine weltanschauliche Naturphilosophie Voraussetzung und eine wissenschaftlich geklärte Naturphilosophie die Bekrönung der Naturwissenschaft ist.
Die Fragestellung der philosophischen Psychologie lautet: »Was ist das Wesen der seelisch-geistigen Wirklichkeit?« Die einzelwissenschaftliche Psychologie befaßt sich dagegen mit den Vorgängen, Funktionen, Schichten, mit dem Bewußten und Unbewußten, den Beziehungen zu anderen Seelen und zur eigenen Körperlichkeit, mit der Typologie und Charakterologie.
Als philosophische Psychologie geht diese Disziplin in die oben schon beschriebene Anthropologie ein. Denn sie soll ja, womöglich unterstützt und vertieft von der Psychologie als Einzelwissenschaft, einen wesentlichen Beitrag zu unserem Grundproblem liefern: »Was ist der Mensch?«

Philosophie in Asien

Asiatische Weisheitslehre

Die meisten und auch sehr bedeutenden Werke der Geschichte der Philosophie betrachten es als ganz selbstverständlich, nur von der abendländischen Philosophie auszugehen. Damit wird der Eindruck erweckt, als gäbe es nur bei uns diese eigentümliche, ja schon in vielen Teilfragen erläuterte Haltung des Philosophen. Wie kommt das? Ist es tatsächlich so, daß nur in Europa – ausgehend von dem Mittelmeerraum, besonders Griechenland und Sizilien – Philosophie betrieben wurde? Oder haben auch andere Kulturbereiche diese Kunst, vielleicht in einem tieferen Sinne, hervorgebracht? Haben uns nicht die Kontakte mit Indien und China darüber belehrt, daß dort eine Weisheitslehre beheimatet ist, die sich nicht nur mit bedeutenden abendländischen Philosophien messen kann, sondern vielleicht sogar als Ursprung des Weisheitsdranges anzusehen ist? Hat sich dieser Weisheitsdrang nicht über mythische Vorformen von Indien aus über den Vorderen Orient zu den griechischen Inseln in Bewegung gesetzt? Ist nicht Platon mit einer auch indischen Metaphysik gesegnet, und hat Nietzsche nicht recht, auf den persischen Zarathustra (Zoroaster) hinzuweisen, der in seiner Person ein Heilsbringer ist, der das Abendland und Morgenland miteinander verbindet?

So viele Fragen wir uns damit selber stellen, so wenig sind wir in der Lage, darauf wissenschaftlich verbürgte Antworten zu geben. Sicher ist, daß eine Weisheitslehre oder Philosophie immer auch Zeichen und Ausdruck menschlicher Kultur ist. Sie fehlt darum auch nirgends, wo eine eigentümliche Kultur gewachsen ist und weitervermittelt wird. Dabei braucht eine solche »Philosophie« gar nicht ausdrücklich, systematisch gelehrt oder gar niedergeschrieben zu werden. Sie kann sich mit der religiösen Heilslehre in eins vermischen, wie das asiatische Beispiel zeigt. Vielleicht dürfen wir in diesen eben angedeuteten Tatsachen den Grund dafür sehen, daß wir darüber so wenig wissen. Unsere Historiker der Philosophie beschäftigen sich fast ausschließlich mit der »Geschichte der abendländischen Weltanschauung«. Ein nach dem letzten Krieg herausgekommenes fünfbändiges Werk von Hans Meyer bestätigt das nachdrücklich.

Das Wort Philosophie ist in der Tat eine abendländische Prägung. Nachdem der griechische Geschichtsschreiber Herodot den Ausdruck »philosophein« = »sich der Weisheit mit Liebe zuwenden« in der Beschreibung des weisen Gesetzgebers Solon gebraucht, bezieht erstmals der weise Athener Sokrates (470–399) das Wort »philosophus« – »Liebhaber der Weisheit« auf sich. Der ältere Pythagoras wird dabei schon als derjenige genannt, der dieses Wort gekannt haben soll. Die Sache Philosophie ist in Asien sicher ebenso und zum Teil schon früher zu Hause, so im altindischen Hinduismus. Auf den griechischen Inseln, den ionischen Inseln vor der Küste Kleinasiens, in Milet und auf Rhodos, wird der Beginn der europäisch-abendländischen Philosophie mit Thales von Milet um 600 v. Chr. angesetzt. Fast zur gleichen Zeit, zwischen 560–480 v. Chr. lebt und lehrt Buddha in Nordostindien. Aber er ist nicht der erste in einer für uns verwirrenden Fülle von priesterlich-mönchisch-philosophischen Lehren und Lehrern. Auch der Chinese Konfuzius (551–479 v. Chr.) ragt aus einer Reihe kleiner und weniger bedeutungsvoller Lehrer und Heilskünder heraus, ebenso wie der chinesische Weise Laotse, wahrscheinlich ein Zeitgenosse von ihm, der laut Überlieferung aber schon 604 v. Chr. geboren worden sein soll.

Daß mit dem Wort Philosophie sich nur die abendländische Geschichte der Weiheitslehre durchgesetzt hat, dürfte mit mehreren schon am Anfang des Buches angedeuteten Unterschieden zwischen Philosophie im abendländischen Sinne und die Weisheitslehre östlicher beziehungsweise asiatischer Artung zusammenhängen.

Asiatische Weisheitslehre

Während sich die griechische Philosophie in der Auseinandersetzung mit den Göttervorstellungen, den Mythologien, als aufklärende Wissenschaft behauptete, verschmolzen alle asiatischen Weisheitslehren geradezu mit diesen religiösen und sittlichen Heilslehren. Bis zum heutigen Tage ist ein strenger Unterschied zwischen Metaphysik als philosophischer Gotteslehre und der Religion oder der Theologie im asiatischen Kulturraum, soweit er nicht christlich geworden ist, nicht herauszufinden. In der abendländischen Philosophie, auch dort, wo keine Feindschaft zwischen Philosophie und Religion besteht, sondern Einvernehmen zwischen der natürlichen Einsicht und dem übernatürlichen Glauben waltet, wird ein genauer Strich zwischen Heilslehre und Philosophie gezogen. In der unterschiedlichen Auffassung zwischen »natürlicher Einsicht« und »übernatürlichem Glauben« liegt die Kluft. Die indische Philosophie zum Beispiel kennt diese Trennung nicht.

Nimmt man diese ineinandergehenden Gründe schärfer unter die Lupe, so ergibt sich folgender Schematismus:

	Asiatische Weisheitslehre	*Abendländische Philosophie*
a)	vermischt mit religiöser Heilslehre	in der Auseinandersetzung mit und gegen Mythologien
b)	stark praktisch-sittlich gerichtet	mehr theoretisch gewendet
c)	unsystematisch und vorwiegend sprachlich-künstlerisch	Philosophie als systematische Wissenschaft und Mutter aller Wissenschaften
d)	Gesamttendenz: Weltbewältigung bis Weltflucht und mystische Weltdeutung	Weltwissenschaft, die dann zur Weltbeherrschung führt und die Weltdeutung der Religion und Theologie zuweist
e)	Weisheitslehre in engster Bindung an alle Religionen, auch zu den neu eindringenden	Philosophie neben der Heilslehre der christlichen Religion

f) geübte und künstlerisch betätigte Weisheit, zum Beispiel Yoga und die Kunst des Bogenschießens im sogenannten Zen-Buddhismus Japans	Wissenschaftslehre und Philosophie als eigene Kraft neben und auch gegenüber den Künsten und praktischen Übungen
g) mehr anonyme Lehren	vorwiegend individuell-persönliche und originelle philosophische Systeme

Leben, Kunst und Weisheit

Will man vor einer knappen und außerordentlich schwierigen Darstellung der verschiedenen Weisheits- und Heilslehren in Asien, die nicht einfach auf Indien, China und Japan nebeneinander säuberlich verteilt werden können, mit dem Gemeinsamen beginnen, so haben wir dies im Grunde schon in dem obigen Schema verdeutlicht. Mit Fachbegriffen der Philosophie, mit denen der Leser ja schon etwas vertrauter ist, umschrieben, würde es heißen, die ästhetische und ethische Haltung bilden gleichsam den Horizont, in dessen Rund Hinduismus, Konfuzianismus, Buddhismus und die vielen Spielarten und Vermischungen dieser Weisheitslehren stehen. Die Philosophien Rabindranath Tagores, Gandhis, Radhakrishnans und Suzukis tragen in der langen Kulturgeschichte Asiens wohl zum ersten Male individuell-persönliche Züge in die Weisheitslehre hinein und stellen dadurch wieder Verbindungen zur abendländischen Philosophie her.

Leben und die Kunst sind selber Philosophie und nicht nur ein Ausfluß oder ein Ausdruck weisheitsvoller Haltung. Das geht auch aus den Zeugnissen chinesischer Maler hervor, deren Philosophie für den »Geübten« fast zum Überfluß sprachlich verdeutlicht und ins Bild hineingeschrieben wird.

Die Texte sprechen jeden europäischen oder nichtasiatischen Leser sofort an, weil sie in der Aussage Urmenschliches anklingen lassen und in Einzelheiten sogar fast wörtliche Übereinstimmungen mit Lehrmeinungen unserer traditionell verwurzelten und gewachsenen abendländischen Philosophien zeigen.

Laotse: Begründer des Taoismus, der in seiner Wunschlosigkeit und dem Nichthandeln dem Konfuzianismus nahekommt (links). Konfuzius, chinesischer Staatsmann und Weiser: Begründer einer praktischen Sittenlehre aus den altchinesischen Anschauungen über Familien-, Gesellschafts- und Staatsmoral (rechts).

Der chinesische Landschaftsmaler Shih-Ch'i (um 1612–1697) wurde in der konfuzianischen Lehre groß und war später buddhistischer Mönch. Er schrieb Verse und Meditationen, die Victoria Contag in ihrem 1950 erschienenen Buch »Die beiden Steine« wiedergegeben hat. Wir wollen einiges daraus zitieren:

Die Dinge dieser Welt sind ungezählt
und nicht mit Worten zu erschöpfen.
Im Bild den Sinn des Ganzen zu gestalten,
will ich den Bergen und den Bächen folgen.

In dieser Zeit saß ich im Wachtturm des Himmels, meiner Klause,
und zeichnete Wolken und Schwaden in der Fülle ihrer Gestalten.
Flüsse und Berge in ihren unerschöpflichen Formen.
Shih-ch'i, Tsan-tao-che.

Die Nachschrift zu diesen Zeilen besagt:
»Die Menschen, geboren in diese Welt, sollten klar und fleißig sein, selbst ihr Selbst halten, sich nicht in Trägheit versinken lassen. Einen Faulpelz nennt man den Staatsbürger, der träge ist und keine Aufgabe zu erfüllen weiß. Wären die Mönche faul gewesen, wie hätten sie Buddha so ernst verehren, wie hätte der eine Priester dem anderen seine Schale weiterreichen können! In dieser ernsten Lebensauffassung sind sich die drei Lehren gleich.
Zu dieser Zeit weilte ich am Niu-shou. Morgens und abends las ich, und Weihrauch füllte den Raum. Hatte ich einmal freie Zeit, dann stieg ich in die Berge und suchte das erregend

Grausamkeit und Unmenschlichkeit im Asien des 17. Jahrhunderts: Der Gouverneur wird im Mörser zerstampft oder aufs Rad geflochten, Frauen werden zu Tode geschleift oder lebendig begraben. Der Geist der Freiheit und der Humanität, für den die Philosophie eintritt, ist in Fesseln geschlagen.

Schöne. Was ich dann fand an Gebirgen und Gewässern, das hielt ich in Bildern wie auch in Zeichen fest. So ließ ich die Zeit nicht müßig verstreichen.
Aus der Ruhe, sagt man, geht die Bewegung, aus der Bewegung das Werk hervor; und solches Wirken belehrt die Menschen, daß sie nicht beschämt dastehen angesichts des Himmels und der Erde. Denn ist uns der Sinn der Dinge verschlossen, fallen wir etwa, ohne zu wissen, daß wir fallen – wo unterscheiden wir uns da noch von Gräsern und Bäumen!«
Im Kommentar zu dem »Buch der Wandlungen« (Hsü Kua, 10. Teil) heißt es: »Was Himmel und Erde erfüllt, ist die Vielfalt der Dinge ... Deshalb empfängt man sie im Sich-Nähern, da werden sie groß. Und wenn die Dinge groß sind, dann kann man sie anschauen; deshalb empfängt man im Anschauen. Von dem, was man anschauen kann, hat man nachher etwas, was sich zusammenfügen läßt, deshalb empfängt man es im Darauf-Herumkauen. Das Darauf-Herumkauen, das ist das Zusammenfügen. – Die Dinge darf man nicht nach bloßer Wahrscheinlichkeit zusammenfügen und es dabei bewenden lassen; man empfängt sie deshalb durch Erleuchtung. Die Erleuchtung ist ein Bereinigen. Ist es zu dieser höchsten Bereinigung gekommen, dann hat man ein Durchdringen, das erschöpfend ist.« Auch dieses Zitat verdanken wir Victoria Contag.
Der letzte Satz aus dem ersten Zitat Shih-ch'is findet sich auch in einem der Schlußkapitel über Humanismus und Toleranz unter Pascal in sehr ähnlicher Formulierung wieder. Für diese Einheit von Leben – Kunst – Weisheit spricht auch eine weitere bezeichnende Tatsache. Es ist das vorwiegend »Unzünftige« dieser Philosophie. Es können ganzheitlich-dichterische Geister wie Pythagoras, Sokrates, Platon, Augustinus, Pascal, Schopenhauer, Nietzsche, so kraß sie sich zum Teil unterscheiden, herangezogen werden, um diese Einheit des Menschen in seiner letzten Prägung und Haltung über Rassen und Kulturzonen hinweg zu belegen. Mit diesem allgemeinmenschlichen Auge und aus der Tiefe des einen menschlichen Herzens wollen daher diese Texte gelesen werden. Mit dem Verstand allein wird man ihnen nie gerecht werden können.

Mahatma Gandhi, 1869–1948. In asketischer Lebenshaltung, erfüllt von tiefer Religiosität, führte er den passiven Widerstand gegen entrechtende Gesetze gemäß der Lehre der Bergpredigt. In seiner Philosophie des passiven Widerstandes gegen die Fremdherrschaft ist die Tradition der Weden und Upanischaden lebendig (links). Sarvapalli Radhakrishnan, 1888–1975, Präsident der Indischen Republik, leitete die Kommissionen für die Neuordnung des Erziehungswesens. Für ihn sind Religion und Philosophie letztlich nicht unterschieden. Er versuchte, alte indische Tradition der religiösen Überlieferung und des Geistes für die Gegenwart fruchtbar zu machen und mit dem Geistesgut des Abendlandes zu verbinden. Seine philosophischen Hauptwerke liegen auch in deutscher Sprache vor.

Aus dem Odem Gottes

Von Gott inspiriert, also beeinflußt, sehen sich alle diese Weisheitslehren Asiens. Ihre Lehrer sind Erleuchtete, Erhabene, Künder göttlicher Offenbarung. Auch wenn sie wie der Hinduismus neben einer zentralen Gottheit noch gleichzeitig 330 Millionen andere Götter kennen, bleiben diese »Religionen« und »Weisheitslehren« sich darin treu, daß sie eine Allvergöttlichung und eine Allverwandlung ziemlich einheitlich vertreten. In den noch so verschiedenen Formen der Versenkung, der Askese, eben des Einübens und des Abschiedes von

der Welt der reinen Sinnengenüsse, sehen sie das Heil. Der Weg zum Heil führt nach innen.
Der Hinduismus kann in gewisser Weise als das Urstrombett bezeichnet werden, aus dem die einzelnen besonderen Lehren heraustreten. Er verkörpert eine Ur-Volks-Religion und Weisheitslehre zugleich und versucht, die gesonderten Lehren und Formen wieder in ihr großes Strombett einzubeziehen. Als im sechsten vorchristlichen Jahrhundert der Buddhismus aufkam und sich gegen die Brahmanen des Hinduismus wandte, wurde der Erhabene (Buddha) mit unter die Götter und Heiligen des Hinduismus versetzt. Die Priester des Hinduismus, die Gurus, kamen dann später mit der eindringenden Lehre Christi in Berührung. In der Bergpredigt begegnete ihnen dieser »Odem Gottes« wieder, von dem ihre Lehre durchdrungen ist.
Aus diesem Umstand wird erneut ersichtlich, wie unmöglich eine Scheidung von Religion und Philosophie in unserem Sinne ist, da alles in sittlich-mystisches Leben, in die praktische Einübung, in die Allvergöttlichung einmündet. Will man sich an einigen Daten einen genaueren Zugang verschaffen, so muß man notieren, daß die ältesten heiligen Schriften der Hindus auf etwa 800 v. Chr. zurückgehen. Sie alle versuchen, die Wahrheit (Brahman) zu fassen, müssen letztlich aber die Ohnmacht des Menschen gegenüber dem Unsagbaren spüren. Die Gesamtheit dieser religiösen wie auch philosophischen Schriften ist vor allem unter den Begriffen der »Weden«, der »Upanischaden« und im engsten Sinne der heiligen Schrift der »Bhagawadgita« bekannt.
Auch unsere Darstellung kann keine passendere Verdeutlichung dieser Weisheitslehre geben, als daß wir aus den Upanischaden zwei Stellen, die hymnische Gebete darstellen, zitieren. Wir geben sie aus dem 1959 erschienenen Werk »Die großen Religionen der Welt« wieder.

Du Brahman bist Frau. Du bist Mann.
Du bist die dunkelblaue Biene und der grüne
Papagei mit den roten Augen. Du hast den Blitz
zum Kinde. Du bist die Jahreszeiten und du bist
die Meere. Du bist alles durchdringend allgegenwärtig.
Alles, was ist, wurde aus dir geboren.

Das zweite Zitat stammt aus dem Werk von Lanza del Vasto, »Pilgerfahrt zu den Quellen«, das 1951 erschien.

O Sonne, Beschirmerin, öffne in goldener Helle
dein Tor, das da verbirgt die Person
des Gottes der Wahrheit,
auf daß ich, der Wahrheitssucher,
ihn schauen möge.
Beschirmerin, ewiges Auge, o allmächtige
Sonne, Tochter des Herrn, die du ausstreust
deine Strahlen nach deiner Gerechtigkeit
und Wärme verleihst nach deiner Gnade,
laß mich erschauen
deine segenbringende Gestalt, ja, laß mich sehen
die Person, ja sie, die ich selbst bin.

Der wesentliche pantheistisch-mystische Gehalt indischer Weiheitslehre geht aus diesen beiden Dichtungen deutlich hervor.

Der Konfuzianismus

Die nach dem schon erwähnten Konfuzius genannte Lehre bildet heute neben dem Brahmanentum des Hinduismus und dem Buddhismus eine der ostasiatischen Religionen. Im Unterschied zum Hinduismus ist sie aber nicht als eine Verdichtung und Verfestigung einer volkhaften Religion erwachsen. Sie stellt zunächst eine Zusammenfassung und damit Erneuerung altchinesischer Auffassungen dar, die sich auf das sittliche und gesellschaftliche Leben des Menschen beziehen. Während der stärker meditierenden hinduistischen Lehre von vorne an und bis heute ein mystisch-weltflüchtiger Zug eignet, kann man den Konfuzianismus als eine handfeste Familien-, Staats- und Gesellschaftsmoral betrachten. Sie bindet das Leben in feste bis starre Regeln und Konventionen, die heilig sind. Gerade das macht die Auseinandersetzung mit den neuen Ideen, seien es liberale westliche oder dogmatisch-materialistische des Ostens, so überaus schwer. Andererseits ist dieser Lehre und Tradition die Unterordnung unter ein

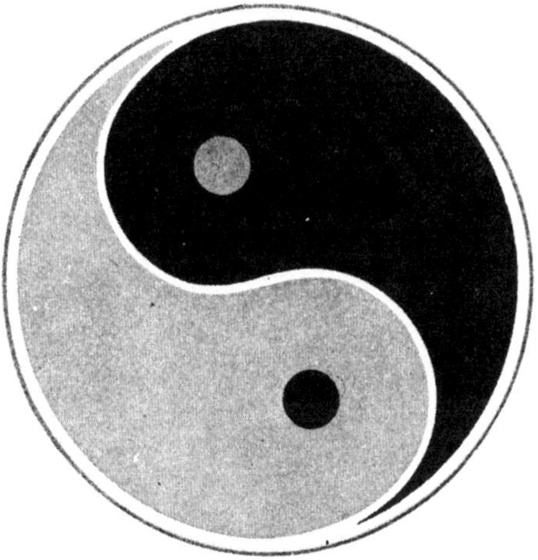

Altchinesisches Symbol des Wechselspiels zwischen Licht und Finsternis, Gut und Böse, zwischen dem weiblichen und männlichen Prinzip. Die Lehre dieses Symbols ist in dem etwa 400 v. Chr. entstandenen philosophischen Grundwerk des chinesischen Universismus I Ging, dem »Buch der Wandlungen«, grundgelegt. Sie beschreibt das Tao, den Weg zur Vervollkommnung und Erlösung.

starres Gesellschaftsgesetz, dem sich der einzelne zu unterwerfen hat, wie es der Kommunismus fordert, auch wiederum selbstverständlich. Es fällt ihr daher auch wieder leicht, einen Bund mit der neuen Zeit einzugehen. An vielen Symptomen des chinesischen Geisteswesens der Gegenwart ist zu erkennen, wie sehr Tradition und herrschende Ideologie zu einer Einheit verschmelzen. Aber dieser interessante Prozeß ist noch nicht abgeschlossen.

Auch die Widerstandskraft des Konfuzianismus gegenüber der christlichen Lehre erklärt sich zum Teil aus der Angemessenheit dieser Ethik an die Natur des Menschen (Tao). Aus dem Tao, dem inneren Weg, fließt auch das Glück des Menschen. Diese Lehre hat die lange wirksamen Familien- und Gesellschaftsformen des gesamten chinesischen Raums geprägt. Die Chinesen glaubten, das Christentum schon bei sich selbst besser verwirklicht zu haben. Die fünf Grundpflichten des Menschen im Konfuzianismus sind sämtlich sozialer Natur, also wesentlich zugleich Bürger- und Gesell-

Titelblatt des Tao-te-king. Das in vielen Übersetzungen auf der ganzen Welt verbreitete Lebensbuch des Laotse hat noch heute größte Bedeutung. Der »Alte Meister« hat darin das überirdische Tao als die unfaßbare große »Lehre« aufgefaßt.

schaftspflichten. Sie besagen die unbedingte Ehrfurcht und Gehorsamstreue gegenüber den Eltern (Ahnen), der Obrigkeit, den älteren Geschwistern, dem Freund, der Gattin. Es ist eine männliche Moral, wie überhaupt der Konfuzianismus als chinesische Weisheitslehre gegenüber der indischen Philosophie – wenn wir es an abendländischen Bildern messen – mehr »römische« Staats- und Familienethik enthält. Die indische Weisheitslehre in ihrem mystischen und ästhetisch-weltbürgerlichen Zug zeigt dagegen stärkere Verwandtschaft zum griechischen Geist. Beiden Haltungen gemeinsam ist das Nichtachten oder mindestens Minderschätzen der Wirklichkeit und der Seele des einzelnen Menschen. Man könnte geradezu diese unpersönliche und nur überindividuelle Morallehre östlicher Prägung, wie wir es im obigen Schema auch andeuteten, als eines der entscheidendsten Merkmale der Unterscheidung zwischen den asiatischen Weisheitslehren und der abendländischen Philosophie ansprechen.
Über den Taoismus, die natürliche Ethik, schlägt die Religion des Konfuzianismus eine Brücke zum Buddhismus. Die konkrete Unterscheidung der Lehren als Lehren, nicht als kultische Religionsformen, wird also sehr schwer.

Die Weisheitslehre des Buddha

Rein äußerlich geht das Leben Buddhas im Vergleich mit Konfuzius trotz ähnlicher Herkunft in genau entgegengesetzte Richtung. Beide lebten zur gleichen Zeit. Während sich der 29jährige Buddha, Kronprinz seines Fürstentums, der Welt entzieht, als heiliger Lehrer bildet und als Entsagender und Erhabener das Land durchwandert, wächst Konfuzius in hohe und höchste Staatsämter hinein, in denen er seine Sittenlehre wie an einem Modell zu realisieren sucht.
Die »zwei Drehungen des Rades der Lehre«, die Buddha vollzieht und die in all ihren Phasen von den Schülern des Erhabenen aufgezeichnet und sicherlich im Laufe der Weitergabe dieser Lehre ergänzt und auch verändert wurden, sind natürlich in einer Übersicht der weltbewegenden Gedanken unmöglich wiederzugeben. Bei dem Gedankenreichtum und der Fülle der Empfehlungen und vor allem bei der schon

überaus reichen Literatur, die gerade hierzu anzutreffen ist, muß man sich auf das Allerwesentlichste beschränken. Es spielt dabei keine Rolle, in welcher Form diese Lehre auf uns in Europa gekommen ist, wenn nur das Wesen dieser Philosophie in ihrem Aufbau der Wirklichkeitslehre, der Ethik und in der eigentlichen Heilslehre (Weg zur Erlösung) zutreffend erfaßt wird.

Diese »Disziplinen«, im abendländisch-philosophischen Sinn gedeutet, greifen ineinander. Sie beruhen auf der Grundwahrheit, daß alles Menschenleben Leiden ist, das selber wieder aus dem Begehren nach Lust, Macht und Leben entsteht. Da das individuelle Dasein, wie schon oben angedeutet wurde, wesenloser Schein ist, beruht die Überwindung des Leids im Erkennen dieses Scheins und damit der Qual der Wiedergeburten. Im Eingang in das das Bewußtsein und Begehren auslöschende Nirwana, die überindividuelle Gesamtwirklichkeit, liegt die Vollendung. Ob das das »Nichts« oder höchste leidlose Seligkeit ist, wird nicht einheitlich gedeutet. Doch ist es das höchste Ziel des Menschen.

Die zahlreichen Anweisungen, bildreichen Parabeln und episch wiederholenden Einkleidungen der Reden Buddhas betreffen alle den Pfad zur Erlösung, den der Heilige betreten soll. So muß auch dieses kleine Beispielstück, das wir anfügen, nicht nur als eine sittliche Klugheitsregel, sondern als Moment in dieser gesamten Erlösungslehre verstanden werden.

> »Was meinst du wohl, Rahulo: wozu taugt ein Spiegel?
> Um sich zu betrachten, o Herr!

Ebenso nun auch soll man sich, Rahulo, betrachten und betrachten, bevor man Taten begeht, betrachten und betrachten, bevor man Worte spricht, betrachten und betrachten, bevor man Gedanken hegt. Was immer du, Rahulo, für eine Tat begehen willst, wenn eben diese Tat, die ich da begehen will, mich selber beschwerte, oder andere beschwerte, oder alle beide beschwerte? Das wär' eine unheilsame Tat, die Leiden aufzieht, Leiden züchtet. Wenn du, Rahulo, bei der Betrachtung merkst: ›Diese Tat, die ich da begehen will, die kann mich selber beschweren, kann andere beschweren, kann

Der geschichtliche Buddha, »der Erwachte«, aus dem Adelsgeschlecht der Shaka, etwa 557–477 v. Chr. Auf untergeschlagenen Beinen ruht Buddha, edel in Haupt, Haltung und Versenkung in den Urgrund des Seins: »Wohlan, ihr Jünger, ich rede zu euch: Vergänglich ist alles, was da geworden ist: ringet ohne Unterlaß!« Der Buddhismus will aus dem Kreislauf des Immer-wieder-geboren-werden-Müssens erlösen, in den das persönliche Ich und die individuelle Seele hineingestellt werden.

alle beide beschweren: es ist eine unheilsame Tat, die Leiden aufzieht, Leiden züchtet‹, so hast du, Rahulo, eine derartige Tat sicherlich zu lassen. Wenn du aber, Rahulo, bei der Betrachtung merkst: ›Diese Tat, die ich da begehen will, die kann weder mich beschweren, noch kann sie andere beschweren, kann keinen von beiden beschweren: es ist eine heilsame Tat, die Wohl aufzieht, Wohl züchtet‹, so hast du, Rahulo, eine derartige Tat zu tun.
Und während du, Rahulo, eine Tat begehst, sollst du dir eben diese Tat betrachten: ›Weil ich nun diese Tat begehe,

beschwert sie mich da selber, oder beschwert sie etwa andere, oder beschwert sie alle beide? Ist es eine unheilsame Tat, die Leiden aufzieht, Leiden züchtet?‹ Wenn du, Rahulo, bei der Betrachtung merkst: ›Diese Tat, die ich da begehe, die beschwert mich selber oder sie beschwert andere, oder beschwert alle beide: es ist eine unheilsame Tat, die Leiden aufzieht, Leiden züchtet‹, so hast du, Rahulo, einer derartigen Tat Einhalt zu tun. Wenn du aber, Rahulo, bei der Betrachtung merkst: ›Diese Tat, die ich da begehe, die beschwert weder mich selber, noch beschwert sie andere, beschwert keinen von beiden: es ist eine heilsame Tat, die Wohl aufzieht, Wohl züchtet‹, so hast du, Rahulo, eine derartige Tat zu fördern.«

Zen in der Kunst des Bogenschießens

Unsere knappe Darstellung über asiatische Philosophien beschließen wir mit einem Hinweis auf einen für einen Abendländer nicht ohne weiteres verständlichen Zusammenhang. Unter dem gleichen Titel, den wir hier als Kapitelüberschrift gewählt haben, hat Eugen Herrigel 1947 (Konstanz) einen Vortrag herausgegeben. (Er war schon in den dreißiger Jahren in der Deutsch-Japanischen Gesellschaft in Berlin gehalten und in kürzerer Form in einer Zeitschrift erschienen.) Das Zen stellt eine Form des Buddhismus dar, die zumal in Japan Verbreitung gefunden hat. Das Interessante – und das ist auch der besondere Grund für die Erwähnung eines Buches – ist der Zusammenhang zwischen einer philosophischen beziehungsweise sittlichen Haltung und dem Erwerb höchster Technik in der Ausbildung einer Kunstfertigkeit, hier der des Bogenschießens. Die Einheit von Leben, Kunst und Weisheit, die wir als ein Charakteristikum der östlichen Philosophie genannt haben, findet in diesem Bericht eines Europäers, der sich über viele Jahre in diese besondere Kunst von einem höchsterfahrenen und damit weisen Meister einführen läßt, eine eindrucksvolle Bestätigung. Wir sind allzu leicht geneigt, in der Schwerterkunst der Samurai eine Höchstentfaltung körperlicher Selbstbeherrschung zu sehen, die selbstverständlich auch mit unserem geistig-seelischen Habi-

Die Lotosblume ist im Buddhismus Sinnbild des Aufblühens des menschlichen Geistes. Jogaübungen begünstigen diese Entfaltung.

tus zusammenhängt. Daß aber die Übung (Askese) und die Technik selbst eine direkte Folge der geistigen Einstellung und Disziplin selber ist, das wird uns im allgemeinen nicht klar.

Will man diese Haltung beschreiben, so muß man sie mit dem vom Buddhismus geprägten Begriff der Leere, des Leerwerdens, ausdrücken. Er hat vielleicht im christlich-abendländischen Bereich eine Entsprechung in der Übung des Ignatius von Loyola zur Indifferenz, also zum vollkommenen Leerwerden von sich für Gott.

Herrigel zitiert den Meister Takuan:

»Alles also ist Leere: du selbst, das gezückte Schwert und die schwertführenden Arme. Ja, sogar der Gedanke der Leere ist nicht mehr da. Aus solcher absoluten Leere ... entspringt die wunderbarste Entfaltung des Tuns.« Und dann fährt der selbst in diese schwere Kunst Eingewiesene fort:

»Was für das Bogenschießen und die Schwertführung gilt, trifft in dieser Hinsicht auch für jede andere Kunst zu. So erweist sich, um ein weiteres Beispiel zu streifen, die Meisterschaft in der Tuschemalerei gerade darin, daß die die Technik bedingungslos beherrschende Hand in demselben Augenblick, in dem der Geist zu gestalten beginnt, ausführt

Die Zähmung des Ochsen gilt im japanischen Zen-Buddhismus, eine aus Indien eingewanderte Sonderform buddhistischer Meditation und Konzentration, als Symbol der Beherrschung der Triebe und der Kräfte des Willens.

und sichtbar macht, was ihm vorschwebt, ohne daß ein Haarbreit dazwischen wäre.

Das Malen wird zum selbsttätigen Schreiben. Und auch hier kann die Anweisung an den Maler geradezu lauten: Beobachte zehn Jahre lang Bambus, werde selber zum Bambus, vergiß dann alles und – male.

Der Schwertmeister ist wieder unbefangen wie der Anfänger. Die Unbekümmertheit, die er bei Beginn des Unterrichts eingebüßt hat, hat er am Ende als unzerstörbaren Charakter wiedergewonnen. Im Unterschied aber zum Anfänger ist er zurückhaltend, gelassen und bescheiden, und es fehlt ihm jeder Sinn dafür, sich aufzuspielen. Zwischen den beiden Stadien der Anfängerschaft und der Meisterschaft liegen eben lange ereignisreiche Jahre unermüdlichen Übens. Unter dem Einfluß des Zen ist das Können geistig geworden, der Übende selbst aber, in inneren Überwindungen von Stufe zu Stufe freier werdend, verwandelt. Das Schwert, das zu seiner

Im Lotossitz sollen die Reize der Umwelt abgeschirmt werden, damit der Mensch den Weg zum Selbst, zum schöpferischen Ursprung des Geistes findet.

»Seele« geworden ist, sitzt ihm nicht mehr locker in der Scheide. Er zieht es nur, wenn es unvermeidlich ist; und dabei kann es vorkommen, daß er dem Kampf mit einem unwürdigen Gegner, einem Rohling, der mit seinen Muskelpaketen prahlt, ausweicht, den Vorwurf der Feigheit lächelnd auf sich nehmend; daß er aber andererseits aus hoher Achtung für einen Gegner auf einem Kampfe besteht, der diesem nichts anderes als ehrenvollen Tod bringen wird. Hier kommen Gesinnungen zum Vorschein, welche das Ethos des Samurai, den unvergleichlichen »Weg des Ritters«, Bushido genannt, bestimmt haben. Denn für den Schwertmeister steht höher als alles andere, höher als Ruhm, Sieg oder gar das Leben: das »Schwert der Wahrheit«, die er erfahren hat und die ihn richtet.

Wie der Anfänger ist der Schwertmeister furchtlos, aber im Unterschied zum Anfänger wird er von Tag zu Tag unzugänglicher für Erschreckendes. In jahrelangem, unausgesetztem Meditieren hat er erfahren, daß Leben und Tod im Grunde ein und dasselbe sind und derselben Schicksalsebene angehören. So weiß er nicht mehr, was Angst des Lebens und Furcht

Der Zen-Schütze trifft dann sein Ziel, wenn er seine eigene Mitte gefunden und getroffen hat. In den östlichen Philosophien ist das Ich vom Selbst unterschieden.

des Todes ist. Er lebt – und dies ist für das Zen überaus charakteristisch – gern in der Welt, aber ist jederzeit dazu bereit, aus ihr zu scheiden, ohne sich durch den Gedanken an den Tod beirren zu lassen.

Es ist nicht von ungefähr, daß die Gesinnung der Samurai als lauterstes Symbol die zarte Kirschblüte gewählt hat. Wie sich ein Kirschblütenblatt im Strahl der Morgensonne löst und heiter schimmernd zur Erde gleitet, so muß sich der Furchtlose vom Dasein lösen können, lautlos und innerlich unbewegt.«

Herrigel sagt weiter: »Die Übungen fangen also ganz von unten an. Sie können zunächst gar nicht primitiv genug sein. Die Zen-Lehrer halten nichts von der Behauptung, in allem Kleinen und Unscheinbaren dürfe man sich schon gehenlassen, wenn man nur dafür sorge, im Großen und Entscheidenden die Zügel fest in der Hand zu haben. Dieser Irrtum rächt sich bitter. Wer im Kleinen undiszipliniert ist, versagt nur allzuoft an entscheidender Stelle, ganz abgesehen davon, daß es keinen sicheren Maßstab gibt, zu beurteilen, was denn im Einzelfalle als klein und unwesentlich oder als wichtig und entscheidend anzusehen ist. Ein einziges böses Wort, im Unmut hingeworfen, kann Schlimmstes anrichten und ist nicht mehr zurückzunehmen. Es hilft nichts, daß man es nachträglich bereut. Es ist gesagt, ist Wirklichkeit geworden und wirkt fort.

Die Seele wird also einem sorgsamen Training unterworfen, wobei von Anfang an und von Stufe zu Stufe unaufhörliche Selbstprüfung unerläßlich ist. Dies führt nicht zu geistiger Erstarrung und keineswegs zu Unterdrückung wertvoller Regungen. Wenn nötig, wird vom Lehrer fest zugegriffen. Und gerade diese Härte und Unerbittlichkeit hat dem Zen-Buddhismus in den Kreisen der Samurai Eingang verschafft.«

Philosophie der Griechen und Römer

Quelle der abendländischen Philosophie

In der ersten Äußerung, die wir als den Beginn dessen ansehen, was dann später Philosophie genannt wird, kommt etwas Merkwürdiges und Tiefgründiges zum Vorschein. Es ist bezeichnend für das echte Philosophieren und das, was Thales von Milet (um 600 v. Chr.) in einer nachtwandlerisch sicheren Ahnung so formulierte: Alles ist aus dem Wasser, dem feuchten Element, entstanden. Dieser Philosoph – einer der vom Altertum so benannten sieben Weltweisen – sah sich in seiner kleinen griechischen Inselwelt vor der kleinasiatischen Küste von der Urgewalt des Meeres, seiner Segen und Unheil bergenden Kraft, im tiefsten angerührt. Vielleicht lebte in ihm und seinen Zeitgenossen auch die ganz ferne Erinnerung an eine große Flut, die in der Bibel als Sintflut bekannt ist. Er sprach jedenfalls darüber hinaus unbewußt etwas aus, was bei uns noch heute in dem Wort »Humor« das Wissen um die höchste Wirklichkeit weiterträgt. Humor bedeutet dem Wortsinn nach nämlich: das Feuchte, den tiefen von Wasser beherrschten Grund. Tatsächlich, also dem Sachsinn folgend, ist Humor die Fähigkeit des geistigen Menschen, mit sich selbst zu spielen, sich »auf den Arm zu nehmen«. Er ist also in gewisser Weise die tiefste und höchste Fähigkeit, die ein Geist betätigen kann. Nicht nur, daß er – anders als ein instinktgeleitetes Tier – die Welt und sich selbst erkennt und zum Gegenstand macht. Er kann humorig mit diesem Gegenstand, seinem »Selbst« spielen, mit ihm umgehen nach Lust und Laune. Die ältesten Naturphilosophen, die nach dem Ersten, nach dem »Grund« aller Wirklich-

keit, suchten, erkannten teils im Feuchten, teils im Festen, oder im Warmen oder Kalten (Feuer und Luft), teils im Zusammenwirken aller vier Elemente dieses Erste.
Es war jenen vorsokratischen Naturphilosophen sicherlich nicht ganz verborgen, daß die Bezeichnung eines der vier Elemente, Wasser, Luft, Feuer, Erde, oder auch die Verbindung mehrerer oder aller Elemente nur im Wege einer bewegenden oder verbindenden Kraft als Angabe des wirklichen Grundes dienen konnte. So erklärt denn auch Empedokles, der im heutigen Girgenti, dem alten Agrigent in Sizilien, lehrende Philosoph, daß Liebe und Haß die vier Elemente zu jenen vielfältigen Formen und Gestalten werden ließen, die wir in der Natur bewundern. Aristoteles kritisiert zwar ein Jahrhundert nach Empedokles an diesen Erklärungsversuchen, daß man zwar den stofflichen, den materiellen Grund, das Woraus, in diesen frühen naturphilosophischen Deutungen durchaus erkannt habe. An der tiefsten und letzten Ursache, an dem Weswegen, habe man aber vorbeigesehen. Nur einer habe für eine kurze Zeit wie ein Klarblickender und -sprechender unter Stammelnden den wirklich ersten Grund aller Bewegung erkannt: Anaxagoras. Er hat den Geist, den Nous, als jene Wirklichkeit gekennzeichnet.
Ohne dieser berechtigten Kritik des Aristoteles an all seinen griechischen Vorgängern auch nur entfernt widersprechen zu wollen oder zu dürfen, muß man sich doch klarmachen, was es bedeutet, sich eine tiefere Vorstellung vom Wirken der Natur zu machen. Es kommt ja darauf an, dieses Geheimnis in der für philosophische und wissenschaftliche Zwecke nicht erfundenen Sprache auszudrücken.
Es ist sicher noch ein Stammeln und Stottern der Sprache, in dem sich aber bereits dieser große Zug ankündigt, der trotz aller Verschiedenheiten und Gegensätze durch die abendländische Philosophie hindurchgeht. Diesen Zug wollten wir durch die Verbindung des Wassers, des Urelements des Thales, mit dem Humor als der geistigsten Kraft des geistigen Menschen verdeutlichen.
Mit großer Selbstverständlichkeit wird schon zu Beginn der Philosophie im Abendland die geistige Kraft der Welterkenntnis des Menschen gelehrt und bestätigt. Im Element des Wassers wird unbewußt eine Verbindung mit dem höchsten

und tiefsten Seinsgrund hergestellt, der selber nach der Überzeugung der meisten großen Philosophen des Abendlandes der Geist, der absolute und vollkommene Geist, ist.
Sicher kann nicht bezweifelt werden, daß es immer in der abendländischen Entwicklung auch materialistische Philosophien gegeben hat, selbst in der frühen Zeit. Aber kennzeichnend ist neben dem Zutrauen für die menschliche Vernunft in der Erschließung der Wahrheit die Überzeugung vom letzten Grund aller Dinge und allen geistigen Seins als einer geistigen und absoluten Wirklichkeit. Auch Philosophen, etwa der Neuzeit, die wie Descartes mit einem Zweifel begonnen haben, stimmen doch in diesem Punkte wieder mit den anderen, sozusagen klassischen Philosophen überein. So geht der große Zug tatsächlich von den frühen Vorsokratikern, von Thales, Parmenides, Heraklit, Empedokles oder Sokrates, Platon, Aristoteles, Augustinus, Thomas von Aquin, Nikolaus von Cues, Francis Bacon, René Descartes, John Locke, David Hume zu G. W. Leibniz, Immanuel Kant und Hegel mit dem großen Gefolge der Idealisten und schließlich zu Schopenhauer und den modernen Philosophen unseres Jahrhunderts.
All die Genannten unterscheiden sich in ihren Auffassungen oft sehr. Sie hätten aber gar keine Philosophie entwickelt, wenn sie nicht ausnahmslos von der wahrheitsfähigen Kraft der Vernunft und der verborgenen höchsten Wirklichkeit eines wie immer gesehenen und beschriebenen höchsten Seins überzeugt gewesen wären, das sie sich auf ihre Weise zu erobern suchen.
Noch eines zeigt sich gerade am Anfang dieses Philosophierens im Abendland und unterscheidet sofort wesenhaft das abendländische und das asiatische Philosophieren. Trotz aller mythologischen Einkleidungen zeigt sich die Naturphilosophie der Ionier bereits als eine Aufklärungsphilosophie gegenüber den griechischen oder orientalischen Götterlehren. Selbst wenn bis zu Sokrates hin von Göttern die Rede ist, so dienen diese Bilder nur zur Verdeutlichung. Es wird von vornean Kritik an diesen Göttersagen vernehmbar. Und Sokrates, der wahrhaft Fromme und Gott Gehorsame, verwirkt sein Leben und wird schuldig gesprochen, weil er mit der größeren Weisheit gegen die falschen Götterlehren aufgestanden ist.

Die Philosophie scheidet sich sehr deutlich von der Mythologie, während sie in Asien gleichsam eine Ehe miteinander eingehen. Auch wo die natürliche Weisheit mit der übernatürlichen theologischen auf gutem Fuße steht, wird trotzdem eine klare Unterscheidung von Glauben und Wissen, von Theologie und Philosophie betont und herausgearbeitet. Das gilt mit Einschränkung selbst für die spätere christliche Philosophie.

Im allgemeinen sind wir gewohnt, die abendländische Philosophie in ihrer Geschichte in drei große Kreise aufzugliedern: Altertum, Mittelalter, Neuzeit.

Wir werden an diesem Schema auch hier nichts ändern, obwohl die Übergänge sehr fließend sind und obwohl man in der Hervorkehrung des je Eigentümlichen dieser drei Kreise das Gemeinsame, den großen Zug, nicht außer acht lassen darf.

Will man gleichwohl die drei historisch bedeutsamen Kreise voneinander unterscheiden, so läßt sich die Unterscheidung zunächst einmal thematisch durchführen. In der Antike ist die Natur, der Kosmos, das Sein der Welt, das große Thema. Im Mittelalter ist Gott das beherrschende Motiv. In der Neuzeit scheint die Frage nach dem Menschen überall hindurch. Diese unstrittig zu beobachtende Unterscheidung darf aber nicht glauben machen, man hätte sich nicht in jeder dieser großen Epochen auch mit jedem Thema der Philosophie befaßt.

Noch eine andere Unterscheidung, die weniger das Thema als die Begründung oder Begründbarkeit der Erkenntnis hervortreten läßt, ist zu berücksichtigen. Sie beruht darauf, daß sowohl die Antike wie auch das philosophische Mittelalter einen grundsätzlichen oder auch nur methodischen Zweifel an der Vernünftigkeit der Vernunft nicht kannten. Sie entwickelten damit auch keine Erkenntnistheorie im heutigen Sinne. Die grundsätzliche oder zumindest methodische Infragestellung der Erkenntnis blieb erst der Neuzeit vorbehalten. So sehr wir auch diese Unterscheidung, die also den stärkeren Trennungsschnitt zwischen die Neuzeit und die beiden voraufgegangenen Epochen legt, anerkennen müssen, so wenig können wir leugnen, daß auch die Antike ihre Zweifler und Sophisten gehabt hat und daß es auch im Mittelalter Relativisten und Nominalisten gegeben hat.

Sizilien, das von den Griechen kolonisiert wurde, war ein bedeutender Schauplatz griechischer Philosophie und Kultur. Davon zeugt auch der dorische Tempel aus der zweiten Hälfte des fünften Jahrhunderts v. Chr.
Die Akropolis von Athen. In der Hauptstadt Griechenlands lehrten Sokrates, Platon und viele Sophisten (unten).

Empedokles stürzt sich in den Ätna

Es wird berichtet, daß sich der eben genannte Philosoph Empedokles (492–432), der die vier Elemente Wasser, Luft, Feuer, Erde aus den Kräften der Liebe und des Hasses sich vermischen und wieder entmischen läßt, in seiner unergründlichen Wißbegierde den Ätna bestieg. Um der Gewalt dieses feuerspeienden Dreitausenders auf Sizilien bis aufs letzte nachzuspüren, verschwand er schließlich in der Feuersglut dieses Berges. Auch wenn es eine Sage ist, so bleibt diese Erzählung doch ein Sinnbild für die bohrende Unruhe, mit der zunächst auf den zu Griechenland gehörenden Inseln im Osten und in der Mitte des Mittelmeeres und dann schließlich in Athen selber die Natur, das Sein aller Dinge, entdeckt werden sollte.

Mit goldenen Schellen an seinen Sandalen durchschritt dieser Empedokles die damals reichste und üppigste Stadt der Griechen, das schon erwähnte Agrigent oder Akragas. Er lehrte und mahnte seine sich ganz im Reichtum verlierenden Landsleute und Zeitgenossen. In seinem Lehrgedicht, das uns nur in Bruchstücken überkommen ist, steht seine naturphilosophische Theorie. Aber auch andere Weisheit findet sich darin. So wendet er sich beschwörend an die Agrigenter, daß sie Paläste bauten, als ob sie ewig lebten, und zugleich Feste feierten, als ob sie morgen sterben müßten.

Empedokles, so sagten wir, ist uns nur ein besonders anschauliches Symbol für diese aufbrechende philosophische Kraft, die sich erst ihren Weg suchen muß, ohne auf irgend etwas Vorgängiges zurückgreifen zu können. Nur der Vollständigkeit wegen bringen wir noch ein paar wichtige Namen mit den Charakteristika, wie sie uns in jeder Geschichte der Philosophie begegnen.

Da sind zunächst zwei große Richtungen, im Namen verdeutlicht, die entweder das feste beharrende Sein oder den flüchtigen Vorgang des Werdens als das Grundgesetz aller Wirklichkeit erklären. Zunächst nennen wir Parmenides (um 500) und die sogenannten Eleaten. Diese Schule ist von der unvergänglich dauernden Macht des Seins so beeindruckt, daß für sie nur dieses Feste und Dauernde ist, während alles andere nicht ist. Erkennen könne der Mensch nur das Sein, das

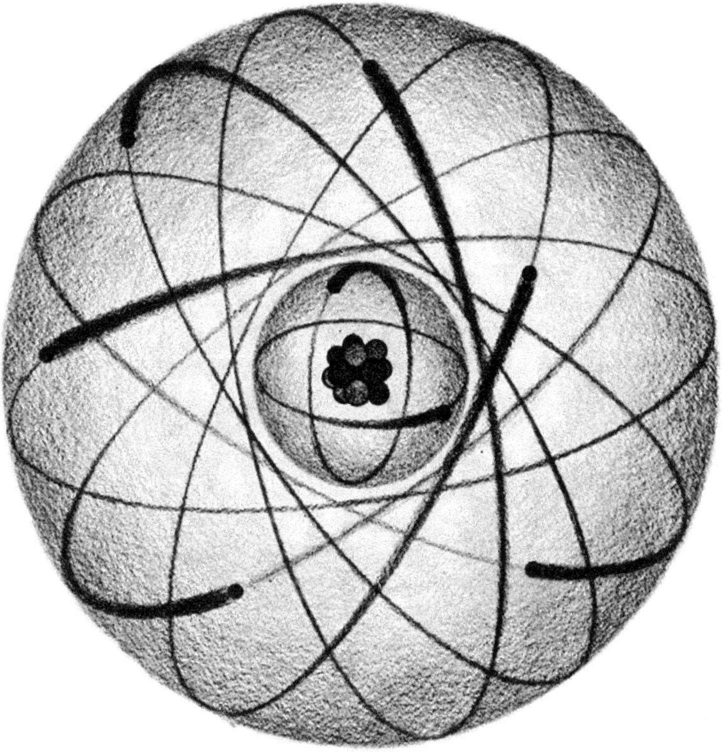

Demokrit, etwa 460–370 v. Chr., und Leukipp, um 460 v. Chr., sind die ersten Vertreter der Atomlehre und des Materialismus. Demokrits kleinste, unteilbare Bausteine der Materie und auch der Seele waren nicht dem modernen Atommodell vergleichbar, und doch wurde er zum Begründer des Atomismus.

wesenhaft Bleibende. Demgegenüber zitiert man immer von der Gegenrichtung, den Verteidigern des Werdens, den Satz des Heraklit (um 500):
Alles fließt. Ein anderer Satz lautet: Der Kampf ist der Vater aller Dinge. Das Feuer ist darum in seiner ewig bewegten Unruhe das eigentlich Wirkliche, aus dem alles kommt und in das hinein sich alles wieder rückverzehrt.
Es ist hier unmöglich, diesen in der modernen Philosophie wieder mit viel Beachtung bedachten Vorsokratikern im einzelnen nachzugehen. Auch an diesen beiden Richtungen bleibt

wieder der große Zug festzustellen und festzuhalten, der bis in unsere Zeit alle großen Philosophien entweder stärker als Wesensphilosophien oder als dynamische, dem Werden zugewandte Aussagen über das einmalig Konkrete erkennen läßt.

Auch die Gruppe jener Naturphilosophien, die einen ersten Materialismus vertreten oder zu vertreten scheinen, finden im heutigen Philosophieren wieder Anklang.

Es sind Leukipp und Demokrit (etwa 460–370), die sich das Wirkliche aus unendlich vielen Kleinstgebilden zusammengesetzt denken, eben jenen Atomen, den letzten materiellen Einheiten. Diese Atomisten wählten dafür auch zum erstenmal das Wort Atom. Auch hier ist es müßig, in unserem Zusammenhang auf Einzelheiten einzugehen. Ob die Atome ihrer Gestalt nach gleich, ihrem Inhalt nach aber verschieden, oder ihrem Inhalt nach gleich und nur in der Form verschieden sind, um so durch Verbindung die Vielfalt, das Wirkliche zustande zu bringen, ist zunächst eine Randfrage. Entscheidend bleibt allein der bis heute noch nicht zu Ende gebrachte Vorstoß, die kleinste materielle Wirklichkeit, den kleinsten Teil eines Elements, in den Griff beziehungsweise in die Sicht zu bekommen.

Neben den Sophisten, die wir im Zusammenhang mit Sokrates eigens behandeln müssen, sind noch zwei Namen aufzuführen, die wir beide schon kennen.

Einmal ist es der von Aristoteles in seiner Einleitung zur Metaphysik gelobte Anaxagoras (geb. 500). Er ist nicht nur wegen der Einführung des Geistes als letztbewegender Wirklichkeit bemerkenswert, sondern ihm kommt auch das Verdienst zu, die Philosophie und das Philosophieren von den griechischen Inseln auf das Festland und speziell nach Athen gebracht zu haben. Athen war die Hauptstadt und der Pallas Athene geweihte Metropole des griechischen Geistes. Pallas Athene soll ja nach der griechischen Sage aus dem Kopf des Zeus geboren, beziehungsweise entsprungen sein.

Der andere Name ist der des Pythagoras (570–496), der durch alle Schulen der Welt heute noch mit seinem berühmten »Lehrsatz des Pythagoras« geistert. Die von ihm vertretene Verbindung der Mathematik mit der Philosophie, die auch bei Platon eine große Rolle spielt, wurde für viele Philoso-

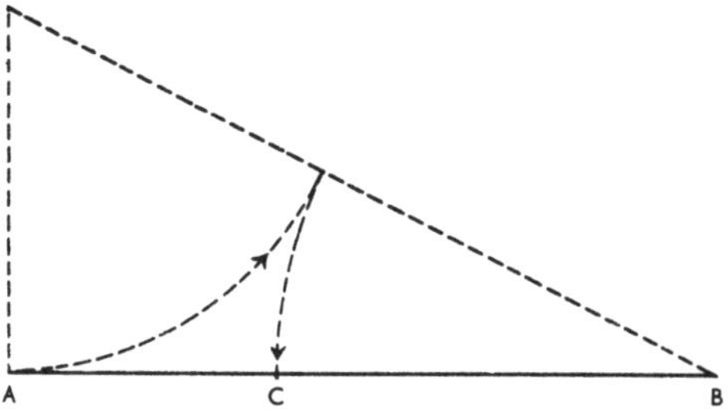

Die Strecke AB ist nach dem Goldenen Schnitt in zwei Abschnitte geteilt, wenn sich der kleinere Abschnitt zum größeren so verhält wie dieser zur ganzen Strecke, etwa im Verhältnis 5:8. Der Goldene Schnitt spielt in der Ästhetik eine Rolle.

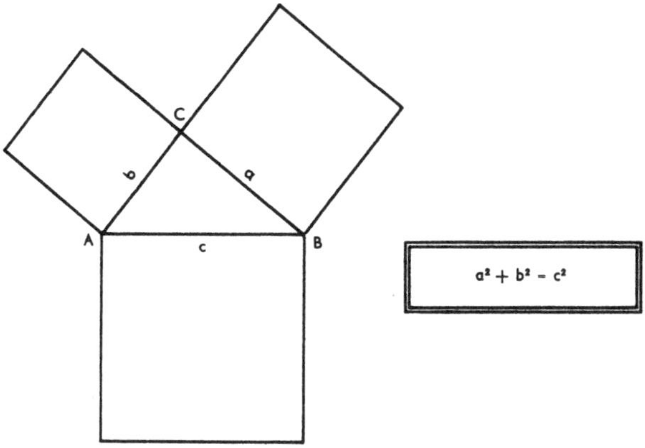

Der Lehrsatz des Pythagoras: In einem rechtwinkligen Dreieck ist der Flächeninhalt des Quadrates über der Hypotenuse gleich der Summe der Flächeninhalte der Quadrate über den Katheten a und b, also $c^2 = a^2 + b^2$.

phien bezeichnend. Pythagoras soll das Wort Philosophie zum ersten Male gebraucht haben. Seine Schüler bildeten mit ihm eine Art Ordensgemeinschaft (Unteritalien), die mehr war als eine bloße Schule. Sie war eine Stätte gemeinschaftlichen und geradezu religiösen Lebens und ein Übungsfeld asketischer Gemeinschaft, aus der heraus dann auch die Wahrheit entspringen sollte.

Bei der Verbindung von Mathematik und Philosophie bildet sich bei Pythagoras die erste Harmonielehre in der Zuordnung von Zahlengrößen und -verhältnissen zu den Tönen heraus. Sie ist die Grundlage nicht nur für die moderne Musiklehre geworden, sondern hat auch die Theorie der Schwingungen inhaltlich bestimmt. Die Zahl als solche war für Pythagoras eine ähnliche Wirklichkeit, wie es dann in der platonischen Philosophie die Idee wurde.

Der Mensch als Maß aller Dinge

Diese Überschrift haben wir Protagoras (481–411), dem Wortführer der Sophisten, zu verdanken. Er verkündete sie als Quintessenz seiner Philosophie. Die Sophisten in Athen waren gesuchte Lehrer, die gegen Honorar ihren Schülern oder Klienten nützliches Wissen beibrachten. Vor allem lehrten sie die wortreichen Athener, mit Hilfe der Sprache und einer Logik, die ganz auf den Zweck und den Erfolg bei den Zuhörern zugeschnitten war, sich vor Gericht zu verteidigen und sich in der Volksversammlung als kluge Redner beliebt zu machen und damit politischen Ruhm zu erringen. Mehr im Hintergrund stand eine Philosophie, die sich in keiner Weise mit den Fragen der Natur – wie bei den übrigen Vorsokratikern – befaßte, sondern ganz auf den Menschen und auf sein glückhaftes Bestehen in der Welt und im Staate gerichtet war. Es war, wenn man will, eine Philosophie der Resignation, eines Verzichtes, tiefer einzudringen, um dafür im Vordergründig-Praktischen um so geschickter und erfolgreicher zu operieren. Eine gewandte Rede- und Unterredungskunst sorgte bei jeder Diskussion für einen Sieg.

Die Götterlehren und die Volksethik machte man zum Schein mit. Im stillen war man sich aber bereits im klaren, daß dies alles fromme Sage und mehr oder weniger »Humbug« war. Eine wirkliche letzte, allgemeingültige Wahrheit für alle war für den kritisch aufgeklärten Sophisten (sophos = der Weise) nicht zu erkennen. Jeder hatte seine Wahrheit für sich, wie er sie sah oder sehen mußte; für alles und jedes mußte und durfte er das Maß an sich selber erkennen. Oder anders ausgedrückt: Da keine verbindliche und allgemeingültige Wahrheit gefunden wurde, konnte alles wahr oder falsch sein. Es kam also praktisch nur darauf an, den Schein der Wahrheit für sich zu gewinnen.

Vor Gericht und im öffentlichen Ansehen mußte das eigene Handeln als gerechtes Tun erscheinen, da ein Gerechtsein als solches nicht allgemein angenommen und gelehrt werden konnte.

Für die Entstehung des Staates wurden – ganz im Sinne dieses praktischen Zweckes – Theorien aufgestellt. Sie lauteten: Der Staat ist eine von den jeweils Stärkeren gemachte Einrichtung, durch die sie ihre Überlegenheit – auch einer Majorität gegenüber – auf Dauer befestigen und erhalten. Dementsprechend wird dann auch das Recht zu einer Funktion der Macht. Der Stärkere hat recht. Im Kampf aller gegen alle setzt sich das Härteste als Recht durch. Oder man formulierte: Der Staat ist eine Erfindung der Schwächeren, den sie durch ihre Majorität und damit durch eine zeitweilige Überlegenheit über die zersplitterte Minorität der Stärkeren als »Rechts«-Institut zu erhalten und zu festigen bestrebt sind.

Man nennt diese philosophische Einstellung später »Relativismus«, also eine Lehre der »Bezogenheit« der Wahrheit auf den je und je verschiedenen Menschen oder den je und je andersartigen Standpunkt, den der Mensch einnehmen kann. Daß diese Lehre als Standpunkt einer Standpunktlosigkeit zu einem Nihilismus, verbunden mit einem Opportunismus, führt, hat die Geschichte aller Sophismen gezeigt. Nichts ist sicher. Also paßt man sich dem geistig Geltenden in geschickter Weise an (opportun).

Der erste und entschiedenste Gegner der Sophisten war Sokrates, der Weiseste aller Weisen.

Sokrates, der Anti-Sophist

Bei den bezeichnendsten Repräsentanten der abendländischen Philosophie schicken wir jeweils eine knappe Darstellung des Lebensganges und der Werke, durch die sie die Welt bewegten, voraus.

Bei Sokrates – und das ist bereits charakteristisch für ihn – müssen wir uns auf sein Leben und philosophisch erweckendes Sterben beschränken. Er hat keine Zeile geschrieben und als unermüdlicher Frager stellvertretend sein Leben für sein Werk eingesetzt. Sein Schüler Platon hat seine Gespräche und

Reden niedergeschrieben und uns überliefert. Aber auch die Darstellung und Würdigung der sokratischen Eigenleistung ist nicht so klar herauszuarbeiten wie bei einem anderen Philosophen. Im Werke Platons ist die Person des Sokrates so eng mit der Philosophie seines genialen Schülers Platon verbunden, daß das Werk des einen in die Leistung des anderen nahtlos übergeht.
Die übrigen Zeugnisse über Sokrates stammen von Aristoteles, Xenophon und Aristophanes. Sie können hier zwar helfen, Sokrates in seiner Einzigartigkeit zu erkennen. Am besten bürgt aber für den einzigartigen Weisen Sokrates die Tatsache, daß Platon seine ganze Philosophie ihm gleichsam als Urheber zuschreibt.
Sokrates wurde 470 v.Chr. in Athen geboren und starb 399 v.Chr. in Athen. Er war der Sohn des Bildhauers Sophroniskos und vom Vater selbst zum gleichen Beruf bestimmt. Er ging aber seiner Neigung nach und wurde Philosoph. Mehrfach leistete er Kriegsdienst. Seine Tapferkeit in den Schlachten bei Potidäa im Jahre 432 und Delium 424 sowie bei Amphipolis 422 wurde öffentlich anerkannt. Er hatte zahlreiche Anhänger, aber auch viele Feinde. Seine Hauptgegner saßen in den Reihen der Sophisten, deren Geldgier und Unfähigkeit er ständig angriff.
Als Verführer der Jugend und Leugner der alten und neuen Götter wurde er von einer Clique angeklagt und, da er im Bewußtsein der Schuldlosigkeit nichts widerrief, im Jahre 399 zum Tode durch den Gifttrunk verurteilt.
Daß Sokrates keine Schriften hinterlassen hat, sagten wir schon. Wir nennen hier noch einmal die drei Quellen, die neben der Erwähnung des Aristoteles im Anfang seiner Metaphysik Zeugnis vom Leben und Werk des großen Menschen geben:

1. Die »sokratischen« Dialoge seines Schülers Platon.
2. Die »Wolken« des Komödiendichters Aristophanes.
3. Die Berichte des Historikers Xenophon in seinen Memorabilien (Denkwürdigkeiten).

Sokrates war äußerlich selber Sophist. Er sammelte Schüler um sich, sprach jeden Müßigstehenden auf dem Markt an, disputierte mit den anderen Sophisten, gab jedem Rat und Lehre, der ihn suchte. Aber hier fängt der erste Unterschied

Platon schildert im »Phaidon« den Tod des Sokrates und die ergreifenden letzten Stunden im Gespräch mit den Freunden über die Unsterblichkeit der Seele.

an: Weisheit ist nicht verkäuflich. Sokrates wendete sich leidenschaftlich gegen eine beruflich und besonders erwerbsberuflich ausgeübte philosophische Praxis. Er richtete sich gerade gegen die Sophisten, die ihre Lehre vor allem an junge Leute verkauften und ihnen versprachen, mit Hilfe dieser Weisheiten aus ihnen gute Redner und erfolgreiche Männer im Staats- und Rechtsleben zu machen. Ihnen gegenüber verteidigte Sokrates auch vor den Richtern die absolute Notwendigkeit, der Stimme der Wahrheit zu folgen und ihr Ausdruck zu geben, ohne Rücksicht auf Fortkommen und Erfolg und ohne sich je von dem Belehrten einen Lohn entrichten zu lassen. Die Richter verurteilten ihn trotzdem wegen »Gottlosigkeit« und »Jugendverführung« zum Tode.

Es ist nicht leicht, die Philosophie des Sokrates auf einen Nenner zu bringen. Es bestehen zu viele Schwierigkeiten. Wenn man es trotzdem versucht, könnte man sagen, das eigentliche Philosophieren bricht hier zum erstenmal in einer existenziellen Form durch. Diese Form sucht auch in der Folge ihresgleichen. Aus der Abschiedsszene in Platons Phaidon, die wir unter Platon zum Teil zitieren, geht für Sokrates hervor, daß sein Leben und Sterben nur Philosophie ist. Er lebt und stirbt für seine Philosophie. Wer die Wahrheit ergreift, der kann gar nicht anders, als für sie voll und ganz zu leben.

Der völlige Übereinklang von Überzeugung und Leben macht den weisen und zugleich guten Menschen aus. Hier liegt auch ein gewisses Mißverständnis in bezug auf den Sokrates zugeschriebenen Satz von der »Lehrbarkeit der Tugend« vor. Die Zwangsläufigkeit, das Wahre und damit Gute zu tun, liegt von der Sache her vor. Der einzelne Mensch kann aber den Blick von der Wahrheit wegwenden und damit böse handeln. Die Wahrheit ist also lehrbar, nicht aber die Liebe zur Wahrheit. Sie kann nur erweckt werden.

Der große, wenn nicht der größte, Erwecker war dieser unscheinbare und häßliche Sokrates. Aus seinen Augen und aus seinen Worten sprach aber die Reinheit einer Seele, die sich im Gehorsam gegenüber der göttlichen Stimme in ihr – dem guten Daimon – verzehrte und andere zum Glühen für die Wahrheit brachte.

Aristoteles nennt in seinem für den Kundigen sehr lesenswerten Bericht über die ihm vorangehende Philosophie noch eine mehr methodische Leistung des Sokrates, die den wissenschaftlichen Philosophen Aristoteles ganz besonders interessiert. Im ersten Buch seiner Metaphysik erwähnt er die Begriffsbestimmung und das vom einzelnen zum allgemeinen fortschreitende Verfahren (Induktion). Man könnte darüber hinaus noch die Dialektik, also das in Rede und Gegenrede zur Wahrheit sich hindurchsuchende Vorgehen, das dann Platon so meisterhaft handhabt, für Sokrates bezeichnend heißen. Und nicht zuletzt wären die sokratische Mäeutik und sokratische Ironie zu erwähnen.

Mäeutik ist die Hebammenkunst, mit welcher Sokrates sein „Entbinden der Wahrheit« verglich. Sokrates' Mutter war Hebamme. Praktisch verfuhr Sokrates so, daß er sich selbst stets als den Nichtwissenden und nur Fragenden und den Befragten als den mehr oder weniger besser Wissenden ansprach. Dabei stellte sich dann regelmäßig das Gegenteil heraus. Der zu wissen Wähnende wurde also der Belehrte, und der fragende, nichtwissende Sokrates stellte sich als der Weise und Wissende heraus. Er war der Belehrende.

Platon, der Schüler und Meister

Zweierlei ist in diesen geschichtlichen Abschnitten unseres Buches unvermeidlich. Einmal müssen die Kapitel sehr ungleichartig und sogar ungleichwertig angelegt werden. Die Länge der auf den einzelnen Philosophen entfallenden Teilkapitel braucht gar nicht im Verhältnis zur jeweiligen Bedeutung des Philosophen zu stehen. Die Anfangskapitel mußten ausführlicher sein. Später wird dadurch mancher Rückbezug erleichtert, so wie wir dies auch schon im systematischen Teil des Buches angedeutet haben.

Dann sollen, wo es nur geht, neben der knappen Lebens- und Werkübersicht nicht unsere Worte, sondern das eigene Wort des Philosophen dessen Philosophie zum Sprechen bringen. Unsere eigene Erläuterung soll nur Hinführung bedeuten, die dann auch nur auf begrenzte Themen erfolgen kann. Jeder der Genannten und durch Eigenzitate Bedachten ist um ein Vielfaches reicher und bedeutsamer, als dies eine noch so glückliche Zitatstelle ahnen läßt.

Platon wurde 427 v.Chr. in Athen geboren und starb 347 v.Chr. in Athen. Er hieß eigentlich Aristokles und stammte aus altadligem Hause. Sein Geschlecht geht durch seinen Vater Ariston auf den attischen König Kodros und durch seine Mutter Periktione auf Dropides, einen Verwandten des Weisen Solon, zurück. Platon ist neben seinem Schüler Aristoteles der bedeutendste Philosoph der Antike. Mehrere Reisen führten ihn nach Unteritalien und Sizilien. Die Gründung der »Akademie« in Athen geht auf ihn zurück.

Zu seinen wichtigsten Werken zählen:

1. Jugendschriften: Apologie (Verteidigung des Sokrates), Kriton, Ion, Protagoras, Laches, Politeia I (Staat), Lysis, Charmides, Euthyphron.
2. Schriften seiner Übergangsperiode: Gorgias, Menon, Euthydemos, der Kleinere Hippias, Kratylos, der Größere Hippias, Menexenos.
3. Schriften der reifen Mannesjahre: Symposion, Phaidon, Politeia II–X (Staat), Phaidros.
4. Schriften der Altersjahre: Theaitetos, Parmenides, Sophistes, Politikos, Philebos, Timaios, Kritias, Nomoi (Gesetze), Epinomis.

Diese Schriften liegen in zahlreichen Ausgaben in deutscher Übersetzung vor. Sie sind nicht nur eine wichtige Quelle des Wissens und ein Dokument altgriechischen Philosophierens, sondern bereiten dem interessierten und aufgeschlossenen Leser, auch stilistisch gesehen, einen hohen Genuß.

Die Leidenschaft des Philosophierens hat der Schüler Platon dem Meister Sokrates zu verdanken. Die platonische Philosophie entfaltet aber ihre Meisterschaft über den Lehrer Sokrates hinaus.

Die Werke Platons erfahren eine Reifung, die mit den wenigen Thesen, in die wir die inhaltliche Kennzeichnung zusammendrängen, nicht einmal angedeutet werden kann. Die Philosophie Platons läßt sich in acht Punkten zusammenfassen:

1. Die eigentliche Wirklichkeit ist das Reich der Ideen, der immateriellen, unveränderlichen, ewigen Wesenheiten.
2. Die sinnenhaft-materielle Welt des Werdens ist nur ein Schatten des wirklichen Seins der Ideen. Die sinnliche Wirklichkeit, die die meisten Menschen irrtümlich für das eigentliche Sein halten, hat nur an der wesenhaften Wirklichkeit, den Ideen, teil.
3. In dieser eigentlichen Wirklichkeit ist die Idee des Guten innerhalb der übrigen Ideen vergleichbar der Stellung der Sonne gegenüber der irdisch-materiellen Welt.
4. Die Teilhabe der Sinnenwelt an der Ideenwelt wird deutlich durch die menschliche Seele, die selber eine Wirklichkeit nach Art der Ideen ist.
5. Vor unserer Geburt hat unsere Seele die ewigen Wesenheiten geschaut und damit alles Sein gewußt. Mit der Geburt ist dieses einzige und ursprüngliche Wissen abgesunken und muß jetzt Schritt für Schritt in der Erkenntnis des Philosophen wiedergewonnen werden. Die sinnliche Kontaktnahme mit dieser schattenhaften, materiellen Wirklichkeit des Werdens läßt uns an die geschauten Ideen erinnern. Alle Erkenntnis wissenschaftlicher Art, des Wesens der Dinge, ist daher Erinnerung (Anamnesis). Auch die sinnlichen Dinge bestehen nur durch Teilhabe am unveränderlichen Wesen der Dinge.
6. Ziel der Philosophie ist die Askese, die Übung, von den bloß sinnenhaften Eindrücken loszukommen und zum wahren Wesen, den Ideen, vorzudringen. Der Tod ist daher die

Thales von Milet
(um 600 v. Chr.)

Heraklit
(um 500 v. Chr.)

Sokrates
(470–399 v. Chr.)

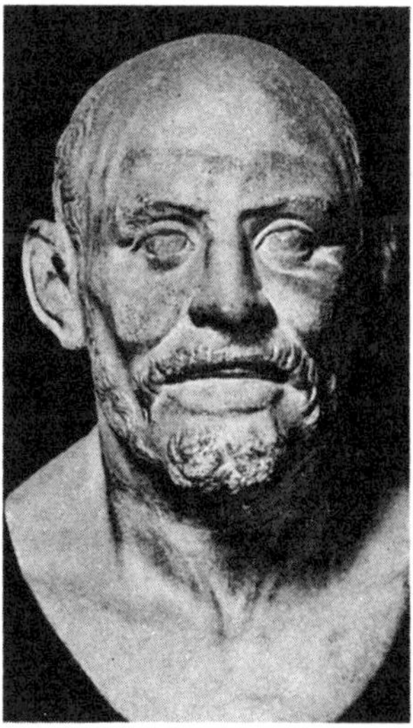

Demokrit
(um 460 v. Chr. geb.)

Platon
(427–347 v. Chr.)

Epikur
(342/1–271/0 v. Chr.)

Krone des Philosophierens, indem die Seele in die eigentliche Wirklichkeit zurücktritt. In dem Maße als die Seele noch der sinnlich-materiellen Wirklichkeit verhaftet blieb, muß sie nach dem Tode des Leibes noch Läuterungen durchmachen (Seelenwanderung).

7. Seele und Staat (Gesellschaft-Polis) haben den gleichen Aufbau. Der Dreiteilung des Staates: Nährstand, Wehrstand, Lehrstand (Philosophen) entsprechen das Sinnenhaft-Begehrliche, der Mut- und der Verstandesteil der Seele. Den spezifischen Tugenden der Stände sind die maßvolle Zucht, Tapferkeit und Klugheit zugeordnet. Sie entsprechen den gleichen Tugenden der Seele: Zucht, Mut, Weisheit.
8. Über und unter diesen Tugenden soll die Gerechtigkeit führen und regieren, die damit das Ziel der Gemeinschaft wie auch jeder Menschenseele ist. Im Schauen der Idee des Guten, der Sonne im Reich der Ideen, ist das höchste Glück erreicht.

Von den beiden wiedergegebenen Texten Platons, läßt sich mit größtem Recht sagen, was auch von vielen der übrigen Texte gilt: es sind Zeugnisse von Sternstunden der Menschheit.

Die Schule von Athen, Wandgemälde von Raffael, zwischen 1508–1511. In der Mitte steht Platon, in die Höhe, ins Reich der Ideen weisend, neben ihm Aristoteles, in seinem Wirklichkeitssinn auch in sinnbildlicher Geste die Erfahrung der irdischen Wirklichkeit betonend.

Das Gastmahl des Platon

Wir wollen uns einige Stellen aus Platons Dialog »Das Gastmahl«, oder auch »Von der Liebe« genannt, vergegenwärtigen, um eine Vorstellung von der Art dieses Philosophierens zu bekommen. (Poros bedeutet im Griechischen Überfluß, Penia Mangel.) Diotima spricht zu Sokrates:

»Als Aphrodite geboren war, schmausten die Götter und unter den übrigen auch Poros, der Sohn der Metis. Als sie aber abgespeist hatten, kam auch Penia, um sich etwas zu erbitten, denn es ging festlich her, und sie blieb an der Tür stehen. Poros aber, berauscht vom Nektar – Wein gab es nämlich noch nicht –, ging in den Garten des Zeus und schlief ein, schwer und müde, wie er war. Penia aber faßte ihrer Dürftigkeit halber den listigen Plan, ein Kind mit Poros zu zeugen, legte sich zu ihm und empfing den Eros. Deshalb ist auch

Eros Aphroditens Begleiter und Diener geworden, weil er an ihrem Geburtstage empfangen worden ist und weil er von Natur ein Liebhaber des Schönen und Aphrodite schön ist. Da er nun des Poros und der Penia Sohn ist, so ist es etwa folgendermaßen um ihn bestellt: Zunächst ist er immer arm und bei weitem nicht fein und schön, wie die meisten glauben, sondern rauh, unansehnlich, barfuß und ohne Behausung; er liegt immer auf dem Boden umher ohne Decke, schläft vor den Türen und auf den Straßen im Freien und ist der Natur seiner Mutter gemäß immer der Genosse der Dürftigkeit. Wie sein Vater aber stellt er dem Guten und Schönen nach, ist tapfer, keck und rüstig, ein gewaltiger Jäger, allezeit schmiedet er irgendwelche Ränke, strebt nach Einsicht und ist erfinderisch, sein ganzes Leben lang sucht er die Weisheit und ist ein arger Zauberer, Giftmischer und Sophist, und weder wie ein Unsterblicher ist er geartet noch wie ein Sterblicher, sondern bald blüht und gedeiht er an demselben Tage, wenn es ihm gut geht, bald auch stirbt er hin und lebt auch wieder auf nach seines Vaters Natur. Was er aber gewinnt, zerrinnt ihm immer wieder, so daß Eros nie weder arm noch reich ist und auch zwischen Weisheit und Torheit immer in der Mitte steht.

Wenn aber Eros so ist, welchen Nutzen bringt er dann den Menschen? Darüber, mein Sokrates, sprach sie, will ich dich nun im folgenden zu belehren versuchen. So also ist die Art und Entstehung des Eros. Er liebt aber das Schöne, wie du sagst. Wenn uns aber jemand fragte: In welcher Beziehung richtet sich nun der Eros auf das Schöne, Sokrates und Diotima? Doch ich will noch deutlicher so fragen: Was begehrt der, der das Schöne begehrt? – Da sprach ich: Daß es ihm zuteil werde. – Aber, sagte sie, diese Antwort verlangt noch nach einer anderen Frage, etwa nach dieser: Was geschieht jenem, dem das Schöne zuteil wird? – Auf diese Frage hatte ich nicht mehr sogleich eine Antwort bereit. – Aber, sprach sie, wenn nun jemand statt des Schönen das Gute einsetzte und fragte: Sprich, Sokrates, was begehrt der, der das Gute begehrt? – Daß es ihm zuteil werde, sagte ich. – Und was geschieht jenem, dem das Gute zuteil wird? – Die Frage kann ich schon leichter beantworten, sagte ich; er wird glückselig. – Denn durch den Besitz des Guten, fügte sie hinzu, sind die Glückseligen glückselig. Und hier bedarf es nun keiner weiteren Frage mehr, weshalb denn der glückselig sein will, der es will, sondern die Beantwortung erscheint mir abgeschlossen. – Ganz recht, sagte ich. – Glaubst du nun, daß dieser Wille und diese Liebe allen Menschen gemeinsam sind und daß alle immer das Gute haben wollen? Oder wie meinst du? – So, antwortete ich, daß sie allen gemeinsam sind.

Wenn nun die Liebe darauf gerichtet ist, fuhr Diotima fort, auf welche Art und mit welchem Tun müssen die, die dem nachstreben, dies tun, damit ihr Eifer und ihre Anstrengung Liebe genannt werden kann? Was ist das für ein Tun? Kannst du es mir sagen? – Dann würde ich ja dich, Diotima, nicht so bewundern deiner Weisheit wegen und nicht zu dir kommen, um ebendies zu lernen. – So will ich es dir sagen, sprach sie. Es ist aber ein Zeugen im Schönen, im Leibe wie in der Seele. – Man muß Orakel deuten können, antwortete ich, um zu verstehen, was du wohl meinst; ich begreife es nicht. – So will ich es dir denn deutlicher sagen. Alle Menschen nämlich, mein Sokrates, sagte ich, sind fruchtbar dem Leibe wie der Seele nach, und wenn sie das gewisse Alter erreicht haben, so verlangt unsere Natur danach zu zeugen. Zeugen aber kann sie nicht im Häßlichen, sondern nur im Schönen. Des Mannes und Weibes Gemeinschaft nämlich ist Zeugung. Es ist das aber ein göttlicher Vorgang, und dies ist in einem sterblichen Wesen das Unsterbliche: Der Drang nach Zeugung und die Zeugung selbst.

Das Gastmahl des Platon, Gemälde von Anselm Feuerbach. In seiner Schrift »Symposion« läßt Platon Sokrates die Lehre vom Eros entwickeln.

Unsterblichkeit aber neben dem Guten muß die Liebe begehren demzufolge, worüber wir uns schon geeinigt haben, wenn anders sie danach trachtet, das Gute für immer zu besitzen. Notwendig ist nun nach dieser Lehre, daß die Liebe auch nach der Unsterblichkeit trachtet. Durch diese Einrichtung, mein Sokrates, hat das Sterbliche teil an der Unsterblichkeit, der Leib sowohl wie alles übrige, niemals aber durch eine andere. Wundere dich also nicht, wenn ein jedes von Natur seinen eigenen Sprößling in Ehren hält; denn der Unsterblichkeit halber ist jedem dieser Eifer und die Liebe zu eigen. Danach aber muß er die Schönheit in den Seelen für weit herrlicher halten als die im Körper. Wenn daher einer, dessen Seele zu loben ist, auch nur wenige körperliche Reize besitzt, so ist jenem das noch genug, und er liebt ihn und sorgt um ihn, und er erzeugt und sucht solche Gedanken, die den Jüngling besser zu machen vermögen, damit er dahin gebracht werde, die Schönheit der sittlichen Handlungen und Bestrebungen zu erschauen und wahrzunehmen, daß auch dies alles mit sich verwandt sei, und damit er so die Schönheit des Leibes für etwas Geringes halte. Von den Bestrebungen aber muß er weiter zu den Erkenntnissen gehen, damit er auch deren Schönheit schaue. Wer nämlich bis hierher in der Liebe erzogen worden ist, indem er das Schöne der Reihe nach und richtig schaut, der wird plötzlich in den Dingen der Liebe zum Ziele gelangen und ein von Natur wunderbar Schönes erblicken, eben jenes selbst, mein Sokrates, um deswillen er allen bisherigen Anstrengungen sich unterzogen hat, was zunächst immer ist und weder entsteht noch vergeht, weder wächst noch abnimmt, ferner auch nicht etwa nur hierin schön, darin aber häßlich ist, noch auch jetzt schön und dann nicht, noch in Vergleich mit dem schön und in Vergleich mit jenem häßlich, noch auch hier schön, dort aber häßlich ist, als ob es nur für einige schön, für andere aber häßlich wäre. Auch wird sich ihm dieses Schöne nicht offenbaren wie ein Gesicht oder Hände oder sonst etwas, was der Leib an sich hat, auch nicht wie ein Wort oder eine Erkenntnis, auch nicht als in etwas anderem enthalten, weder in einem einzelnen Lebewesen noch auf Erden, noch am Himmel, noch in sonst irgend etwas, sondern als ein mit sich selbst und für sich selbst ewig und eingestaltig Seiendes.

Eros, nach der Sage Kind des Überflusses und des Mangels. Im Gastmahl des Platon preist die Seherin Diotima den Eros als Beflügelung und Spannkraft der Seele, als Drang zum Schönen, Guten und Wahren.

Und an dieser Stelle des Lebens, mein lieber Sokrates, sagte die Fremde aus Mantineia, ist, wenn irgendwo, das Leben für den Menschen erst lebenswert, wenn er nämlich das Schöne selbst erblickt. Und wenn du es jemals selbst schaust, wirst du es nicht vergleichen wollen mit Gold oder Kleiderpracht oder mit jenen Knaben und Jünglingen, bei deren Anblick du jetzt entzückt bist und wohl gern, wie viele andere, nur um die Lieblinge zu sehen und mit ihnen zusammenzusein, womöglich weder essen noch trinken, sondern einzig und allein anschauen und mit ihnen zusammensein möchtest. Was aber sollen wir erst glauben, wenn einer dazu gelangt, jenes Schöne selbst rein, lauter und unvermischt zu sehen, nicht erst voll menschlichen Fleisches und Farben und anderen sterblichen Flitterkrames, sondern das Göttlichschöne selbst in seiner Eingestalt?«

Schwanengesang des Sokrates

Im Werk »Phaidon« hat der Philosoph Platon seinem hochverehrten Lehrer und Meister Sokrates ein ergreifendes und erschütterndes Denkmal gesetzt, das hier für sich sprechen möge.

»Da ging ein stilles Lächeln über seine Züge, und er sagte: Ach, Simmias, schwer wird es mir gelingen, die anderen zu überzeugen, daß ich mein augenblickliches Geschick nicht für ein Unglück halte, wenn es mir nicht einmal bei euch gelingen will, ihr vielmehr Sorge habt, mein Wesen könnte jetzt verdrießlicher als früher sein. Ja, und anscheinend meint ihr auch, es sei bei mir mit der Wahrsagekunst nicht ganz so gut bestellt wie bei den Schwänen: wenn diese nämlich spüren, daß ihr Ende naht, so steigern sie das früher schon geübte Singen zu einem ganz besonders langen, prächtigen Gesang, voll Freude, daß sie nun zu ihrem Gott, in dessen Dienst sie stehen, eilen dürfen. Die Menschen aber, in ihrem wohlbekannten Bangen vor dem Tode, sie sagen denn auch von den Schwänen Falsches aus: behaupten, daß sie Trauerlieder auf den Tod und kummerschwere Abschiedsweisen singen, und denken nicht daran, daß doch kein Vogel singt, wenn Hunger oder Kälte oder sonst ein Schmerz ihn quält – nicht einmal Nachtigall und Schwalbe und der Wiedehopf, obwohl man doch bekanntlich sagt, daß sie aus Kummer trauervolle Lieder singen. Im Gegenteil, bei ihnen kommt es mir genauso unwahrscheinlich vor wie bei den Schwänen. Nein, als Geschöpfe des Apollon sind sie offenbar mit Seherkraft begabt und haben ein Vorwissen um das Glück im Hades: so singen sie und sind an jedem Tag ganz anders als zuvor in einem Überschwang der Freude. Und ich bin, wie ich glaube, ebenfalls ein Diener, ein Genoß der Schwäne und bin demsel-

ben Gott geweiht und habe nicht geringere Seherkraft von meinem Herrn empfangen und bin nicht trauriger als sie, wenn ich vom Leben scheide.
Da nun bekanntlich das Unsterbliche auch unzerstörbar ist, muß dann nicht auch die Seele, sofern sie unsterblich ist, auch unzerstörbar sein? – Der Schluß ist zwingend. – Das heißt: sobald der Tod den Menschen antritt, stirbt also das, was sterblich ist an ihm. Doch das Unsterbliche geht heil und unzerstört von dannen; ganz leise hat es sich dem Tod entzogen. – Ja, es ist klar. – Kein Zweifel also, sprach er, lieber Kebes: die Seele ist unsterblich, unvergänglich, und wirklich werden unsere Seelen in dem Hades weilen.
Indes die anderen Toten, bei denen sich erweist, daß sie ihr Leben so ganz besonders im Sinne lauterer Bewährung eingerichtet hatten, die bleiben von diesen Regionen in der Erde frei und fern wie von den Stätten der Gefangenschaft. Sie kommen hoch empor zur lichten Wohnung, sie werden Siedler auf der wahren Erde. Gerade unter diesen aber sind solche, die sich durch Streben nach Erkenntnis, soweit wie nötig, schon geläutert haben. Die leben fortan völlig ohne Körper und kommen auch an Stätten, die die beschriebenen an Herrlichkeit noch übertreffen. Von ihnen sprechen ist nicht leicht, und schwerlich ist in diesem Augenblick genügend Zeit. Nun, das, was wir besprochen haben, das muß uns wahrscheinlich, lieber Simmias, ein Ansporn sein, nichts unversucht zu lassen, um sittliche Vollkommenheit und reines Wissen in diesem Leben zu erreichen; denn herrlich ist der Preis, die Hoffnung groß.
Darauf gab Kriton seinem Diener, der in der Nähe stand, ein Zeichen. Der ging hinaus und kam nach einer Weile wieder zusammen mit dem Sklaven, der den Gifttrank reichen sollte – er hatte einen Becher in der Hand, der Trank war fertig. Sokrates fragte ihn: Nun, Freund, was muß ich tun, du bist ja Fachmann? – Nichts weiter, sagte er, als trinken, dann gehst du auf und ab, bis du in deinen Beinen eine Schwere fühlst, dann legst du dich, die Wirkung kommt von selbst. Mit diesen Worten reichte er den Becher. – Sokrates nahm ihn – und dann, Echekrates, ganz heiter, ohne Zittern, ohne Blässe, ja ohne nur die Miene zu verziehen, sah er dem Sklaven mit seinem festen Blicke ins Gesicht, wobei ein leichter Spott in sei-

nen Augenwinkeln saß, und sagte: Wie steht's bei diesem Tranke mit dem Weiheguß? Sind ein paar Tropfen wohl gestattet oder nicht? – Wir rühren, sagte er, nur so viel an, als unserer Erfahrung nach vonnöten ist. – Verstehe, sagte Sokrates. Doch ein Gebet ist wohl erlaubt und auch vonnöten, auf daß die Wanderung von dieser in die andere Welt zu unserem Heil verlaufe. Um dieses also bete ich. Mag sich's erfüllen! Dann setzte er den Becher an und trank ihn ohne Ekel in edler Haltung bis zur Neige aus. Bis dahin hatten wir fast alle so leidlich das Weinen noch verhalten können, doch als wir sahen, wie er trank und wie er ausgetrunken hatte, da konnten wir nicht mehr. Auch ich war meiner nicht mehr mächtig, ein Strom von Tränen trat mir in die Augen, so daß ich mein Gesicht verhüllte und meine Tränen unaufhaltsam rinnen ließ – nicht etwa um den Sokrates, vielmehr um mein Geschick, da ich ermaß, was für ein Freund von mir genommen war. Und Kriton hatte schon vor mir den Platz verlassen, nicht mehr imstande, den Tränen zu gebieten. Apollodoros, zuvor schon ganz in Tränen aufgelöst, brach nun in lautes Schluchzen aus und brachte durch sein bitteres Weinen den ganzen Kreis der Freunde aus der Fassung, nur nicht den Sokrates. – Im Gegenteil, er sagte: Was fällt euch ein, ihr Unbegreiflichen! Gerade deshalb habe ich die Frauen fortgeschickt, daß sie nicht jedes Maß vergäßen. Beim Sterben müsse Stille sein, hab' ich gehört. So seid denn ruhig und gefaßt! – Wir fühlten uns durch ihn beschämt und unterdrückten unsere Tränen. Und Sokrates ging auf und ab, bis er die Schwere in den Beinen fühlte. Dann legte er sich nieder auf den Rücken, wie ihm der Sklave anempfohlen hatte. Und gleich begann der Sklave, der das Gift gegeben hatte, ihn zu befühlen, und prüfte ihm von Zeit zu Zeit die Füße und die Schenkel. Dann drückte er den Fuß ganz kräftig und fragte, ob er's spüre. Er sagte nein. Dann fing er wieder mit den Schenkeln an und ließ uns aufwärts tastend fühlen, daß sich die Kälte und die Starre höher zog. Er fühlte dann auch selber nach und sagte, wenn es zum Herzen vorgedrungen wäre, so sei das Ende da. – Als nun die Kälte schon fast den ganzen Unterleib ergriffen hatte, schlug Sokrates den Mantel – er hatte sich verhüllt – zurück und sagte – es war sein letztes Wort –: O Kriton, wir schulden dem Asklepios noch einen Hahn. Bringt das in Ordnung, bitte, und vergeßt es nicht! – Es wird geschehen, sagte Kriton – hast du noch einen Wunsch? Auf diese Frage folgte keine Antwort mehr. Ein kurzer Augenblick, dann ging ein Zucken durch den Körper, der Sklave zog den Mantel weg, da waren ihm die Augen starr geworden. Und Kriton schloß ihm Mund und Lider. – Das war das Ende unseres Freundes, mein Echekrates, wie wir's erlebten. Und wir bekennen: er war ein Mann, an dessen Adel kein Zeitgenosse, den wir kannten, reichte. Sein Wesen war lautere Weisheit und Gerechtigkeit.«

Der Ursprung aller Wissenschaften

Einer steht auf den Schultern des anderen und wächst so über sich hinaus. Ohne Sokrates wäre Platon undenkbar, und ohne Platon hätte es wohl nie einen Aristoteles als Begründer einer realistischen Philosophie gegeben.
Aristoteles hatte es leicht, die Bemühungen seiner geistigen Vorfahren zu kritisieren. Er hat aber die Mühe auf sich genommen, die seitherige philosophische Vorarbeit und Dialektik in ein großes System zu bringen.
Dabei unterscheidet sich dieser große Begründer aller Wissenschaften methodisch und inhaltlich sehr von seinem Lehrmeister Platon. Platon war selber Dichter und künstlerischer Gestalter seiner Werke. Er schätzte die Poesie und die Kunst als sinnenfällige Ausdrucksformen. Jeder platonische Dialog ist daher ein künstlerisches Sprachwerk. Die Werke des Aristoteles sind dagegen Niederschriften seiner Vorlesungen. Sie sind trockene und zum Teil umständliche Darlegungen, aber von einer Schärfe des Geistes und voll innerer Ordnung und Klarheit, die dem dunkleren und geheimnisvolleren Platon wieder abgeht. Aristoteles, selbst kein Künstler, sondern Wissenschaftler und Lehrer, besang das Lob der Kunst und entwarf in seiner Poetik zum erstenmal eine Theorie der Kunst, die bis in unsere europäische literarische Klassik klassisch geblieben ist.
Platon orientierte sich als Philosoph an der Mathematik, die er von den ägyptischen Mathematikern gelernt hat. Er löste sich ganz von den sinnenhaften Dingen, um zu den reinen Ideen des Guten, des Schönen, des Wahren zu gelangen. Ari-

stoteles gewann seine philosophischen Wesensbegriffe an den sinnenhaften Dingen der Natur, der handwerklichen Technik und der sinnenhaften Kunst. Daran entwickelte er seinen Realismus, der zugleich die Logik einschließt. Durch Aristoteles wird die Philosophie endgültig zur Wissenschaft. Damit wird der Trennungsstrich gegenüber der asiatischen Denkweise gezogen. Grundsätzlich werden durch Aristoteles alle Wissenschaften in der Philosophie gegründet.

Leben und Werk des Aristoteles

Aristoteles wurde 384 v.Chr. in Stageira geboren und starb 322 in Chalkis. Er stammt aus Thrakien. Sein Vater Nikomachos war Arzt. Mit achtzehn Jahren kam der junge Aristoteles zur Weiterbildung nach Athen, wo er Mitglied der Platonischen Akademie wurde. Nach Platons Tod begab er sich nach Assos in der Troas, bis er 343/2 vom mazedonischen Hof zum Erzieher Alexanders berufen wurde. 335 gründete er in Athen die »Peripatetische Schule«. Nach Alexanders Tod 323 floh Aristoteles unter dem Drang antimazedonischer Strömungen und um einem drohenden Prozeß, in dem man ihn der Gottlosigkeit anklagen wollte, zu entgehen, nach Chalkis. Dort starb er bald darauf an einer schweren Krankheit.

Die zahlreichen Werke des Aristoteles sind bis auf den heutigen Tag für die philosophische Grundlagenforschung führend geblieben. Sie sind in mehrere Gruppen gegliedert.

1. Logische Schriften: Kategorien, Peri hermeneias, Erste und Zweite Analytiken, Topik, Sophistische Widerlegungen.
2. Naturwissenschaftliche Schriften: Physik, Peri psyches (Über die Seele), Peri ouranou (Über den Himmel), Parva Naturalia (Kleine naturwissenschaftliche Schriften), Meteorologika (Über Meteorologie).
3. Metaphysik.
4. Ethische Schriften: Nikomachische Ethik, Eudemische Ethik, Große Ethik.
5. Politische Schriften: Politika (Politik).

Steinfigur an der gotischen Kathedrale von Chartres: Aristoteles, 384/3 bis 322 v. Chr., Begründer der wissenschaftlichen Philosophie und vieler Einzelwissenschaften des Abendlandes. Mit Platon war er, besonders für das späte Mittelalter, der Repräsentant antiker Philosophie und menschlicher Vernunft (links). Marc Aurel, der Philosoph auf dem römischen Kaiserthron, 121–180 n. Chr. Er gehörte der letzten von drei Epochen der Stoa an. Die Stoa sucht die Unerschütterlichkeit der Seele, doch in der Hingabe an die Pflicht, den Staat, die Menschheit – so umfaßt sie Sklaven und Kaiser unter ihren Anhängern.

Die Hauptthemen des Aristoteles

Es ist nicht einfach, eine so vielschichtige Lehre zu Hauptthemen zusammenzufassen. Wenn es hier der Übersichtlichkeit wegen dennoch geschieht, dann muß zugleich betont werden, daß keine noch so treffende Übersicht das Studium des Originalwerkes zu ersetzen vermag. Wir wollen versuchen, das Anliegen des Aristoteles in fünf Punkten zu umreißen.

1. Die platonische Doppelung der Welt (Dualismus) ist nicht zutreffend. Die Ideen bestehen in ihrer unveränderlichen Wesensart nicht außerhalb unserer Welt, sondern sind die wesensbildenden Formen der Dinge.

2. Die Wirklichkeit, ob Naturding, Naturwesen, Kunstding oder Mensch, ist immer eine einzelne konkrete, zusammengewachsene Substanz (Selbst-stand), die aus Materie und Form eine Einheit bildet. Materie und Form sind die beiden sich bedingenden und durchdringenden Prinzipien. Dabei bezeichnet die Form das sich selbst gleichbleibende Wesen und damit den Träger des Wirklichen, die Materie die je und je verschiedene und von der Form besonders gestaltete und gestaltbare Unterlage.
   Aus dem folgenden Zitat aus Aristoteles' Metaphysik wird dieser Unterschied und das notwendige Zusammenspiel von Materie und Form deutlich. Die alten Naturphilosophen sahen nur das »Woraus«, nicht aber das »Weswegen« (die Form). Erst beides zusammen macht das Wirkliche.
3. Die höchste in der Erfahrung antreffbare Wirklichkeit ist der menschliche Geist mit seinem Verstand und seinem Willen. Wie jedes Wirkliche ist der Geist in Bewegung, in Tätigkeit, in Aktualität. Der Geist strebt zu seiner höchsten Aktualität, wie jedes Wirkliche ganz es selbst zu sein anstrebt. Im Erreichen des aktuellsten Wesens seiner selbst liegt die höchste Glückseligkeit (Eudämonie). Das höchste Glück des Menschen besteht also in der höchsten Aktualität des Geistes, im Schauen des geistigen Grundes aller Wirklichkeit. Dieser Grund ist der »unbewegte Beweger«, dessen Wesen das »Denken seiner selbst« (nóesis noéseos) ist. Die »erste Philosophie« richtet sich auf das Göttliche und stellt selber die geistigste Aktualität dar. Aus diesem doppelten Grunde nennt Aristoteles die Metaphysik natürliche Theologie. Diese Bezeichnung wird für die erste Philosophie gebraucht, die erst von den Alexandriner Gelehrten beim Ordnen der aristotelischen Bücher für die »hinter« der Physik befindlichen Werke gewählt wurde.
4. Alle Wissenschaft mündet letztlich in das Erfragen des Grundes und des Wesens der Philosophie, die selber die höchste Wissenschaft ist.
   Die Einzelwissenschaft ist erfahrungsbegründet und stellt ein systematisches Sammeln, Beobachten und Ordnen unter allgemeinen Gesetzen dar, unter die das einzelne fällt. Aristoteles hat so neben der Philosophie als Wissenschaft die Physik, die Botanik, die Zoologie, die Psychologie, die

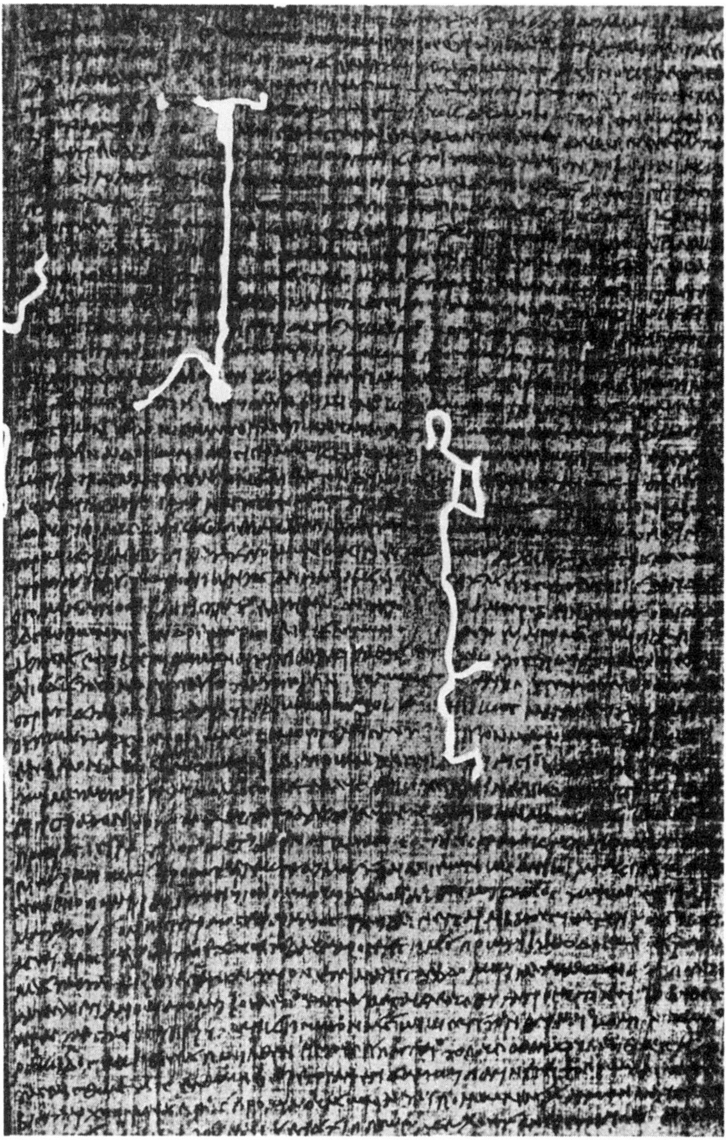

Buchseite aus dem Werk des Aristoteles vom Staatswesen der Athener, um 343 v. Chr. entstanden. Gute Staatsformen sind für ihn Monarchie, Aristokratie und gemäßigte Demokratie, schlechte hingegen Tyrannis und Pöbelherrschaft.

Logik als Methodenlehre jeder Wissenschaft und auch die praktischen Disziplinen der Ethik und der Politik begründet. Er führte sie zu streng wissenschaftlicher Fundamentierung.

5. Der Realismus des Aristoteles hält die Mitte zwischen einer idealistischen Richtung (Platon) und den zum Materialismus neigenden Richtungen reiner Erfahrungswissenschaften. Er hält am Geist als dem tragenden Wirklichkeitsfaktor fest und nimmt einen geistig-göttlichen Ursprung der Welt an. (Der »unbewegte Beweger«, das »Denken seiner selbst«).
   Der Begriff eines Schöpfergottes ist noch nicht gegeben. Die Materie ist ewig. So ist auch seine Ethik eine Tugendlehre des Maßes und der Mitte und seine Politik eine auch an den geschichtlichen Erfahrungen bemessene Lehre von den mittleren und sich selbst begrenzenden Staatsformen. Sie ist begrenzt gegenüber der absoluten Tyrannis und der unbeschränkten Demokratie.

In seiner »Metaphysik« schreibt Aristoteles:
»Vielmehr hat Thales, der Urheber solcher Philosophie, das Wasser als Prinzip angesehen – weshalb er auch erklärte, daß die Erde auf dem Wasser sei –, indem er diese Meinung vielleicht auf Grund der Beobachtung faßte, daß alles sich durch Feuchtes nährt und selbst die Wärme daraus entsteht und sich dadurch unterhält – das aber, woraus alles wird, ist das Prinzip von allem; auf diesen Grund hin mag er diese Meinung gefaßt haben, und weiterhin darum, weil der Same aller Dinge seiner natürlichen Beschaffenheit nach feucht und das Prinzip der eigentümlichen Beschaffenheit des Feuchten das Wasser ist. Es gibt aber einige, welche meinen, daß auch die Alten, welche lange, lange vor unserer Zeit gelebt und zuerst den göttlichen Dingen nachgesonnen haben, diese Ansicht über die Natur hegten; denn dieselben machten den Okeanus und die Tethys zu Urhebern des Werdens und zu der Instanz, bei der die Götter schworen, ein Wasser, den von ihnen so genannten, von den Dichtern besungenen Styx. Am ehrwürdigsten ist nämlich das Älteste, der Eidschwur aber ist das Ehrwürdigste. Ob nun diese Ansicht über die Natur wirklich eine ursprüngliche und alte ist, bleibt vielleicht unentschieden, genug, daß Thales in der angegebenen Weise über die

erste Ursache geurteilt haben soll. Diesen Philosophen zufolge sollte man also nur eine Ursache annehmen, die nach Art der Materie zu denkende.
Indem aber die Forscher so weiter gingen, wurde ihnen die Sache selber zum Wegweiser und zwang sie, ihr Suchen weiter auszudehnen. Denn wenn auch noch so sehr alles Vergehen und Entstehen aus einem Einen oder auch aus mehreren stattfindet – warum erfolgt es, und was ist schuld daran? Das Substrat selbst kann doch nicht machen, daß es sich verändert; ich meine, weder das Holz etwa noch das Erz ist schuld daran, daß es sich verändert; das Holz macht kein Bett und das Erz keine Bildsäule, sondern an der Veränderung ist etwas anderes schuld. Dieses andere aber suchen heißt das zweite Prinzip suchen, das, woher der Anfang der Bewegung rührt, wie wir sagen würden.«
In seiner »Politik« nimmt der Philosoph zu praktischen Dingen und zum Staat Stellung. Gerade aus diesem Werk wird die Gegenwartsbezogenheit seiner Philosophie ersichtlich. Es heiß dort: »Hieraus erhellt also, daß der Staat zu den von Natur bestehenden Dingen gehört und der Mensch von Natur ein staatliches Wesen ist und daß jemand, der von Natur und nicht bloß zufällig außerhalb des Staates lebt, entweder schlecht ist oder besser als ein Mensch, wie auch der von Homer als ein Mann ›ohne Geschlecht und Gesetz und Herd‹ gebrandmarkte.«

Das Doppelgestirn der griechischen Philosophie

Die Leuchtkraft des Geistes tritt seit Platon und Aristoteles im weiteren Verlauf der abendländischen Geschichte nie mehr so gleichmäßig und wesentlich hervor. Platon wurde zum fortzeugenden Gründer des Philosophierens, Aristoteles schuf ein Gebäude der schöpferischen Ordnung. Die beiden Schulen, die sich mit diesen Philosophen verbinden, Platons Akademie und Aristoteles' peripatetische Schule, entfernten sich oft recht weit von ihrem Ausgangspunkt. Nach Alexander dem Großen, dessen Lehrer Aristoteles war, und Alexandria, der von Alexander gegründeten Stadt, wurde später von der Schule der Alexandriner gesprochen. In der Folge war

»Geh mir aus der Sonne«, das war der einzige Wunsch, den der bedürfnislose Philosoph Diogenes, der in einer Tonne wohnte, Alexander dem Großen gegenüber äußerte, als dieser ihn einst aufsuchte. Die Kyniker (kyon = Hund) waren Schüler des Sokrates, die die Anspruchslosigkeit bis ins Extrem steigerten.

eine Vermischung dieser Ausgangsphilosophien mit den spätantiken Richtungen des Denkens unvermeidlich. Im Übergang in das Mittelalter bildet zunächst die platonische Philosophie die Brücke zum Christentum, vor allem bei Augustinus. Mit Thomas von Aquin erfolgt Mitte des dreizehnten Jahrhunderts gleichsam die Rehabilitierung und noch mehr, geradezu die »Taufe« des Aristoteles. Im frühen Humanismus dringt der Platonismus wieder vor, um dann in den mit den Naturwissenschaften aufbrechenden Jahrhunderten wieder Aristoteles den Vorrang zu lassen.

Philosophie im Römischen Reich

Die Griechen, Theoretiker par excellence, auf den Grund der Dinge schauende Menschen, stellen ein geradezu einzigartiges Phänomen in der Menschheit dar. Das gilt mindestens im abendländischen Kulturkreis.

Ihre Nachbarn und späteren Beherrscher, die Römer, haben dann zwar viel zur Ausbreitung dieser Philosophie getan. Sie schätzten es als hohen Bildungsgewinn, griechische Lehrer zu nehmen, auch wenn diese nicht entfernt Platon oder Aristoteles waren. Aber sie entwickelten keine originäre Philosophie, keine ursprüngliche Philosophie. Für die kaiserliche und späte Antike ist es kennzeichnend, von einem Eklektizismus zu sprechen, also von einer philosophischen Haltung und Richtung der Menschen, die von allem sich Bestes und Geeignetes aussucht, um es zu einer, zu »seiner« Philosophie zu machen.

Dabei können wunderbare und in der Breite sehr wirksame Gedanken herauskommen, wie unsere späteren Zitate zeigen. Es ist sicherlich dadurch erst der Glanz der griechischen Philosophie in das Abendland gefallen, wobei die Ausbreitung der christlichen Botschaft, die die höchsten und edelsten Forderungen platonischer und aristotelischer Geistigkeit noch weit übertraf, dabei wesentlich beteiligt war. Aber die Ursprünglichkeit all dieser Richtungen im gesamtrömischen Bereich war nicht gegeben, selbst wenn ihre Ansätze auf spätere griechische Philosophen zurückgingen.

Wenn wir uns einen Überblick über diese geistigen Strömungen verschaffen wollen, müssen wir gleich zu Anfang den Eklektizismus nennen. Er war ja keine eigene philosophische Richtung, sondern nahm sich aus jeder Richtung etwas, um ein individuelles Weltbild zu schaffen. Außerdem waren es die ethischen Lehren der »Stoa« (Stoizismus) und des »Epikur« (Epikureismus), die von sich reden machten.

Stoa ist kein Personenname, sondern die Ortsbezeichnung für die bunte Halle, in der sich diese ersten Philosophen jener Richtung in Athen trafen. Epikur ist der namentliche Repräsentant der anderen Richtung. Beide, Stoa und Epikur, fanden im römischen Wesen Eingang, weil an das praktisch-sittliche Bedürfnis und an die Frage des Verhältnisses zum Staat angeknüpft wurde, wenn auch in je verschiedener Form.

Die strenge sittenreine und staatsverpflichtete altrömische Auffassung fand besonders in der Stoa ihre geistige Nahrung. Denn der Stoiker sollte sein Glück, die Eudämonie, in der Unerschütterlichkeit seiner inneren Haltung finden. Sie bestand auch das Leid und den Tod in Selbstüberwindung,

Leidenschaftslosigkeit und in der Hingabe an die meist pantheistisch (alles ist Gott) verstandene Wirklichkeit. Die Seele ging in diese allgemeine Unsterblichkeit ein. Vereinzelt wurde auch eine individuelle Unsterblichkeit gelehrt.
Der Staat und das Arbeiten für ihn wurde als eine hohe und höchste Pflicht auf diesem Wege gesehen.
Auch der Epikureismus war eine Glückseligkeitslehre, die auf der Ausgeglichenheit und der Unerschütterlichkeit der befriedeten Seele aufbaute. Diese Ausgewogenheit sollte aber gerade durch den hingebungsvollen geistigen und vor allem ästhetischen Genuß erreicht werden.
Das »carpe diem«, das »Pflücke den Tag und die Stunde« des römischen Dichters Horaz war das geflügelte Wort dieser genußfreudigen Philosophie. Sie diente natürlich zugleich einer stark materialistischen und dekadenten Gesellschaftsschicht als Vorwand für ihr Treiben, obwohl der Grundgedanke Epikurs nicht so geartet war.
Das Verhältnis zum Staat war das einer vornehm-unverpflichteten Distanz. Der »Garten«, den man kulturvoll und abseits aller Geschäfte bebaute, war das Symbol dieser Haltung, die zum Teil in einen intellektuellen Snobismus ausartete.
Die beiden Zeugnisse, mit denen wir schließen, entstammen einer redlichen und pflichtbewußten stoischen Philosophie.
Seneca (gibt sich 65 n. Chr. auf Geheiß Kaiser Neros selbst den Tod) schrieb in seiner Schrift »Von der Vorsehung«:

> *Wie die vielen Flüsse, die Regengüsse,*
> *die Heilquellen den Geschmack des Meeres nicht*
> *verändern, ja nicht einmal abschwächen, so ändert*
> *der Anprall widrigen Geschicks die Gesinnung eines*
> *tüchtigen Mannes nicht.*

Seneca war Erzieher und Berater des selbstsüchtigen Kaisers Nero. Man könnte den weisen Dichter fast schon einen Christen nennen, wenn man seine edle Haltung berücksichtigt und von seiner inneren Religiosität ausgeht.
Der Autor des folgenden Zitates, der Philosoph auf dem Kaiserthron, der hundert Jahre später regierende Kaiser und in Pflichtbewußtsein um die Verwirklichung der Humanität bemühte Marc Aurel, war selber aus dem Sklavenstand her-

vorgegangen. Er gilt als der letzte unumstrittene Kaiser, bevor das römische Weltreich in die Krise kam. Seine Selbstbetrachtungen sind mit stoischer Ruhe erfüllt.

Aufwärts, niederwärts, im Kreislauf
bewegen sich die Grundstoffe.
Die Bewegung der Tugend aber geht
nach keiner von diesen Richtungen;
sie ist vielmehr etwas Göttliches
und schreitet auf guter, wenn auch
schwer zu begreifender Bahn
vorwärts zum Ziele.

Das Mittelalter

Christliche Philosophie

Wenn man über christliche Philosophie spricht, überkommt einen ein Gefühl der Verlegenheit, oder man entdeckt gar einen Widerspruch. Ist nicht die Philosophie – und gerade im abendländischen Sinne, als Wissenschaft mit dem Höchstanspruch eigener Einsicht – unvereinbar mit der Forderung der christlichen Offenbarungsreligion? Hat der Glaube nicht einen Verzicht auf die eigene begründete Einsicht zur Folge? Und hat sich nicht die christliche Religion, in ihrer Verkündung der »Torheit« und des »Ärgernisses« des »Kreuzes«, der »Weiheit dieser Welt« entgegengestellt? Die wechselvolle und höchst interessante Geschichte der Philosophie seit Beginn der christlichen Epoche gibt im Grunde Antwort auf alle diese Fragen. Sie stellen sich im Abendland viel schärfer als allgemein im asiatischen Kulturraum. Dort fließen, wie wir sagen, Religion und Metaphysik, also Philosophie, ineinander. Von seiten der Philosophie tritt der wissenschaftliche Charakter gegenüber der Weisheitslehre zurück oder kommt gar nicht auf.

Rein historisch ist zunächst einmal festzuhalten, daß mit der Ausbreitung der christlichen Botschaft auch die tragenden Ideen und später auch die Werke der klassisch-antiken Philosophie weitervermittelt wurden. Vielleicht hätte sich ohne die christliche Heilslehre auch das Ideengut Platons oder späterhin das des Aristoteles in der Gesamtbildung der europäischen Völker nicht so bemerkbar gemacht, wie das tatsächlich geschah. Ein solches »hätte« kann man natürlich nicht mit absoluter Gewißheit aussprechen. An der Tatsache, daß das

Evangelium Jesu Christi und die christliche Kirche indirekt zum Mitwahrer und Ausgestalter des antiken philosophischen Erbes wurden, läßt sich aber nicht zweifeln. Sonst wäre der Versuch einer Erklärung des Christentums als einer Fortbildung und Zusammenfassung der edelsten philosophischen Lehren der Antike und der Deutung Christi als einer noch überragenderen zweiten sokratischen Persönlichkeit gar nicht verständlich.

Wir können bei unserer Darstellung in diesem Kapitel, das rund zehn bis zwölf Jahrhunderte umfaßt, nur eine ganz knappe Skizzierung des Wesentlichsten vermitteln. Eine solche Kurzfassung mag der Leser als Mangel empfinden. Daher muß die oben gestellte Frage besonders nachdrücklich empfohlen und intensiver bedacht werden, als das sonst in einer philosophischen Einführung vonnöten ist. Wir halten nur die wichtigsten Daten bereit, die zur Beantwortung der Fragen beitragen können. Sie zeigen dem interessierten Leser nur die Richtung zum eigenen Weiterstudieren.

Im Römischen Weltreich, rund um das Mittelmeerbecken, breitete sich ein Synkretismus aus, daß heißt alle Religions- und Morallehren, alle noch so verschiedenen Kultformen fanden Anhänger und Künder, wohin sie in diesem Gebiet nur drangen. Sie erhielten als Religionen in der Regel eine Tempelstätte in Rom, der Hauptstadt dieses Imperiums. Die gebildete Schicht – und dafür ist das Auftreten des Apostels Paulus auf dem Areopag in Athen ein Beispiel – schätzt diese Philosophien, Lehren, Heilsbotschaften, Religionen als »interessant«. Selbst wenn man sie vom menschlichen Standpunkt aus absonderlich findet, wie die Botschaft von Kreuz und Auferstehung, weil man sie nach Art der eigenen Götterlehren, die als dichterische Erfindungen natürlich nicht geglaubt werden, ablehnt, will man »mehr davon hören«.

Die philosophisch Gebildeten der ersten Jahrhunderte, die Christen wurden und sich taufen ließen, nehmen selber eine nach zwei Richtungen gehende verschiedene Stellung gegenüber der »heidnischen« Philosophie ein.

Die eine Richtung sah in Christus den Philosophen, der die Antwort gegeben hat, nach der die Weisen vor ihm in noch so schönen, aber doch recht begrenzten philosophischen Spekulationen gesucht haben (z. B. Justin, der Märtyrer, † 175 n. Chr.).

Die zweite Richtung lehnte rundweg alle diese Philosophie als Menschenwerk des Irrtums und des Truges ab. Christ geworden, hatte man mit Philosophie also endgültig zu brechen. Ohne feinere Einzelheiten hier anführen zu können, darf man sagen, daß diese Richtung sich im Abendland nicht durchsetzte. Sie flüchtete sich im wesentlichen mehr in den Orient und über ihn schließlich in die später von Rom sich trennende orthodoxe Ostkirche nach Byzanz und dann Moskau als zweites und drittes Rom. Die Auswirkungen dieser geistigen Gewichtsverlagerung werden uns erst heute in vollem Ausmaß deutlich, worauf in unserer Darstellung nicht eingegangen werden soll.
Die Christus als Philosophen begrüßende Richtung läßt sich schematisch wieder in zwei Strömungen ausgliedern. Die eine und zugleich kleinere davon befaßte sich mehr mit Christus als dem Philosophen und hielt die Beschäftigung mit anderen Philosophen für überflüssig. Die andere größere und hier im Westen entscheidende Strömung sah in den besten und edelsten Äußerungen der natürlichen Philosophie der vorchristlichen Zeit gewisse Hinweise und menschliche Vordeutungen der Offenbarung durch Christus, in dem »die Zeit erfüllet war«. Und in dieser die abendländische Philosophie dann tatsächlich prägenden Richtung obsiegten zunächst Platon und der Neuplatonismus als die geeignetste menschliche und vorreligiöse Ausgangsbasis für den christlichen Glauben. Der Neuplatonismus (z. B. Plotin oder Philon) verkörperte zugleich etwas Neues und anderes gegenüber der reinen Philosophie. In dieser ersten Phase steht Augustinus (354–430) im Mittelpunkt. Genau achthundert Jahre später setzt sich dank Thomas von Aquin (1225–1274) Aristoteles als Siegelbewahrer der menschlichen »Vernunft«, wie Jacques Maritain einmal sagt, gegenüber und neben Platon und dem Platonismus und Augustinismus durch. In dieser zweiten Phase wird dann auch erst das prinzipiell geschiedene und doch aufeinander verwiesene Verhältnis von Philosophie und christlicher Theologie, von Wissen und Glauben geklärt. Das ist auch der Grund, weswegen wir hier nur Augustinus und Thomas vorstellen und ihnen schon im Übergang zur beginnenden Neuzeit unseren deutschen Landsmann von der Mosel, Nikolaus von Cues, zugesellen.

Leben und Werk des Augustinus

Augustinus wurde am 12. 11. 354 n. Chr. in Tagaste in Numidien geboren und starb am 28. 8. 430 in Hippo bei Karthago. Er war der Sohn eines heidnischen Vaters und einer christlichen Mutter. Diese wirkte in außergewöhnlichem Maße auf die geistige Entwicklung ihres Sohnes ein. Augustinus wurde Lehrer der Rhetorik, der Redekunst, in Tagaste, Karthago, Rom und Mailand. Durch den Einfluß des Bischofs Ambrosius und auf Bitten seiner Mutter Monica ließ er sich Ostern 387 taufen. Dann kehrte er nach Nordafrika zurück. Danach erfolge seine Wahl zum Bischof von Hippo. Augustinus starb während der Belagerung der Stadt durch die Vandalen. Geistesgeschichtlich gesehen, muß man ihn als Höhepunkt der Patristik ansehen und zugleich bedenken, daß er von größtem Einfluß auf das Mittelalter war.
Zu seinen wichtigsten Werken gehören die in lateinischer Sprache verfaßten Schriften, die chronologisch in drei Gruppen gegliedert werden.
Vor der Taufe entstandene Werke:

Contra Academicos (gegen die Skepsis), 386,
De beata vita (Glückseligkeit), 386,
Soliloquia (Selbstgespräche), 386,
De immortalitate animae
(Von der Unsterblichkeit der Seele), 387,

Nach der Taufe verfaßte Schriften:

De musica (Von der Musik), 387,
De libero arbitrio, 388,
(Problem des Bösen und der Freiheit).

Als Bischof schrieb Augustinus:

De trinitate (Dreifaltigkeit), 398–416,
De civitate Dei (Gottesstaat), 413–426,
Confessiones (Bekenntnisse), 413–426.

Diese Werke liegen in deutscher Übersetzung vor. Besonders die »Bekenntnisse« und der »Gottesstaat« fanden eine weite Verbreitung und regten das philosophische Denken unserer Zeit an. Selbst die christliche Existenzphilosophie enthält Spuren dieses Denkens.

Der Kirchenvater Augustin, 354–430. Er war der einflußreichste Kirchenlehrer des Abendlandes (links). Thomas von Aquin, um 1225–1274, der bedeutendste der scholastischen Kirchenlehrer, »Fürst der Philosophen«. Er verband die aristotelische Philosophie mit der Theologie der christlichen Offenbarung.

Das flammende Herz

In der bildenden Kunst wird Augustinus in der Regel mit dem Herzen in der Hand dargestellt. In der Tat ist für ihn im Begriff und Wesen von Herz der ganze Mensch zusammengefaßt. Will man seine Philosophie, soweit sie sich von Theologie in seinem Werke scheiden läßt, in wenige Thesen zusammenfassen, so läßt sich folgendermaßen formulieren:
Nach seinen eigenen Aussagen befreite sich Augustinus von dem Skeptizismus und Materialismus praktischer Art durch die ihm von den Platonikern vermittelte und ihn wie eine Erleuchtung ergreifende Wirklichkeit des Immateriellen. Daß es neben und über der von uns so bezeichneten harten Wirklichkeit die eigentliche Realität des Geistes gibt, das war für ihn der Durchbruch zur Philosophie und aus der Abhängigkeit von einem nur materiell genußhaften Dasein, zugleich aber auch der Durchstoß zur Bekehrung im religiösen Sinne.

Augustinus übernahm die platonische Lehre von dem eigenen Reich der unveränderlichen und ewigen Wesenheiten (Ideen). Er verlagert diese Ideen aber in die absolute Wirklichkeit Gottes, dessen Gedanken die Ideen sind. Auch den Begriff der Teilhabe der irdischen Wirklichkeit an dieser einzigen Wahrheit allen Seins behält Augustinus bei. Mit dieser Ideen-Lehre verbindet sich die sogenannte Illuminationstheorie, nach der der erkennende Mensch alle Wahrheit in Gott schaut, weil er selber von dieser einzigen Wahrheit durchflutet ist. Ein eigentliches und vollständiges Verfehlen von Wahrheit ist unmöglich.

Man hat Augustinus mit Recht einen modernen Philosophen genannt, obwohl er über zwölf Jahrhunderte vor Descartes lebte. Sein, wenn wir es modern ausdrücken, erkenntnistheoretischer Ansatz liegt ähnlich wie bei Descartes in der Überwindung des Zweifels und der sinnenhaften Täuschung. Sagt Descartes später: »Wenn ich zweifle, dann bin ich«, so formuliert Augustinus: »si fallor sum«, »wenn ich getäuscht werde, dann bin ich«.

Diese erste Gewißheit, auf der alle weitere Erkenntnis aufzubauen hat, ist die Selbsterkenntnis. Sie wird hier im Unterschied zu Descartes nur in der Weise gebraucht, daß der sich selbst erkennende und vergewissernde Mensch zugleich auch die absolute Wahrheit eines absoluten Wesens miterfährt, von dem er sich abhängig weiß.

Diese geradezu psychologisierende Weise drückt sich in seinen auch persönlich formulierten Werken, zumal in seinen Bekenntnissen, aus. Die nachfolgende Stelle enthüllt dies auf das deutlichste. Dem Leser offenbart sich im wahrsten Sinne des Wortes die Sprachgewalt des Schweigens, die zu Gott führt. Am Strand von Ostia schrieb Augustinus in seinen »Bekenntnissen«:

»Da nahte der Tag, da sie (Monica) aus diesem Leben scheiden sollte. Wir kannten ihn nicht, du aber wußtest ihn wohl. Da hattest du, ich glaube es, auf deine stillverborgene Weise es gefügt, daß ich und sie allein gelehnt am Fenster standen, von wo man in den innern Garten unsres Hauses sah, dort zu Ostia am Tiber, wo wir in Ruhe fern von aller Menschenmenge nach langer mühevoller Reise uns für die Meerfahrt neue Kräfte sammeln wollten. Da sprachen wir denn einsam

Die drei Engel bei Abraham, von Andrej Rublev. Als ob auch zu ihnen himmlische Gestalten auf die Erde herabgekommen seien, so mutet Augustins Gespräch und Schweigen mit Monica am Strande von Ostia an. Er entwikkelte eine philosophisch begründete Gnadenlehre, verbunden mit asketischen Elementen. Da der durch die Erbsünde gebundene Mensch eine Freiheit zum Guten einbüßt (siehe Prädestinationslehre), kann für ihn nur die Gnade wegweisend sein.

miteinander, gar süß und lieb, vergessen des Vergangenen und hingewandt zu dem, was vor uns lag.

Da sprachen wir denn nun davon, daß mit den Freuden jenes ewgen Lebens keine Lust fleischlicher Sinne, so groß sie sei, so hell sie auch im irdischen Licht erstrahle, sich vergleichen, ja nur dagegen nennen lasse. Und da erhoben wir nun unsre Seelen mit wachsend heißer Glut zum Ewigen selbst. Und wir durchschritten Stufe dann um Stufe die ganze Körperwelt und selbst den Himmel, von dem herab uns Sonne, Mond und Sterne über Erden leuchten. Und weiter stiegen wir und dachten deiner in der tiefsten Seele und sprachen leis von dir und deinen ewig wunderbaren Werken. So kamen wir in unsre Seele, doch wir durchschritten diese auch, daß wir mit unsrem Geiste rührten an das Land der ewgen Fruchtbarkeit.

Und da wir also davon sprachen und danach verlangten, berührten wir das Ewige leise und wie mit einem vollen Schlag des Herzens. Da atmeten wir tief und ließen dort gebunden die Erstlinge des Geistes (Röm. 8,23). Dann kehrten wieder wir zum Lärm der Sprache, zum Wort, das Anfang hat und Ende. Denn welches Wort ist deinem Worte gleich, du unser Herr, das in sich bleibt, nie altert und doch ewig alles Sein erneuert? Wenn jede Fleischesregung schwiege, wenn jedes Bild der Erde schwiege, des Wassers und der Luft, und wenn die Himmel schwiegen und wenn die Seele selbst sich schwiege und ihrer selbst vergessen aus dem eignen Kreise träte, ... und wenn danach das All nun gänzlich schwiege, weil selbst sein Ohr sich lauschend zu ihm wendet, der es geschaffen hat; wenn der Herr allein dann spräche, ... nicht durch Bild und Gleichnis, ... und wenn dies Dauer hätte, ... und wenn es so ein ewges Leben wäre wie jener eine flüchtge Augenblick des Sehens, da wir seufzend tief geatmet, wär's dann nicht das, wovon geschrieben steht: Geh ein in deines Herren Freude?« – –

Wenden wir uns nach diesem Bekenntnis noch der Geschichtsphilosophie des Philosophen und Kirchenvaters Augustinus zu. Sie nimmt einen sehr breiten und zumal in der mittelalterlichen Geschichte wirksam werdenen Raum unter seinen Werken ein. Es handelt sich genauer gesagt um eine Geschichstheologie. In seinem Gottesstaat entwickelt Augustinus die Idee von den beiden nebeneinander und zum Teil ineinander wirkenden Reichen oder Staaten, der civitas terrena und der civitas Dei. Gemeint ist das Reich dieser Welt und das Reich der Gerechtigkeit, dessen Erfüllung aber erst im Jenseits möglich ist, obwohl es hier schon beginnt, und in einer ständigen Auseinandersetzung bis in unserer eigenen Brust mit dem irdischen Reich begriffen ist. Der Endsieg, und das ist der Sinn aller Geschichte, erfüllt sich aber in diesem jenseitigen Reich. In diesen Zusammenhang fällt auch das berühmte und oft zitierte Wort von jenen Staaten, in denen keine Gerechtigkeit waltet, die Augustinus als Räuberbanden im großen bezeichnet. Jedenfalls waren es diese geschichtsphilosophischen oder geschichtstheologischen Erwägungen, die für das anbrechende Mittelalter Augustinus zum Lehrer des Abendlandes machten. Es entstand die Zwei-Schwerter-Theorie der geistlichen und der staatlichen Welt. Wie der römische Dichter Vergil als Vater des Abendlandes gerühmt wurde, so festigte sich auch die philosophische Bedeutung des Augustinus.

Sieg der aristotelischen Philosophie

Wie schon ausgeführt wurde, spielte der Platonismus bis ins hohe Mittelalter hinein eine große Rolle. Augustinus schuf mit seiner Deutung eine philosophisch geeignete Basis, um die christliche Theologie auch von den Erwägungen und Begründungen des menschlichen Verstandes zugänglich zu machen. Damals entstand der berühmt gewordene Ausspruch, daß die Philosophie die Magd der Theologie zu sein habe. Er war so zu verstehen, daß die philosophische Einsicht und später auch die philosophische Methode und der Begriffsapparat im Sinne der Ausdeutung und Fruchtbarmachung der im Glauben angenommenen Offenbarung ausgenutzt wurde. Die Vorrangstellung der Theologie blieb also gewahrt, ohne daß die Kräfte der natürlichen Einsicht brachlagen. – Wir überspringen hier Jahrhunderte.

Thomas von Aquin

Mit Thomas von Aquin und durch das aufkommende Interesse an den Werken des Aristoteles, der bis ins dreizehnte Jahrhundert als für die christliche Offenbarung nicht geeignet gegolten hatte, ergab sich ein Umschwung. Den Aristotelismus hatten zwar schon arabische und jüdische Philosophen nach Europa gebracht. Der echte Aristoteles selbst aber blieb unbekannt und wurde auch Thomas von Aquin erst durch eine Übersetzung ins Lateinische bekannt, die auf seinen Mitbruder im Orden (W. von Moerbeke) zurückgeht. Wie Augustinus von Platon und seinem unerbittlichen Festhalten an der immateriellen geistigen Wirklichkeit ergriffen wurde und ihn innerhalb der christlichen Lehre heimisch machte, so entzündete sich Thomas von Aquin an der von Aristoteles gelehrten Durchdringung aller irdischen Wirklichkeit von der Form, die ja nichts anderes war als die Platonische Idee. Thomas erkannte in Aristoteles einen Wegbereiter von unten. Seine Wirklichkeitslehre nahm den geistigen Kern in aller materiellen Realität ernst. Er lehrte einen Stufenaufbau der Wirklichkeit vom Anorganischen über das Organische und Bewußt-Geistige, das schließlich seine Spitze in den reinen Geistern und dem absoluten und unendlichen ersten Beweger, dem Schöpfergott der christlichen Lehre, fand.

So war es also die Seins-Lehre des Aristoteles mit ihrem Form-Materie-Prinzip und dem Stufenbau der Wirklichkeit und die Lehre vom Menschen, dessen Geistseele zugleich das Formprinzip des Leibes war, die Thomas anzog; er setzte die Lehre und den Philosophen Aristoteles auch gegen den Widerstand der bedeutendsten Theologischen Fakultät der

Holzschnitt aus den Kommentaren des Paulus de Castro, Venedig 1525: Vorlesung in einer mittelalterlichen Universität. Vorlesungen wurden gehalten, da nur wenige Handschriften vorhanden waren und man die Originaltexte wörtlich bekanntmachte, um dann Kommentare dazu zu geben. Dieser Brauch, Universitätsveranstaltungen Vorlesungen zu nennen, hat sich bis heute erhalten.

Zeit, nämlich der von Paris, durch. Wenn Thomas von Aristoteles spricht, so nennt er ihn einfach Philosophus, den Philosophen.

Damit kommt ein weiteres Moment zum Vorschein, das wir auch weiter oben bereits berührten: die Verwissenschaftlichung der Philosophie und die Anerkennung der Einzelwissenschaften. Natürlich war es Thomas selbstverständlich, daß die Offenbarung und die Theologie uns Aussagen über Gott und die überirdische Wirklichkeit vermitteln, zu der die natürliche Einsicht des Philosophen nicht hinreicht. Andererseits betont aber Thomas, und hier in Übereinstimmung mit seinem deutschen Lehrer Albert von Lauingen, dem Großen, daß es sehr viele natürliche Erkenntnisse über den Menschen, über die Wirklichkeit schlechthin gibt. Die Offenbarung vermag uns darüber keinerlei Auskunft zu erteilen. Die christliche Heilslehre vermittelt zwar die entscheidenden übernatürlichen Tatsachen und sittlichen Anweisungen, aber sie schweigt sich aus über die Wirklichkeit als solche, in der wir leben.

Thomas verteidigt das Recht, die Nützlichkeit und die Bedeutung der natürlichen Wissenschaften für den übernatürlichen Glauben. Ein Wissender und Tiefblickender kann dann auch das im Glauben Übernommene in einer ganz anderen Weise ergreifen. Und umgekehrt gibt auch das übernatürliche Licht eine tiefere und schärfere Profilierung des natürlich Gewußten. Methodisch baut sich also unser Wissen nach Thomas in drei Stufen auf:

a) die Einzelwissenschaften,
b) die Philosophie als Wissenschaft vom Sein und vom Wesen des Wirklichen,
c) die Theologie als die wissenschaftliche Aufbereitung des uns im Glauben Vorgestellten.

Die beiden letzten Wissenschaften berühren sich. Die Philosophie ist in ihrer entscheidenden Ausprägung, nämlich der Metaphysik, in der Lage, bis zum Dasein des ersten Seins eines unendlichen Wesens vorzudringen. Davon künden uns die Offenbarung und der Glaubensinhalt. Man kann also, so sagt einmal Thomas fast wörtlich, sowohl behaupten, ich weiß von Gott, als auch im Gebet mit Recht formulieren, ich glaube an Gott.

So kommt es also bei Thomas von Aquin zu einer doppelten und zugleich umfassenden philosophischen Leistung. Einmal wird in das Denken des Abendlandes endgültig der Philosoph und Wissenschaftler Aristoteles eingeführt. Platon und der Platonismus werden zwar nicht verdrängt, aber doch in eine nebengeordnete Stellung gegenüber dem anderen klassischen Philosophen des Altertums gerückt. Zweitens wird eine klare Scheidung zwischen Philosophie als natürlicher und wissenschaftlich gegründeter Weisheitslehre und der Theologie als übernatürlicher Wissenschaft herbeigeführt. Die enge Berührung beider Disziplinen bleibt aber gewahrt, und in der Wertigkeit bleibt auch der Vorrang der höheren Einsicht der Theologie erhalten. Die Notwendigkeit einer mit eigener Einsicht vollzogenen wissenschaftlichen und philosophischen Erkenntnis ist für Thomas aber selbstverständlich. Seinen Mitbrüdern, die zur Christianisierung der Mohammedaner entsandt werden, schreibt er ein eigenes Werk mit dem Titel: »Summe wider die Heiden«. Darin werden möglichst ohne theologische Argumente, besonders am Anfang, all jene philosophischen Einsichten bereitgestellt, die für die Aufnahmebereitschaft des Glaubens wichtig erscheinen.

Wir verzichten in unserer Darstellung bei einem so systematischen Werk wie dem des Thomas darauf, seine Lehre im einzelnen punktmäßig wiederzugeben. Statt dessen sollen gleich nach der Skizzierung seines Lebens und seiner Werke zwei Zitatstellen einen direkten philosophischen Einblick in diese ausgewogene philosophische Geistigkeit vermitteln. Sie ist in den sublimsten Höhen der spekulativen Philosophie mit großer Schärfe zu Hause und offenbart sich ebenso in den unmittelbaren lebenspraktischen Regeln klar und geordnet.

Thomas von Aquin wurde 1225 bei Aquino im Neapolitanischen geboren. Er starb 1274 im Kloster von Fossanuova bei Rom. Der Philosoph und Kirchenvater stammt aus adligem süditalienischem Geschlecht. Seine Eltern ließen ihm eine gute und frühe Schulbildung in Monte Cassino und Neapel angedeihen. 1243 trat er nach Kämpfen mit seiner Familie in den Dominikanerorden ein. Es folgten Ordensstudien in Rom, Paris und in Köln bei Albertus Magnus. 1256 wurde Thomas Magister in Paris, wo er 1257 seine Lehrtätigkeit mit der Erklärung der Sentenzen des Petrus Lombardus aufnahm.

Die Kaiserin Theodora mit ihrem Hofstaat (584 n. Chr.), Mosaik der Apsis von San Vitale in Ravenna. Die irdische und himmlische Wirklichkeit werden in eine enge Beziehung gebracht. Nach Augustin beginnt der Gottesstaat auf Erden und findet im Jenseits seine Erfüllung (oben).
Die Bergpredigt Christi, aus einem Perikopenbuch in Salzburg, zwölftes Jahrhundert n. Chr. Justin (zweites Jahrhundert n. Chr.) sieht in seinem »Dialog mit dem Juden Tryphon« in der Philosophie einen Weg zum Glauben, so daß die Christen die eigentlichen Philosophen genannt werden könnten.

1259 erfolgte die Rückkehr nach Italien. Etwas später wurde Thomas an den Hof Papst Urbans IV. berufen. 1265 leitete er das Ordensstudium in Rom. Danach ergab sich zwischen 1269–1271 eine erneute Lehrtätigkeit in Paris. Thomas nahm den Kampf gegen den lateinischen Averroismus, eine aus dem Islam eingedrungene Aristoteles-Deutung, unter Siger von Brabant auf. Ostern 1272 kehrte er nach Neapel zurück. 1274 auf dem Weg zum Konzil von Lyon starb Thomas von Aquin. – Seine wichtigsten Werke sind (zitiert nach den ersten, heute noch verbindlichen kritischen Ausgaben):
Aristoteleskommentare. Quaestiones disputatae (Diskutierte Fragen), 1476.
Sentenzenkommentar, opuscula (Kleinere Werke), 1488,
Summa contra gentiles (Rationale Begründung der Theologie, philosophische Summe), 1476,
Summa theologicae (System der Theologie und Philosophie, Hauptwerk), 1467.
Das folgende Zitat aus der »Summa theologicae« handelt von der Klugheit. Dazu ist zu sagen, daß Thomas in der Ethik die vier Kardinaltugenden aus der platonischen Seelenlehre übernahm, nämlich die Zucht, die Tapferkeit, die Klugheit und die Gerechtigkeit. Diese vier Tugenden entsprechen dem dreistufigen Aufbau der menschlichen Wirklichkeit in ihrem Sinnenleben, in ihrem Streben und Wollen, in ihrem eigentlichen geistig rationalen Vermögen. Sie werden durch die Gerechtigkeit, die jedem das Seine zuteilt, im Gleichgewicht gehalten. Gerade hierin zeigt sich auch bei Thomas ein sehr deutlicher Unterschied gegenüber dem Platonismus, der die sinnliche Seite des Menschen als nichtig oder gar als böse und verderbt in sich abzulehnen sucht, während bei Thomas in Verfolg der aristotelischen Linie der Mensch im ganzen gut oder böse handelt.
Thomas von Aquin schreibt: »Die Klugheit ist eine zum menschlichen Leben höchst nötige Tugend. Gut leben nämlich besteht im guten Tun. Damit aber einer gut tue, ist nicht nur darauf zu achten, was er tut, sondern auch wie er es tut, daß er es nämlich mit der rechten Auswahl tue und nicht bloß in plötzlicher Aufwallung oder Leidenschaft.«

Erasmus von Rotterdam, um 1466–1536, Begründer des theologischen Rationalismus und des Humanismus, »der Voltaire des 16. Jahrhunderts«. Bei der Reformation verfocht er die religiöse Toleranz (rechts). Martin Luther, 1483–1546, der große Reformator. Nach seiner Rechtfertigungslehre wird der Mensch allein durch den Glauben selig. Vom unbekannten Willen in Gott kann nur der Glaube oder die Bibel aussagen. Zwischen diesen beiden entbrannte ein großer Streit, als Erasmus seine Schrift »Vom freien Willen« veröffentlichte und Luther mit seiner Schrift »Vom unfreien Willen« erwiderte.

Das zweite Zitat unter der Überschrift »Der dritte Weg des Thomas von Aquin« zeigt an einem Beispiel das Modell eines Gottesbeweises.

»Der dritte Weg geht aus von dem Unterschied des bloß möglichen und des notwendigen Seins. Wir stellen wieder fest, daß es unter den Dingen solche gibt, die geradesogut sein wie auch nicht sein können. Darunter fällt alles, was dem Entstehen und Vergehen unterworfen ist. Es ist aber unmöglich, daß die Dinge dieserart immer sind oder gewesen sind; denn das, was möglicherweise nicht ist, ist irgendwann einmal auch tatsächlich nicht da oder nicht dagewesen. Wenn es also für alle Dinge gelten würde, daß sie möglicherweise nicht da sind oder nicht dagewesen sind, dann muß es eine Zeit gegeben haben, wo überhaupt nichts war. Wenn aber das wahr wäre, könnte auch heute nichts sein. Denn was nicht ist, fängt nur an zu sein durch etwas, was bereits ist. Gab es aber überhaupt kein Sein, dann war es auch unmöglich, daß etwas anfing zu sein, und so wäre auch heute noch nichts da, und das ist offenbar falsch. Also kann nicht alles in den Bereich jener Dinge gehören, die geradesogut auch nicht sein können; sondern es muß etwas geben unter den Dingen, das notwendig ist. Alles notwendige Sein aber hat den Grund seiner Notwendigkeit entweder in einem anderen oder nicht in einem anderen. In der Ordnung der notwendigen Wesen, die den Grund ihrer Notwendigkeit in einem anderen haben, können wir nun aber nicht ins Unendliche gehen, sowenig wie bei den Wirkursachen. Wir müssen also ein Sein annehmen, das durch sich notwendig ist und das den Grund seiner Notwendigkeit nicht in einem anderen Sein hat, das vielmehr selbst der Grund für die Notwendigkeit aller anderen notwendigen Wesen ist. Dieses notwendige Sein aber wird von allen »Gott« genannt.«

Wir fügen unmittelbar an diese Zitatstelle eine philosophische Begründung und Erwägung an, die Nikolaus von Cues zum gleichen Problem sehr viel später anstellt. Dabei zeigt sich, daß Nikolaus von Cues, der mehr in die platonisch-augustinische Richtung gehört, trotzdem in der großen auch von Thomas formulierten Überlieferung des christlichen Mittelalters steht. Zugleich aber weist der Cusaner in den humanistischen Tendenzen schon in die beginnende Neuzeit hinüber.

Nikolaus von Cues schreibt in seinem Werk »Über den Ursprung« zu dem Wort des Proklos, Gott sei das Maß aller Dinge:

»Hier kann der Zweifel aufkommen, wie Gott als unendlich und zugleich als Maß aller Dinge bezeichnet werden kann. Denn – so scheint es – wenn er unendlich ist, also kein Ende hat, so ist er nicht Maß dessen, was ein Ende hat; ist er aber dessen Maß, so ist er folglich nicht unendlich. Wir müssen aber erwägen, auf welche Weise das, was kein Ende hat, aller Quantität voraus liegt und wie ihm daher weder ein Größer-Sein noch ein Kleiner-Sein zukommt. Wem weder ein Größer-Sein noch ein Kleiner-Sein eigen ist, das ist Maximum und Minimum zugleich, wie bei einem Unteilbaren, weil es zufolge seiner Unendlichkeit und seiner Zentriertheit unteil-

In diesem Bernkastel-Cues (historische Aufnahme) an der Mosel wurde der Theologe und Philosoph Nikolaus von Cues geboren. In der Nähe steht das St. Nikolaus-Hospital, das 1447 von Nikolaus von Cues gestiftet wurde. Es enthält eine Bibliothek mit bedeutenden alten Werken und einem Altar aus dem 17. Jahrhundert. Mit diesem Denker begann die eigentliche deutsche Philosophie.

bar ist, wie auch umgekehrt der unteilbare Kreis, d. h. der unendliche, unteilbar sein muß, weil seiner Größe kein Ende ist. Dennoch ist diese Unendlichkeit nicht größer als der unteilbare Kreismittelpunkt (Kreisumfang und -mittelpunkt fallen zusammen), da sie kein Quantum ist. Sie ist ja ohne Grenze. So ist also die unbegrenzte und die unteilbare Linie identisch (dieselbe), was nicht anders begriffen werden kann, als daß sie Maximum und Minimum in gleicher Weise ist. Könnte sie nämlich kleiner oder größer sein, so wäre sie teilbar.«

Nikolaus von Cues

Nikolaus von Cues wurde 1401 zu Cues an der Mosel geboren und starb am 11.8. 1464 in Todi (Umbrien). Er hieß von Hause aus Nicolaus Chrypffs oder Krebs. Von 1418 bis 1423 studierte Nikolaus von Cues Jurisprudenz, Mathematik und Naturwissenschaften. Dann wechselte er 1425 zur Theologie über, wurde 1430 Priester und 1431 Dekan in Koblenz. 1432 beteiligte sich der junge Theologe am Konzil zu Basel. 1448 wurde er Kardinal und 1450 Bischof von Brixen. Er erhielt den Auftrag, die deutschen und niederländischen Klöster zu reformieren, wobei er in einen heftigen Konflikt mit Herzog Sigismund von Tirol geriet, so daß er von seiner Diözese nicht für dauernd Besitz ergreifen konnte.
Zu seinen wichtigsten Werken zählen:
De docta ignorantia (Gelehrte Unwissenheit),
De quaerendo Deum (Von der Gottsuche),
De visione Dei (Über die Anschauung Gottes),
De venatione sapientiae (Das Streben nach Weisheit). Alles um 1488).

Grabmal des Nikolaus von Cues, 1401–1464. Er steht an der Grenze zwischen Scholastik und Humanismus, zwischen mittelalterlicher und neuzeitlicher Philosophie. Seine Bibliothek und sein naturwissenschaftliches Instrumentarium sind im Rahmen einer von ihm errichteten Stiftung noch in Bernkastel-Cues a.d. Mosel erhalten.

Abgrenzung philosophischer Epochen

Wir sind es gewohnt, die Geschichte sowohl als Ganzes in geographische wie zeitliche Abschnitte einzuteilen: Weltgeschichte, europäische, abendländische, deutsche, amerikanische usw. als auch diese wiederum in große Epochen und viele kleinere Zeitphasen wie Antike, Mittelalter, Neuzeit – Renaissance – karolingische Zeit – 19. Jahrhundert usw. auszugliedern. Nicht anders steht es auch mit der geschichtlichen Entwicklung der Philosophie (Antike, Mittelalter, Neuzeit und Vorsokratiker, klassische griechische Philosophie, Hellenismus, Scholastik, Philosophie des Humanismus, Aufklärung, Romantik usw.). Solche Einteilungen kann man zeitlich erst im nachhinein vollziehen, wobei sich die Phasen einer feineren Ausgliederung der großen Epochen überlappen und bei einzelnen Philosophen Wiederholungen und Neubelebungen zurückliegender philosophischer Strömungen sich ergeben können: z. B. Neuplatonismus, Neukantianismus.

Der um eigene Einsicht Bemühte – also der wirkliche Philosoph – sollte sich davon nicht verwirren lassen und sich keinesfalls einer auch heute wieder sehr verbreiteten Mode unterwerfen, alle geistigen Erscheinungen mit fertigen Etiketten zu versehen und damit vielfach die Sache zu verfehlen.

Gleichwohl wollen wir versuchen, an dieser einen Nahtstelle, dem Abschied vom Mittelalter und dem Beginn der Philosophie der Neuzeit, also gerade an einem Beispiel, das sich dafür hervorragend eignet, die großen Epochen und einzelne darin virulente Phasen mit einigen wesentlichen Attributen zu charakterisieren.

Die mittelalterliche Philosophie – zumal in ihrer Hochblüte im 12. und 13. Jahrhundert – war völlig dem beherrschenden christlichen Weltbild untergeordnet: die Philosophie galt als »ancilla theologiae«, d. h. als Dienerin der Theologie. *Gott der Schöpfer* stand auch thematisch im Mittelpunkt des natürlichen vernunftgemäßen Denkens – also der Philosophie –, und alle anderen Forschungsbereiche menschlichen Denkens: Wesen des Menschen, Wesen der Natur, Ethik und Gesellschaftsphilosophie (modern ausgedrückt) waren Ausfolgerungen des zentralen Themas oder Spuren, die in dieses Zentrum führten. – Mit dem Verfall der mittelalterlichen Philosophie, die sich teilweise in Spitzfindigkeiten und logischen Spielereien verlor, und vor allem mit der Veränderung des Weltbildes durch die *Entdeckungen* und das Aufkommen einer Natur*wissen*schaft, wie sie der mittelalterliche Philosoph Albertus Magnus, der Lehrer des Thomas von Aquin, schon in seiner methodisch sauberen Naturbeschreibung begonnen hatte, trat der *Mensch* in den Mittelpunkt philosophischer Fragestellungen, so wie erstmalig neben der Darstellung von Heiligen auch das Porträt von Zeitgenossen in der Malerei aufkam. Der seiner eigenen Möglichkeiten bewußte *Mensch*, auch wenn seine Geschöpflichkeit zunächst nicht in Frage stand, wurde Ziel und Angelpunkt aller Wesensfragen, die sich das Philosophieren fortan stellte.

Beginn der Neuzeit

Die neue Methode

Schon in der Hochblüte des Mittelalters, also mitten im dreizehnten Jahrhundert, war der erste Keim der Neuzeit durch das Erdreich durchgebrochen. Wir denken hier an Albert den Großen, der nicht nur als Lehrer Thomas von Aquins eine Rolle spielt, sondern in seinen noch heute lesenswerten Beobachtungen der Natur und des menschlichen Körpers etwas beginnt, was dann mit dem eigentlichen Anbruch der Neuzeit Methode wird. Albert lenkte den Blick auf die systematische Beobachtung der Naturvorgänge und ihre Fassung in Gesetze. Ihn interessierten ebenso die systematische Befragung der Natur an Hand von Experimenten wie deren Anwendung in der naturbeherrschenden Technik.

Eine zweite für die Stellung der Naturwissenschaft gleich revolutionierende Tatsache ist die Einführung der Mathematik in die Naturwissenschaft. Diese neue Methode verleiht ihr erst ihren letzten Halt und ihre Sicherung. Dafür bildet der in der mittelalterlichen Philosophie zuletzt behandelte Nikolaus von Cues den symbolhaften Übergang vom Mittelalter zur Neuzeit. Verwendet er die mathematische Überlegung noch wesentlich mehr zur Begründung der Philosophie, so findet die Neuzeit in der mathematischen Methode auch und vorzüglich ein Mittel, um der Natur auf die Spur zu kommen. Hatte Nikolaus von Cues in seinem Testament noch seinen Leib für Rom und sein Herz für das heimatliche Moselstädtchen Bernkastel-Cues bestimmt, wo es noch heute in der Kirche des Cusanus-Stiftes bestattet ist, so drückt sich damit auch symbolhaft die Erdhaftigkeit der neuen Richtung aus.

Zwei Namen geben diesen doppelten Tendenzen in der neuen Methode Weltgeltung. Zu nennen ist Francis Bacon, der mit seinem Werk »Novum Organon« der alten aristotelischen Logik und Methodenlehre ein neues Werkzeug der Beobachtung und des Experimentes entgegenstellt, und dann Descartes.

Francis Bacon

Francis Bacon, Baron von Verulam, wurde am 22.1. 1561 in London geboren. Er starb am 9.4. 1626 in der Nähe von London. Sein Vater war Großsiegelbewahrer von England. Seit 1573 studierte Bacon in Cambridge. 1575 ging er im Gefolge der englischen Gesandtschaft nach Paris. Seit 1579 war er Rechtsanwalt, seit 1595 Parlamentsmitglied, 1603 wurde er zum Ritter geschlagen, 1604 Kronadvokat und 1613 Oberstaatsanwalt. 1617 ernannte ihn der König zum Großsiegelbewahrer, 1618 zum Lordkanzler und Baron von Verulam und 1621 zum Viscount of St. Albans. Im selben Jahr wurde Bacon wegen einer Bestechungsaffäre in den Tower geworfen, durch königlichen Gnadenerlaß aber wieder befreit. Etwas später erhielt er sogar seinen Sitz im Parlament zurück.

Francis Bacon schrieb die folgenden in verschiedenen Übersetzungen vorliegenden Werke:

De dignitate et augmentis scientiarum (Von Würde und Reichtum der Wissenschaften).

Novum organum scientiarum (Neues Organ der Wissenschaften). Gesamtausgabe der Werke 1663.

Briefwechsel/Veröffentlicht in der Gesamtausgabe von Spedding, Ellis, Heath, 14 Bände 1857/74.

René Descartes

Descartes wurde am 31.3. 1596 in La Haye in der Touraine geboren und starb am 11.2. 1650 in Stockholm. Er war Schüler in dem Jesuitenkolleg La Flèche. Descartes begann zunächst Jurisprudenz zu studieren. Von 1618 an nahm er als Freiwilliger an den Feldzügen des Moritz von Nassau und

später Maximilians von Bayern teil (Beginn des Dreißigjährigen Krieges). Während des Quartierlebens betrieb der sich immer mehr der Philosophie widmende Descartes mathematische Studien. Nach dem Militärdienst begab er sich auf Reisen. Er weilte drei Jahre in Paris, dann in Holland. 1649 nahm er eine Einladung der Königin Christine an den schwedischen Hof an, um dort Philosophie zu unterrichten.
In Frankreich leistet René Descartes Pionierarbeit. In seinem »Discours de la méthode« (Erörterungen über die Methode) begründet er vom Zweifel her die neue mathematisch-rationalistische Methode für Philosophie und Naturwissenschaft, insbesondere die analytische Geometrie.
Descartes schrieb die folgenden Werke:
Regulae ad directionem ingenii (Regeln zur Anleitung des Geistes), 1628,
Discours de la méthode (Über die wissenschaftliche Methode), 1637,
Meditationes de prima philosophia (Meditationen über die Erste Philosophie), 1641,
Principia philosophiae (Prinzipien der Philosophie), 1644,
Les passions de l'âme (Die Leidenschaften der Seele), 1649.
Briefwechsel/Veröffentlicht in der kritischen Gesamtausgabe der Werke von Adam et Tannery, 12 Bände 1897/1910.

Architektur des Geistes

Auf den französischen Francsscheinen findet sich der profilierte Kopf des Philosophen Descartes vor dem Hintergrund einer ebenso klaren Stadtarchitektur. Jede Linie sitzt scharf, keine Unklarheit ist verblieben. Die Philosophie des Descartes und des Rationalismus haben bildhaft Ausdruck gefunden. Es ist eine Architektur des Geistes, so wie dann auch die französischen Gartenanlagen in den Schlössern und nach ihnen die Stadt- und Schloßanlagen vieler Territorialfürsten Europas in derselben geradlinigen und übersichtlichen Weise geschnitten sind. Ganze Stadtgründungen (wie Karlsruhe) wurden auf dem Reißbrett entworfen und dann glasklar ausgeführt. Darin verkörpert sich Rationalismus als Stil und Kunstrichtung.

Wenn man sich dies vor Augen hält, dann kann man die Philosophie Descartes' auch mit wenigen Strichen kennzeichnen und zusammen mit dem für seine Denkweise charakteristischen Text, den wir aus seinem »Discours de la méthode« anführen, verstehen.

Descartes stellt die ganze bisherige Philosophie auf den Kopf. Nicht mit dem Sein, mit dem Ich fängt er an zu philosophieren.

Nicht nur Wahrheit gilt es zu ermitteln, sondern vor allem für diese Wahrheit eine sozusagen hundertprozentige Gewißheit zu erlangen. Gewißheit läßt sich nur erhalten, indem alles, was bisher für wahr gehalten wurde, in Zweifel gezogen wird. Wenn ich aber an restlos und unterschiedslos allem, woran man überhaupt nur zweifeln kann, zweifle, so läßt sich keinesfalls an einem zweifeln, daß ich, der ich zweifle, bin. Der Zweifel bringt also die sicherste und klarste Selbstvergewisserung des eigenen denkenden Ich, als Grundlage und Ausgang aller Wahrheit. Cogito ergo sum, ich denke, also bin ich. Nach diesem klaren und restlos einsichtigen Modell ist alle Wahrheit zu finden. Wahr ist alles, was genauso klar und

Die Entfaltung des Rationalismus in Frankreich fand ihre mittelbare Ausprägung selbst in der Architektur, so im Schloß von Versailles mit seinem streng geometrischen Aufbau. Auch darin zeigt sich die Untrennbarkeit von Philosophie und Leben.

distinkt meinem denkenden Bewußtsein gegeben ist wie dieser erste Satz. Die Außenwelt der materiellen Dinge ist nicht deswegen wahr und gewiß, weil ich mir daran den Kopf stoße, sondern weil ich sie in ihrer Realität klar und einsichtig als ausgedehntes Etwas denken muß. Der Rationalismus des Denkens wird zur einzig sicheren Quelle der Erkenntnis.

Wie Descartes weiter ausführt, sind die denkende Substanz und die ausgedehnte Substanz zwei streng geschiedene und im Menschen nebeneinander wirksame Realitäten (Dualismus).

Unter den eingeborenen Ideen, die ich klar und distinkt als Zeugnisse der Wahrheit denken muß, findet sich auch die eines unendlichen und absoluten Seins, also Gottes. Sein Dasein garantiert die Wahrheit aller eingeborenen Ideen, die ich mir nicht »einbilde«, sondern die von ihm mir eingegeben sind.

Vom Zweifel zur Gewißheit

In seiner Abhandlung über die wissenschaftliche Methode hat Descartes seinen Weg zum Philosophieren selber geschildert und seine Einstellung zur Wissenschaft charakterisiert. Er ist eine lebendige Einführung in die Gedankenwelt des Philosophen und zugleich des französischen Rationalismus als einer sehr wichtigen und einflußreichen philosophischen Strömung.

»Von klein auf bin ich für die Wissenschaft erzogen worden. Und weil man mir einredete, daß ich durch sie eine klare und sichere Kenntnis alles Lebensfördernden bekommen könnte, war es mein heißester Wunsch, sie mir anzueignen. Aber kaum hatte ich den ganzen Studiengang beendet, durch den man Gelehrtenrang erhält, als ich gänzlich anderen Sinnes wurde. Ich wurde so sehr von Zweifeln und Irrtümern in die Enge getrieben, daß diese ganze Bildung mir nur ein Ergebnis brachte: die wachsende Erkenntnis meines Nichtwissens! Dennoch war ich auf einer der berühmtesten Schulen Europas. Wenn überhaupt auf der Welt, so mußte es hier gelehrte Männer geben. Davon war ich überzeugt. Was überhaupt dort nur zu lernen war, hatte ich mir angeeignet. Und sogar damit hatte ich mich nicht begnügt, sondern alle Bücher verschlungen mit dem seltsamsten und seltensten Wissensgut, die mir nur irgend in die Hände fielen. Außerdem war mir bekannt, wie die anderen über mich dachten. Ich sah, daß man mich keineswegs für unbegabter hielt als meine Mitschüler, obwohl unter denen manche waren, die später unsere Lehrer werden sollten. Schließlich erschien mir auch unser Jahrhundert ebenso blühend und reich an großen Geistern wie die früheren. Deshalb glaubte ich das Recht zu haben, von mir auf die anderen zu schließen, und kam zu der Überzeugung, daß es auf der Welt überhaupt kein solches Wissen gab, wie man mir anfangs versprochen hatte.

Sobald mein Alter mir erlaubte, ohne die Anleitung meiner Lehrer auszukommen, gab ich das Bücherstudium völlig auf. Ich beschloß, kein anderes Wissen zu suchen, als das ich in mir selbst oder im großen Buch der Welt finden konnte. Den Rest meiner Jugend verbrachte ich daher auf Reisen. Ich sah Fürstenhöfe und Armeen, besuchte Leute verschiedenster Gemütsart und Lebensstellung, sammelte mancherlei Erfahrungen und hatte mich in allerhand Kämpfen zu bewähren, in die das Geschick mich hineinstellte. Und alles, was sich mir darbot, durchdachte ich sorgfältig, so daß ich immer etwas lernte.

Nachdem ich einige Jahre gebraucht hatte, um so das Buch des Lebens zu studieren und einige Erfahrungen zu sammeln, da faßte ich eines Tages den Entschluß, auch mein eigenes Ich zu erforschen und alle Geistesgaben anzustrengen, um die Wege zu finden, denen ich zu folgen hatte. Mir scheint, ich hatte jetzt viel mehr Erfolg darin, als wenn ich nie mein Vaterland und die Bücher verlassen hätte.

November 1619 hatte ich einen Traum, in dem ich den Siebenten Gesang Ausons hersagte, dessen Anfang ist: Quod vitae sectabor iter? Welchem Lebensweg werde ich folgen?«

Und in den »Meditationen« heißt es dann weiter:

»Ich behaupte also, alles, was ich sehe, sei falsch. Alles, was mir mein verlogenes Gedächtnis darbietet, hat nie existiert. Ich habe überhaupt keine Sinne. Körper, Gestalt, Ausdehnung, Bewegung und Raum sind Phantasiegebilde. Was ist dann eigentlich wahr? Vielleicht nur dies eine: es gibt nichts Gewisses!

Aber weiß ich denn, ob es nicht doch etwas gibt, das völlig anders als alles bisher Erwogene nicht den geringsten Anlaß zum Zweifel bietet? Gibt es nicht etwas wie einen Gott, oder wie soll ich ihn nennen, der mir diese Gedanken eingibt? Aber warum dies annehmen, da ich doch selbst ihr Autor sein könnte? Folglich wäre Ich dann doch etwas! Habe ich denn nicht abgestritten, daß ich Sinne und Körper besitze? Hier stock' ich schon! Bin ich denn so an Körper und Sinne gefesselt, daß ich ohne sie nicht sein kann? Aber ich habe mir vorgeredet, daß es in der Welt überhaupt nichts gibt, weder Himmel noch Erde, noch Geist, noch Körper. Da bin ich doch wohl auch nicht? Aber gerade, als Ich mir das vorhielt, war Ich höchstgewiß da!«

Glasklare Philosophie – Baruch Spinoza

Es ist vielleicht kein Zufall, daß Baruch Spinoza, der bedeutendste Rationalist nach Descartes, der die cartesianische Philosophie auch zu ihrer letzten Folgerichtigkeit geführt hat, den Beruf eines Glasschleifers, also eines Optikers, ausgeübt hat. Die Präzisionsarbeit und die bescheiden dienende Funktion dieses Berufes drücken sich ganz in der Philosophie dieses jüdischen Philosophen aus. Die Reinheit und Redlichkeit seiner Gedankenwelt wurde geradezu Vorbild des Philosophierens und zog auch Goethe sehr in den Bann.

Baruch Spinoza wurde am 24. 11. 1632 in Amsterdam geboren und starb am 21. 2. 1677 im Haag, wahrscheinlich an Schwindsucht. Er stammt aus einer wohlhabenden Familie spanischer oder portugiesischer Juden, die sich auf der Flucht vor Verfolgungen in den Niederlanden ansiedelten. Frühzeitig belesen im Alten Testament, dem Talmud, der Kabbala, der zeitgenössischen spanischen und portugiesischen Literatur, bildete sich Spinoza zu einem der bedeutendsten Denker seiner Zeit. Auch bei ihm spürt man den Einfluß von Descartes. Dieses Denken zeigt eine Trennung vom Glauben der Väter. Das brachte Spinoza den Bann durch die Amsterdamer Synagoge ein. Er lebte oft in großer materieller Not. Von 1671 an bis zu seinem Tode lebte er zurückgezogen von zwei Renten, die ihm Freunde vermacht hatten, bei dem Maler van der Spyck.

Das wichtigste Werk des Spinoza ist seine Ethica, more geometrico demonstrata (Ethik, nach geometrischer Methode). Spinoza zieht aus der Philosophie des Descartes glasklare Schlüsse und erblickt darin die unverbrüchliche Grundlage seines eigenen Denkens. Wenn das »Für-sich-Seiende«, die Substanz, etwas ist, was ohne ein anderes, also aus sich zu sein in der Lage ist, dann kann es überhaupt nur eine Substanz geben. Die Folgerung lautet: Deus sive natura, Gott oder die Natur. So lehrt denn Spinoza, daß diese eine göttliche Substanz, die wir so als erste erkennen, unendlich viele Attribute (Eigenschaften) hat. Davon sind uns nur zwei bekannt, das Denken und die Ausdehnung. Diese pantheistische Philosophie baut Spinoza in seinem Hauptwerk als eine Ethik, auf geometrische Weise aufgewiesen, auf. Er führt also den Grundsatz des Rationalismus bis ans Ende, daß die mathematische Erkenntnis die einzig gewisse und wahre Form der Erkenntnis sei, die darum gerade in der Philosophie angewandt werden müsse.

Blaise Pascal

Diese gleiche Auffassung vertritt auch der erfolgreiche französische Mathematikerphilosoph Blaise Pascal, den wir schon öfter zitierten. Er ergänzt aber die mathematische Erkenntnisform mit der Notwendigkeit des »Feinsinns« (esprit de finesse), ohne den der »esprit de géometrie« (der geometrische Geist) nichts vermöge. Beide Erkenntnishaltungen müßten sich wechselseitig stützen. Auch die Gegenüberstellung von Vernunft (raison) und Vernunft des Herzens (raison du cœur) zielt bei Pascal auf diese notwendige Ergänzung.

> *Die Vielheit, welche sich nicht zur Einheit erhöht, ist Verwirrung; die Einheit, welche nicht von der Vielheit abhängt, ist Tyrannei.*

Pascal wurde am 19.6. 1623 in Clermont in Frankreich geboren und starb am 19.8. 1662 in Paris. Als Sohn eines angesehenen Mathematikers genoß er eine sorgfältige Erziehung und verfaßte schon mit siebzehn Jahren eine bedeutende

mathematisch-philosophische Arbeit über Kegelschnitte. Seine schon so früh ausgeprägten geistigen Fähigkeiten und eine Verwunderung erregende seelische Frühreife versetzten seine Umgebung in Staunen.
Der junge Pascal konstruierte auch eine Rechenmaschine und machte wichtige physikalische und mathematische Entdekkungen. Descartes stand ihm sehr nahe und hatte großen Einfluß auf Pascals geistige Entwicklung. Von Natur aus schwächlich veranlagt, war Pascal vielfach dem körperlichen und seelischen Zusammenbruch nahe. Vielleicht lassen sich daraus seine Wendung zum Skeptizismus und zu Religionsfragen und seine Angriffe gegen die Jesuiten erklären, die er in seinen berühmt gewordenen Briefen vortrug. Sie erschienen 1656/57 (Provinciales).
Religiöse Erschütterungen brachten Pascal immer wieder in Krisen, die auch weltanschaulich ihre Auswirkung hatten. Ihn bewegte vor allem das Problem des Menschen, der als ein endliches Wesen zwischen dem Absoluten und dem Nichts um den Sinn des Lebens ringt. Eine »Apologie der christlichen Religion« sollte Pascals Hauptwerk werden. Die Gedanken dazu wurden in dem 1670 erschienenen Buch »Pensées sur la religion et sur la morale« zusammengefaßt. Es sind kurze Notizen, Dialoge und Meditationen, die sich mit dem Abgrund auseinanderzusetzen versuchen, der zwischen dem Ewigen und Gottes Unendlichkeit und der Vergänglichkeit des Menschen klafft. Pascals Leben könnte man als einen Gang des erwachenden Geistes vom Aufruhr der Seele und der Gottesfurcht bis zur Erlösung durch Demut bezeichnen. Leben und Werk waren bei ihm eine Einheit. Denn auch nach seiner Lehre kehren die großen Seelen unabhängig von ihrem gewaltigen Wissenserwerb zur Unwissenheit zurück, zur Hingabe an die Offenbarung und die Gnade, die allein Erlösung verspricht. Er wird so heute zu einem Vorläufer christlicher Existenzphilosophie.

Leibniz ahnt Jahrhunderte voraus

Der große deutsche Philosoph Gottfried Wilhelm Leibniz ist kaum in eine bestimmte denkerische Richtung einzuordnen. Gewiß hat er von der rationalistischen Philosophie gelernt. Er hat sie zugleich aber auch überwunden, indem er sich um eine innere Auseinandersetzung mit der im nächsten Kapitel noch zu beschreibenden Philosophie des Empirismus bemühte und indem er auch wieder an Aristoteles und die traditionelle Philosophie anknüpfte. Leibniz war – wohl das letzte – »Universalgenie«. Er war Mathematiker und Philosoph, Historiker und Naturwissenschaftler, Diplomat und Organisator, ja, er wäre in seinen Bemühungen um die Begegnung von Protestantismus und Katholizismus um ein Haar Kardinal der römisch-katholischen Kirche geworden. Er hätte dazu nur den Schritt von der protestantischen in die katholische Kirche zu vollziehen brauchen. Ein begnadeter Briefschreiber, der mit über tausend Personen in Kontakt stand, verband der spekulative Leibniz höchst praktische Anliegen mit seiner kühnen und durchdachten Philosophie, die bis in die Theologie ihre Wurzeln erstreckte.

Den unermeßlichen Gedankenreichtum dieser Philosophie kann man kaum beschreiben, auch wenn sich die Schwerpunkte, in denen diese sehr lebendige Philosophie ruht, mit zwei Stichworten bezeichnen lassen. Es sind die Stichworte: »Monade« und »praestabilierte Harmonie«.

Für den ersten Begriff eröffnet das nachfolgende Zitat aus der für den Prinzen Eugen verfaßten kleinen Schrift »Monadologie« das Verständnis. Es heißt dort, solange es Ausdehnung und damit Wesen der Materie gibt, ist ihre Teilung möglich. Das gilt auch dann, wenn wir das praktisch nicht mehr zuwege bringen, weil die Teilchen zu klein werden. (Die Elementarteilchen der inzwischen erforschten Atome zeigen das deutlich.) Das gleichbleibende und unteilbare Wesen der Dinge kann darum nicht in der immer weiter teilbaren Materie gesucht werden. Es muß immateriell, geistig-seelisch sein. Diese »wahren Atome« der Natur, unteilbaren Wesen vergleichbar, nennt Leibniz deswegen »Monaden«: Einwesen.

Die ganze Welt ist ein Gewimmel solcher Monaden. Aber sie ist es in Ordnung und in Stufen. Im Menschen erscheint eine

Monade besonderer Art, die Bewußtsein von sich und von der Ordnung dieser Monaden bis hinauf zur Urmonade Gott hat, von der alle diese Monaden geschaffen sind. Trotz Krankheit, Unvollkommenheit und Sünde besteht eine vorher festgesetzte, eine praestabilierte Zusammenordnung aller dieser Monaden aufeinander und untereinander, obwohl sie nicht direkt aufeinander einwirken können. So kommt auch die Harmonie zwischen unserer Geistmonade und den vielen Körperseelenmonaden zustande, die die menschliche Wirklichkeit ausmachen. Die Billiardenzahlen von Monaden sind göttlichen Ursprungs und in einen unendlich feinen Zusammenklang gebracht. Unser Leben kann demnach nach einem Worte Goethes über diese Philosophie als »geprägte Form, die lebend sich entwickelt«, bezeichnet werden. Wie diese Welt mit den Tatsachen der Freiheit, der Krankheit, des Leides und der Sünde zusammenbesteht, das ist der Inhalt des Hauptwerkes von Leibniz, seiner »Theodizee«. Es ist eine Verteidigung Gottes, ohne daß damit freilich diese Fragen abschließend und befriedigend geklärt werden können.
Gottfried Wilhelm Leibniz wurde am 1.7. 1646 in Leipzig geboren und starb am 14.11. 1716 in Hannover. Sein Vater war Professor für Moralphilosophie an der Universität Leipzig. In Leipzig und Jena studierte der überaus begabte junge Leibniz die philosophischen Wissenschaften und Jurisprudenz. 1667 schrieb er seine Dissertation in Altdorf (bei Nürnberg). Danach erfolgte ein Nürnberger Aufenthalt, wo er mit Alchimistenkreisen in Verbindung trat. 1667 bestimmte ihn der Kanzler des Kurfürsten von Mainz, Freiherr von Boyneburg, zur Übersiedlung nach Frankfurt. Leibniz trat in kurmainzische Dienste. 1670 erfolge seine Ernennung zum Rat am Revisionsgericht. Er nahm auch an den Reunionsbestrebungen zwischen Protestanten und Katholiken lebhaft Anteil und erwies sich als ein schöpferischer Denker auch in Religionsfragen.
1672 ging Leibniz im Auftrag Boyneburgs in einer politischen Mission an den Hof Ludwigs XIV. Danach trat er eine längere Englandreise an. In England machte der Philosoph Bekanntschaft mit bedeutenden Gelehrten seiner Zeit, so mit Huygens und Newton. Leibniz wurde auch zum Mitglied der Royal Society ernannt und als Wissenschaftler gefeiert.

Nach der Entlassung aus mainzischem Dienst nahm Leibniz bis zu seinem Tod eine Stelle als Rat und Bibliothekar bei Herzog Johann Friedrich in Hannover an.
Seine wichtigsten Werke sind:
Discours de métaphysique (Metaphysische Abhandlungen), 1686,
Système nouveau (Neues System), 1695,
Nouveaux Essais sur l'entendement humain (Neue Studien über den menschlichen Verstand), 1704,
Essais du Théodicée (Theodizee), 1710,
Monadologie, 1714.
Die Originalausgaben sind in französischer Sprache erschienen. Es liegen mehrere deutsche Übersetzungen seiner Werke vor.

Die Monadologie

In seiner »Monadologie« faßt Leibniz seine zentralen philosophischen Gedanken folgendermaßen allgemeinverständlich zusammen.

1. Die Monade, von der hier die Rede sein wird, ist nichts anderes als eine einfache Substanz, die in den zusammengesetzten enthalten ist. Einfach bedeutet ohne Teile.
2. Einfache Substanzen muß es geben, weil es zusammengesetzte gibt. Denn das Zusammengesetzte ist nur eine Anhäufung oder ein aggregatum aus dem Einfachen.
3. Wo nun aber keine Teile vorhanden sind, gibt es auch keine Ausdehnung, keine Gestalt und keine mögliche Teilbarkeit. Diese Monaden sind die wahrhaften Atome der Natur und mit einem Wort: die Elemente der Dinge.
4. Es steht auch keine Auflösung bei ihnen zu fürchten, und es gibt keine begreifliche Weise, in der eine einfache Substanz auf natürlichem Wege untergehen könnte.
5. Aus demselben Grunde gibt es auch keine begreifliche Weise, in der eine einfache Substanz auf natürlichem Wege beginnen könnte, da sie durch Zusammensetzung nicht gebildet werden kann.
6. Man darf daher behaupten, daß die Monaden nur mit einem Schlage beginnen und enden können, daß sie nur

durch Erschaffung beginnen und nur durch Vernichtung enden können, während das Zusammengesetzte aus Teilen entsteht und in Teile vergeht.

An anderer Stelle heißt es:

»Wir sind dem Anscheine nach dem Zwange unterworfen und befinden uns, streng metaphysisch genommen, in einer vollkommenen Unabhängigkeit von dem Einfluß aller anderen Geschöpfe. Dies setzt zugleich die Unsterblichkeit unserer Seele in ein wunderbares Licht. ... Da jeder Geist eine Welt für sich ist, unabhängig von jedem anderen Geschöpfe sich selbst genügt, das Unendliche umschließt, das Universum abspiegelt, so ist er auch ebenso dauerhaft, ebenso fortbeständig, ebenso unbedingt wie das Universum der geschaffenen Dinge selbst ... Ferner bietet diese Hypothese einen neuen Beweis für das Dasein Gottes, der von überraschender Klarheit ist.«

Dieses Zitat aus den Erörterungen: »Neues System über die Natur / Über den Verkehr zwischen den Substanzen und über die Verbindung zwischen Seele und Körper« greift bereits das Thema der Monadologie auf. Es sollen damit – ebenso wie mit der Auslese von Philosophen aus der Geschichte – nur Schwerpunkte für das weitere eigenständige Philosophieren des Lesers gesetzt werden.

Jakob Böhme und Meister Eckhart

Beim Übergang vom Mittelalter in die Neue Zeit ist der rechte Platz, eine auch philosophisch erhebliche Bewegung vorzustellen, die sich in den beiden hier abgebildeten Meistern, aber auch in vielen anderen zeigt: die Mystik. Es ist, wie Johannes Hirschberger treffend sagt, die »Geistigkeit des Herzens«, die schon die Haltung des großen Zisterziensermönches Bernhard von Clairvaux (1091–1153) wie des nicht minder bedeutenden Dominikaners Meister Eckhart (1260 bis 1327) und schließlich auch die Pansophie (die Allweisheit) Jakob Böhmes (1575–1624), des Schusterphilosophen aus Schlesien, in dessen Hauptwerk: »Die Morgenröte im Aufgang« charakterisiert. Trotz des verschiedenartigen Bekenntnisses bricht die Gottinnigkeit dieser nur schauenden und

Deutsche Mystiker. Meister Eckhart, um 1260–1327, Dominikaner. Er fußt auf Thomas von Aquin, Dionysios Areopagita und Johannes Scotus Eriugena, ist in seinem Denken Scholastiker und mit den übrigen Vertretern der deutschen Mystik eng verbunden. In seinen Schriften und Predigten entwikkelte er die Lehre von der Einheit Gottes und von der Vielfalt der Kreaturen. Er mahnte zur Gelassenheit gegenüber allem, was Gott schickt, und zur Erhaltung des inneren Lichtes, des Fünkleins der Seele (links). Jakob Böhme, 1575–1624. Abseits von beginnenden rationalistischen und empiristischen Strömungen entfaltet sich bei ihm eine mehr romantische, das Theologische und Mystische von hier mit ergreifende eigenwüchsige Philosophie. Er suchte Gott und Natur zusammenzuschauen.

nicht verstandesmäßig begründeten Weisheit überall durch. Böhme schrieb im Gegensatz zu anderen Mystikern seine Bücher nicht lateinisch, sondern deutsch. Ein kleines Zitat aus seinem Hauptwerk »Aurora« möge das auch in der Sprache belegen: »Wilt Du ein Philosophus und Naturkündiger seyn, und Gottes Wesen in der Natur erforschen, wie dis alles beschaffen sey, so bitte Gott, um seinen H. Geist, daß Er dich mit demselben wolle erleuchten. Denn in deinem Fleisch und Blute kanst du solches nicht ergreifen: ob du es gleich liesest, so ists nur ein Dunst oder Dunkel vor deinen Augen: allein in dem H. Geist, der in Gott ist, und auch in der gantzen Natur, daraus alle Dinge worden sind, kanst du forschen bis in den

gantzen Leib Gottes, welcher ist die Natur, sowol auch bis in die heilige Trinität. Denn der H. Geist gehet von der heiligen Trinität aus und herschet in dem gantzen Leibe Gottes, das ist, in der gantzen Natur.
Gleichwie der Geist eines Menschen in dem gantzen Leibe in allen Adern herrschet und erfüllet den gantzen Menschen; also auch der H. Geist erfüllet die gantze Natur, und ist das Hertze der Natur, und herrschet in den guten Qualitäten in allen Dingen.«

Das Zeitalter der Aufklärung

Wie eine berauschende Musik gingen durch das siebzehnte und achtzehnte Jahrhundert der Ruf und die Hoffnung: Aufklärung. Die neue Zeit, die schon im späten Mittelalter und mit dem sogenannten Humanismus und der Renaissance angebrochen war, hatte den Menschen entdeckt, so wie sie auch fremde Erdteile und neue physikalische Gesetze entdeckte und später großartig angewandt hat. Die Aufklärungsepoche, die in ihren Wurzeln in dieser neuen Zeit und besonders in deren Rationalismus steckte, verließ sich auf die Vernunft des Menschen. Sie war nicht nur großer Entdeckungen und Erfindungen fähig, sondern konnte auch ein Reich der Bildung, der Moral und eines neuen Staats- und Gesellschaftslebens aufrichten, das sich von den »dunklen« und »unaufgeklärten« Jahrhunderten, zumal des Mittelalters, unterscheidet und vorteilhaft abhob. Es gab freilich Aufklärer, die dem menschlichen Verstand, wie ihn die Rationalisten als alleinige Quelle der Wahrheit ansahen, mißtrauten und als Grundlage die Erfahrung, besonders die sinnliche Erfahrung, setzten. Trotzdem blieb für diese Epoche die menschliche Natur und menschliche Vernunft im ganzen das Organ oder besser die große Leuchtkraft, durch die alle Schatten und Dunkelheiten der Welt, des Menschen, der Geschichte verscheucht und ausgemerzt werden sollten. Je aufgeklärter, je vernünftiger der Mensch ist, glaubte man, um so besser wird sein privates Leben, um so erfolgreicher die Organisation des öffentlichen Lebens sein können. Vernunft und Aufklärung, das bedeutet Fortschritt. Wissen ist Macht. So hatte es bereits

Gottfried Wilhelm Leibniz
(1646–1716)

Blaise Pascal
(1623–1662)

Giordano Bruno
(1548–1600)

Baruch de Spinoza
(1632–1677)

Francis Bacon formuliert, der damit ähnlich wie Descartes auch zu einem Ahnherrn der Aufklärungsepoche innerhalb der neuen Zeit wurde.
Nach Descartes war ja allen Menschen gleichermaßen Vernunft zugeteilt. Wenn es trotzdem weise und törichte, gebildete und ungebildete Menschen gibt, so war eben der rechte oder falsche Gebrauch des Denkens, die Methode, daran schuld. Diese Methode im klaren und deutlichen Denken sichtbar werden zu lassen, war die Aufgabe, die sich bereits die cartesianische Philosophie stellte. Entsprechend kennen wir bei Francis Bacon jenen Versuch, der alten Logik des Aristoteles gegenüber ein »Novum Organon«, also eine neue Werkzeuglehre des Denkens zu entwickeln, die durch die Nutzung der Erfahrung die Vernunft instand setzt, die ganze Wahrheit ohne jeden Schattenrest zu erfassen.
Entsprechend den beiden Richtungen, die sich bereits durch die Namen und Philosophien Bacons und Descartes' wie eine Ouvertüre zur eigentlichen Aufklärungsepoche verraten, gibt es auch eine verschiedenartige und damit doppelte Richtung in der Aufklärungsphilosophie. Der rationalistischen gesellt sich die empiristische hinzu. Die eine ist mehr theoretisch, die andere mehr praktisch bezogen. Erstere huldigt mehr dem Verstand, die zweite sieht mehr in der Erfahrung die zu preisende Quelle der Vernünftigkeit des Menschen. Aufklärung wird in beiden Richtungen zur Zauberformel, vergleichbar vielleicht der Bedeutung und der anziehenden Kraft von »Existenz«, »existentiell«, »Eigentlichkeit des Menschen« in unserer Zeit und Gegenwartsphilosophie. Man kann, zwar etwas vereinfacht, diese beiden Richtungen geographisch in der rationalistischen Aufklärung mehr auf Frankreich und in der empiristischen Richtung mehr auf England beziehen. Deutschland wurde von beiden Aufklärungsformen beherrscht, und es bestehen überhaupt Übergänge. Die mehr praktisch gewendete Aufklärung war vor allem auf Erziehung und die rechte Einordnung des Menschen in den Staat bedacht, der schon den Kräften des Volkes anvertraut und damit demokratisch aufgebaut sein soll. Die Erfahrungsrichtung innerhalb der Aufklärung wurde damit auch Wegbereiter der Revolution, zumal der von 1789 in Frankreich. Seit damals wurden wiederholt Zweifel am Sinn der Aufklärung

angemeldet, die bis heute nicht verstummt sind. Aufklärung wozu, so lautete die kritische Fragestellung.
Die rationalistische Aufklärung auf der Gegenseite suchte ebenfalls eine belehrende und nützlich-vernünftige Erziehung des einzelnen durchzusetzen und so im Staats- und Gesellschaftsleben dem aufgeklärten Monarchen den ebenso vernünftigen Untertan zuzugesellen. Friedrich der Große und Voltaire können hier als Beispiele einer stark rationalistisch begründeten Aufklärung gelten.
Wenn wir die beiden Aufklärungsrichtungen in ihrer Stellungnahme zum sittlichen Leben und zum Gottesglauben betrachten, so vertreten beide eine Vernunft- oder Naturreligion, die also Sittlichkeit und Gottesglauben nur auf die Natur und die Vernunft des Menschen stellt. Demgemäß lehnt sie auch eine Offenbarungsreligion, eine übernatürliche Selbstbezeugung Gottes in der Welt und in der Geschichte und damit auch jedes Wunder als vernunft- und naturwidrig ab. Selbstverständlich heißt das nicht, daß der eine oder andere Philosoph, den wir sogar ausdrücklich der Aufklärungsphilosophie zurechnen müssen, nicht christgläubig gewesen sein könnte. Gottfried Wilhelm Leibniz und sein Interpret Christian Wolff gehören, wie Lessing, der im Christentum die Höchstentfaltung in der Erziehung der Menschen sah, sicher in die Reihe jener Philosophen, die von der Philosophie aus eine Brücke zum Glauben bauten. Grundsätzlich neigt aber die Aufklärung in ihrer Gesamttendenz dazu, einen sogenannten Deismus zu vertreten. Gemeint ist eine Gottesanschauung, die zwar Welt und Mensch aus den Händen eines unendlichen Wesens hervorgehen läßt, aber dann Welt und Mensch völlig ihren eigenen natur- und vernunftbestimmten Gesetzen, also sich selbst, überläßt.
Der Theismus im strengen Sinne, der das Weltgeschehen als eine fortgesetzte Schöpfung Gottes betrachtet und vor allem, aus dem Wesen eines absolut vollkommenen Wesens heraus, den außergewöhnlichen Eingriff des Welt- und Menschenschöpfers in einem übernatürlichen und übervernünftigen Sinne anerkennt, wird in der Aufklärungsphilosophie praktisch zur Seite geschoben. Dabei hatte schon Leibniz in seinen philosophischen Überlegungen hervorgehoben, daß es in der praestabilierten Harmonie einen Weg gibt, die innere Natur-

gesetzlichkeit mit der alles und jederzeit durchwirkenden Schöpferkraft eines unendlichen Wesens zu verbinden. Praestabilierte Harmonie bedeutet nämlich nichts anderes, als daß in jede Monade, also praktisch in jedes Wesen, schon die Gesamtentwicklung als inneres Gesetz hineingelegt wurde. Sie ist in einen Einklang, in eine vorausbegründete Harmonie mit den inneren Gesetzlichkeiten aller übrigen Monaden gebracht. Wir betonten bereits: Jede Monade lebt zwar ihren eigenen Weg und ihr eigenes Wesen nach dem Goethewort: Geprägte Form, die lebend sich entwickelt. Aber alle Monaden zusammen verwirklichen das große Weltgesetz, das der Schöpfer bestimmt hat.

Wir werden in den nachfolgenden knappen Porträts einzelner Philosophen die beiden Richtungen der Aufklärungsphilosophie charakterisieren und in ihnen zugleich auch die verschiedenen Akzente und Themen hervortreten lassen, die für diese Epoche charakteristisch sind. Unter ihnen stehen Christian Wolff, Voltaire und Lessing, wie schon gesagt, mehr auf der rationalistischen Seite, während Hobbes, Locke und Hume dem englischen Empirismus angehören. In Jean Jacques Rousseau zeigen sich deutlich beide Elemente der Aufklärungsepoche. Gleichzeitig wird aber durch ihn bereits die philosophische und pädagogische Romantik ausgelöst.

Christian Wolff

Der von 1679–1754 lebende und weithin die Schulphilosophie seiner Zeit beherrschende Aufklärungsphilosoph Christian Wolff gilt als der Verbreiter der Leibnizschen Lehre. Er war aber auch ihr Popularisator. Mit dieser Kennzeichnung will man zum Ausdruck bringen, daß das Bestreben zu einer Volkstümlichkeit eine gewisse Veränderung und Verfälschung dieser Philosophie zuwege gebracht habe. Tatsächlich hat Immanuel Kant, der in den Auffassungen der von Wolff an zahlreiche Schüler weitervermittelten Lehre geistig zunächst gefangengehalten war, bevor er zu seinem kritischen Gegenschlag ansetzte, an diesem dogmatischen Charakter der Metaphysik Anstoß genommen. Unter »dogmatisch« oder »Dogmatismus« ist dabei die von Wolff wie auch vorher von

Descartes und Spinoza vertretene Grundthese gemeint, wonach das Sein, die Wirklichkeit und alles, was auch hinter der äußeren Weltwirklichkeit als Realität steht, genauso ist, wie es im klaren und deutlichen Erkenntnisvorgang des methodisch arbeitenden Verstandes gedacht wird. Unabhängig von aller Erfahrung können mit dogmatischer Sicherheit Gott und die Welt im Denken eindeutig erfaßt werden. Diese Haltung, die Kant irrtümlich auch der mittelalterlichen und über sie auch der antiken Metaphysik zurechnet, nennt er den »dogmatischen Schlummer«, aus dem ihn der englische Philosoph David Hume geweckt habe. Wolff ist »Dogmatiker« in dem beschriebenen Sinn, nicht aber Leibniz, auf den er sich geistig bezieht, und nicht auch die große Schar der traditionellen Metaphysiker seit der Antike, die Kant mit Wolff in einen Topf wirft.

Wohl hat Wolff, Leibniz folgend, vieles mit der traditionellen und vorrationalistischen Philosophie gemeinsam. So kehrt beispielsweise im Titel seiner Werke die alte Einteilung der Metaphysik als erster Philosophie wieder, wenn auch im dogmatischen Gewande. Sein Anliegen sind »Vernünftige Gedanken von Gott, der Welt und der Seele des Menschen, auch allen Dingen überhaupt«. Alles, einschließlich Gott, kann im reinen Denken mit dogmatischer Sicherheit erfaßt werden. Die natürliche Gotteslehre, die Kosmologie (Naturphilosophie) und die Psychologie sind die drei Teile der Metaphysik wie im Mittelalter. Sie stellen nur eine Entfaltung zu besonderen Disziplinen der allgemeinen Metaphysik dar, welche jetzt zum ersten Male von Christian Wolff mit dem Namen Ontologie bedacht wird.

Zu Unrecht wurde Wolff von den Pietisten, den Vertretern einer besonderen Frömmigkeitshaltung, die auch in die Philosophie und Wissenschaft durch die Erziehung hineingewirkt und in der Literatur ihren Niederschlag gefunden hat, als Atheist, also als Gottesleugner betrachtet. Er verteidigt sich mit gutem Grunde dahin, daß er seine Philosophie, die Metaphysik zumal, sehr genau geprüft habe, ob sie den Lehren der christlichen Religion widerspräche. Er ist ganz im Gegenteil davon überzeugt, und setzt so die mittelalterliche Linie fort, daß seine philosophischen Gedanken als Erkenntnisse der Vernunft für die geoffenbarte Wahrheit gute Dienste leisten.

Gebäude der alten Wittenberger Universität, 1502 von Kurfürst Friedrich dem Weisen gegründet, nach einer Zeichnung in den Universitätsmatrikeln 1644–1645. Heute befinden sich dort das Augusteum und das Lutherhaus (oben). Die Universität von Marburg. Im Jahre 1527 wurde sie als erste protestantische Hochschule gegründet. Mit der durch Martin Luthers Thesenanschlag von Wittenberg ausgehenden Reformation wurden in den protestantischen Ländern die kirchlichen Hochschulen allmählich zu Landesuniversitäten.

Diese Begründung der Vernunftphilosophie als Vorstufe des Glaubens wurde aber von den Zeitgenossen und zumal den Pietisten, die an Stelle des Wissens das Herz und das Gemüt als Quelle aller Frömmigkeit ansahen, nicht angenommen. Wolff wurde seines Professorenamtes in Halle enthoben, er mußte sogar das Land verlassen und konnte erst, wiederum bezeichnend für den Geist der Aufklärung, unter Friedrich dem Großen nach Halle zurückkehren und seine Philosophie lehren, ja zur beherrschenden Schulphilosophie der Zeit werden lassen. Christian Wolff war demgemäß kein Aufklärer, der dem Deismus huldigte, aber er gehört gleichwohl in diese philosophische Gesamtbewegung der Aufklärungsphilosophie. Denn er vertraute der Vernunft ohne Einschränkung und erkannte sie als die Grundlage für eine auch dem christlichen Glauben erschlossene Religiosität. Er nimmt durchaus die Mitte zwischen der großen Tradition der Philosophie und dem Rationalismus ein. Er setzte ja auch, ganz dem Leibnizschen Gedanken folgend, die Offenbarungsreligion neben die Philosophie und huldigte nicht den Aufklärungsgedanken, die die Offenbarung als eigene Möglichkeit leugnen und die Religion nur als natürliche Entwicklungsform der menschlichen Vernunft betrachten.

So ist es auch verständlich, daß die Philosophie Christian Wolffs die Katheder der Hochschulen eroberte und daß auch Kant in seiner vorkritischen Lebensepoche jener Schulphilosophie nahestand. Ja selbst in seiner großen und kritischen Zeit blieb Kant auch wieder den Auffassungen Wolffs verhaftet. Er hielt die metaphysischen Inhalte von Gott, Seele und Welt als regulative Ideen, als eine Art gedanklicher Leitbilder, für die strengere und exakte philosophische und wissenschaftliche Erkenntnis für notwendig und – wenigstens moralisch – für gesichert, obwohl sie einer kritisch aufgebauten Wissenschaft und Philosophie nicht entspringen. Sosehr also diese dogmatische Philosophie mit der Kritik Kants für gänzlich unwissenschaftlich erklärt wird und damit nach seiner Meinung die gesamte Metaphysik der abendländischen Geschichte, die er über Wolff kennenlernte, so sehr hält Kant doch an den Inhalten dieser Metaphysik fest. Er verweist sie nur in den für ihn noch bedeutsameren Raum der praktischen Vernunft, also der Sittlichkeit und des Glaubens.

Hervorzuheben ist noch, daß wir Christian Wolff nicht nur den Namen Ontologie verdanken. Einer der direkten Schüler Wolffs, nämlich Alexander Baumgarten (1714–1762), gilt als Begründer der Ästhetik, so wie wir sie heute unter diesem Namen verstehen. Noch bei Kant wird das Wort Ästhetik, etwa in der »Kritik der reinen Vernunft«, als Lehre von der Anschauung oder der Anschauungskraft verwendet. Kant knüpfte an den Wortsinn des griechischen »aisthesis« (= Wahrnehmung) an. Alexander Baumgarten dagegen versteht unter Ästhetik jene Disziplin, wie sie von Aristoteles in seiner Poetik, vor allem am Beispiel der Dichtkunst als Lehre vom künstlerischen Hervorbringen, erstmalig erwähnt wurde.
Christian Wolff schrieb unter anderem folgende Werke:
Vernünftige Gedanken von den Kräften des menschlichen Verstandes und ihrem richtigen Gebrauche in Erkenntnis der Wahrheit (Deutsche Logik).
Vernünftige Gedanken von Gott, der Welt und der Seele des Menschen, auch allen Dingen überhaupt (Deutsche Metaphysik).
Anmerkungen über die vernünftigen Gedanken von Gott, der Welt und der Seele des Menschen, auch allen Dingen überhaupt, zu besserem Verstande und bequemerem Gebrauche derselben.
Vernünftige Gedanken von der Menschen Tun und Lassen, zu Beförderung ihrer Glückseligkeit, den Liebhabern der Wahrheit mitgeteilet (Deutsche Ethik).

Einteilung der Philosophie nach Christian Wolff, 1679–1754. Er stützt sich auf aristotelische, stoische und scholastische Gedanken und schuf ein rationalistisches System innerhalb der deutschen Aufklärung, verhalf der Leibnizschen Philosophie zum Durchbruch und begründete die Ästhetik.

Grundbegriffe der Wolffschen Ontologie

Um tiefer in die Art dieses Philosophierens einzudringen, geben wir hier einen Originaltext wieder. Es handelt sich um Wolffsche Begriffsbestimmungen, die der Göttinger Philosophieprofessor Julius Baumann, der einen Idealrealismus vertrat, im Jahre 1910 aus dem Werke Wolffs zusammenstellte.

Principium

»Prinzip nennt man das, was in sich den Grund eines anderen enthält; durch ein Prinzip hervorgebracht (principiatum) aber, was diesem entgegengesetzt wird, nennt man das, was einen Grund in einem anderen enthält. (Philosophia prima seu Ontologia § 876)

Principium cognoscendi

Erkenntnisprinzip nennt man einen Satz, durch welchen (per) man die Wahrheit eines anderen Satzes einsieht. (§ 876)

Principium essendi und fiendi

Wenn das Prinzip den Grund der Möglichkeit eines anderen in sich enthält, so nennt man es Prinzip des Seins (essendi); wenn aber den Grund der Wirklichkeit, so nennt man es Prinzip des Werdens (fiendi). Zum Beispiel die Essenz des Steins ist das Prinzip der Potenz, Wärme aufzunehmen, oder das Seinsprinzip der Wärme im Stein. Feuer und Sonnenstrahlen sind das Werdeprinzip derselben Wärme im Stein, wenn der Stein ihnen ausgesetzt wird. (Ebenda § 874)

Principium internum

Innerliches Prinzip ist das, was in den Prinzipiaten existiert; äußeres Prinzip aber ist das, was außer den Prinzipiaten existiert, z. B. das Seinsprinzip des Hauses ist der Stoff woraus, das Werdeprinzip der Architekt. Es ist aber die Materie innerhalb des Hauses, und wenn sie weggetan wird, vermag das Haus nicht zu bestehen; darum ist sie ein innerliches Prinzip. Dagegen der Architekt existiert außer dem Hause, und wenn derselbe weggeht, so besteht das Haus, das er gebaut hat, ohne seine Hilfe, und hängt nicht weiter irgendwie von ihm ab. Er ist also äußeres Prinzip. (Ebenda § 880)

Ratio sufficiens

Aus A an sich folgt B, wenn in A der ausreichende Grund enthalten ist, warum daraus B folgt, z. B. aus einer dem Herzen geschlagenen Wunde folgt an sich der Tod. (Psychologia empirica § 574)
Aus A folgt per accidens B, wenn in A nicht der ausreichende Grund enthalten ist, warum daraus B folgt, sondern weil in einem anderen, was zu ihm von anderswo noch hinzutritt, doch nicht notwendigerweise; so folgt aus einer der Hand geschlagenen Wunde nicht an sich der Tod. (Ebenda § 575)

Principium individuationis

Unter (per) dem Prinzip der Individuation versteht man den zureichenden inneren Grund des Individuums. Bei den Scholastikern die Haecceitas (Dieseshei t). Darum versteht man durch (per) das Prinzip der Individuation, warum irgendein Wesen ein einzelnes ist. (Philosophia prima seu Ontologia § 228)
Das Prinzip der Individuation ist die allseitige Determination dessen, was dem Dinge actu einwohnt. (Ebenda § 29)

Individuum

Es wird etwas ein einzelnes Ding dadurch, weil es sowohl in allem dem, was es in sich hat, als in dem, was ihm äußerlich in Ansehung anderer Dinge zufällt, determiniert ist. (Vernünftige Gedanken von den Kräften des menschlichen Verstandes § 27, c. I.)

Wesen

Das erste, was man von einer Sache gedenken kann und worin der Grund des übrigen, so ihr zukommt, zu finden ist, ist ihr Wesen. – Beständiges und Veränderliches in den Dingen; das Beständige von zweierlei Art; entweder so beschaffen, daß eines neben dem anderen bloß zugleich sein kann, oder daß es da zugleich sein muß, wo das andere ist, und also durch das erstere determiniert wird. Da nun das letztere den Grund, warum es einer Sache zukommt, in dem ersteren hat: so ist das erstere das Wesentliche, das andere aber macht die Eigenschaften aus. Nun kann nichts eher von einer Sache gedacht werden, als wie sie entstanden ist oder dasjenige worden ist, was sie ist. Derowegen versteht man das Wesen einer

Sache, wenn man deutlich begreift, wie sie dasjenige worden ist, wie sie ist oder auf was für Art und Weise sie möglich ist. Woraus ferner folgt, daß die Erklärung der Sachen ihr Wesen vor Augen legt: Uhr, Lust, Auge. (Vernünftige Gedanken von den Kräften des menschlichen Verstandes § 48, c. I.)

Substanz

Das beharrliche und modifizierbare Subjekt ist Substanz; also ist die Seele eine Substanz. (Psychologia rationalis § 48)

Subjekt und Adjunkte

Das Ding, sofern es betrachtet wird, als eine Essenz habend und außer dieser (praeter) noch fähig für anderes (aliorum capax), wird Subjekt genannt; das andere habend, was sich an die Essenz anschließt (consequuntur), und entweder Attribut ist oder Modi, nennt man Adjunkta. (Philosophia prima seu Ontologia § 711)

Kraft und Vermögen

Kraft und Vermögen (der Seele) sind verschieden: die Kraft besteht in dem kontinuierlichen Streben (conatu) zu handeln; die Vermögen (facultates) sind nur die aktiven Potenzen (der Seele) und also bloße Möglichkeiten zu handeln. (Psychologia rationalis § 54)

Materie im logischen Sinn

Man bezeichnet zuweilen Materie als Materie ex qua zum Unterschied des Subjektes, welches Materie in qua heißt, und des Objektes, welches Materie circa quam genannt wird. Es ist nämlich das Objekt das Ding, welches begrenzt (terminat) die Handlung des Handelnden, oder in welchem die Handlungen des Handelnden begrenzt werden, so daß es gewissermaßen die Grenze (limes) der Handlung ist. (Philosophia prima seu Ontologia § 949)

3 Monaden

In der Natur zuletzt kleinste Teilchen (durch Vergrößerungsgläser und Folgerungen); derowegen haben wir auch bei den Körpern keine tieferen Ursachen des Zusammenhangs der Materie als die Bewegungen zu suchen, wenn wir mit der

Erklärung der wirklichen Dinge zu tun haben. Wir brauchten nicht weitere Gründe, als wir nötig haben, diejenigen Sachen zu erklären, die wir observieren können. (Vernünftige Gedanken von Gott, der Welt und der Seele des Menschen, 2. Aufl., § 241)

Ens compositum und Substantiale

Im zusammengesetzten Ding gibt es nichts Substantiales außer den einfachen Dingen; die Essenz des zusammengesetzten Dinges besteht nur aus bloßen Akzidentien, weil jedoch ohne Substanz die Dinge nicht existieren können, so muß es außer der Essenz noch etwas Substantiales im zusammengesetzten Ding geben. Demnach, da ohne einfache Dinge die zusammengesetzten nicht existieren können, so sind die einfachen Dinge jenes Substantiale. (Philosophia prima seu Ontologia § 792)
Die zusammengesetzten Dinge sind Aggregate von Substanzen. (Ebenda § 793)
Die zusammengesetzte Substanz ist ein Aggregat der einfachen Substanzen oder eine, welche wegen der einfachen, das zusammengesetzte Ding bildenden (ingredientes), eine Substanz genannt wird. (Ebenda § 794)
Wenn es Kraft in einer zusammengesetzten Substanz gibt, so muß diese aus den Kräften der einfachen Substanzen entspringen. (Ebenda § 595)

Form

Die essentialen Determinationen sind das, was man Form zu nennen pflegt, ingleichen causa formalis. Die Form des Steins erkennt (perspicit), wer weiß, wie durch Mischung die Körper hervorgehen und wie dieselben unter sich verbunden werden, damit die Masse des Steins herauskommt. (§ 944)
Die Form ist unter die Ursachen der Dinge zu rechnen. Durch die Form nämlich versteht man, warum ein Ding von dieser Gattung oder Art ist, oder so beschaffen und nicht vielmehr (potius quam) anders, und warum es geschickt ist, auf diese Weise zu handeln; folglich ist in der Form der Grund hiervon enthalten. Sie ist also Prinzip des Dinges, von dem es abhängt, daß es selbst so beschaffen existiert, folglich ist sie Ursache. (Ebenda § 947)«

René Descartes
(1596–1650)

François Marie Voltaire
(1694–1778)

Jean Jacques Rousseau
(1712–1778)

Denis Diderot
(1713–1784)

Die französische Aufklärung bis Voltaire

In der klaren und schneidend kühlen Luft des französischen Rationalismus oder, besser gesagt, des Rationalismus in Frankreich, nimmt die Aufklärungsphilosophie ihre entschiedenste Form an. Das gilt vor allem für die praktischen Bereiche der Moral und Erziehung, der Politik und der Religion. Mit dem »Dictionnaire historique et critique«, dem historischen und kritischen Wörterbuch des Pierre Bayle (1647–1706) wird die Losung zu einer allgemeinen Aufklärung aller Menschen, einer Art Demokratisierung der Bildung und Wissenschaft gegeben. Sie findet dann in dem großen Gemeinschaftswerk der französischen Enzyklopädie ihren sichtbarsten und typischsten Ausdruck. Die beiden Aufklärungsphilosophen d'Alembert und Diderot, die wie Voltaire im letzten Jahrzehnt vor dem Ausbruch der Französischen Revolution gestorben sind, haben in diesem zusammenfassenden Werk aller Wissenschaften die »erleuchtetsten« Geister der Zeit vereint. Damit bereiteten sie den Boden für den politischen, gesellschaftlichen und geistigen Umschwung, den die große Französische Revolution mit ihren bösen und guten Folgen herbeiführte. Man kann diese Philosophen und Schriftsteller bis zu Voltaire darum auch auf den gemeinsamen Nenner des praktischen Ziels der Aufklärung bringen. Sie wollten das Licht der Vernunft allen Menschen und in allen Lebensbereichen leuchten lassen. Denn sie waren nicht alle Materialisten und damit auch Atheisten wie Diderot, Holbach und de Lamettrie, der mit seinem Buch über die »Mensch-Maschine« (L'homme machine) die treffendste Formel fand. Nicht jeder Atheist war zugleich auch erklärter Materialist. Denken wir nur an den schon genannten Pierre Bayle, dem es in seinem »Dictionnnaire« vor allem darauf ankam, die Unverträglichkeit der Vernunft mit der Religion nachzuweisen. Mit ihm hat sich Leibniz in der »Theodizee« auseinandergesetzt, in der er gerade die Vereinbarkeit der Vernunfterkenntnis mit dem Glauben beweist. D'Alembert wiederum läßt sich nicht als Atheist charakterisieren. Seine Vernunftreligion trägt die Züge des alle Offenbarung und Wunderglauben ächtenden Deismus, wie wir ihn bei Christian Wolff, der eben kein Deist war, schon beschrieben haben.

Schon vor d'Alembert sah der in der modernen Staats- und Rechtslehre besonders zu rühmende Montesquieu (1689–1755) die Toleranz und mit ihr die Gewissensfreiheit als das Kernstück der praktischen Aufklärung an. Mit seinem Werk über den Geist der Gesetze hatte er die Trennung der drei Gewalten, der Gesetzgebung, der Regierung und der richterlichen Gewalt als Bedingung des modernen, weil schließlich aufgeklärten Staates gefordert. Auch die aufgeklärten Monarchen, wie etwa Friedrich der Große von Preußen, suchten das im Untertanenstaat zu verwirklichen. Die Kantsche Philosophie sollte diesen Bestrebungen entgegenkommen.

In der glänzendsten schriftstellerischen Form, in ironischen und polemischen Wendungen, die die persönliche Toleranz dem Andersdenkenden und -glaubenden gegenüber oft vermissen ließ, trat François-Marie Voltaire (1694–1778) für die Herrschaft der Vernunft ein. Er kämpfte für die natürlichen und vernunftgemäßen Menschenrechte und damit die politische und religiöse Toleranz. Man kann ihn einen Fürsten des Geistes nennen, der sich mit beißender Ironie auch an den Höfen der Fürsten bewegte. So verfolgte er auch den Aufruf J. J. Rousseaus »Zurück zur Natur«, wie er sich in dessen Erziehungsroman »Emile« spiegelt, mit seinem Spott als einen auf vier Beinen sich bewegenden und sich von Kohlköpfen nährenden Menschen. Auch sein Kampf gegen die Kirche, die er als Brutstätte des Aberglaubens anprangerte, muß unter diesem Gesichtspunkt des mit schneidend wirksamer Leidenschaft für die Menschenrechte Kämpfenden gesehen werden. In seinen Briefen über die Engländer verfocht er erstmalig gegenüber dem Frankreich Ludwigs XV. Anschauung und Erlebnis der freiheitlichen politischen Verhältnisse in England. Voltaire vereint in sich, obwohl und weil er kein systematischer Denker zu nennen ist, die glasklare Ader des Rationalismus, die Frivolität eines blendenden Künstlers des Wortes und die praktische und sinnenhaft gebundene Nüchternheit des englischen Empirismus, den wir noch als das Gegenstück des Rationalismus bei Locke, Hobbes und Hume kennenlernen werden.

Mit seinem Gegenspieler Rousseau, der unter der Satire und Ironie Voltaires leidet, verbindet ihn nicht nur – und das ist ja etwas Äußerliches – das gemeinsame Todesjahr 1778. Gemeinsam ist den beiden vor allem die Verklärung auf den politischen Altären der Französischen Revolution. Sie sind beide mehr als alle anderen Aufklärer zum Inbegriff ihres so blutig anhebenden Vernunftstaates geworden.

Die Vernunft der Erfahrung

Die Aufklärungsphilosophie beginnt, wie wir bereits sahen, im Grunde schon mit der modernen Philosophie des Descartes und Bacons. Die von ihnen eingeleiteten Richtungen des Rationalismus und Empirismus laufen als Adern, die zwar untereinander wieder vielfältig verbunden sind, auch durch die Werke der Aufklärung im 17. und 18. Jahrhundert. Aus diesem Grunde muß auch die Ahnenreihe des Empirismus, der vor allem in England in dem nüchternen Sinn seiner Bevölkerung Antrieb und immer erneuerten Aufschwung fand, bis zu Francis Bacon zurückverfolgt werden. Der Empirismus ist jene philosophische Auffassung, die im Gegensatz zum Rationalismus die Erfahrung als einzige Quelle der Erkenntnis gelten läßt. Die Erfahrung kann dabei vor allem die durch unsere Sinne erfolgende Kontaktnahme mit den Dingen und Erscheinungen bedeuten. Stützt sich der Empirismus allein auf die sinnenhaft vermittelten Gegebenheiten, dann spricht man genauer von einem »Sensualismus«. Aber auch die innere Erfahrung, das, was uns an Vorstellungen und Vorstellungsverbindungen in unserem Bewußtsein gegeben ist, findet im Empirismus als Quelle der Erkenntnis Anerkennung.

Man darf sich freilich nicht vorstellen, daß der Empirismus etwa auf das Denken verzichtete. Sonst müßten ja alle Wissenschaften nichts anderes sein als eine Aneinanderreihung und Aufzählung von äußeren und inneren Erfahrungsgegebenheiten. Die Seele oder das Bewußtsein wird im großen und ganzen in der empiristischen Philosophie als eine sogenannte »tabula rasa«, als eine leere Tafel angesehen, in die die Erfahrung ihre Schriftzüge als Inhalt einprägt. Das Denken hat, ohne auf die Unterschiede der einzelnen Philosophen hier näher eingehen zu können, einzig und allein die Aufgabe, diese inhaltlichen und sinnenhaft bedingten Vorstellungen zu ordnen. Es will sie in gewisse gesetzliche Verbindungen bringen und damit überschaubar machen, ohne daß man im Sinne des Empirismus sagen kann, daß etwa auch die Welt der Gegenstände selber in dieser Weise geordnet und verbunden sei. Alles Denken ist eben eine nachträgliche, wenn auch sehr notwendige Zutat des Menschen oder der menschlichen Gewohnheit. Für einen kritischen Betrachter dieser Auffassung ergibt sich dazu vom Denken her eine Reihe von Fragen. Man könnte z.B. mit der Frage beginnen, wieso dann die Menschen zu einer übereinstimmenden Ordnung im Denken gelangen, wenn sie als solche nicht schon in der Wirklichkeit vorhanden ist.

In diesem Abriß für den interessierten Leser, der nicht als ein Fachphilosoph angesprochen werden will, können nur die wesentlichen Charakteristika der drei genannten englischen Philosophen hervorgehoben werden. Alle drei stimmen sicherlich darin überein, daß sie die Vernunft der Erfahrung predigen und daß sie damit in die geistige Strömung der Aufklärung hineingehören. Diese Aufklärung kommt aber nicht durch reines Denken zustande, durch ein Versenken in die uns etwa eingeborenen Ideen, sondern indem man die Welt wirklich er-fährt, also die vielen, vielen Einzelerscheinungen abwandert und sich vom Reichtum der vielfältig bunten Erfahrungen bilden läßt. Nicht zufällig kehrt darum auch in den pädagogischen Gedanken, die gerade auch von diesen Philosophen geäußert wurden, die dauernd wiederholte Anregung wieder: zu reisen und die Welt kennenzulernen.

Thomas Hobbes

Hobbes war Zeitgenosse von Descartes. Er überlebte ihn um rund 30 Jahre, obwohl er noch acht Jahre vor Descartes geboren wurde (1588). Seine Bedeutung als Aufklärungsphilosoph liegt in der Wirkung, die seine Theorien über die Entstehung des Staates hervorgerufen haben. Der Naturzustand des Menschen ist durch einen krassen Egoismus des einzelnen auf Selbsterhaltung und Selbstentfaltung angelegt. Die oft zitierten Wendungen vom Krieg aller gegen alle oder vom Menschen, der des anderen Menschen Wolf sei, stammen von Hobbes. Diese Aussprüche wollen nicht besagen, daß der Mensch diesen Naturzustand etwa ausleben solle oder ausleben müsse. Das würde ja zum vollkommenen Chaos führen. Der Staat, so behauptet Hobbes, sei ein vernünftiger Vertrag, durch den eben dieser Naturzustand des Menschen gezügelt und im Sinne des Gemeinwohls durch den machtausübenden Staat und durch die Beschränkung der Triebe und Rechte des einzelnen kultiviert werde. Mehr als ein Jahrhundert später wird Jean Jacques Rousseau auch eine Staatstheorie auf einen ursprünglichen Vertrag der Menschen untereinander aufbauen, jedoch genau mit umgekehrten Sinnzeichen. Der ursprüngliche Naturstand des Menschen und der Gesellschaft sei gut, er werde erst durch die Zivilisation verdorben. Es bedürfe daher eines Rückgangs zur ursprünglichen Natur des Menschen, um die Gesellschaft zu retten.

Hobbes hat sich in seinen drei Werken, die im Grunde die Natur, den Menschen und den Staat oder die Gesellschaft betreffen, natürlich noch mit sehr vielen anderen Fragen beschäftigt. Besonders interessierten ihn die erkenntnistheoretischen Grundlagen der Philosophie; seine diesbezüglichen Gedanken wurden für Locke und Hume und andere die Vorbedingung für den weiteren Ausbau des Empirismus. Hobbes' Ziel war aber vor allem praktischer und, wir würden heute sagen, staats- und gesellschaftpolitischer Natur. Der sich mehr und mehr zu einem demokratischen Gemeinwesen ausbauende Staat wird durch diese aufklärende Philosophie vorbereitet, selbst wenn die Träger dieser Ideen noch den konstitutionellen monarchischen Formen anhängen oder ihnen sogar als Staatsmänner dienen.

Die beiden Philosophen Locke und Hume repräsentieren noch etwas deutlicher als Hobbes die Aufklärung: Locke indem er in seinen Gedanken über die Erziehung das Ideal des Gentleman begründet und in seiner welterfahrenen Überlegenheit schildert. Auch der Nachweis, daß das Christentum vernunftgemäß sei, und der Appell an die Toleranz sind Züge, die für die große Zeit der Aufklärung charakteristisch sind.

David Hume zeichnet sich als Aufklärungsphilosoph dadurch aus, daß er die Bemühung in der Rückführung auf die wahre Natur des Menschen, der Moral, der Religion weitertreibt.

Erkenntnistheoretisch stieß er die Kritik an einer rationalistisch ausgerichteten Philosophie so extrem voran, daß zwar Kant durch ihn aus seinem dogmatischen Schlummer geweckt wurde, zugleich aber mit dem Ergebnis der empiristischen Philosophie unbefriedigt bleiben mußte.

John Locke

Locke wurde am 29. 8. 1632 in Wrington bei Bristol geboren. Er starb am 28. 10. 1704 in Oates, in der Grafschaft Essex. Nach dem Besuch der Westminsterschule in London studierte er seit 1652 vorwiegend Medizin und Naturwissenschaften. Allerdings galt schon in dieser Zeit sein Interesse auch der Philosophie, vornehmlich Wilhelm von Ockham und Descartes. 1665 begleitete er den englischen Gesandten auf einer Dienstreise nach Brandenburg. Während der Jahre 1667 bis 1675 betätigte er sich als Hausarzt und Hauslehrer, während er anschließend bis 1679 sich zu einem längeren Besuch nach Frankreich begab. Politische Verwicklungen zwangen ihn 1683, als mißliebige Person England zu verlassen und nach Holland ins Exil zu gehen. Endlich 1689 bot sich ihm die Möglichkeit, nach England heimzukehren, wo er dann auch bald mit den Aufgaben eines öffentlichen Amtes betraut wurde.

John Lockes bedeutendste Werke sind:
An essay concerning human understanding (Studien über den menschlichen Verstand), 1690,
Gedanken über die Erziehung, 1693,
Die Vernunftgemäßheit des Christentums, 1695,
Brief über die Toleranz, 1689–1692,
Staatspolitische Schriften, 1690–1695.

Francis Bacon
(1561–1626)

Thomas Hobbes
(1588–1679)

John Locke
(1632–1704)

David Hume
(1711–1776)

David Hume

Hume, geboren am 7.5. 1711 in Edinburgh, gestorben am 25.8. 1776 in derselben Stadt, hatte schon früh ein ausgeprägtes staatspolitisches und rechtliches Interesse. Es bewog ihn auch, anfangs Jurisprudenz zu studieren. Sein erstes philophisches Werk gab er während seines Frankreich-Aufenthaltes (1734–1737) heraus. Nachdem 1744 eine Bewerbung um die Professur für Moralphilosophie in Edinburgh gescheitert war, versuchte er sein Glück in Diensten eines Marquis zu machen, dessen Gesellschafter er von 1745 bis 1746 war. Ab 1746 wurde er als Sekretär des Generals Saint Clair tätig, den er unter anderem auf einer Expedition und auf Gesandtschaftsreisen nach Turin und Wien begleitete. 1749 war er wieder in Schottland, wo er sich 1751 neuerlich um eine Professur in Glasgow bewarb, mit dem ähnlichen Mißerfolg wie in Edinburgh. Danach sah er sich gezwungen, mit einer Stelle als Bibliothekar vorliebzunehmen, ohne dabei aber lange auszuhalten. 1763 wurde er Sekretär und Reisebegleiter des Grafen von Hertford, dem er nach Versailles folgte. Anläßlich dieser Reise nutzte Hume die Gelegenheit, um mit den Enzyklopädisten und Rousseau in Verbindung zu treten. 1767 bis 1768 war der Gipfel der äußeren Laufbahn erreicht. Hume wurde Unterstaatssekretär im Auswärtigen Amt. Seinen Lebensabend verbrachte er als Privatmann in seiner Geburtsstadt Edinburgh.
Seine wichtigsten Werke sind:
A treatise on human nature (Abhandlung über die menschliche Natur), 1739–40,
An Enquiry concerning Human Understanding (Untersuchung über den menschlichen Verstand), 1748,
Enquiry concerning the principles of morals (Untersuchung über die Prinzipien der Moral), 1751,
Essays moral and political (Moralische und politische Studien), 1758,
The Natural History of Religion (Die Natürliche Geschichte der Religion), 1755.

Über die Assoziation der Vorstellungen

In seinen Untersuchungen über den menschlichen Verstand sieht Hume das höchste Ziel der menschlichen Erkenntnis in den erfahrungsmäßig gefundenen Ursachen der Naturerscheinungen. Sie sind einheitlich zusammenzufassen und den unableitbaren Ursachen unterzuordnen. Er äußert sich zu seiner Philosophie wie folgt:
»Es besteht augenscheinlich ein Prinzip der Verknüpfung verschiedener Gedanken oder Vorstellungen der Seele, indem bei ihrem Auftauchen in der Erinnerung oder Phantasie eine die andere mit gewisser Methode und Regelmäßigkeit nach sich zieht. Beim ernsteren Denken oder Gesprächen ist das so auffallend, daß jeder einzelne Gedanke, der die regelmäßige Abfolge oder Kette der Vorstellungen unterbricht, sofort bemerkt und abgelehnt wird. Selbst in unseren erregten und schwärmerischsten Träumereien, ja in unseren echten Träumen, zeigt es sich der Beobachtung, daß die Phantasie nicht in abenteuerlicher Weise funktioniert, sondern daß zwischen den verschiedenen Vorstellungen, die aufeinander folgten, eine Verknüpfung bestand. Würde das freieste, ungebundenste Gespräch aufgeschrieben, so würde man sogleich sehen, daß es durch etwas in allen seinen Sprüngen verknüpft ist. Wo dies sich nicht findet, wird die Person, die das Gespräch unterbrach, zu berichten wissen, daß in ihrer Seele eine Vorstellungsfolge leise aufgetreten ist, die sie allmählich von dem Gegenstand der Unterredung abgebracht hat. Wir finden in verschiedenen Sprachen, selbst da, wo nicht die geringste Verknüpfung oder Kommunikation zwischen ihnen zu ersehen ist, daß die Worte, die sehr komplizierte Vorstellungen bezeichnen, miteinander recht übereinstimmen; das beweist, daß die einfachen, in den zusammengesetzten enthaltenen Vorstellungen durch ein gewisses allgemeines Prinzip zusammengehalten werden, ein Prinzip, das bei jedem Menschen gleiche Geltung hat.
So sehr sich diese Vorstellungsverknüpfung der Wahrnehmung aufdrängt, so sehe ich doch nicht, daß irgendein Philosoph versucht hätte, alle diese Assoziationsgesetze aufzuzählen und zu klassifizieren, trotz der Bedeutsamkeit einer solchen Untersuchung. Es scheinen mir nun bloß drei Ver-

knüpfungsprinzipien der Vorstellungen zu bestehen: Ähnlichkeit (resemblance), räumlich-zeitliche Berührung (contiguity) und Ursächlichkeit (cause or effect).
Die Eignung dieser Prinzipien zur Vorstellungsverknüpfung dürfte kaum jemand bestreiten. Ein Bild lenkt naturgemäß unsere Vorstellungen auf das Original hin (Ähnlichkeitsassoziation), die Erwähnung eines der Wohnräume führt von selbst zum Denken an die anderen oder zu deren Nennung (Berührungsassoziation); denken wir an eine Wunde, so ist der Gedanke an den ihr folgenden Schmerz kaum zu unterdrücken (Assoziation durch Ursächlichkeit). Die Vollständigkeit dieser Aufzählung freilich und der Ausschluß weiterer Assoziationsgesetze ist schwer zu des Lesers wie auch zur eigenen Zufriedenheit zu beweisen. Hier läßt sich nichts weiter tun, als verschiedene Fälle durchzugehen, sorgfältig die Prinzipien, welche die verschiedenen Vorstellungen aneinander schließen, zu prüfen, und nicht eher haltzumachen, bis die Allgemeinheit des Prinzips die größtmögliche ist. Je mehr Fälle wir untersuchen und mit je größerer Sorgfalt dies geschieht, desto sicherer werden wir einsehen, daß unsere Aufzählung durchaus vollständig ist.«

Dichter und Romantiker der Aufklärung

Zwei Namen müssen auch in einer Geschichte der Philosophie im Zusammenhang mit dem Zeitalter der Aufklärung an hervorragender Stelle genannt werden, Gotthold Ephraim Lessing (1729–1781) und der schon mehrfach erwähnte Jean Jacques Rousseau (1712–1778).
Lessing hat, zumal in seinem Drama Nathan der Weise mit der Parabel von den drei Ringen, einem entscheidenden Thema der Aufklärungszeit dichterischen Ausdruck gegeben: der Toleranz. Ohne Übertreibung kann man einen roten Faden auch in anderen Werken entdecken, der die Erziehung durch Aufklärung in den verschiedensten Bereichen und in den verschiedensten Wendungen verfolgt. Will man diese philosophische Linie Lessings in griffigen Formeln zusammenfassen, so könnte man in etwa sagen: Der Trieb nach der Wahrheit, dem Genüge zu schaffen ist, ist im Menschen

grundgelegt. Seine volle Befriedigung kann aber dieser Trieb nach der Wahrheit nicht erfahren. So bleibt nach Lessing nur das Streben nach der Wahrheit, dem wahren und echten Ring, den Gott allein kennt, mehr wert als der Besitz von Wahrheit. In diesem Eifern der Menschen untereinander, in den verschiedenen Religionen und Überzeugungen ihre jeweilig gefundene und doch nicht letzte Wahrheit zu leben und zu bewähren, liegt der eigentliche Fortschritt. Er fordert als Bedingung die wechselseitige Toleranz. Weil die letzte Wahrheit nicht »erweislich« sei, ebenso wie die beiden Nachbildungen des echten Rings nicht von dem echten zu unterscheiden wären, solle jeder Mensch in »seiner« Wahrheit bleiben, aber jede andere als genauso richtig achten.
An anderer Stelle haben wir uns schon einmal kritisch mit dieser philosophischen Grundanschauung auseinandergesetzt. Unbeschadet dieser möglichen und lebendigen Kritik stellt sich Lessings Philosophie als glühender Appell an die Menschen in die Reihe jener vorwärts treibenden Kräfte, die praktisch zur Versittlichung der modernen Menschheit und Gesellschaft beigetragen haben, wenn auch in anderer Weise Unruhe des Geistes geweckt wurde, die möglicherweise neue Verwirrung stiftete.

Philosophen und Schwärmer

Unter den Fragmenten Lessings findet sich diese für sein philosophisches Denken so charakteristische Stelle. Damit stellt sich der Philosoph dem Leser selber vor:
»Schwärmer, Schwärmerei kommt von Schwarm, schwärmen; so wie es besonders von den Bienen gebraucht wird. Die Begierde, Schwarm zu machen, ist folglich das eigentliche Kennzeichen des Schwärmers.
Daß manche Schwärmer durchaus keine Schwärmer heißen wollen, weil sie keine eignen göttlichen Triebe und Offenbarungen vorgeben, tut nichts zur Sache. So klug sind die Schwärmer alle, daß sie ganz genau wissen, welche Maske sie zu jeder Zeit vornehmen müssen. Maske war gut, als Aberglaube und Tyrannei herrschten. Philosophischere Zeiten erfordern eine philosophischere Maske. – Aber umgekleidete

Masken, wir kennen euch doch wieder! Ihr seid doch Schwärmer; – weil ihr Schwarm machen wollt.

Weil der Philosoph selbst nie die Absicht hat, selbst Schwarm zu machen, sich auch nicht so leicht an einen Schwarm anhängt, dabei wohl einsieht, daß Schwärmerei nur durch Schwärmerei Einhalt zu tun ist; so tut der Philosoph gegen die Schwärmerei – gar nichts. Es wäre denn, daß man ihm das für Bemühungen gegen die Schwärmerei anrechnen wollte, daß, wenn die Schwärmerei spekulativen Enthusiasmus zum Grunde hat, oder doch zum Grunde zu haben vorgibt, er die Begriffe, worauf es dabei ankommt, aufzuklären und so deutlich als möglich zu machen bemüht ist.

Freilich sind schon dadurch so manche Schwärmereien zerstoben. Aber der Philosoph hatte doch keine Rücksicht auf die schwärmenden Individuen, sondern ging bloß seinen Weg. Ohne sich mit den Mücken herumzuschlagen, die vor ihm herschwärmen, kostet seine bloße Bewegung, sein Stillsitzen sogar, nicht wenigen das Leben. Die wird von ihm zertreten; die wird verschluckt; die verwickelt sich in seinen Kleidern, die verbrennt sich an seiner Lampe. Macht sich ihm eine durch ihren Stachel an einem empfindlichen Ort gar zu bemerkbar – klapp! Trifft er sie, so ist sie hin. Trifft er sie nicht – reise, die Welt ist weit!

Im Grunde ist es auch nur dieser Einfluß, welchen die Philosophen auf alle menschlichen Begebenheiten, ohne ihn haben zu wollen, wirklich haben. Der Enthusiast und der Schwärmer sind daher gegen ihn so sehr erbittert. Sie möchten rasend werden, wenn sie sehen, daß am Ende doch alles nach dem Kopfe der Philosophen geht und nicht nach ihrem.

Denn was die Philosophen sogar ein wenig nachsehend und parteiisch gegen Enthusiasten und Schwärmer macht, ist, daß sie, die Philosophen, am allermeisten dabei verlieren würden, wenn es gar keine Enthusiasten und Schwärmer mehr gäbe. Nicht bloß, weil sodann auch der Enthusiasmus der Darstellung, der für sie eine so lebendige Quelle von Vergnügungen und Beobachtungen ist, verloren wäre, sondern weil auch der Enthusiasmus der Spekulation für sie eine so reiche Fundgrube neuer Ideen, eine so lustige Spitze für weitere Aussichten ist und sie diese Grube so gerne befahren, diese Spitze so gerne besteigen; ob sie gleich unter zehn Malen das Wetter

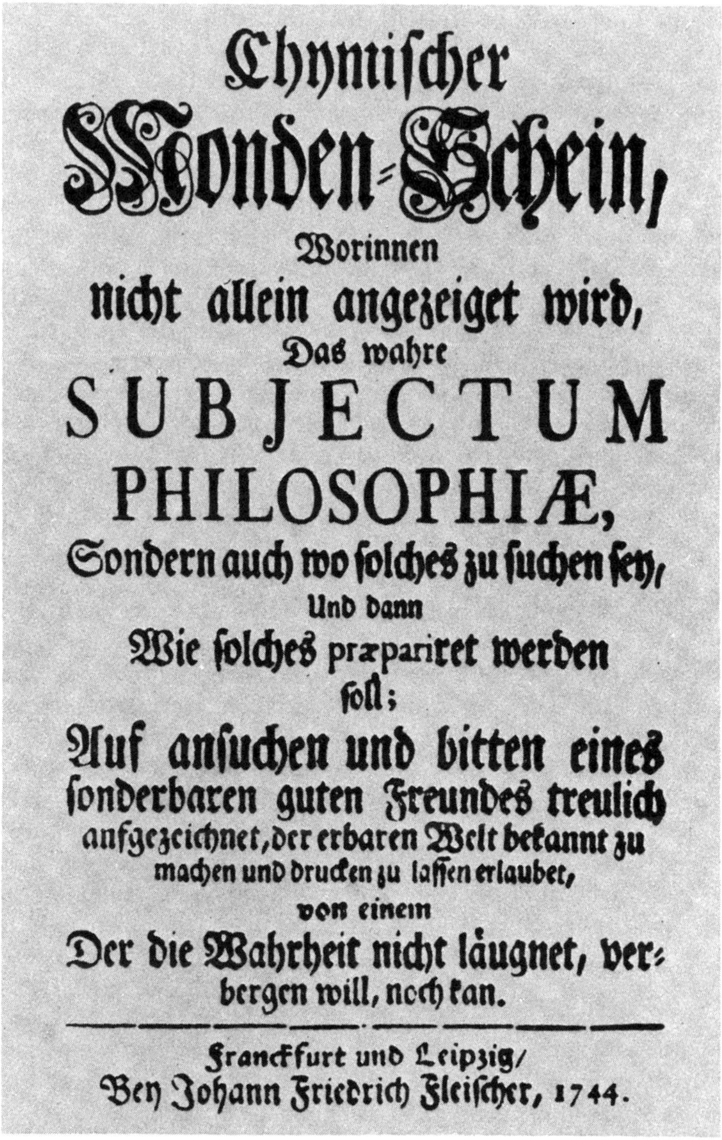

Chymischer
Monden-Schein,
Worinnen
nicht allein angezeiget wird,
Das wahre
SUBJECTUM
PHILOSOPHIÆ,
Sondern auch wo solches zu suchen sey,
Und dann
Wie solches præpariret werden
soll;
Auf ansuchen und bitten eines
sonderbaren guten Freundes treulich
aufgezeichnet, der erbaren Welt bekannt zu
machen und drucken zu lassen erlaubet,
von einem
Der die Wahrheit nicht läugnet, ver-
bergen will, noch kan.

Franckfurt und Leipzig/
Bey Johann Friedrich Fleischer, 1744.

Titelblatt eines philosophischen Werkes über Alchimie, das um eine erkenntnistheoretische Begründung der alchimistischen Praxis bemüht ist. Die Alchimisten suchten das Elixier des Lebens und den Stein der Weisen in ihren Werkstätten.

nicht einmal da oben treffen, was zu Aussichten nötig ist. Und unter den Schwärmern sieht der Philosoph so manchen tapferen Mann, der für die Rechte der Menschheit schwärmt und mit dem er, wenn Zeit und Umstände ihn auffordern, ebenso gern schwärmen als zwischen seinen vier Mauern Ideen analysieren würde.

Wer war mehr kaltblütiger Philosoph als Leibniz? Und wer würde sich die Enthusiasten ungerner haben nehmen lassen als Leibniz? Denn wer hat Enthusiasten besser genutzt als eben er? – Er wußte sogar, daß, wenn man aus einem deutschen Enthusiasten auch sonst nichts lernen könne, man ihn doch der Sprache wegen lesen müsse. So billig war Leibniz? – Und wer ist den Enthusiasten gleichwohl verhaßter als ebendieser Leibniz? Wo ihnen sein Name nur aufstößt, geraten sie in Zuckungen; und weil Wolff einige von Leibnizens Ideen, manchmal ein wenig verkehrt, in ein System verwoben hat, das ganz gewiß nicht Leibnizens System gewesen wäre; so muß der Meister ewig seines Schülers wegen Strafe leiden. – Einige von ihnen wissen zwar sehr wohl, wie weit Meister und Schüler voneinander noch abstehen; aber sie wollen es nicht wissen. Es ist doch so gar bequem, unter der Eingeschränktheit und der Geschmacklosigkeit des Schülers den scharfen Blick des Meisters zu verschreien, der es immer so ganz genau anzugeben wußte, ob und wieviel jede unverdaute Vorstellung eines Enthusiasten Wahrheit enthalte oder nicht!

»O dieses verwüstenden, tötenden, unseligen Blickes!« sagt der Enthusiast. »Da macht der kalte Mann einen kleinen lumpigen Unterschied, und dieses Unterschieds wegen soll ich alles aufgeben? Da seht ihr nun, was das Unterscheiden nutzt! Es spannt alle Nerven ab. Ich fühle mich ja gar nicht mehr, wie ich war. Ich hatte sie schon ergriffen die Wahrheit; ich war ganz im Besitz derselben: – und wer will mir mein eigenes Gefühl abstreiten? – Nein, ihr müßt nicht unterscheiden, nicht analysieren; ihr müßt das, was ich euch sage, so lassen, nicht wie ihr es denken könnt, sondern so wie ich es fühle, wie ich gewiß machen will, daß ihr es auch fühlen sollt, wenn ER euch Gnade und Segen gibt.« Nach meiner Übersetzung: – wenn euch Gott Gnade und Segen gibt, den einzigen unbezweifelten Segen, mit dem Gott den Menschen ausgestattet, zu verkennen, mit Füßen zu treten!

Freilich, was konnte der ehrliche Mann in dem Hafen zu Athen, dessen Enthusiasmus ein Arzt, ich weiß nicht, ob durch eine Purganz oder Nießwurz verjagte, anders antworten als: Giftmischer!
Wenn es wahr ist, daß in den neuern Zeiten die fürchterlichsten Bestreiter unserer Religion aufgestanden sind, so ist es auch nicht minder wahr, daß zu ebenden Zeiten diese bestrittene Religion die mächtigsten Verteidiger gefunden hat. Allein, das würde offenbar falsch sein, wenn man behaupten wollte, daß die Schriften sowohl der einen als der andern auch gleiche Wirkungen gehabt hätten. Die ersten besitzen meistenteils die unselige Geschicklichkeit, dem Falschen alle Reize der Wahrheit zu geben, die schwächsten Gründe durch witzige Einfälle aufzustützen und sich so auszudrücken, daß man sie ohne Kopfzerbrechen verstehen kann. Die andern haben meistenteils ein allzu gelehrtes Ansehen, und das ist pedantisch; sie bleiben immer ernsthaft, und das ist unerträglich; sie setzen Schlüsse auf Schlüsse, und wer wird gerne seine Gedanken anstrengen. Daher kommt es, daß diese nur diejenigen zu Lesern bekommen, die sich unterrichten wollen; jene aber alle die, welche zum Zeitvertreibe lesen; so daß allezeit das kritische Wörterbuch hundert Leser und die Theodizee einen hat.«

Rousseau, Aufklärer und Überwinder

Jean Jacques Rousseau, der romantische Pädagoge, gehört ganz in die Aufklärung und kann zugleich mit Fug und Recht als einer ihrer entscheidenden Überwinder gelten, wie es in vielen Darstellungen über den Genfer Philosophen und Dichter gesagt wird. Rousseau lehrte eigentlich eine Philosophie des Herzens, die gerade der rationalistischen Strömung, von welcher er gleichwohl in manchem abhängig ist, stracks zuwiderläuft. Nur das Herz gibt uns die wahre Eingebung von unserer menschlichen Natur und von dem, was sich uns in der Naturreligion als das Wahre und Eigentliche enthüllt. Die ursprüngliche Natur des Menschen, die gut aus der Hand des Schöpfers hervorging, wie es zu Beginn seines Erziehungsromans Emile heißt, ist verderbt durch die Zivilisation und all ihre Folgen. Die Zivilisation aber ist erwachsen aus dem Egoismus des Privateigentums, das für Rousseau die Rolle der Erbsünde übernimmt. Daher erhebt Rousseau in allen seinen Schriften die unablässige Forderung der Rückkehr zur reinen Natur. Kultur ist Rückschritt und nicht Fortschritt. Die neue Gesellschaft, deren Künder Jean Jacques Rousseau zugleich wird, kann nur entstehen, wenn die Erziehung zur Natur und durch die Natur, wie sie am Modell Emiles aufgezeigt wird, durchgeführt wird.

In seinem »Contrat social«, wie schon bei Hobbes erwähnt, zeigt sich Rousseau nicht mehr als Vertreter einer absolutistischen Staatslehre oder der konstitutionellen Monarchie. Er tritt als Repräsentant der Volkssouveränität auf: Alle Gewalt geht vom Volke aus. Zwar unterscheidet Rousseau zwischen der volonté générale, dem allgemeinen Willen, und der volonté de tous, dem Willen von allen. Es soll der allgemeine Wille und nicht der Wille von allen durchgesetzt werden.

»Wenn man untersucht, worin genau das größte aller Güter besteht, welches der Zweck von jedem Systeme der Gesetzgebung sein muß, so wird man finden, daß es sich auf jene beiden Hauptsachen, Freiheit und Gleichheit, reduziert: die Freiheit, weil jede Privatabhängigkeit eben so viel dem Staatskörper geraubte Kraft ist; die Gleichheit, weil die Freiheit nicht ohne sie bestehen kann ... Hinsichtlich der Gleichheit darf man nicht unter diesem Worte verstehen, daß die Grade der Macht und des Reichthums durchaus die nämlichen seyn sollen, sondern daß, was die Macht anlangt, sie nicht zur Gewaltthätigkeit werden und nur kraft des Ranges und der Gesetze ausgeübt werden darf, u. was den Reichthum anbelangt, daß kein Bürger so begütert seyn soll, um dadurch einen andern kaufen zu können, und keiner so arm, daß er gezwungen ist, sich zu verkaufen. Wollt ihr darum dem (Vernunft-)Staate Bestand geben, so nähert die äußersten Grade so viel als möglich; duldet weder im Überfluß lebende, noch bettelhafte Leute. Diese beiden Stände, ihrer Natur nach unzertrennlich, sind auf gleiche Weise für das Gesammtwohl unheilvoll; von dem einen gehen die Begünstiger der Tyrannei, von dem andern die Tyrannen aus; unter ihnen wird immer Schacher mit der öffentlichen Freiheit getrieben, der eine kauft und der andere verkauft.«

Die nachfolgenden Revolutionen, als deren Held Rousseau triumphal gefeiert wird, haben diesen Optimismus Rousseaus nicht gerechtfertigt, der an die ursprüngliche Natur des Menschen im Sinne einer guten Entfaltung glaubte und daraus auch die Hoffnung auf das Rechttun des Volkes aus Natur hegte. Er übersah offensichtlich, daß der menschliche Wille mit seiner und gegen seine Natur sich entscheiden kann und daß damit das Gute und das Böse sich genauso natürlich zeigen kann. Das Weiterzünden seiner mit dem Herzen geschriebenen Werke hat neben den aufrüttelnden Impulsen auch vieles geweckt, womit sich die Menschen noch zwei Jahrhunderte später nicht nur positiv, sondern auch auf negative Weise auseinandersetzen müssen.

Philosophie der deutschen Romantik

Stellvertretend für diese Epoche seien Schelling und Schleiermacher genannt. Friedrich Wilhelm Schelling (1775–1854), der Stiftsgenosse Hegels und Hölderlins in Tübingen, und Friedrich Schleiermacher (1768–1834) zählen zwar auch zur großen Bewegung des deutschen Idealismus, sie repräsentieren aber zugleich die Philosophie der Romantik. Sie leiten die Romantik philosophisch ein – ähnlich wie in anderer Weise Jean Jacques Rousseau Aufklärer und Romantiker zugleich war. Dabei treten, wie auch der hier beigegebene Text aus den Werken Schleiermachers zeigt, zwei Seiten der Romantik klar hervor, die auch in der uns bekannten literarischen und musikalischen Romantik Gestalt annehmen: die Kraft und Macht der Natur und die Religion des Herzens. Man kann es auch eine Philosophie des Gefühls nennen. Nietzsche – selbst Pastorensohn – nannte zwar das Denken dieser »Theologen« eine durch Theologenblut verderbte Philosophie. Diese Philosophen – wenn auch selbst wieder zu Einseitigkeiten neigend – haben aber doch der Engstirnigkeit rationalistischer Haltung weit über ihr Leben hinaus entgegengewirkt. Schleiermacher verdanken wir außerdem eine noch immer beachtete und gelesene Übersetzung der Werke Platons.

Schleiermachers Rede über die Religion an die Gebildeten unter ihren Verächtern

»Es mag unerwartetes Unternehmen sein, und ihr mögt billig darüber wundern, daß jemand gerade von denen, welche sich über das Gemeine erhoben haben und von der Weisheit des Jahrhunderts durchdrungen sind, Gehör verlangen kann, für einen von ihnen so ganz vernachlässigten Gegenstand. Ich bekenne, daß ich nichts anzugeben weiß, was mir einen glücklichen Aufgang weissagte, nicht einmal den, meinen Bemühungen euren Beifall zu gewinnen, viel weniger jenen, euch meinen Sinn und meine Begeisterung mitzuteilen. Von alters her ist der Glaube nicht jedermanns Ding gewesen, von der Religion haben immer nur wenige etwas verstanden, wenn Millionen auf mancherlei Art mit den Umhüllungen gegaukelt haben, mit denen sie sich aus Herablassung willig umhängen ließ. Jetzt besonders ist das Leben der gebildeten Menschen fern von allem, was ihr auch nur ähnlich wäre. Ich weiß, daß ihr ebensowenig in heiliger Stille die Gottheit verehrt als ihr die verlassenen Tempel besucht, daß es in euren geschmackvollen Wohnungen keine anderen Hausgötter gibt als die Sprüche der Weisen und die Gesänge der Dichter und, daß Menschheit und Vaterland, Kunst und Wissenschaft, denn ihr glaubt dies alles ganz umfassen zu können, so völlig von eurem Gemüte Besitz genommen haben, daß für das ewige und heilige Wesen, welches euch jenseits der Welt liegt, nichts übrigbleibt, und ihr keine Gefühle habt für dasselbe und mit ihm. Es ist euch gelungen, das irdische Leben so reich und vielseitig zu machen, daß ihr der Ewigkeit nicht mehr bedürftet, und nachdem ihr euch selbst ein Universum geschaffen habt, seid ihr überhoben, an dasjenige zu denken, welches euch schuf.

Ihr seid darüber einig, ich weiß es, daß nichts Neues und nichts Trifftiges mehr gesagt werden kann, über diese Sache, die von Philosophen und Propheten, und dürfte ich nur nicht hinzusetzen, von Spöttern und Priestern, nach allen Seiten zur Genüge bearbeitet ist. Am wenigsten – das kann niemandem entgehen – seid ihr geneigt, von den letzteren darüber etwas zu hören, welche sich eueres Vertrauens schon längst unwürdig gemacht haben als solche, die nur in den verwitterten

Philosophie der deutschen Romantik. Friedrich Schleiermacher, 1768–1834. Für ihn ist Philosophie, sich mit dem Ewigen eins fühlen. Sie beruht auf einem Gefühl »schlechthinniger« Abhängigkeit von Gott. Seine »Reden über die Religion an die Gebildeten unter ihren Verächtern« rückten die selbständige Macht des Gefühls und eine auf Erlösung bezogene Glaubenslehre in den Mittelpunkt, die eine Vereinigung zwischen allgemeiner Religion und philosophischem Bewußtsein erstrebt (links). Friedrich Wilhelm Schelling, 1775–1854, bildet den Übergang vom Idealismus zur Romantik. Im Anschluß an Spinoza und Fichte entwarf er eine spekulative Naturphilosophie der Hierarchie der Naturkräfte.

Ruinen des Heiligtums am liebsten wohnen und auch dort nicht leben können, ohne es noch mehr zu verunstalten und zu verderben. Dies alles weiß ich und bin dennoch von einer inneren und unwiderstehlichen Notwendigkeit, die mich göttlich beherrscht, gedrungen zu reden und kann meine Einladung, daß gerade ihr mich hören mögt, nicht zurücknehmen.«

Kant

Kant und die Aufklärung

Im gewissen Sinne war Kant durchaus ein Aufklärer. Aber ihn einfach unter diese Rubrik einordnen und damit gleichsam »abstempeln«, das hieße seine überragende Stellung in der Philosophie Deutschlands, des Abendlandes und der Welt völlig verkennen. Wir betonen das so nachdrücklich, weil dieser Fehler in philosophischen Lehrbüchern so oft begangen wird. Es ist ja auch bezeichnend, daß wir in dem vorigen Hauptkapitel nur verhältnismäßig knappe Ausführungen zu einzelnen Philosophen machten, die philosophisch weniger ergiebig sind als etwa pädagogisch und literarisch-publizistisch. Beiläufig sind viele Philosophen Aufklärer, also von dem Willen beseelt, durch Mehrung und Verbreitung der erleuchtenden Wahrheit die Menschen und ihre Gesellschaft besser zu machen; so auch Kant. In unserer Gegenwart kommt ja auch kein Philosoph ohne Auseinandersetzung mit der Existenzphilosophie aus, ganz gleich, welcher denkerischen Richtung er angehört. Trotzdem muß er nicht Existenzphilosoph sein. Das heißt, der allgemeine Zug der Gegenwart geht auf die Herausstellung des unaufhebbar Einzigartigen der menschlichen Existenz gegenüber allen anderen Daseinsformen der Wirklichkeit, von Dingen, von Verhältnissen, von Sein schlechthin.

Das 17. und 18. Jahrhundert strebte nach der großen Erleuchtung und Kräftigung der menschlichen Vernunft. So wollte man das Wissen aller heben. Die ersten Volksschulen begannen und machten »Schule« (siehe Pestalozzi). Die Enzyklopädisten machten sich vor allem in Frankreich an ihr Werk, um

ein Wörterbuch und Lexikon zu schaffen, in dem alles Wissen festgehalten und möglichst vielen Menschen aller Zeiten zugänglich werden sollte.
Die Philosophie dieser Enzyklopädisten, eines d'Alembert, Diderot oder Voltaire, war nicht originell. Sie ist schon gar nicht in Vergleich zu bringen mit der überragenden Philosophie eines Kant, der sich im übrigen, wie schon dargelegt wurde, dank dem Anstoß David Humes, aus der Schulphilosophie löste. In seinen drei Kritiken (Kritik der reinen Vernunft, Kritik der praktischen Vernunft und Kritik der Urteilskraft) erhob er sich zu einem Titanen der modernen Philosophie, an dem niemand vorübergehen kann.
Unser großer Kant, wie wir mit einem gewissen Stolz sagen dürfen, gehört so verstanden zwar in die Aufklärungsepoche. Er erschöpft sich aber selbst in seinen mehr pädagogisch oder staatsphilosophisch ausgerichteten Werken und Anschauungen keinesfalls in dieser Richtung. Gerade das Stück, das wir auf den folgenden Seiten aus »Zum ewigen Frieden« zitieren, beweist auf das lebhafteste, wie Kant mit einem kritischen Mißtrauen gegenüber dem Gebrauch der Vernunft und der Freiheit beim Menschen argumentiert und nicht den Zeitoptimismus der Fortschrittgläubigen ohne weiteres teilt, obwohl gerade er der Herold der Freiheit und der Wahrer der »reinen« und der »praktischen« Vernunft ist. Georg Christoph Lichtenberg, der Zeitgenosse Kants und Kritiker seiner Philosophie, vermittelt ein Stück Aufklärung rund um Kant, wenn er in seinen Aphorismen schreibt:

> *Man lernt kein Latein und kein Griechisch mehr, daher wird alles seicht. Dieses ist die Klage der meisten gelehrten Journale, ob sie gleich vielleicht unvorsätzlich die geheimsten und wichtigsten Feinde wahrer Gelehrsamkeit und die Urheber des Übels selbst sind, das sie heilen wollen. Man hält einen Teil der Wirkung für die Ursache ...*
> *Zweifel muß nichts weiter sein als Wachsamkeit, sonst kann er gefährlich werden.*

Immanuel Kant

Kant wurde am 22.4.1724 in Königsberg (heute: Kaliningrad) in Preußen geboren und starb am 12.2.1804 in Königsberg. Die äußeren Lebensdaten sind rasch gezeichnet. Die persönliche Anspruchslosigkeit und die Durchschnittlichkeit des Professors stehen in krassem Gegensatz zu dem inneren Reichtum seines philosophischen Werkes, das eine weltweite Wirkung hatte und hat.

Kant kommt aus einer einfachen Familie. Sein Vater war Sattler. Streng pietistisch war die Erziehung. Nach einem langen und gründlichen Studium der Philosophie, Mathematik und Theologie, das er im Jahre 1740 an der Universität Königsberg begonnen hatte, war Kant bis 1755 als Hauslehrer tätig, promovierte am 12. Juni des gleichen Jahres zum Magister und erhielt am 27. September die venia legendi, also die Lehrerlaubnis in der Philosophischen Fakultät der gleichen Uni-

Wie sehr Philosophie und Leben zusammenhängen können, zeigt auch Kants kategorischer Imperativ: »Handle so, daß die Maxime deines Willens jederzeit zugleich als Grundlage einer allgemeinen Gesetzgebung dienen könnte.« Diese Philosophie hatte auf die Staatsideen Friedrichs des Großen und auf das Preußentum schlechthin bedeutenden Einfluß.

versität. Kant blieb 15 Jahre lang Privatdozent. Endlich, nachdem er mehrere Berufungen an andere Universitäten ausgeschlagen hatte, berief ihn seine Heimatuniversität am 13. März 1770 zum Ordinarius der Logik und Metaphysik. Die Jahre 1766 bis 1772 bekleidete Kant das Amt eines Unterbibliothekars an der Königlichen Schloßbibliothek. 1778 lehnte er eine Berufung an die Universität Halle ab. Von 1786 bis 1788 war er Rektor, bis zum Winter 1796 hielt er seine längst berühmt gewordenen Vorlesungen, unter denen außer der Philosophie auch die Mathematik und Pädagogik pflichtgemäß erschienen.

Seine Werke können in zwei klar abgrenzbare Gruppen gegliedert werden.

1. Vorkritische Periode: Der einzig wahre Beweggrund von der Demonstration des Daseins Gottes, Träume eines Geistersehers, De mundi sensibilis atque intelligibilis forma et principiis (Über Form und Prinzipien der sinnlichen und geistigen Welt), 1763–1770.
2. Kritische Periode: Kritik der reinen Vernunft; Prolegomena; Kritik der reinen Vernunft 2. Aufl.; Grundlegung zur Metaphysik der Sitten; Die metaphysischen Anfangsgründe der Naturwissenschaft; Kritik der praktischen Vernunft; Kritik der Urteilskraft; Die Religion innerhalb der Grenzen der bloßen Vernunft; Die Metaphysik der Sitten, 1781–1797.

Kant – Europäer und Weltbürger

Auch bei der Darstellung der Philosophie Immanuel Kants entscheiden wir uns für den gleichen Weg, den wir auch bei den anderen Großen des Geistes gewählt haben. Wir wollen Kant selber aus seinem Werk heraus zum Leser sprechen lassen. Die folgenden Abschnitte aus der »Kritik der praktischen Vernunft« und aus der Schrift »Zum ewigen Frieden« enthalten zugleich die volkstümlichsten und oft zitierten Aussprüche Kants. Dazu zählen die Maxime der Sittlichkeit, das Bild vom gestirnten Himmel, die Aussagen über das Gesetz in unserer Brust und über die republikanische Verfassung, die freilich fast Engel statt Menschen bedürfte, um erfüllt zu werden. Diese auf das Praktische, also auf das sittliche und gesellschaftliche Tun, bezogenen Passagen repräsentieren eine wichtige, wenn nicht die wichtigste Seite der Kantschen Philosophie. Sie wurde oft gegenüber den Kritiken der Erkenntnis und dem Zertrümmern einer falschen Metaphysik zu stark in den Hintergrund gedrängt. In den drei Kritiken zusammen, in der Kritik der reinen Vernunft, der Kritik der praktischen Vernunft und der Kritik der Urteilskraft umfaßt Kant das gesamte Leben und die gesamte Wissenschaft. Im ersten dieser Werke setzt er sich mit der Erkenntnis und dem Sein in seiner Erkennbarkeit auseinander und legt damit die Philosophie als strenge Wissenschaft neu grund. Daher gehören in diesen Zusammenhang auch die Logik, Erkenntnistheorie und Ontologie, soweit sie für Kant überhaupt als möglich erachtet wird. Moral-, Rechts-, Staats- und Gesellschaftsphilosophie haben mit der Kritik der praktischen Vernunft zu tun. Die Ästhetik wird in der Kritik der Urteilskraft abgehandelt. Dabei zieht sich ein Schnitt durch Leben und Erkenntnis, der das wirklich rein Theoretische vom ebenso rein Praktischen trennt.

Kants Philosophie ist charakterisiert durch drei Faktoren. In der Gründlichkeit der Kritik und Begründung ist sie deutsch. Im Inhalt steht sie trotz eines gewissen Bruches in der großen abendländisch-europäischen Tradition. In der Kühnheit seiner Zukunftsideen und in der Freiheit seiner Haltung ist Kant Weltbürger.

Es wurde schon oft darauf hingewiesen, daß auch die beste Schematisierung nur ein einseitiges Bild zu geben vermag. Wenn wir das Grundthema der Philosophie Kants hier trotzdem in einige Sätze zusammenfassen, dann müssen wir es mit größtem Vorbehalt tun. Mit dieser Zusammenfassung sollen vor allem die nachfolgenden Auszüge aus dem Originalwerk verständlich gemacht werden, damit die eigene Lektüre erleichtert wird. In der obigen Gegenüberstellung von Realismus und Idealismus haben wir übrigens schon einen Versuch zum besseren Verständnis der Kantschen Philosophie unternommen, der hier nur noch erweitert werden soll.

Kant hält an dem strengen Begriff der Erkenntnis fest, wie ihn auch die Rationalisten beanspruchten. Im eindeutigen und exakten Sinne eingeschränkt, treffen diese Kennzeichen nur

Critik
der
reinen Vernunft

von
Immanuel Kant
Professor in Königsberg.

Riga,
verlegts Johann Friedrich Hartknoch
1781.

Titelblatt der Erstausgabe von Kants »Kritik der reinen Vernunft«. In diesem Werk prägte Kant den Begriff der Metaphysik und schuf den der Erkenntnistheorie neu. Das Werk eröffnet die kritische Periode in Kants Denken.

auf die wissenschaftliche Form der Wissensaneignung zu, die darum allein diesen Namen Erkenntnis verdient. Der Unterschied zum Rationalismus und zu allen realistischen Auffassungen der Philosophie, einschließlich des Realidealismus Platons, beruht darin, daß die Erkenntnis nicht das Ding an sich erreicht, sondern einen »phänomenalen Gegenstand«. Dieser kommt erst dadurch zustande, daß der Mensch unter ganz bestimmten Bedingungen, die durch unsere Anschauung und unser Denken vermittelt werden, Sinnesdaten ordnet und sich innerlich vergegenwärtigt. Anders ausgedrückt: Wir werden durch unsere Sinne von der wirklichen Welt in einem Gewühl von Empfindungen berührt oder affiziert, wie Kant sagt. Dieses sinnenhafte Chaos wird von den beiden Grundvermögen der menschlichen Erkenntniskraft, der Anschauung und dem Denken, gleichsam aufgefangen, geordnet und so zu einem bloß erscheinenden, phänomenalen Gegenstand gemacht. Das Ding an sich besteht selbst unerkannt und unabhängig von unserer auf das Ding gerichteten Erkenntnis

In dieser, freilich sehr primitiven Form, läßt sich der wesentliche Inhalt der Kritik der reinen Vernunft und der später als Einführung und Erläuterung zur Kritik der reinen Vernunft geschriebenen Prolegomena kennzeichnen. Dabei verwendet Kant die größte philosophische Sorgfalt darauf, eben jene allgemeingültigen und gesetzmäßigen Bedingungen im Erkenntnissubjekt nachzuweisen, durch die ein wissenschaftlicher Gegenstand erst »gestiftet« wird. Die Bedingungen sind die Anschauungsformen von Raum und Zeit und die 12 Kategorien des Verstandes für unser Denken. Kategorien und Anschauungsformen sind insofern subjektive Gegebenheiten, als wir sie an uns selbst entdecken, aber nicht sagen können, daß sie objektiv an den Dingen selber haften. Raum und Zeit, Substanz und Kausalität und vieles andere sind daher Formen oder Bedingungen unseres menschlichen Geistes, nicht aber Bestimmungen der Dinge selbst. Wohl ist jedes erkennende Subjekt, sofern es transzendentales Subjekt ist, damit ausgestattet. Denn sonst käme keine allgemeingültige Erkenntnis und Aussage zustande.

Nur im Maße und im Rahmen dieser Formen kommt Erkenntnis zuwege, ist Wissenschaft und Philosophie mög-

lich. Beide Vermögen, Anschauung und Denken, wirken dabei zusammen. Damit überwindet auch Kant die Einseitigkeit von Rationalismus und Empirismus. »Anschauung ohne Denken ist blind, und Denken ohne Anschauung leer.«
Diese phänomenale Erkenntnis ist eindeutig und exakt. In ihrem Umfange ist sie aber bescheiden. Im Grunde umfaßt sie nur die Mathematik, die mathematisierte Naturwissenschaft und die kritische und logische Grundlage der Philosophie. »Ich mußte das Wissen einschränken, um für den Glauben Platz zu machen«, so heißt es in der Einleitung zur Kritik der reinen Vernunft.
Gegenüber den exakten Wissenschaften ist aber jener Kontakt mit der Wirklichkeit für Kant ungleich wichtiger, der im Glauben oder in den Ideen der praktischen Vernunft geschieht. Das so eingeschränkte Wissen der Erkenntnis korrespondiert mit der Tatsache, daß der Mensch ein moralisches Wesen ist, das heißt, daß er frei verantwortlich entscheiden kann und muß. Die Bedingungen der praktischen Vernunft sind die drei Ideen von der Freiheit, der Unsterblichkeit und dem Dasein Gottes. Diese Ideen sind nicht als Erkenntnisse und als ein Wissensbesitz im Sinne der reinen Vernunft anzusehen. Aber erst mit ihnen und durch sie kommt jene praktische Vernunft und damit die Moralität des Menschen zum Tragen, die Kant in jener Maxime der praktischen Vernunft formuliert.
Die Staats- und Gesellschaftstheorie Kants beruht, wie der Ausschnitt aus der Schrift »Zum ewigen Frieden« zeigt, auf der Einsicht, daß der Mensch als freies Wesen nicht naturhaft gut handelt, wie das die Pädagogik Rousseaus wahrhaben wollte, sondern daß der Mensch erst durch die Freiheit die Pflicht sich selbst auferlegen kann und dadurch das Gute stiftet. So ist auch der Friede eine erst durch den Menschen zu stiftende Sache, nicht aber Ergebnis irgendeines organisierten Fortschritts.
Wie bei allen Philosophien ist die Fortentwicklung der Kantschen Philosophie im Kantianismus und Neukantianismus wie auch in den übrigen idealistischen Philosophien streng von der Philosophie Kants zu trennen.
Wir werden das im einzelnen an den entsprechenden Stellen noch aufzuweisen haben.

Das Grabmal des großen deutschen Philosophen Immanuel Kant auf dem Domplatz seiner Vaterstadt Königsberg (historische Aufnahme). Die von Kant geschaffene zeitlose Philosophie der Pflicht, des kategorischen Imperativs und der transzendentalen Methode ist auch aus unserer Gegenwart nicht wegzudenken, wenn wir in einer geistigen Welt der menschenwürdigen Ordnung und Humanität leben wollen.

Grundgesetz der reinen praktischen Vernunft

»Handle so, daß die Maxime deines Willens jederzeit zugleich als Prinzip einer allgemeinen Gesetzgebung gelten könnte.
Das vorher genannte Faktum ist unleugbar. Man darf nur das Urteil zergliedern, welches die Menschen über die Gesetzmäßigkeit ihrer Handlungen fällen: So wird man jederzeit finden, daß, was auch die Neigung dazwischen sprechen mag, ihre Vernunft dennoch, unbestechlich und durch sich selbst gezwungen, die Maxime des Willens bei einer Handlung jederzeit an den reinen Willen halte, das ist an sich selbst, indem sie sich als a priori praktisch betrachtet. Dieses Prinzip der Sittlichkeit nun, eben um der Allgemeinheit der Gesetzgebung willen, die es zum formalen obersten Bestimmungsgrunde des Willens, unangesehen aller subjektiven Verschiedenheiten desselben, macht, erklärt die Vernunft zugleich zu einem Gesetz für alle vernünftigen Wesen, sofern sie überhaupt einen Willen, das ist ein Vermögen, haben, ihre Kausalität durch die Vorstellung von Regeln zu bestimmen, mithin sofern sie der Handlungen nach Grundsätzen, folglich auch nach praktischen Prinzipien a priori (denn diese haben allein diejenige Notwendigkeit, welche die Vernunft zum Grundsatz fordert), fähig sind.
Die Bewirkung des höchsten Guts in der Welt ist das notwendige Objekt eines durchs moralische Gesetz bestimmbaren Willens. In diesem aber ist die völlige Angemessenheit der Gesinnungen zum moralischen Gesetz die oberste Bedingung des höchsten Guts. Sie muß also ebensowohl möglich sein als ihr Objekt, weil sie in demselben Gebote dieses zu befördern enthalten ist. Die völlige Angemessenheit des Willens aber zum moralischen Gesetze ist die Heiligkeit, eine Vollkommenheit, deren kein vernünftiges Wesen der Sinnenwelt, in keinem Zeitpunkte seines Daseins, fähig ist. Da sie indessen gleichwohl als praktisch notwendig gefordert wird, so kann sie nur in einem ins Unendliche gehenden Progressus zu jener völligen Angemessenheit angetroffen werden, und es ist, nach Prinzipien der reinen praktischen Vernunft, notwendig, eine solche praktische Fortschreitung als das reale Objekt unseres Willens anzunehmen. Dieser unendliche Progressus ist aber nur unter Voraussetzung einer ins

Unendliche fortdauernden Existenz der Persönlichkeit desselben vernünftigen Wesens (welche man die Unsterblichkeit der Seele nennt) möglich. Also ist das höchste Gut, praktisch, nur unter der Voraussetzung der Unsterblichkeit der Seele möglich; mithin diese, als unzertrennlich mit dem moralischen Gesetz verbunden, ein Postulat der reinen praktischen Vernunft (worunter ich einen theoretischen, als solchen aber nicht erweislichen Satz verstehe, sofern er einem a priori unbedingt geltenden praktischen Gesetz unzertrennlich anhängt).

Zwei Dinge erfüllen das Gemüt mit immer neuer und zunehmender Bewunderung und Ehrfurcht, je öfter und anhaltender sich das Nachdenken damit beschäftigt: Der bestirnte Himmel über mir und das moralische Gesetz in mir. Beide darf ich nicht als in Dunkelheiten verhüllt oder im Überschwenglichen, außer meinem Gesichtskreise, suchen und bloß vermuten; ich sehe sie vor mir und verknüpfe sie unmittelbar mit dem Bewußtsein meiner Existenz. Das erste fängt von dem Platze an, den ich in der äußeren Sinnenwelt einnehme, und erweitert die Verknüpfung, darin ich stehe, ins Unabsehlich-Große mit Welten über Welten und Systemen von Systemen, überdem noch in grenzenlose Zeiten ihrer periodischen Bewegung, deren Anfang und Fortdauer. Das zweite fängt von meinem unsichtbaren Selbst, meiner Persönlichkeit, an, und stellt mich in einer Welt dar, die wahre Unendlichkeit hat, aber nur dem Verstande spürbar ist, und mit welcher (dadurch aber auch zugleich mit allen jenen sichtbaren Welten) ich mich, nicht wie dort, in bloß zufälliger, sondern allgemeiner und notwendiger Verknüpfung erkenne. Der erstere Anblick einer zahllosen Weltenmenge vernichtet gleichsam meine Wichtigkeit, als eines tierischen Geschöpfs, das die Materie, daraus es ward, dem Planeten (einem bloßen Punkte im Weltall) wieder zurückgeben muß, nachdem es eine kurze Zeit (man weiß nicht wie) mit Lebenskraft versehen gewesen. Der zweite erhebt dagegen meinen Wert, als einer Intelligenz, unendlich, durch meine Persönlichkeit, in welcher das moralische Gesetz mir ein von der Tierheit und selbst von der ganzen Sinnenwelt unabhängiges Leben offenbart, wenigstens, soviel sich aus der zweckmäßigen Bestimmung meines Daseins durch dieses Gesetz, wel-

ches nicht auf Bedingungen und Grenzen dieses Lebens eingeschränkt ist, sondern ins Unendliche geht, abnehmen läßt. Bewunderung und Achtung können zwar zur Nachforschung reizen, aber den Mangel derselben nicht ersetzen. Was ist nun zu tun, um diese auf nutzbare und der Erhabenheit des Gegenstandes angemessene Art anzustellen?
Wissenschaft (kritisch gesucht und methodisch eingeleitet) ist die enge Pforte, die zur Weisheitslehre führt, wenn unter dieser nicht bloß verstanden wird, was man tun, sondern was Lehrern zur Richtschnur dienen soll, um den Weg zur Weisheit, den jedermann gehen soll, gut und kenntlich zu bahnen, und andere vor Irrwegen zu sichern, eine Wissenschaft, deren Aufbewahrerin jederzeit die Philosophie bleiben muß, an deren subtiler Untersuchung das Publikum keinen Anteil, wohl aber an den Lehren zu nehmen hat, die ihm, nach einer solchen Bearbeitung allererst recht hell einleuchten können.«

Zum ewigen Frieden

»Ob diese satirische Überschrift auf dem Schilde jenes holländischen Gastwirts, worauf ein Kirchhof gemalt war, für die Menschen überhaupt oder besonders die Staatsoberhäupter, die des Krieges nie satt werden können, oder wohl nur für die Philosophen gelte, die jenen süßen Traum träumen, mag dahingestellt sein. Das bedingt sich aber der Verfasser des Gegenwärtigen aus, daß, da der praktische Politiker mit dem theoretischen auf dem Fuß steht, mit großer Selbstgefälligkeit auf ihn als einen Schulweisen herabzusehen, der dem Staat, welcher von Erfahrungsgrundsätzen ausgehen müsse, mit seinen sachleeren Ideen keine Gefahr bringe, und den man immer seine elf Kegel auf einmal werfen lassen kann, ohne daß sich der weltkundige Staatsmann daran kehren darf, dieser auch, im Falle eines Streits mit jenem sofern konsequent verfahren müsse, hinter seinen auf gut Glück gewagten, und öffentlich geäußerten Meinungen nicht Gefahr für den Staat zu wittern; – durch welche Clausula salvatoria der Verfasser dieses sich dann hiermit in der besten Form wider alle bösliche Auslegung ausdrücklich verwahrt wissen will (...)

Der Friedenszustand unter Menschen, die nebeneinander leben, ist kein Naturzustand (status naturalis), der vielmehr ein Zustand des Krieges ist, das ist wenngleich nicht immer ein Ausbruch der Feindseligkeiten, doch immerwährende Bedrohung mit denselben. Er muß also gestiftet werden; denn die Unterlassung der letzteren ist noch nicht Sicherheit dafür, und, ohne daß sie einem Nachbar von dem andern geleistet wird (welches aber nur in einem gesetzlichen Zustande geschehen kann), kann jener diesen, welchen er dazu aufgefordert hat, als einen Feind behandeln ...

Die erstlich nach Prinzipien der Freiheit der Glieder einer Gesellschaft (als Menschen); zweitens nach Grundsätzen der Abhängigkeit aller von einer einzigen gemeinsamen Gesetzgebung (als Untertanen); und drittens, die nach dem Gesetz der Gleichheit derselben (als Staatsbürger) gestiftete Verfassung – die einzige, welche aus der Idee des ursprünglichen Vertrags hervorgeht, auf der alle rechtliche Gesetzgebung eines Volks gegründet sein muß – ist die republikanische. Diese ist also, was das Recht betrifft, an sich selbst diejenige, welche allen Arten der bürgerlichen Konstitution ursprünglich zugrunde liegt; und nun ist nur die Frage: ob sie auch die einzige ist, die zum ewigen Frieden hinführen kann?

Damit man die republikanische Verfassung nicht (wie gemeiniglich geschieht) mit der demokratischen verwechsle, muß folgendes bemerkt werden. Die Formen eines Staates (civitas) können entweder nach dem Unterschiede der Personen, welche die oberste Staatsgewalt innehaben, oder nach der Regierungsart des Volkes durch sein Oberhaupt, er mag sein, welcher er wolle, eingeteilt werden; die erste heißt eigentlich die Form der Beherrschung (forma imperii), und es sind nur drei derselben möglich, wo nämlich entweder nur einer, oder einige unter sich verbunden, oder alle zusammen, welche die bürgerliche Gesellschaft ausmachen, die Herrschergewalt besitzen (Autokratie, Aristokratie und Demokratie, Fürstengewalt, Adelsgewalt und Volksgewalt). Die zweite ist die Form der Regierung (forma regiminis), und betrifft die auf die Konstitution (den Akt des allgemeinen Willens, wodurch die Menge ein Volk wird) gegründete Art, wie der Staat von seiner Machtvollkommenheit Gebrauch macht: und ist in dieser Beziehung entweder republikanisch oder despotisch. Der

Republikanismus ist das Staatsprinzip der Absonderung der ausführenden Gewalt (der Regierung) von der gesetzgebenden; der Despotismus ist das der eigenmächtigen Vollziehung des Staats von Gesetzen, die er selbst gegeben hat, mithin der öffentliche Wille, sofern er von dem Regenten als sein Privatwille gehandhabt wird ...
Wenn ein Volk auch nicht durch innere Mißhelligkeit genötigt würde, sich unter den Zwang öffentlicher Gesetze zu begeben, so würde es doch der Krieg von außen tun, indem, nach der vorher erwähnten Naturanstalt, ein jedes Volk ein anderes, es bedrängendes Volk zum Nachbar vor sich findet, gegen das es sich innerlich zu einem Staat bilden muß, um, als Macht, gegen diesen gerüstet zu sein. Nun ist die republikanische Verfassung die einzige, welche dem Recht der Menschen vollkommen angemessen ist, dermaßen, daß viele behaupten, es müsse ein Staat von Engeln sein, weil Menschen mit ihren selbstsüchtigen Neigungen einer Verfassung von so sublimer Form nicht fähig wären. Aber nun kommt die Natur dem verehrten, aber zur Praxis ohnmächtigen allgemeinen in der Vernunft gegründeten Willen, und zwar gerade durch jene selbstsüchtigen Neigungen, zu Hilfe, so daß es nur auf eine gute Organisation des Staates ankommt (die allerdings im Vermögen der Menschen ist), jener, ihre Kräfte so gegeneinander zu richten, daß eine die andere in ihrer zerstörenden Wirkung aufhält oder diese aufhebt: so daß der Erfolg für die Vernunft so ausfällt, als wenn beide gar nicht da wären und so der Mensch, wenngleich nicht ein moralisch-guter Mensch, dennoch ein guter Bürger zu sein gezwungen wird.«

Johann Gottlieb Fichte

Im Zusammenhang mit Kant muß Fichte genannt werden.
Fichte wurde 1762 in Rammenau in der Oberlausitz geboren und starb 1814 in Berlin. Berlin war die wichtigste Stätte seines Wirkens. Die Universität wählte ihn 1811/12 zu ihrem ersten Rektor, ein Amt, das er voller Pflichtbewußtsein und Würde bekleidete. Davor lehrte Fichte als Professor an der Universität in Jena, die er 1800 wegen religions-philosophi-

scher Streitigkeiten und des Vorwurfs der Gottlosigkeit verließ. Seine 1792 erschienene Schrift »Versuch einer Kritik aller Offenbarung“ wurde zunächst Kant zugeschrieben und machte Fichte nach Bekanntwerden des Autors mit einem Schlage zu einem berühmten Philosophen.
Den Idealismus Fichtes, der im allgemeinen Bewußtsein wohl am stärksten durch seine »Reden an die deutsche Nation« – als innerem Antrieb der Erhebung gegen Napoleon – bekannt ist, lassen wir hier wieder durch sich selber spre-

Deutscher Idealismus. Johann Gottlieb Fichte, 1762–1814. Er hatte die Überzeugung, daß das Bewußtsein einer dinglichen Welt außer uns nichts weiter ist als das Produkt unseres eigenen Vorstellungsvermögens. Seine zum Fanal gewordenen »Reden an die deutsche Nation« verteidigten die Freiheit der geistigen Persönlichkeit auf der Grundlage der von Kant aufgestellten sittlichen und ethischen Forderungen (links). Arthur Schopenhauer, 1788–1860. Die Welt als Wille und Vorstellung, kantisch-idealistisch, verweist auf den Urwillen. Mit ihm sich nicht-wollend, leidend in Einklang zu bringen, ist das sittliche Ziel dieser Philosophie. Sie wurde von den Kritikern zu Unrecht in die Nähe des Pessimismus gerückt, nur weil Schopenhauer die höchste Entfaltung des Willens in seiner Selbstaufhebung sieht. Der Philosoph gehört zu den brillantesten Schriftstellern dieser Wissenschaft und gewann durch die Übersetzung von Graciáns »Handorakel und Kunst der Weltklugheit« Popularität.

chen, indem wir aus seiner Freiheitslehre einen Abschnitt zitieren, und zwar aus seinem Werk »Die Grundzüge des gegenwärtigen Zeitalters«.

»Der Begriff eines Weltplans also wird unserer Untersuchung vorausgesetzt, den ich, aus dem angegebenen Grunde hier keineswegs abzuleiten, sondern nur anzuzeigen habe. Ich sage daher – und lege damit den Grundstein des aufzuführenden Gebäudes – ich sage: Der Zweck des Erdenlebens der Menschheit ist der, daß sie in demselben alle ihre Verhältnisse mit Freiheit nach der Vernunft einrichte.

Mit Freiheit habe ich gesagt, ihre eigene, der Menschheit Freiheit, diese Menschheit als Gattung genommen; und diese Freiheit ist die erste Nebenbestimmung unseres aufgestellten Hauptbegriffs, aus der ich zu folgern gedenke, indes ich die übrigen Nebenbestimmungen, welche wohl ebenfalls einer Erklärung bedürfen möchten, den folgenden Vorträgen überlasse. Diese Freiheit soll in dem Gesamtbewußtsein der Gattung erscheinen und eintreten als ihre eigene Freiheit, als wahre wirkliche Tat, und als Erzeugnis der Gattung in ihrem Leben, und hervorgehend aus ihrem Leben: Daß sonach die Gattung, als überhaupt existierend, dieser ihr zuzuschreibenden Tat vorausgesetzt werden müßte.«

Die Philosophie des 19. Jahrhunderts

Der Idealismus und sein Gegenschlag

Die von Kant begründete Philosophie wird als Idealismus, auch als Deutscher Idealismus bezeichnet. Aber Kant repräsentiert diesen Idealismus nicht allein. Und man kann auch nicht behaupten, daß Fichte, Schelling, Schleichermacher, Hegel, um nur die wichtigsten Philosophen dieser Epoche zu nennen, nur von Kant und seinem Idealismus abhängig wären. Die Unterschiede sind sehr groß, und es ist schwer, in diesem Werk mit Aussicht auf Erfolg diese Differenzen im einzelnen aufzuzeigen.

In allen idealistischen Philosophien wird der menschliche Geist in seiner schöpferischen Kraft als das bemerkenswerteste Faktum und als Ausgang allen Philosophierens betrachtet. Bei Kant setzt die reine Vernunft den Gegenstand der Erkenntnis, und die praktische Vernunft setzt mit Hilfe der Ideen die freie sittliche Tat, nämlich die Bindung der Freiheit an das Gesetz der Pflicht. Bei Fichte setzt das Ich, auch erkenntnistheoretisch gemeint, erst das Nicht-Ich in der Welt der Dinge und in dem anderen Ich das Du. Bei Hegel, dessen Lebenslauf und Werk wir hier als erstes Beispiel kurz anfügen, setzt sich der Geist in dialektischer Entfaltung schließlich absolut. Die gesamte Wirklichkeit in Natur und Geschichte ist danach eine in der Entzweiung, der Dialektik, geschehende absolute Verwirklichung des Geistes. Bei Schelling und Schleiermacher brechen neben diesem idealistisch bestimmten Zug vor allem religiöse und romantisch-naturhafte Momente auf, auf die wir in diesem Zusammenhang nur hinweisen wollen.

Für die spätere und heutige Entwicklung der Philosophie ist vor allem der »objektive Idealismus« Hegels mit seiner weitausholenden Systematik und seiner Dialektik bedeutsam. August Brunner meint einmal, und darin folgen ihm viele Kenner Hegels, daß mit Hegel ein letzter Gipfel der abendländischen Philosophie erreicht sei, von dem aus auch die gegenwärtige Existenzphilosophie und der Weg zu einer neuen Ontologie nur als eine Art Vorgebirge zu betrachten sei. Jedenfalls entzündet sich an ihm und auch gegen ihn sowohl der Marxismus mit all seinen Fortentwicklungen wie auch die »subjektive« Philosophie Kierkegaards, die selber wieder zum Anstoß des Existentialismus wird.
Hegels Denken bildet zweifellos einen Gipfel in der Geschichte der deutschen Philosophie des 19. Jahrhunderts. Ehe wir seine Leistungen weiter unten im Lichte der Auffassungen Kierkegaards und der von Marx beleuchten, wollen wir einen Abschnitt aus den vermischten Schriften seiner Berliner Zeit zitieren und vorstellen. Damit wird die Art dieses weltweiten Denkens. das eine neue philosophische Tradition begründete, treffend charakterisiert.

Wer denkt abstrakt

»Denken? Abstrakt? – Sauve qui peut! Rette sich, wer kann! So höre ich schon einen vom Feinde erkauften Verräter ausrufen, der diesen Aufsatz dafür ausschreit, daß hier von Metaphysik die Rede sein werde. Denn Metaphysik ist das Wort, wie Abstrakt und beinahe auch Denken das Wort ist, vor dem jeder, mehr oder minder, wie vor einem mit der Pest Behafteten davonläuft.
Es ist aber nicht so bös gemeint, als ob, was denken und was abstrakt sei, hier erklärt werden sollte. Der schönen Welt ist nichts so unerträglich als das Erklären. Mir selbst ist es schrecklich genug, wenn einer zu erklären anfängt, denn, zur Not, verstehe ich Alles selbst. Hier zeigte sich die Erklärung des Denkens und des Abstrakten ohnehin schon als völlig überflüssig; denn gerade nur, weil die schöne Welt schon weiß, was das Abstrakte ist, flieht sie davor. Wie man das nicht begehrt, was man nicht kennt, so kann man es auch

nicht hassen. Auch wird es nicht darauf angelegt, hinterlistigerweise die schöne Welt mit dem Denken oder dem Abstrakten versöhnen zu wollen, indem etwa unter dem Scheine einer leichten Konversation das Denken und das Abstrakte eingeschwärzt würde, so daß es zuletzt unbekannterweise und ohne eben einen Abscheu erweckt zu haben, sich in die Gesellschaft eingeschlichen hätte und gar von der Gesellschaft selbst unmerklich hereingezogen oder, wie die Schwaben sich ausdrücken, hereingezäunselt worden wäre und nun der Autor dieser Verwicklung diesen sonst fremden Gast, nämlich das Abstrakte, aufdeckte, den die ganze Gesellschaft unter einem andern Titel als einen guten Bekannten behandelt und anerkannt hätte. Solche Erkennungsszenen, wodurch die Welt wider Willen belehrt werden soll, haben den nicht zu entschuldigenden Fehler an sich, daß sie zugleich beschämen und der Maschinist sich einen kleinen Ruhm erkünsteln wollte; so daß jene Beschämung und diese Eitelkeit die Wirkung aufheben, denn sie stoßen eine um diesen Preis erkaufte Belehrung vielmehr wieder hinweg.

Ohnehin wäre die Anlegung eines solchen Planes schon verdorben; denn zu seiner Ausführung wird gefordert, daß das Wort des Rätsels nicht im voraus ausgesprochen sei. Dies ist aber durch die Aufschrift schon geschehen: in dieser, wenn dieser Aufsatz mit solcher Hinterlist umginge, hätten die Worte nicht gleich von Anfang auftreten dürfen, sondern, wie der Minister in der Komödie, das ganze Spiel hindurch im Überrocke herumgehen und erst in der letzten Szene ihn aufknöpfen und den Stern der Weisheit herausblitzen lassen müssen. Die Aufknöpfung eines metaphysischen Überrocks nähme sich hier nicht einmal so gut aus wie die Aufknöpfung des ministeriellen; was jene an den Tag brächte, wäre weiter nichts als ein paar Worte, und das Beste vom Spaße sollte ja eigentlich darin liegen, daß es sich zeigte, daß die Gesellschaft längst im Besitze der Sache selbst war; sie gewönne also am Ende nur den Namen, dahingegen der Stern des Ministers etwas Reelleres, einen Beutel mit Geld, bedeutet.

Was Denken, was Abstrakt ist, daß dies jeder Anwesende wisse, wird in guter Gesellschaft vorausgesetzt, und in solcher befinden wir uns. Die Frage ist allein danach, wer es sei, der abstrakt denke? Die Absicht ist, wie schon erinnert, nicht die,

die Gesellschaft mit diesen Dingen zu versöhnen, ihr zuzumuten, sich mit etwas Schwerem abzugeben, ihr ins Gewissen darüber zu reden, daß sie leichtsinnigerweise so etwas vernachlässige, was für ein mit der Vernunft begabtes Wesen rang- und standesgemäß sei. Vielmehr ist die Absicht, die schöne Welt mit sich selber darüber zu versöhnen, wenn sie sich anders zwar eben nicht ein Gewissen über diese Vernachlässigung macht, aber doch vor dem abstrakten Denken als vor etwas Hohem einen gewissen Respekt, wenigstens innerlich, hat, und davon wegsieht, nicht, weil es ihr zu gering, sondern weil es ihr zu hoch; nicht, weil es zu gemein, sondern zu vornehm, oder umgekehrt, weil es ihr eine Espèce, etwas Besonderes zu sein scheint, etwas, wodurch man nicht in der allgemeinen Gesellschaft sich auszeichnet, wie durch einen neuen Putz, sondern wodurch man sich vielmehr, wie durch ärmliche Kleidung, oder auch durch reiche, wenn sie aus alt gefaßten Edelsteinen, oder einer noch so reichen, aber längst chinesisch gewordenen Stickerei besteht, von der Gesellschaft ausschließt, oder darin lächerlich macht.
Wer denkt abstrakt? Der ungebildete Mensch, nicht der gebildete. Die gute Gesellschaft denkt darum nicht abstrakt, weil es zu leicht ist, weil es zu niedrig ist (niedrig nicht dem äußeren Stande nach), nicht aus einem leeren Vornehmtun, das sich über das wegzusetzen stellt, was er nicht vermag, sondern wegen der inneren Geringheit der Sache.
Das Vorurteil und die Achtung für das abstrakte Denken ist so groß, daß feine Nasen hier eine Satire oder Ironie zum voraus wittern werden; allein, da sie Leser des Morgenblattes sind, wissen sie, daß auf eine Satire ein Preis gesetzt ist und daß ich ihn daher lieber verdienen und darum konkurrieren, als hier schon ohne weiteres meine Sachen hergeben würde.
Ich brauche für meinen Satz nur Beispiele anzuführen, von denen jedermann zugestehen wird, daß sie ihn enthalten. Es wird also ein Mörder zur Richtstätte geführt. Dem gemeinen Volke ist er weiter nichts als ein Mörder. Damen machen vielleicht eine Bemerkung, daß er ein kräftiger, schöner, interessanter Mann ist. Jenes Volk findet die Bemerkung entsetzlich; was? ein Mörder schön? wie kann man so schlecht denken und einen Mörder schön nennen; ihr seid auch wohl etwas

Paracelsus
(um 1494–1541)

Gustav Theodor Fechner
(1801–1887)

AUSSENSEITER DER PHILOSOPHIE

Charles Robert Darwin
(1809–1882)

Eduard von Hartmann
(1842–1906)

nicht viel Besseres! Dies ist die Sittenverderbnis, die unter den vornehmen Leuten herrscht, setzt vielleicht der Priester hinzu, der den Grund der Dinge und die Herzen kennt.

Ein Menschenkenner sucht den Gang auf, den die Bildung dieses Verbrechers genommen, findet in seiner Geschichte, in seiner Erziehung schlechte Familienverhältnisse des Vaters und der Mutter, bei einem leichteren Vergehen dieses Menschen irgendeine ungeheure Härte, die ihn gegen die bürgerliche Ordnung erbitterte, eine erste Rückwirkung dagegen, die ihn daraus vertrieb, und es ihm jetzt nur durch Verbrechen sich zu erhalten möglich machte. – Es kann wohl Leute geben, die, wenn sie solches hören, sagen werden: Der will diesen Mörder entschuldigen! Erinnere ich mich doch, in meiner Jugend einen Bürgermeister klagen gehört zu haben, daß es die Bücherschreiber zu weit treiben, und Christentum und Rechtschaffenheit ganz auszurotten suchen; es habe einer eine Verteidigung des Selbstmordes geschrieben; schrecklich, gar zu schrecklich! – Es ergab sich aber dann aus weiterer Nachfrage, daß Werthers Leiden verstanden waren.

Dies heißt abstrakt gedacht, in dem Mörder nichts als dies Abstrakte, daß er ein Mörder ist, zu sehen, und durch diese einfache Qualität alles übrige menschliche Wesen an ihm zu vertilgen.

Ganz anders eine feine, empfindsame Leipziger Welt. Sie bestreute und beband das Rad und den Verbrecher, der darauf geflochten war, mit Blumenkränzen. – Dies ist aber wieder die entgegengesetzte Abstraktion. Die Christen mögen wohl Rosenkreuzerei, oder vielmehr Kreuzroserei treiben, und das Kreuz mit Rosen umwinden. Das Kreuz ist der längst geheiligte Galgen. Es hat seine einseitige Bedeutung, das Werkzeug entehrender Strafe zu sein, verloren, und gibt im Gegenteil die Vorstellung des höchsten Schmerzes und der tiefsten Verwerfung, zusammen mit der freudigsten Wonne und göttlicher Ehre. Hingegen das bekannte Leipziger mit Veilchen und Klatschrosen eingebunden, ist eine kotzebuesche Versöhnung, eine Art sehr liederlicher Verträglichkeit der peinlichen Empfindsamkeit mit dem Schlechten.

Ganz anders hörte ich einst eine gemeine alte Frau, ein Spitalweib, die Abstraktion des Mörders töten, und ihn zur Ehre lebendig machen. Das abgeschlagene Haupt war aufs Schafott

gelegt, und es war Sonnenschein; wie doch so schön, sagte sie, Gottes Gnadensonne Binders Haupt beglänzt! –
Du bist nicht wert, daß dich die Sonne bescheint, sagt man zu einem Wicht, über den man sich erzürnt. Jene Frau sah, daß der Mörderkopf von der Sonne beschienen wurde und es also auch noch wert war. Sie erhob ihn von der Strafe des Schafotts in die Sonnengnade Gottes, brachte nicht durch ihre Veilchen und ihre empfindsame Eitelkeit die Versöhnung zustande, sondern sah in der höheren Sonne ihn zu Gnaden aufgenommen.
Alte, Ihre Eier sind faul! sagt die Einkäuferin zur Hökersfrau. Was –, entgegnet diese –, meine Eier faul? Sie mag mir faul sein! Sie soll mir das von meinen Eiern sagen? Sie? Haben Ihren Vater nicht die Läuse an der Landstraße aufgefressen, ist nicht Ihre Mutter mit den Franzosen fortgelaufen, und Ihre Großmutter im Spital gestorben , – schaff' Sie sich für ihr Flitterhalstuch ein ganzes Hemde an; man weiß wohl, wo Sie dies Halstuch und ihre Mützen her hat; wenn die Offiziere nicht wären, wär' jetzt manche nicht so geputzt, und wenn die gnädigen Frauen mehr auf ihre Haushaltung sähen, säße manche im Stockhause, – flick Sie sich nur die Löcher in den Strümpfen. – Kurz, sie läßt keinen guten Faden an ihr. Sie denkt abstrakt, und subsumiert jene nach Halstuch, Mütze, Hemde u.s.f., wie nach den Fingern und andern Partien, auch nach Vater und der ganzen Sippschaft, ganz allein unter das Verbrechen, daß sie die Eier faul gefunden hat. Alles an ihr ist durch und durch von diesen faulen Eiern gefärbt, da hingegen jene Offiziere, von denen die Hökersfrau sprach – wenn anders, wie sehr zu zweifeln, etwas daran ist –, ganz andere Dinge an ihr zu sehen bekommen haben mögen.
Um von der Magd auf den Bedienten (d. h. der, der Bedient – Anm. der Red.) zu kommen, so ist kein Bedienter irgendwo schlechter daran als bei einem Manne von wenigem Stande und wenigem Einkommen; und um so besser daran, je vornehmer sein Herr ist. Der gemeine Mensch denkt wieder abstrakter, er tut vornehm gegen den Bedienten und verhält sich zu diesem nur als zu einem Bedienten; an diesem einen Prädikate hält er fest. Am besten befindet sich der Bediente bei den Franzosen. Der vornehme Mann ist familiär mit dem Bedienten, der Franzose sogar gut Freund mit ihm; der

Bediente führt, wenn sie allein sind, das große Wort, man sehe Diderots ›Jacques et son maître‹, der Herr tut nichts, als Prisen Tabak nehmen und nach der Uhr sehen, und läßt den Bedienten in allem übrigen gewähren. Der vornehme Mann weiß, daß der Bediente nicht nur Bedienter ist, sondern auch die Stadtneuigkeiten, die Mädchen kennt, gute Anschläge im Kopfe hat; er fragt ihn darüber, und der Bediente darf sagen, was er über das weiß, worüber der Prinzipal fragt. Beim französischen Herrn darf der Bediente nicht nur dies, sondern auch die Materie aufs Tapet bringen, seine Meinung haben und behaupten, und wenn der Herr etwas will, so geht es nicht mit Befehl, sondern er muß dem Bedienten zuerst seine Meinung einraisonnieren und ihm ein gutes Wort darum geben, daß seine Meinung die Oberhand behält.«

Georg Friedrich Wilhelm Hegel

Hegel wurde am 27. 8. 1770 in Stuttgart geboren und starb am 14. 11. 1831 in Berlin. Er entstammt einer altprotestantischen Familie. Sein Vater war Verwaltungsbeamter in Stuttgart. Der junge Hegel genoß eine hervorragende humanistische Erziehung, als er mit Hölderlin und Schelling das theologische Stift der Universität Tübingen besuchte. Dort studierte er von 1788 bis 1790 Philosophie, von 1790 bis 1793 Theologie. 1793 ging Hegel als Hauslehrer nach Bern, 1797 nach Frankfurt. Im Jahre 1801 eröffnete er eine glänzende und zugleich auch heftig angefeindete und beneidete akademische Laufbahn mit der Habilitation an der Universität Jena. Mit Schelling zusammen gab er das Kritische Journal für Philosophie heraus. Nach zwischenzeitlicher Tätigkeit als Redakteur der Bamberger Zeitung erhielt er im November 1808 das Amt eines Direktors am Ägidiengymnasium zu Nürnberg, das er bis 1816 innehatte. 1817 erreichte ihn ein Ruf an die Universität Heidelberg und kurz darauf, 1818, nach Berlin, wo er bis 1831 erfolgreich lehrte und wirkte, bis ihn eine Cholerainfektion aus dem Leben riß.
Seine Hauptwerke sind:
Phänomenologie des Geistes, 1806,
Wissenschaft der Logik, 1812–1816,

Johann Wolfgang von Goethe
(1749–1832)

Leopold Ziegler
(1881–1958)

AUSSENSEITER DER PHILOSOPHIE

Oswald Spengler
(1880–1936)

Graf Hermann Keyserling
(1880–1946)

Enzyklopädie der philosophischen Wissenschaften, 1817,
Grundlinien der Philosophie des Rechts, 1821.
Zu den Nachlaßschriften zählen:
Vorlesungen über die Philosophie der Weltgeschichte
Vorlesungen über die Geschichte der Philosophie
Vorlesungen über die Philosophie der Religion.
Eine Gesamtausgabe in 26 Bänden gab 1930 Hermann Glockner heraus. Er verfaßte auch ein Hegel-Lexikon und eine Hegel-Biographie.

Der Pessimismus und seine Künder

Eine Sonderstellung in der Philosophie des 19. Jahrhunderts nimmt der eigenwillige und zusammen mit Hegel sich um die Lehrerlaubnis für Philosophie bemühende Arthur Schopenhauer ein. Vielleicht oder sogar sicher hat ihn das Scheitern eines Laufbahnphilosophen an der Universität zu seinem besonderen Philosophieren gebracht. Schopenhauer gilt als der Künder eines philosophischen Pessimismus, der dann von seinem bedeutenden Nachfolger, Eduard von Hartmann, auch ausdrücklich weiterverfolgt wurde. Aber diese Formel einer pessimistischen Philosophie verlangt ihre Erklärung, einmal aus der Nachfolge Kants und zum anderen aus der Berührung mit der asiatischen Kultur und der indischen Philosophie, wie sie für Schopenhauer charakteristisch ist.
Schopenhauer zählt insofern noch zu den Idealisten, als er von der Kantschen Philosophie als sicherer kritischer Grundlage ausgeht, aber den Bruch, der die Kantsche Philosophie (einerseits reine Vernunft und andererseits praktische Vernunft) durchzieht, aufheben will. So sehr uns das Ding an sich in der Erkenntnis fremd bleibt, so begegnet es uns doch – nach Schopenhauer – in unserem Willen, der selber nur ein Teilmoment oder ein widerstrebendes Moment gegenüber dem Ur- oder Weltwillen ist. Darum wählt er auch den Titel für sein Hauptwerk: »Die Welt als Wille und Vorstellung«. In der Vorstellung bleibt sie (die Welt) wie bei Kant nur phänomenaler Gegenstand. In der Einheit mit dem Weltwillen erreichen wir dagegen das Ding an sich.
Damit haben wir auch die zweite Linie nachgezogen, die in

das Herz der indischen Philosophie des Leidens und der Willenlosigkeit führt. Die Vereinigung mit dem Urwillen geschieht in dem Verzicht auf den kleinen eigenen, den egoistischen Willen, wie wir ihn kennen und wie wir ihn als eigentlichen Willen anzusprechen gewohnt sind.
Die sittliche Pflicht des Menschen besteht aber gerade in dieser Aufgabe des eigenen Wollens. Es ist Leiden und Mitleiden, das hier vom Menschen gefordert ist. Eine Vorstufe zu dieser sittlichen Entfaltung liegt in gewissen ästhetischen Entwicklungen, da wir im wunschlosen glückhaften Verweilen, wie es das ästhetische Genießen vermittelt, die eigene Willentlichkeit verlieren und verlassen.

Arthur Schopenhauer

Schopenhauer wurde am 22.2.1788 in Danzig geboren und starb am 21.9.1860 in Frankfurt am Main. Als Sohn eines Danziger Bankiers wird der junge Arthur von seinem Vater zum Kaufmannsberuf bestimmt. Nach des Vaters Tod 1809 folgte er jedoch seiner Neigung und studierte in Göttingen Philosophie, Geschichte und Naturwissenschaft. 1811 hörte er in Berlin Fichte, 1813 promovierte er in Jena zum Dr. phil., im Winter 1813/14 verkehrte er in Weimar mit Goethe. Erst 1820 erreichte er die Habilitation an der Universität Berlin, der er bis 1832 als Privatdozent angehörte. Die Gegnerschaft zu Hegel erwuchs zum Teil aus persönlichen Gründen, da Schopenhauer eine Berufung zum Professor versagt blieb. Er hat sich deswegen – ähnlich wie Nietzsche – gegen die Professoren gestellt und die wahren Philosophen außerhalb dieser »Zunft« gesehen. Seit 1831 lebte er als Privatgelehrter und Schriftsteller in Frankfurt.
Schopenhauers Hauptwerke sind:
Über die vierfache Wurzel des Satzes vom zureichenden Grunde, 1813,
Die Welt als Wille und Vorstellung, 1819,
Parerga und Paralipomena, 1851.
Den philosophisch interessierten Laien wird die Übersetzung aus dem Spanischen »Balthasar Gracians Handorakel und Kunst der Weltklugheit« gewiß ansprechen. Sie beginnt mit

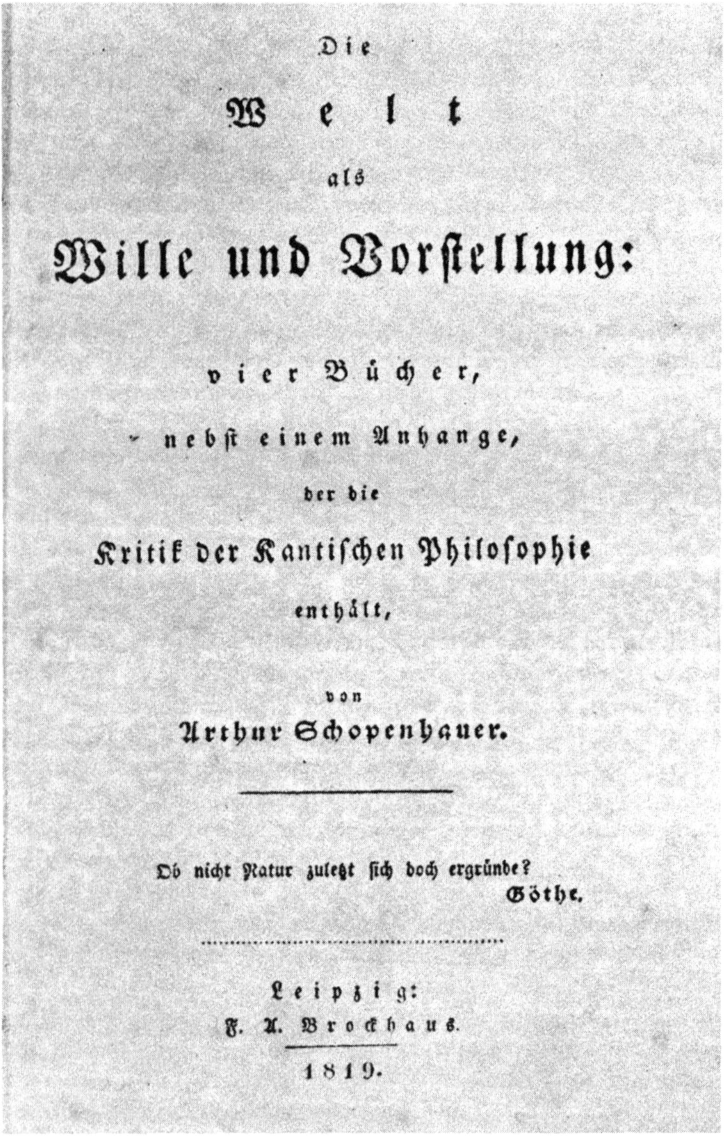

Die

Welt

als

Wille und Vorstellung:

vier Bücher,

nebst einem Anhange,

der die

Kritik der Kantischen Philosophie

enthält,

von

Arthur Schopenhauer.

Ob nicht Natur zuletzt sich doch ergründe?

Göthe.

Leipzig:

F. A. Brockhaus.

1819.

Titelblatt der Erstausgabe von Schopenhauers Werk »Die Welt als Wille und Vorstellung«. Es ist grundlegend für seine ganze Philosophie und geht von den Kernsätzen aus: Die Welt ist an sich Wille, die Welt ist für mich Vorstellung.

dem Satz: »Alles hat heutzutage seinen Gipfel erreicht, aber die Kunst sich geltend zu machen, den höchsten.«
Zur weiteren Charakterisierung dieser Philosophie möge das folgende Zitat aus Schopenhauers Hauptwerk »Die Welt als Wille und Vorstellung« dienen.

Die Welt als Vorstellung

»Die Welt ist meine Vorstellung: – dies ist eine Wahrheit, welche in Beziehung auf jedes lebende und erkennende Wesen gilt; wiewohl der Mensch allein sie in das reflektierte abstrakte Bewußtsein bringen kann: und thut er dies wirklich; so ist die philosophische Besonnenheit bei ihm eingetreten. Es wird ihm dann deutlich und gewiß, daß er keine Sonne kennt und keine Erde; sondern immer nur ein Auge, das eine Sonne sieht, eine Hand, die eine Erde fühlt; daß die Welt, welche ihn umgiebt, nur als Vorstellung da ist, d.h. durchweg nur in Beziehung auf ein Anderes, das Vorstellende, welches er selbst ist. – Wenn irgend eine Wahrheit a priori ausgesprochen werden kann, so ist es diese: denn sie ist die Aussage derjenigen Form aller möglichen und erdenklichen Erfahrung, welche allgemeiner, als alle andern, als Zeit, Raum und Kausalität ist: denn alle diese setzen jene eben schon voraus, und wenn jede dieser Formen, welche alle wir als so viele besondere Gestaltungen des Satzes vom Grunde erkannt haben, nur für eine besondere Klasse von Vorstellungen gilt; so ist dagegen das Zerfallen in Objekt und Subjekt die gemeinsame Form aller jener Klassen, ist diejenige Form, unter welcher allein irgend eine Vorstellung, welcher Art sie auch sei, abstrakt oder intuitiv, rein oder empirisch, nur überhaupt möglich und denkbar ist. Keine Wahrheit ist also gewisser, von allen andern unabhängiger und eines Beweises weniger bedürftig, als diese, daß Alles, was für die Erkenntnis da ist, also die ganze Welt, nur Objekt in Beziehung auf das Subjekt ist, Anschauung des Anschauenden, mit Einem Wort, Vorstellung. Natürlich gilt Dieses, wie von der Gegenwart, so auch von jeder Vergangenheit und jeder Zukunft, vom Fernsten, wie vom Nahen: denn es gilt von Zeit und Raum selbst, in welchen allein sich dieses alles unterscheidet.

Alles, was irgend zur Welt gehört und gehören kann, ist unausweichbar mit diesem Bedingtseyn durch das Subjekt behaftet, und ist nur für das Subjekt da. Die Welt ist Vorstellung.«

Einer, der seiner Zeit voraus ist

Wir meinen unter dieser Ankündigung den dänischen Außenseiterphilosophen Sören Kierkegaard. Sicher ist jeder Philosoph seiner Zeit voraus. Aber bei Kierkegaard, dessen Philosophie wir deswegen weiter unten unter Existenzphilosphie und Existentialismus besprechen, enthüllt sich erneut eine Erscheinung, die in der Geistesgeschichte öfter vorkommt. Die einen werden von Zeitgenossen gewürdigt und bewundert. Ihr posthumes, also über das Grab hinaus reichendes Nachwirken bleibt gering und nimmt immer mehr ab. Die anderen finden kaum Beachtung und kaum Leser, wie zunächst beispielsweise auch Schopenhauer, und finden erst nach ihrem Tod oder lange Jahrzehnte danach einen unerhörten Nachklang und Anhang.
Dies letztere trifft ganz entschieden auf den Philosophen der Subjektivität und des Scheiterns, auf Kierkegaard, zu. Nur einige wenige wie Kant durften erfahren, daß sie Zeit ihres Lebens und in großen Wellenschlägen nach ihrem Tode jene geistige Aufmerksamkeit erregten, von der dann auch, ob er will oder nicht, der unbeteiligte Banause Kenntnis nimmt.
Während Hegel einen neuen Realismus vom idealistischen Geist aus entwickelte und so zum objektiven Idealisten wurde, verwirft Kierkegaard ganz die Möglichkeit, daß der Geist des Menschen sich selbst objektiv wie eine Sache betrachten könne. Gerade das Fragen und Suchen nach dem Wesen des Menschen verlange die Anerkenntnis und damit die eigene Beteiligung des Subjektes, das in der Philosophie nicht abgeschüttelt werden könne. Er bekämpfte die Philosophie als reine Theorie des absoluten Geistes im Sinne von Hegel. Ihm kam es auf die existierende Wirklichkeit und die wirkliche Existenz des Menschen an. Denn nur so hat die Philosophie einen Sinn.

Ludwig Feuerbach
(1804–1872)

David Friedrich Strauß
(1808–1874)

Karl Marx
(1818–1883)

Wladimir Iljitsch Lenin
(1870–1924)

Sören Kierkegaard

Kierkegaard wurde 1813 in Kopenhagen geboren und starb dort auch 42jährig bereits 1855. In dieser kurzen Lebensspanne liegt seit 1830 ein langes Studium der Theologie und Philosophie in Kopenhagen und nach dem theologischen Examen ein intensives Studium in Philosophie bei Schelling in Berlin, vor allem aber ein reiches schriftstellerisches Arbeiten zwischen 1842 und 1855 in Kopenhagen. Die Titel seiner Schriften verraten bereits das Thema seiner Philosophie, das heute mit dem Begriff der Existenz umschrieben wird. Sein Subjektivismus hat gar nichts mit dem aus sich selbst bestimmten Zug der übrigen subjektivistischen Philosophie zu tun, auch nicht mit dem »cogito ergo sum« (ich denke – ich bin) des Descartes. Das »sum«, das Ich bin, ist nur als »Gottesrite« des Menschen bedeutungsvoll, die das »innerlich zu handeln anfangen« als Preisgabe des Ich versteht und daraus die wahrhafte »Existenz« des Ich, des Menschen wirklich erst und einzig gewinnt. Die Nichtigkeit der Bewußtseins- und »objektiven« Philosophie wird im »Sprung« in den Glauben und daher in der Überwindung des Zustandes der »Angst« vollends offenbar; hier liegt das »Entweder-Oder« des Menschen.

Zu den wichtigsten Werken Kierkegaards zählt:

Wahrheit und Menge.

In »Die Unzulänglichkeit des Nur-Menschlichen« schreibt Kierkegaard über die Wahrheit:

»Es gibt eine Anschauung vom Leben, die meint: wo die Menge ist, sei auch die Wahrheit, der Wahrheit sei es Bedürfnis, die Menge für sich zu haben. Es gibt eine andere Anschauung vom Leben, die meint: überall wo die Menge ist, sei die Unwahrheit, so daß sich – die Sache einen Augenblick auf die Spitze getrieben – wenn auch alle Einzelnen, jeder für sich, die Wahrheit im stillen besäßen, doch sofort die Unwahrheit einstellen würde, wenn sie zur Menge zusammenkämen, so daß die ›Menge‹ irgendwie durch Abstimmung, Geschrei und Lärm entscheidende Bedeutung bekäme.

Sieh, es fand sich kein einzelner Soldat, der Hand an Gajus Marius zu legen wagte, das war die Wahrheit. Aber drei oder vier Frauenzimmer, mit dem Bewußtsein oder der Vorstellung, Menge zu sein, mit einer Art Hoffnung, daß vielleicht niemand bestimmt sagen könnte, wer es tat oder wer den Anfang machte, sie hätten den Mut gehabt! Welche Unwahrheit! Die erste Unwahrheit ist die: daß die ›Menge‹ tue, was entweder nur der Einzelne in der Menge tut, oder was jeder Einzelne tut. Denn eine Menge ist ein Abstraktum, das keine Hände hat, jeder Einzelne aber hat in der Regel zwei Hände, und wenn dieser Einzelne dann seine beiden Hände an Gajus Marius legt, so sind es die beiden Hände dieses Einzelnen und doch nicht die seines Nachbarn, noch weniger die der Menge, die keine Hände hat. Die zweite Unwahrheit ist die: daß die Menge ›Mut‹ dazu habe, da doch selbst der Feigste von allen Einzelnen nie so feige war, wie die Menge immer ist. Denn jeder Einzelne, der in die Menge flüchtet, und also feige dem entgehen will, Einzelner zu sein (der entweder den Mut hat, Hand an Gajus Marius zu legen, oder doch den Mut, zu gestehen, daß er den Mut dazu nicht hat), der gibt seine Feigheit als Beitrag zu ›der Feigheit‹, die die ›Menge‹ ist. Nimm nun das Höchste, denke an Christus – und nimm das ganze Menschengeschlecht, alle Menschen, die geboren sind und jemals geboren werden; dennoch ist die Situation der Vereinzelung die: als Einzelner, in einsamer Umgebung mit Christus allein, als Einzelner vor ihn hintreten und ihn anspein, – der Mensch, der den Mut oder die Frechheit dazu hätte, ist nie geboren und wird nie geboren; das ist die Wahrheit. Als sie aber zur Menge wurden, da hatten sie den ›Mut‹ dazu – furchtbare Unwahrheit.«

Karl Marx und Hegels Dialektik

So wie Kierkegaard ein entschiedener Widerpart gegenüber der Philosophie Hegels war, so ist Karl Marx (geb. 1818, gest. 1883) als derjenige anzusehen, der nach seinen eigenen Worten diese Philosophie des absoluten Geistes auf die Erde, wieder auf ihre Beine stellt. Da die heute als Marxismus bei Aberhunderten von Millionen weiterwirkende Philosophie in ihrer Weiterentwicklung bei Lenin und Stalin ein überaus realer und politischer Faktor geworden ist – ganz unabhängig

von der Richtigkeit und Güte dieser Philosophie –, haben wir diese Anschauung auch an anderer Stelle dieses Buches, besonders in dem Kapitel Ideologie, erörtert.
Das hervorstechende Kennzeichen dieser Philosophie – des Marxismus, den der aus Trier stammende Karl Marx mit seinem Freunde Friedrich Engels in den gemeinsam verfaßten Schriften »Das kommunistische Manifest« und »Das Kapital« begründete, ist, daß sie nicht Philosophie im theoretisch-distanzierten Sinne sein wollte. Ihr ging es darum, direkt in den Ablauf der Geschichte und der Gesellschaft einzugreifen und der durch diese Philosophie zu sich selbst erwachenden Arbeiterklasse praktisch Vorbild zu sein. Gegenüber dem Vulgärmaterialismus eines Feuerbach, Büchner, Stirner behauptete Marx das Werden dieses Urmateriellen in dialektischer Form in Natur und Geschichte (Gesellschaft) zu den Stufen des Lebens, des Bewußtseins und innerhalb der menschlichen Gesellschaft in ihren Epochen bis zum Endstadium der klassenlosen Gesellschaft. Die materiell-ökonomischen und sozialen Gegebenheiten und Fortentwicklungen treiben den Geist, die Philosophie, das Bewußtsein notwendig aus sich hervor. Von ihnen sind Geist und Philosophie eindeutig und notwendig abhängig; nicht umgekehrt. Damit war Hegels Dialektik auf die Beine gestellt.

Selbstbildnis

Die Philosophie von Karl Marx erschöpft sich weitgehend in politisch-ökonomischen Studien. Im Vorwort zu seiner 1859 erschienenen »Kritik der politischen Ökonomie« hat Marx dazu dieses aufschlußreiche Selbstbildnis geliefert:
»Mein Fachstudium war das der Jurisprudenz, die ich jedoch nur als untergeordnete Disziplin neben Philosophie und Geschichte betrieb. Im Jahre 1842–43, als Redakteur der ›Rheinischen Zeitung‹, kam ich zuerst in die Verlegenheit, über sogenannte materielle Interessen mitsprechen zu müssen. Die Verhandlungen des Rheinischen Landtags über Holzdiebstahl und Parzellierung des Grundeigentums, die amtliche Polemik, die Herr von Schaper, damals Oberpräsident der Rheinprovinz, mit der ›Rheinischen Zeitung‹ über die

Zustände der Moselbauern eröffnete, Debatten endlich über Freihandel und Schutzzoll, gaben die ersten Anlässe zu meiner Beschäftigung mit ökonomischen Fragen. Andrerseits hatte zu jener Zeit, wo der gute Wille, ›weiterzugehen‹, Sachkenntnis vielfach aufwog, ein schwach philosophisch gefärbtes Echo des französischen Sozialismus und Kommunismus sich in der ›Rheinischen Zeitung‹ hörbar gemacht. Ich erklärte mich gegen diese Stümperei, gestand aber zugleich in einer Kontroverse mit der ›Allgemeinen Augsburger Zeitung‹ rund heraus, daß meine bisherigen Studien mir nicht erlaubten, irgendein Urteil über den Inhalt der französischen Richtungen selbst zu wagen. Ich ergriff vielmehr begierig die Illusion der Geschäftsführer der ›Rheinischen Zeitung›, die durch schwächere Haltung des Blattes das über es gefällte Todesurteil rückgängig machen zu können glaubten, um mich von der öffentlichen Bühne in die Studierstube zurückzuziehen.

Die erste Arbeit, unternommen zur Lösung der Zweifel, die mich bestürmten, war eine kritische Durchprüfung der Hegelschen Rechtsphilosophie, eine Arbeit, wovon die Einleitung in den 1844 in Paris herausgegebenen ›Deutsch-Französischen Jahrbüchern‹ erschien. Meine Untersuchung mündete in dem Ergebnis, daß Rechtsverhältnisse wie Staatsformen weder aus sich selbst zu begreifen sind, noch aus der sogenannten allgemeinen Entwicklung des menschlichen Geistes, sondern vielmehr in den materiellen Lebensverhältnissen wurzeln, deren Gesamtheit Hegel, nach dem Vorgang der Engländer und Franzosen des 18. Jahrhunderts, unter dem Namen ›bürgerliche Gesellschaft‹ zusammenfaßt, daß aber die Anatomie der bürgerlichen Gesellschaft in der politischen Ökonomie zu suchen sei. Die Erforschung der letzteren, die ich in Paris begann, setzte ich fort zu Brüssel, wohin ich infolge eines Ausweisungsbefehls des Herrn Guizot übergewandert war. Das allgemeine Resultat, das sich mir ergab und, einmal gewonnen, meinem Studium zum Leitfaden diente, kann kurz so formuliert werden:

In der gesellschaftlichen Produktion ihres Lebens gehen die Menschen bestimmte, notwendige, von ihrem Willen unabhängige Verhältnisse ein, Produktionsverhältnisse, die einer bestimmten Entwicklungsstufe ihrer materiellen Produktivkräfte entsprechen. Die Gesamtheit dieser Produktionsverhältnisse bildet die ökonomische Struktur der Gesellschaft, die reale Basis, worauf sich ein juristischer und politischer Überbau erhebt, und welcher bestimmte gesellschaftliche Bewußtseinsformen entsprechen. Die Produktionsweise des materiellen Lebens bedingt den sozialen, politischen und geistigen Lebensprozeß überhaupt. Es ist nicht das Bewußtsein der Menschen, das ihr Sein, sondern umgekehrt ihr gesellschaftliches Sein, das ihr Bewußtsein bestimmt. Auf einer gewissen Stufe ihrer Entwicklung geraten die materiellen Produktionskräfte der Gesellschaft in Widerspruch mit den vorhandenen Produktionsverhältnissen, oder, was nur ein juristischer Ausdruck dafür ist, mit den Eigentumsverhältnissen, innerhalb deren sie sich bisher bewegt hatten. Aus Entwicklungsformen der Produktivkräfte schlagen diese Verhältnisse in Fesseln derselben um. Es tritt dann eine Epoche sozialer Revolution ein. Mit der Veränderung der ökonomischen Grundlage wälzt sich der ganze ungeheure Überbau langsamer oder rascher um. In der Betrachtung solcher Umwälzungen muß man stets unterscheiden zwischen der materiellen, naturwissenschaftlich treu zu konstatierenden Umwälzung in den ökonomischen Produktionsbedingungen und den juristischen, politischen, religiösen, künstlerischen oder philosophischen, kurz ideologischen Formen, worin sich die Menschen dieses Konflikts bewußt werden und ihn ausfechten. So wenig man das, was ein Individuum ist, nach dem beurteilt, was es sich selbst dünkt, ebensowenig kann man eine solche Umwälzungsepoche aus ihrem Bewußtsein beurteilen, sondern muß vielmehr dies Bewußtsein aus den Widersprüchen des materiellen Lebens, aus dem Konflikt zwischen gesellschaftlichen Produktivkräften und Produktionsverhältnissen erklären. Eine Gesellschaftsformation geht nie unter, bevor alle Produktivkräfte entwickelt sind, für die sie weit genug ist, und neue höhere Produktionsverhältnisse treten nie an die Stelle, bevor die materiellen Existenzbedingungen derselben im Schoß der alten Gesellschaft selbst ausgebrütet worden sind. Daher stellt sich die Menschheit immer nur Aufgaben, die sie lösen kann, denn genauer betrachtet, wird sich stets finden, daß die Aufgabe selbst nur entspringt, wo die materiellen Bedingungen ihrer Lösung schon vorhanden oder wenigstens im Prozeß des Werdens begriffen sind. In großen Umrissen können asiatische, antike, feudale und modern bürgerliche Produktionsweisen als progressive Epochen der ökonomischen Gesellschaftsformation bezeichnet werden. Die bürgerlichen Produktionsverhältnisse sind die letzte antagonistische Form des gesellschaftlichen Produktionsprozesses, antagonistisch nicht im Sinne von individuellem Antagonismus, sondern eines aus den gesellschaftlichen Lebensbedingungen der Individuen hervorwachsenden Antagonismus, aber die im Schoße der bürgerlichen Gesellschaft sich entwickelnden Produktivkräfte schaffen zugleich die materiellen Bedingungen zur Lösung dieses Antagonismus. Mit dieser Gesellschaftsformation schließt daher die Vorgeschichte der menschlichen Gesellschaft ab.

Friedrich Engels, mit dem ich seit dem Erscheinen seiner genialen Skizze zur Kritik der ökonomischen Kategorien (in den ›Deutsch-Französischen Jahrbüchern‹) einen steten schriftlichen Ideenaustausch unterhielt, war auf andrem Wege (vergleiche seine ›Lage der arbeitenden Klasse in England‹) mit mir zu demselben Resultat gelangt, und als er sich im Frühling 1845 ebenfalls in Brüssel niederließ, beschlossen wir den Gegensatz unserer Ansicht gegen die ideologische der deutschen Philosophie gemeinschaftlich auszuarbeiten, in der Tat mit unserem ehemaligen philosophischen Gewissen abzurechnen. Der Vorsatz ward ausgeführt in der Form einer Kritik der nachhegelschen Philosophie. Das Manuskript, zwei starke Oktavbände, war längst an seinem Verlagsort in Westfalen angelangt, als wir die Nachricht erhielten, daß veränderte Umstände den Druck nicht erlaubten. Wir überließen das Manuskript der nagenden Kritik der Mäuse um so williger, als wir unseren Hauptzweck erreicht hatten – Selbstverständigung. Von den zerstreuten Arbeiten, worin wir damals nach der einen oder andren Seite hin unsere Ansichten dem Publikum vorlegten, erwähne ich nur das von Engels und mir gemeinschaftlich verfaßte ›Manifest der Kommunistischen Partei‹ und einen von mir veröffentlichten ›Discours sur le libre échange‹. Die entscheidenden Punkte unserer Ansicht wurden zuerst wissenschaftlich, wenn auch nur polemisch, angedeutet in meiner 1847 herausgegebenen und gegen Proudhon gerichteten Schrift: ›Misère de la philosophie etc.‹

Eine deutsch geschriebene Abhandlung über die ›Lohnarbeit‹, worin ich meine über diesen Gegenstand im Brüsseler Deutschen Arbeiterverein gehaltenen Vorträge zusammenflocht, wurde im Druck unterbrochen durch die Februarrevolution und meine infolge derselben stattfindende gewaltsame Entfernung aus Belgien.
Die Herausgeber der ›Neuen Rheinischen Zeitung‹ 1848 und 1849 und die später erfolgten Ereignisse unterbrachen meine ökonomischen Studien, die erst im Jahre 1850 in London wieder aufgenommen werden konnten. Das ungeheure Material für Geschichte der politischen Ökonomie, das im British Museum aufgehäuft ist, der günstige Standpunkt, den London für die Beobachtung der bürgerlichen Gesellschaft gewährt, endlich das neue Entwicklungsstadium, worin letztere mit der Entdeckung des kalifornischen und australischen Goldes einzutreten schien, bestimmten mich, ganz von vorn wieder anzufangen und mich durch das neue Material kritisch durchzuarbeiten. Diese Studien führten teils von selbst in scheinbar ganz abliegende Disziplinen, in denen ich kürzer oder länger verweilen mußte. Namentlich aber wurde die mir zu Gebote stehende Zeit geschmälert durch die gebieterische Notwendigkeit einer Erwerbstätigkeit. Meine nun achtjährige Mitarbeit an der ersten englisch-amerikanischen Zeitung, der ›New-York Tribune‹, machte, da ich mit eigentlicher Zeitungskorrespondenz mich nur ausnahmsweise befasse, eine außerordentliche Zersplitterung der Studien nötig. Indes bildeten Artikel über auffallende ökonomische Ereignisse in England und auf dem Kontinent einen so bedeutenden Teil meiner Beiträge, daß ich genötigt ward, mich mit praktischen Details vertraut zu machen, die außerhalb des Bereichs der eigentlichen Wissenschaft der politischen Ökonomie liegen. Diese Skizze über den Gang meiner Studien im Gebiet der politischen Ökonomie soll nur beweisen, daß meine Ansichten, wie man sie immer beurteilen mag und wie wenig sie mit den interessanten Vorurteilen der herrschenden Klassen übereinstimmen, das Ergebnis gewissenhafter und langjähriger Forschung sind. Bei dem Eingang in die Wissenschaft aber, wie beim Eingang in die Hölle, muß die Forderung gestellt werden:

> Hier ziemt es, jeden Argwohn fahren lassen,
> Und jede Niedrigkeit muß hier ersterben.«

Friedrich Nietzsche

Trotz der unüberwindbaren inneren Auffassungsgegensätze stimmen Hegel, Marx und Nietzsche (1844 bis 1900) darin überein, daß jede dieser Philosophien behauptet, der Mensch und die menschliche Gesellschaft finde nun endlich zu sich selber, der hinreißende und verführerische Schwung der Sprache Nietzsches gibt dieser dynamistischen, ungeheuer bewegten Philosophie indirekt – und oft unerkannt – noch so viel Nachwirkung, daß wir uns mit ihr des Näheren in den folgenden Kapiteln, besonders unter dem Kennzeichen des Irrationalismus, beschäftigen müssen. Der schon mit seiner Doktorthese und ohne mündliche Doktorprüfung als 24jähriger zum Professor für klassische Philologie (Latein und Griechisch) an die Universität Basel berufene Friedrich Nietzsche hat dort – und noch unterbrochen durch eine Krankenpflegezeit im Kriege 1870–71 – noch nicht zehn Jahre gewirkt. Von Krankheit verfolgt und geplagt, entfaltete er bis zu seiner endgültigen geistigen Umnachtung eine wie Dynamit wirkende schriftstellerische Fruchtbarkeit, der ihresgleichen fehlt. Sie umfaßt die Sprache und Literatur, die Musik und bildende Kunst, die Kritik der Kultur und der Gesellschaft, die christliche Theologie und Philosophie im engeren Sinn.
Will man Entscheidendes und im Sinne eines gewissen Resultats Wichtiges aus dieser Philosophie herauslesen, so könnte man etwa folgendes formulieren:
Der Wille wird nicht verneint (wie bei Schopenhauer), sondern als »Wille zur Macht« und damit als Geburt des neuen Menschen, des »Übermenschen« bejaht. Während das Christentum als die Knechtsgestalt der Menschheit angeprangert wird, entwirft Nietzsche in seinem letzten Werk ein »Ecce homo« (Seht, welch ein Mensch – das Wort des Pilatus), ein Gegenstück des Menschen. Für den Christen kann es nur als eine schon irre Blasphemie des Mensch gewordenen Christus angesehen werden. Für den kulturkritischen Philosophen gilt es als ein Überschlag des Humanen in das Übermenschlich-Unmenschliche in der tatsächlichen Geschichte des 20. Jahrhunderts. An der Schwelle dieses Jahrhunderts erlischt der Geist dieses genialisch-unglücklichen Friedrich Nietzsche, der unter die deutschen Stilisten ersten Ranges zu rechnen ist.

Das Zeichen

1885 schloß Nietzsche sein Buch für alle und keinen »Also sprach Zarathustra« ab. In diesem Werk der menschlichen Einsamkeit steckt bereits Nietzsches ganze Philosophie, auch wenn es schwer ist, sie darin zu erkennen. Wir geben das Schlußkapitel »Das Zeichen« hier wieder, um den Leser am Original in die Art dieses Philosophierens einzuführen.

»Des Morgens aber nach dieser Nacht sprang Zarathustra von seinem Lager auf, gürtete sich die Lenden und kam heraus aus seiner Höhle, glühend und stark, wie eine Morgensonne, die aus dunklen Bergen kommt. ›Du großes Gestirn‹, sprach er, wie er einstmals gesprochen hatte, ›du tiefes Glücks-Auge, was wäre all dein Glück, wenn du nicht die hättest, welchen du leuchtest!

Und wenn sie in ihren Kammern blieben, während du schon wach bist und kommst und schenkst und austeilst: wie würde darob deine stolze Scham zürnen!

Wohlan! sie schlafen noch, diese höheren Menschen, während ich wach bin: das sind nicht meine rechten Gefährten! Nicht auf sie warte ich hier in meinen Bergen.

Zu meinem Werke will ich, zu meinem Tage: aber sie verstehen nicht, was die Zeichen meines Morgens sind, mein Schritt – ist für sie kein Weckruf.

Sie schlafen noch in meiner Höhle, ihr Traum trinkt noch an meinen trunkenen Lidern. Das Ohr doch, das nach mir horcht – das gehorchende Ohr fehlt in ihren Gliedern.‹

Dies hatte Zarathustra zu seinem Herzen gesprochen, als die Sonne aufging: da blickte er fragend in die Höhe, denn er hörte über sich den scharfen Ruf seines Adlers. ›Wohlan!‹ rief er hinauf, ›so gefällt und gebührt es mir. Meine Tiere sind wach, denn ich bin wach. Mein Adler ist wach und ehrt gleich mir die Sonne. Mit Adlers-Klauen greift er nach dem neuen Lichte. Ihr seid meine rechten Tiere; ich liebe euch.

Aber noch fehlen mir meine rechten Menschen!‹ –

Also sprach Zarathustra; da aber geschah es, daß er sich plötzlich wie von unzähligen Vögeln umschwärmt und umflattert hörte – das Geschwirr so vieler Flügel aber und das Gedräng um sein Haupt war so groß, daß er die Augen schloß. Und wahrlich, einer Wolke gleich fiel es über ihn her,

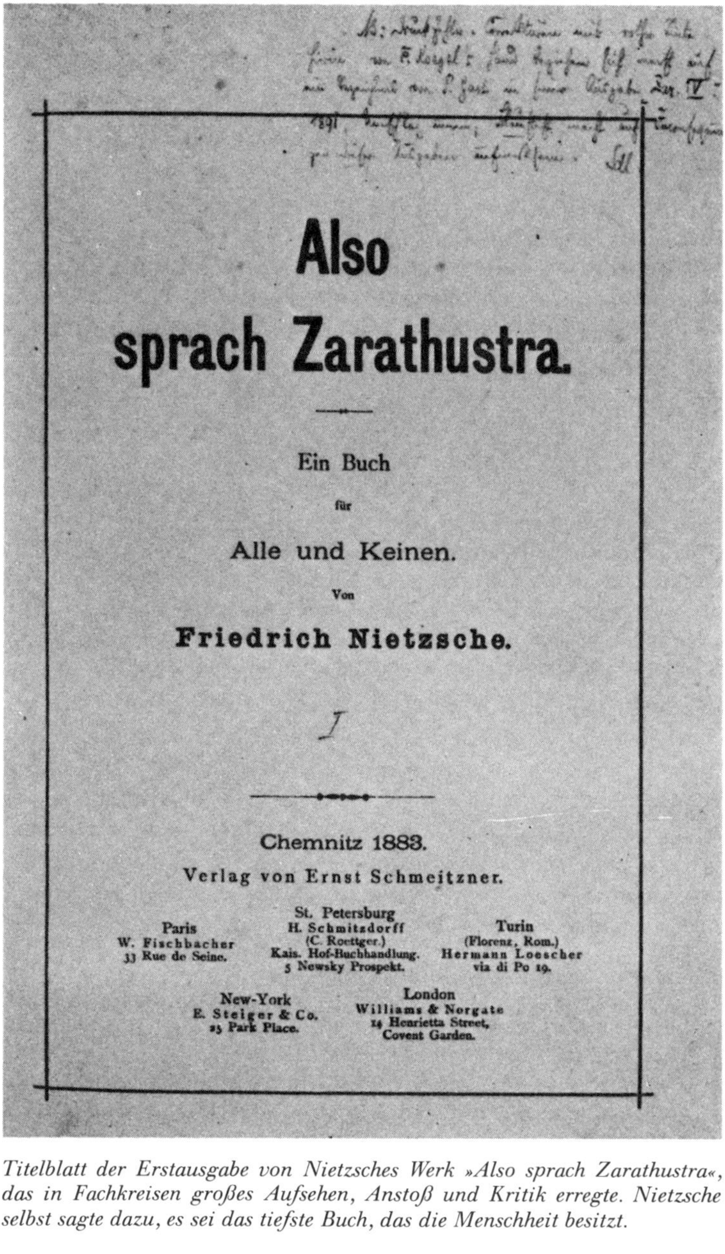

Also
sprach Zarathustra.

Ein Buch
für
Alle und Keinen.
Von
Friedrich Nietzsche.

I

Chemnitz 1883.
Verlag von Ernst Schmeitzner.

Paris
W. Fischbacher
33 Rue de Seine.

St. Petersburg
H. Schmitzdorff
(C. Roettger.)
Kais. Hof-Buchhandlung.
5 Newsky Prospekt.

Turin
(Florenz, Rom.)
Hermann Loescher
via di Po 19.

New-York
E. Steiger & Co.
25 Park Place.

London
Williams & Norgate
14 Henrietta Street,
Covent Garden.

Titelblatt der Erstausgabe von Nietzsches Werk »Also sprach Zarathustra«, das in Fachkreisen großes Aufsehen, Anstoß und Kritik erregte. Nietzsche selbst sagte dazu, es sei das tiefste Buch, das die Menschheit besitzt.

einer Wolke von Pfeilen gleich, welche sich über einen neuen Feind ausschüttet. Aber siehe, hier war es eine Wolke der Liebe, und über einen neuen Freund.

Was geschieht mir? dachte Zarathustra in seinem erstaunten Herzen und ließ sich langsam auf dem großen Steine nieder, der neben dem Ausgange seiner Höhle lag. Aber, indem er mit den Händen um sich und über sich und unter sich griff und den zärtlichen Vögeln wehrte, siehe, da geschah ihm etwas noch Seltsameres: er griff nämlich dabei unvermerkt in ein dichtes warmes Haar-Gezottel hinein; zugleich aber erscholl vor ihm ein Gebrüll – ein sanftes langes Löwen-Brüllen.

›Das Zeichen kommt‹, sprach Zarathustra, und sein Herz verwandelte sich. Und in Wahrheit, als es helle vor ihm wurde, da lag ihm ein gelbes mächtiges Getier zu Füßen und schmiegte das Haupt an seine Knie und wollte nicht von ihm lassen vor Liebe und tat einem Hunde gleich, welcher seinen alten Herrn wiederfindet. Die Tauben aber waren mit ihrer Liebe nicht minder eifrig als der Löwe; und jedesmal, wenn eine Taube über die Nase des Löwen huschte, schüttelte der Löwe das Haupt und wunderte sich und lachte dazu.

Zu dem allem sprach Zarathustra nur ein Wort: ›Meine Kinder sind nahe, meine Kinder‹ – dann wurde er ganz stumm. Sein Herz aber war gelöst, und aus seinen Augen tropften Tränen herab und fielen auf seine Hände. Und er achtete keines Dings mehr und saß da, unbeweglich und ohne daß er sich noch gegen die Tiere wehrte. Da flogen die Tauben ab und zu und setzten sich ihm auf die Schulter und liebkosten sein weißes Haar und wurden nicht müde mit Zärtlichkeit und Frohlocken. Der starke Löwe aber leckte immer die Tränen, welche auf die Hände Zarathustras herabfielen, und brüllte und brummte schüchtern dazu. Also trieben es diese Tiere. –

Dies alles dauerte eine lange Zeit, oder eine kurze Zeit: denn, recht gesprochen, gibt es für dergleichen Dinge auf Erden keine Zeit –. Inzwischen aber waren die höheren Menschen in der Hütte Zarathustras wach geworden und ordneten sich miteinander zu einem Zuge an, daß sie Zarathustra entgegengingen und ihm den Morgengruß böten: denn sie hatten gefunden, als sie erwachten, daß er schon nicht mehr unter

Wilhelm Dilthey
(1833–1911)

Friedrich Wilhelm Nietzsche
(1844–1900)

Henri Bergson
(1859–1941)

Ludwig Klages
(1872–1956)

ihnen weilte. Als sie aber zur Tür der Höhle gelangten und das Geräusch ihrer Schritte ihnen voranlief, da stutzte der Löwe gewaltig, kehrte sich mit einem Male von Zarathustra ab und sprang, wild brüllend, auf die Höhle los; die höheren Menschen aber, als sie ihn brüllen hörten, schrien alle auf, wie mit einem Munde, und flohen zurück und waren im Nu verschwunden.

Zarathustra selber aber, betäubt und fremd, erhob sich von seinem Sitze, sah um sich, stand staunend da, fragte sein Herz, besann sich und war allein. ›Was hörte ich doch?‹ sprach er endlich langsam, ›was geschah mir eben?‹

Und schon kam ihm die Erinnerung, und er begriff mit Einem Blicke alles, was zwischen gestern und heute sich begeben hatte. ›Hier ist ja der Stein‹, sprach er und strich sich den Bart, ›auf dem saß ich gestern am Morgen; und hier trat der Wahrsager zu mir, und hier hörte ich zuerst den Schrei, den ich eben hörte, den großen Notschrei.

O ihr höheren Menschen, von eurer Not war's ja, daß gestern am Morgen jener alte Wahrsager mir wahrsagte – zu eurer Not wollte er mich verführen und versuchen: o Zarathustra, sprach er zu mir, ich komme, daß ich dich zu deiner letzten Sünde verführe.‹

›Zu meiner letzten Sünde?‹ rief Zarathustra und lachte zornig über sein eigenes Wort: ›Was blieb mir doch aufgespart als meine letzte Sünde?‹ – Und noch einmal versank Zarathustra in sich und setzte sich wieder auf den großen Stein nieder und sann nach. Plötzlich sprang er empor, – ›Mitleiden! Das Mitleiden mit dem höheren Menschen!‹ schrie er auf, und sein Antlitz verwandelte sich in Erz. ›Wohlan! Das – hatte seine Zeit! Mein Leid und meine Mitleiden – was liegt daran! Trachte ich denn nach Glücke? Ich trachte nach meinem Werke!‹

›Wohlan! Der Löwe kam, meine Kinder sind nahe, Zarathustra ward reif, meine Stunde kam: – Dies ist mein Morgen, mein Tag hebt an: herauf nun, herauf, du großer Mittag!‹ – –

Also sprach Zarathustra und verließ seine Höhle, glühend und stark, wie eine Morgensonne, die aus dunklen Bergen kommt.«

Übergang ins 20. Jahrhundert

Tradition und neuer Anfang

»Die Philosophie beginnt nicht in jedem Kopf und in jeder Generation von vorne, aber sie muß in jedem Kopfe neu gedacht werden.« So etwa sagte vor mehr als hundert Jahren der damalige Sekretär der Akademie der Wissenschaften in Berlin, Adolf Trendelenburg, der die Philosophen und die Wissenschaftler auf den klassischen griechischen Philosophen Aristoteles eindringlich hinwies – jenen Mann, der mit Platon die Grundlage für die gesamte abendländische Wissenschaft und Philosophie geschaffen hat. Überdenken wir das Wort noch einmal: Die Philosophie beginnt nicht immer ganz von vorn, aber sie muß immer wieder neu gedacht werden. Dieses Wort kennzeichnet in seinem Zugleich von Tradition und Einmaligkeit auch schlagkräftig den Stand der Philosophie der Moderne, den der philosophischen Forschung. Nicht ohne Bedenken kann man dabei von philosophischer Forschung sprechen. Denn der Begriff der Forschung wird heute im Bereich der Naturwissenschaft, in der Atomphysik oder Astrophysik, als etwas Letztgültiges gebraucht. In der Philosophie als Wissenschaft steht es aber darin nicht gleich. Denn unabhängig von dem jeweils Erreichten gehört auch das ganz persönliche Denken, die persönliche Stellungnahme oder, wie Goethe einmal formuliert, das »Aufknacken der Nüsse, die uns Gott gegeben hat«, zum Philosophieren hinzu. Ob wir kleine oder große Philosophen sein möchten oder können, immer muß von uns ein Anfang mit der Philosophie gemacht werden, so, als habe es etwa Platon und Aristoteles, Thomas von Aquin oder Leibniz, Kant und Hegel nie gegeben.
Und andererseits geht es trotzdem, auch in der Philosophie, wirklich weiter, wie in anderen Wissenschaften oder Wis-

Rudolf Christoph Eucken
(1846–1926)

Wilhelm Windelband
(1848–1915)

Theodor Litt
(1880–1962)

Eduard Spranger
(1882–1963)

senszweigen. Wir stehen in einer Ahnenreihe, auch wenn wir unseren kleinen Kopf ganz anders bemühen müssen als vielleicht in irgendeiner anderen Wissenschaft. Denn die eigene Einsicht ist gefordert: Ich muß im Philosophieren die Wahrheit einsehen und nicht nur die Resultate der anderen übernehmen, wie das in den meisten anderen Wissenschaften – notgedrungen – gang und gäbe ist.

Nehmen wir für die von Generation zu Generation weiterzureichende Philosphie zum Vergleich das Bild einer mit einer kostbaren Flüssigkeit gefüllten Schale. Jeder nimmt daraus und gibt vielleicht von sich aus einen oder mehrere Tropfen dieser kostbaren Flüssigkeit hinzu. Das kleine Glas, das jeder dazu benutzt, muß sich aber ganz füllen lassen und muß schließlich in dem Strom des Ganzen mit untergehen, wenn der Schöpfende selbst Philosoph sein will.

Zum Verständnis der Philosophie der Moderne, besonders in ihrem Umschlag etwa um die Jahrhundertwende vom 19. zum 20. Jahrhundert, ist noch ein anderer Unterschied entscheidend, den wir uns gleich zu Beginn auf den ersten Seiten schon einmal klargemacht haben.

Wir sprechen von Weisheit und sprechen auch von philosophischer Wissenschaft. Das Wort »Philosophie« – »Liebe zur Weisheit« – meint beides, die wissenschaftliche Philosophie und die erklärte Weisheit.

Es gehören beide Weisheitsformen, die naturhafte und die eben durch ein philosophisches Denken erreichte Weisheit zusammen.

Etwa Ende des 19. Jahrhunderts wurde weithin das, was als natürliche Weisheit und eigene Denkbemühung anzusehen ist, verkannt. Man betrachtete die Philosophie großenteils als eine Sache, in der die verschiedenen Denksysteme vorzutragen seien und in der es eigentlich nur auf die Geschichte dieser Denksysteme ankommt, oder es gab eine extreme andere, die um jeden Preis originell sein wollte.

Diese beiden Extreme, ein reiner Historismus und eine spekulative Richtung, waren in der Philosophie der Jahrhundertwende vorherrschend. Wenn wir die moderne Philosophie in einem Zusammenhang und die verschiedenen Richtungen von der Phänomenologie bis zum Existentialismus richtig verstehen wollen, dann müssen wir diesen geschichtlichen

Zustand der philosophischen Forschung erkennen und die Bemühung würdigen, wieder zu einer Verbindung von Tradition und je eigener Denkbemühung in jedem Philosophieren zu gelangen, die für unsere Gegenwart charakteristisch ist.

Vom Neukantianismus bis zur Logistik

Neben den großen idealistischen Philosophen fand eine andere von Kant abgeleitete Richtung vor allem den Weg auf das Katheder und in die maßgeblichen Einflußstätten für die Bildung neuer Wissenschaftlergenerationen. Wir meinen den etwa 1865 aufgekommenen Neukantianismus, der auf der Grundlage der Kritik der reinen Vernunft eine erkenntnis-

Zwei amerikanische Philosophen gegensätzlicher Prägung. Ralph Waldo Emerson, 1803–1882. Als Dichter, Essayist und Philosoph leitete er in Nordamerika die idealistische Philosophie ein. Seine Essays über Kultur haben bis heute nichts an Aktualität und Frische eingebüßt (links). John Dewey, 1859–1952, Philosoph und Pädagoge des Pragmatismus, der im Handeln des Menschen sein Wesen ausgedrückt findet und Wert und Unwert weitgehend nach dem Erfolg des praktischen Handelns ermißt. Seine Philosophie formte das offizielle Denken des modernen Amerika, das progressive Erfolgsdenken.

theoretische Begründung zunächst der Naturwissenschaften (Marburger Schule: Cohen, Natorp, Cassirer), dann auch der Geisteswissenschaften (Südwestdeutsche oder badische Schule: Rickert, Windelband) versuchte. Er hat an den Universitäten noch heute seine Anhänger, die zwar nicht mehr die Metaphysik ablehnen, aber doch noch die Begründung der Einzelwissenschaften betonen. Diese Bemühungen gipfelten in dem wiederum an Hegel anknüpfenden Spätwerk Natorps. Entschieden bekämpft wurde die neukantianische Wissenschaftstheorie vom neueren Positivismus, besonders der Berliner (Reichenbach, Dubislav), Prager (Carnap) und vor allem der Wiener Schule (Schlick, Neurath; dem Wiener Kreis nahestehend: Wittgenstein). Diese den Apriorismus Kants ebenso wie jede Metaphysik ablehnende Wissenschaftstheorie gründet sich meist auf eine empiristische Erkenntnistheorie sowie auf eine als Zweig der Mathematik entwickelte Logik (Logistik, mathematische Logik). Sie ist seit etwa 1930 vor allen in den angelsächsischen Ländern zur Geltung gekommen (analytische Philosophie, logischer Positivismus), wo sie in B. Russell, Auer, Quine ihre bedeutendsten Verfechter fand. Auch der vielleicht wichtigste Metaphysiker im 20. Jahrhundert. A. N. Whitehead, gehörte anfangs dieser Schule an. Heute wird die grundsätzliche Ablehnung der Metaphysik auch von Positivisten wie Auer nur noch im Sinne eines Dogmas vertreten.

Man wird es sicher bedauern, wenn zu so einschneidenden Tatsachen in der philosophischen Entwicklung vor, um und nach 1900 nur ein paar Namen und Richtungen hier aufgezählt werden können, ohne daß man in die Details geht. Dieser scheinbare Nachteil hat aber auch sein Gutes, darin nämlich, daß der Leser einen größeren Zusammenblick für die Gesamtentwicklung erhält und nicht, wie es im umgekehrten Falle leicht geschieht, den Wald vor lauter Bäumen nicht sieht.

Wir verweisen in diesem Zusammenhang von Tradition und neuem Anfang auf unsere schon im systematischen Teil stehenden Ausführungen über den dialektischen Materialismus, der in diesem brodelnden 19. Jahrhundert an so gegensätzlichen Philosophien wie der Hegels und der des primitiven Materialismus anknüpft und erst in unserem Jahrhundert

eine so weltweite und zugleich weltverwirrende Bedeutung erlangt hat. Heute gibt es ihn in den verschiedensten Schattierungen und Ausprägungen.
Neben diesen beiden Richtungen bekommt noch die scholastisch-traditionelle Philosophie seit der Romantik und ihrer Rückwendung auf die mittelalterliche Geschichte und ihre Quellen eine neue Blutzufuhr; in ihrer Auseinandersetzung mit Kant und dem Neukantianismus und in Anlehnung an Thomas von Aquin gewinnt diese Richtung langsam wieder eine systematische Eigenständigkeit, die sie endlich auch mit den Philosophen der Phänomenologie, ja auch der Lebens- und Existenzphilosophie zusammenführt.

Edmund Husserl

Husserl wurde am 8.4.1859 in Prossnitz (Mähren) geboren und starb am 26.4.1938 in Freiburg (Breisgau). Seine akademische Laufbahn begann er 1887 als Privatdozent in Halle. Im Jahre 1901 wurde er zum außerordentlichen und 1906 zum ordentlichen Professor der Universität Göttingen ernannt. 1916 erhielt er einen Ruf nach Freiburg, wo er bis zu seiner Emeritierung 1928 blieb.
Von Husserls wichtigsten Schriften seien genannt:
Philosophie der Arithmetik, 1891,
Logische Untersuchungen, 1900–1901,
Ideen zu einer reinen Phänomenologie und phänomenologischen Philosophie, 1913,
Formale und transzendentale Logik, 1929,
Erfahrung und Urteil,
Cartesianische Meditationen, 1932.
Edmund Husserl, dessen letztes Werk im Dritten Reich eingestampft wurde, hat der Philosophie des 20. Jahrhunderts durch die »Wesensschau« ihren Weg gewiesen und hat ganze Generationen von Schülern direkt oder indirekt geistig beeinflußt. Max Scheler und Nicolai Hartmann mögen hier als die beiden charakteristischsten Philosophen auch mit Belegen aus ihren Werken Zeugnis geben von der Fruchtbarkeit der Phänomenologie, selbst wenn ihre Philosophien weit über den Ansatz der Husserlschen Philosophie hinausgehen. Sche-

ler nutzte die Phänomenologie für die Wertlehre, die Ethik und die Lehre vom Menschen, während Nicolai Hartmann hauptsächlich und in Anknüpfung an die aristotelische Philosophie »neue Wege der Ontologie« beging und eröffnete.

Cartesianische Meditationen

In diesem wohl tiefsinnigsten Werk Husserls hat der Philosoph in der IV. Meditation zur Entfaltung der konstitutiven Probleme des transzendentalen ego selbst Stellung genommen. Der hier zitierte Schlußabschnitt über die echte phänomenologische Selbstauslegung des ego cogito im Sinne eines transzendentalen Idealismus charakterisiert diese Philosophie in ihrem Wesen.

»Was hat die transzendentale Selbstbesinnung der Phänomenologie dazu zu sagen? Nichts anderes, als daß dieses ganze Problem widersinnig ist, ein Widersinn, in den Descartes selbst verfallen mußte, weil er den echten Sinn der Reduktion auf das reine ego verfehlte. Aber noch viel gröber ist die gewöhnliche nachcartesianische Denkhaltung. Wir fragen, wer ist denn das Ich, das solche transzendentalen Fragen rechtmäßig stellen kann? Kann ich das als natürlicher Mensch und kann ich all das ernstlich fragen, und zwar transzendental: Wie komme ich aus meiner Bewußtseinsinsel heraus, wie kann, was in meinem Bewußtsein als Evidenzerlebnis auftritt, objektive Bedeutung gewinnen? Sowie ich mich als natürlicher Mensch apperzipiere, habe ich ja schon im voraus die Raumwelt apperzipiert, mich als im Raume aufgefaßt, in dem ich also ein Außer-mir habe. Ist also nicht die Gültigkeit der Weltapperzeption schon in der Fragestellung vorausgesetzt worden, in den Sinn der Frage eingegangen, während doch ihre Beantwortung erst das Recht der objektiven Geltung überhaupt ergeben sollte? Es bedarf offenbar der bewußten Ausführung der phänomenologischen Reduktion, um dasjenige Ich und Bewußtseinsleben zu gewinnen, von dem transzendentale Fragen als Fragen der Möglichkeit transzendenter Erkenntnis zu stellen sind. Sowie man aber darangeht, in systematischer Selbstbesinnung und als reines ego sein gesamtes Bewußtseinsfeld enthüllen zu wollen,

Franz Brentano
(1838–1917)

Karl Stumpf
(1848–1936)

Paul Natorp
(1854–1924)

Ernst Cassirer
(1874–1945)

erkennt man, daß alles für es Seiende sich in ihm selbst Konstituierendes ist, ferner daß jede Seinsart, darunter jede als in irgendeinem Sinne transzendent charakterisierte ihre besondere Konstitution hat. Transzendenz in jeder Form ist ein immanenter, innerhalb des ego sich konstituierender Seinscharakter. Jeder erdenkliche Sinn, jedes erdenkliche Sein, ob es immanent oder transzendent heißt, fällt in den Bereich der transzendentalen Subjektivität als der sinn- und seinkonstituierenden. Das Universum wahren Seins fassen zu wollen als etwas, das außerhalb des Universums möglichen Bewußtseins, möglicher Erkenntnis, möglicher Evidenz steht, beides bloß äußerlich durch ein starres Gesetz aufeinander bezogen, ist unsinnig. Wesensmäßig gehört beides zusammen, und wesensmäßig Zusammengehöriges ist auch konkret eins, eins in der einzigen absoluten Konkretion der transzendentalen Subjektivität. Ist sie das Universum möglichen Sinnes, so ist ein Außerhalb dann eben Unsinn. Aber selbst jeder Unsinn ist ein Modus des Sinnes und hat seine Unsinnigkeit in der Einsehbarkeit. Das aber gilt nicht für das bloß faktische ego und das, was ihm faktisch zugänglich ist als für es seiendes, und darin beschlossen eine als für es seiende offene Vielheit anderer egos und ihrer konstituierenden Leistungen. Genauer ausgeführt: Wenn in mir, dem transzendentalen ego, wie faktisch, andere egos transzendental konstituiert sind und als von der mir damit konstitutiv erwachsenen transzendentalen Intersubjektivität ihrerseits konstituiert eine allgemeinsame objektive Welt, so gilt alles vorhin Gesagte nicht bloß für mein faktisches ego und für diese faktische in dem meine Sinn- und Seinsgeltung gewinnende Intersubjektivität der Welt. Die in meinem ego sich vollziehende phänomenologische Selbstauslegung, die aller seiner Konstitutionen und für es seienden Gegenständlichkeiten, nahm ja notwendig die methodische Gestalt einer apriorischen an, einer die Fakta in das entsprechende Universum purer (eidetischer) Möglichkeiten einordnenden Selbstauslegung. Sie betrifft also mein faktisches ego nur, insofern es eine der reinen Möglichkeiten ist, die aus ihm durch freies Umdenken (Umfingieren) seiner selbst zu gewinnen sind, sie gilt somit als eidetische für das Universum dieser meiner Möglichkeiten als ego überhaupt, meiner Möglichkeiten eines beliebigen Andersseins; demnach also auch für jede auf diese meine Möglichkeiten in korrelativer Abwandlung bezogene mögliche Intersubjektivität und wieder in ihr als intersubjektiv konstituiert zu denkenden Welt. Echte Erkenntnistheorie ist danach allein sinnvoll als transzendental-phänomenologische, die statt mit widersinnigen Schlüssen von einer vermeinten Immanenz auf eine vermeinte Transzendenz, die irgendwelcher angeblich prinzipiell unerkennbarer »Dinge an sich«, es ausschließlich zu tun hat mit der systematischen Aufklärung der Erkenntnisleistung, in der sie durch und durch verständlich werden müssen als intentionale Leistung. Eben damit wird jede Art Seiendes selbst, reales und ideales, verständlich als eben in dieser Leistung konstituiertes Gebilde der transzendentalen Subjektivität. Diese Art Verständlichkeit ist die höchste erdenkliche Form der Rationalität. Alle verkehrten Seinsinterpretationen stammen aus der naiven Blindheit für die den Seinssinn mitbestimmenden Horizonte und für die zugehörigen Aufgaben der Enthüllung der impliziten Intentionalität. Werden sie erschaut und ergriffen, so ergibt sich als Konsequenz eine universale Phänomenologie als eine in steter Evidenz und dabei in Konkretion durchgeführte Selbstauslegung des ego. Genauer gesprochen und fürs erste: als eine Selbstauslegung im prägnanten Sinne, die systematisch zeigt, wie das ego sich als in sich und für sich Seiendes eines eigenen Wesens konstituiert; und dann zweitens als eine Selbstauslegung im erweiterten Sinne, die von da aus zeigt, wie das ego in sich vermöge dieses Eigenwesens auch anderes, Objektives konstituiert und so überhaupt alles, was für es je im Ich als Nicht-Ich Seinsgeltung hat.

In dieser systematischen Konkretion durchgeführt, ist die Phänomenologie eo ipso transzendentaler Idealismus, obschon in einem grundwesentlich neuen Sinne; nicht in dem eines psychologischen Idealismus, nicht eines Idealismus, der aus sinnlosen sensuellen Daten eine sinnvolle Welt ableiten will. Nicht ist es ein Kantianischer Idealismus, der mindestens als Grenzbegriff die Möglichkeit einer Welt von Dingen an sich glaubt offenhalten zu können – sondern ein Idealismus, der nichts weiter ist als in Form systematisch egologischer Wissenschaft konsequent durchgeführte Selbstauslegung meines ego als Subjektes jeder möglichen Erkenntnis, und zwar in Hinsicht auf jeden Sinn von Seiendem, mit dem es für mich, das ego, eben soll Sinn haben können. Dieser Idealismus ist nicht ein Gebilde spielerischer Argumentationen, im dialektischen Streit mit Realismus als Siegespreis zu gewinnen. Es ist die an jedem mir, dem ego, je erdenklichen Typus von Seiendem und speziell an der (mir durch Erfahrung wirklich vorgegebenen) Transzendenz der Natur, der Kultur, der Welt überhaupt in wirklicher Arbeit durchgeführte Sinnesauslegung. Dasselbe aber sagt: systematische Enthüllung der konstituierenden Intentionalität selbst. Der Erweis dieses Idealismus ist also die Phänomenologie selbst. Nur wer den tiefsten Sinn der intentionalen Methode oder den der transzendentalen Reduktion oder gar beider mißversteht, kann Phänomenologie und transzendentalen Idealismus trennen wollen: wer das eine Mißverständnis begeht, ist nicht einmal so weit, das eigentümliche Wesen einer echten intentionalen Psychologie (und darin beschlossen einer intentionalpsychologischen Erkenntnislehre) begriffen zu haben sowie ihren Beruf, das Grund- und Kernstück einer wahrhaft wissenschaftlichen Psychologie zu werden. Wer aber Sinn und Leistung der transzendental-phänomenologischen Reduktion verkennt, der steht im transzendentalen Psychologismus, er vermengt die aus der Wesensmöglichkeit der Einstellungsänderung hervorgehende Parallele: intentionale Psychologie und transzendentale Phänomenologie, er verfällt dem Widersinn einer Transzendentalphilosophie, die auf dem natürlichen Boden stehenbleibt.

Unsere Meditationen sind so weit gediehen, daß sie schon den notwendigen Stil einer Philosophie als einer transzendental-phänomenologischen zur Evidenz gebracht haben und korrelativ für das Universum des für uns in Wirklichkeit und Möglichkeit Seienden den Stil seiner einzig möglichen Sinnesinterpretation, nämlich als transzendental-phänomenologischen Idealismus. Zu dieser Evidenz gehört auch, daß sich die durch unsere allgemeinste Vorzeichnung eröffnende Unendlichkeit der Arbeit – daß die Selbstauslegung meiner, des Meditierenden ego, nach Konstitution und Konstituiertem – als Kette von einzelnen Meditationen dem universalen Rahmen einer einheitlichen, synthetisch immer weiterzuführenden Arbeit schlechthin, einfügt.

Dürfen wir damit abschließen und alles Weitere der Einzelausführung überlassen? Ist die gewonnene Evidenz mit ihrem vorzeichnenden Zielsinn schon zureichend, ist die Vorzeichnung hinreichend weit geführt, uns mit jenem großen Glauben an eine in dieser meditierenden Methode der Selbstauslegung hervorgehenden Philosophie zu erfüllen – so daß wir sie in unseren Lebenswillen aufnehmen und in freudiger Sicherheit an die Arbeit gehen könnten? Wir haben es natürlich nicht vermeiden können, schon in flüchtigem Hinblick auf das in uns, je in mir, dem meditierenden ego, als Welt, als Seinsuniversum überhaupt Konstituierte der Anderen zu gedenken und ihrer Konstitutionen. Mittels der in meinem eigenen Selbst konstituierten fremden Konstitutionen konstituiert sich für mich (das erwähnten wir schon) die für uns alle gemeinsame Welt. Dazu gehört natürlich auch die Konstitution einer Philosophie, als einer uns allen als miteinander Meditierenden gemeinsamen – der Idee nach einer einzigen Philosophia perennis. Aber wird nun unsere Evidenz – die einer phänomenologischen Philosophie und eines phänomenologischen Idealismus als der einzigen Möglichkeit – standhalten, diese Evidenz, die uns so lange völlig klar und sicher war, als wir, dem Zuge unserer meditierenden Intuitionen hingegeben, die darin zutage tretenden Wesensnotwendigkeiten aussprachen? Wird sie nicht schwankend werden, da wir die methodische Vorzeichnung nicht so weit geführt haben, daß die (wir fühlen es alle, sehr befremdliche) Möglichkeit und die genauere Art des Für-uns Seins der Anderen nicht dem Wesensallgemeinen nach verständlich und die auf sie bezügliche Problematik nicht ausgelegt ist? Sollen unsere Cartesianischen Meditationen für uns als werdende Philosophen die richtige Einleitung in eine Philosophie und der ihre Wirklichkeit als notwendig praktische Idee begründende Anfang sein (ein Anfang, zu dem also auch die Evidenz eines als ideale Notwendigkeit konstituierenden Weges für Unendlichkeit ausführender Arbeit gehört), so müssen unsere Meditationen selbst so weit führen, daß sie nach dieser Hinsicht nach Ziel und Weg keine Befremdlichkeiten offenlassen. Sie müssen ganz, wie die alten Cartesianischen es wollten, die zur Zweckidee der Philosophie gehörige universale Problematik in restloser Verständlichkeit enthüllt haben (also für uns die

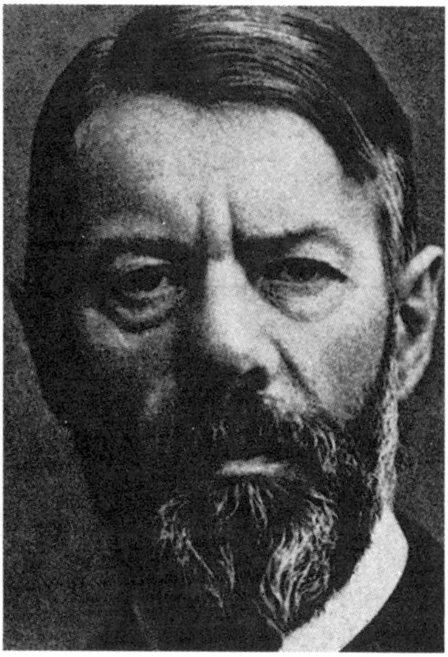

Edmund Husserl
(1859–1938)

Max Weber
(1864–1920)

Max Scheler
(1874–1928)

Nicolai Hartmann
(1882–1950)

konstitutive); und darin liegt, sie müssen in einer größten und doch streng umgriffenen Allgemeinheit den wahren universalen Sinn des Seienden überhaupt und seiner universalen Strukturen schon herausgestellt haben – in einer Allgemeinheit, die ausführende ontologische Arbeit in Form einer konkret verbundenen phänomenologischen Philosophie erst möglich macht, so wie dann in weiterer Folge eine philosophische Tatsachenwissenschaft, denn Seiendes ist für die Philosophie und so für die Korrelationsforschung der Phänomenologie eine praktische Idee, die der Unendlichkeit theoretisch bestimmender Arbeit.«

Die Wende zur Phänomenologie

Der neue Anfang, von dem wir zwei Kapitel voraus sprachen, wurde in der deutschen Philosophie um das Jahr 1900 herum gemacht. Die noch so durchdachte kritische Logik, die die Logik fast in eine Psychologie des Denkens hineinverwandelte, kam und kommt nicht an dem Umstand vorbei, daß ein Denkender da ist, der zugleich auch immer ein Was denkt. Diese Denkenden unterhalten sich untereinander über dieses Was, schreiben Bücher darüber, die sie wechselseitig lesen, wenn auch vielleicht ablehnen. Diesen recht volkstümlich anmutenden Erwägungen gab Edmund Husserl in seinen logischen Untersuchungen Raum, die damit zur Begründung der sogenannten Phänomenologie führten. Selbst wenn man das konkrete Dasein der Dinge und seine exakte Erkennbarkeit ausklammerte, so war doch das Wesen der Dinge in seiner Allgemeingültigkeit auch allen einsichtig. Ob dieses oder jenes Etwas diese oder jene Farbe wirklich trägt und was Farbe real materiell wirklich ist, das kann dahingestellt bleiben.

Das Wesen einer bestimmten Farbe oder von Farbigkeit überhaupt oder von Größe und Länge, von Rundung und Ecke, das ist dem unbefangenen, aber auch kritischen Blick aller in gleicher Weise zugänglich. Die Phänomene oder Erscheinungen unseres Bewußtseins eröffnen uns das Wesen der Wirklichkeit und des Seins. Sie sind eine allgemein verbindliche Grundlage.

Mit der Philosophie als Wesensschau war die Wende zum Objekt, zu den Sachen selber vollzogen, waren ein neuer kritischer Realismus und eine neue Lichtung auf eine künftige Seinslehre eröffnet, die, wohin auch Husserl sich später wandte, mit seinem Namen verknüpft bleib. Max Scheler und Nicolai Hartmann, die wir im Anschluß an Edmund Husserl würdigen wollen, verwirklichten diese Phänomenologie als Methode in einer sehr eigenständigen Weise. Scheler führte sie in Richtung der Wertphänomene. Hartmann bezog diese Erkenntnisse mehr in Richtung auf eine gesamte Ontologie, besonders des Natur- und Geistseins.

Max Scheler

Die Vielseitigkeit des in München am 22.8.1874 geborenen Max Scheler zeigt sich schon in der breiten Anlage seines Studiums, in dem er sich zunächst mit der medizinischen Wissenschaft, dann aber auch bei Eucken und Otto Liebmann mit Philosophie befaßte. In demselben Jahr, in dem Husserls Logische Untersuchungen erschienen (1900), habilitierte er sich in Jena. In diese Zeit fällt auch seine erste Begegnung mit Husserl selbst. Scheler habilitierte sich danach in München um. Der rege Verkehr mit den dortigen Phänomenologen zeigt sein besonderes Interesse für die philosophische Bewegung. Nach seinem Weggang aus München (1910) war er längere Zeit Privatgelehrter in Göttingen. Erst 1919 wurde er nach Aufenthalten in Genf und im Haag Professor in Köln, von wo er 1928 einen Ruf nach Frankfurt annahm und dort im gleichen Jahr starb.

Von Schelers umfangreichem Werk seien erwähnt:
Der Formalismus in der Ethik und die materiale Wertethik, 1913–16,
Vom Ewigen im Menschen, 1921,
Soziologie des Wissens, 1924,
Die Wissensformen und die Gesellschaft, 1923,
Wesen und Formen der Sympathie, 1923,
Die Stellung des Menschen im Kosmos, 1928.

Ein philosophischer Feuerkopf

Diejenigen, die Max Scheler noch persönlich gekannt und als akademischen Lehrer, sei es in Köln oder in Frankfurt, gehört haben, sind noch Jahrzehnte danach von dem Feuerkopf angerührt, der ihnen in diesem Philosophen gegenübertrat. Wer sich aus dem Werke Schelers ein Bild zu machen sucht, wird es nicht ganz so leicht haben wie der, der den Philosophen auch persönlich hörte. Der Leser wird den frühen, den mittleren und den letzten Scheler unterscheiden, und er wird sich fragen, wer ist der eigentliche Scheler. Wir bringen nachfolgend aus der mittleren und aus der Schlußphase seines Schaffens zwei Beispiele, aber nicht in der zeitlichen Reihenfolge, sondern gerade umgekehrt.
Erst führen wir einige Proben aus dem Letztwerk Schelers an, in dem er eine in sich widersprüchliche Theogonie des Absoluten, also die Gottwerdung eines absoluten Gottes durch den Menschen lehrt, um so die Sonderstellung des Menschen in der Welt zu begründen. Diese Zitation zeigt aber inhaltlich den gleichen Scheler oder mindestens einen sehr verwandten Scheler, wie er sich auf der Höhe seines Schaffens in dem Aufsatz »Reue und Wiedergeburt« in dem großen Werk »Vom Ewigen im Menschen« darstellt, in dem es ihm um religiöse Erneuerung ging.
Wir haben vorhin Scheler methodisch aus der Phänomenologie hervorgehen lassen. Selbstverständlich kann man ihn auch in das Schema der Wertphilosophie und das der Lebensphilosophie einordnen, wie jedes bedeutende Denken nicht einförmig ist, sondern sich aus vielen Quellen speist und in viele Ströme ergießt.

Die Stellung des Menschen im Kosmos

»Fragt man einen gebildeten Europäer, was er sich bei dem Worte ›Mensch‹ denke, so beginnen fast immer drei unter sich ganz unvereinbare Ideenkreise in seinem Kopfe miteinander in Spannung zu treten. Es ist einmal der Gedankenkreis der jüdisch-christlichen Tradition von Adam und Eva, von Schöpfung, Paradies und Fall. Es ist zweitens der griechischantike Gedankenkreis, in dem sich zum erstenmal in der Welt das Selbstbewußtsein des Menschen zu einem Begriff seiner Sonderstellung erhob in der These, der Mensch sei Mensch durch Besitz der ›Vernunft‹, logos, phronesis, ratio, mens. Logos bedeutet hier ebensowohl Rede wie Fähigkeit, das ›Was‹ aller Dinge zu erfassen. Eng verbindet sich mit dieser Anschauung die Lehre, es liege eine übermenschliche Vernunft auch dem ganzen All zugrunde, an der der Mensch, und vor allen Wesen er allein, teilhabe. Der dritte Gedankenkreis ist der auch längst traditional gewordene Kreis der modernen Naturwissenschaft und der auf die Entwicklung bezogenen Psychologie, es sei der Mensch ein sehr spätes Endergebnis der Entwicklung des Erdplaneten, ein Wesen, das sich von seinen Vorformen in der Tierwelt nur in dem Komplikationsgrade der Mischungen von Energien und Fähigkeiten unterscheide, die an sich bereits in der untermenschlichen Natur vorkommen. Diesen drei Ideenkreisen fehlt jede Einheit untereinander. So besitzen wir denn eine naturwissenschaftliche, eine philosophische und eine theologische Anthropologie, die sich nicht umeinander kümmern - eine einheitliche Idee vom Menschen aber besitzen wir nicht.

Hier aber erhebt sich nun die für unser ganzes Problem entscheidende Frage: Besteht dann, wenn dem Tiere bereits Intelligenz zukommt, überhaupt noch mehr als ein nur gradueller Unterschied zwischen Mensch und Tier – besteht dann noch ein Wesensunterschied? Oder aber gibt es über diese bisher behandelten Wesensstufen hinaus noch etwas ganz anderes im Menschen, ihm spezifisch Zukommendes, was durch Wahl und Intelligenz überhaupt noch nicht getroffen und erschöpft ist? Hier scheiden sich die Wege am schärfsten. Die einen wollen dem Menschen Intelligenz und Wahl vorbehalten und sie dem Tiere absprechen: sie erkennen zwar einen überquantitativen Unterschied, einen Wesensunterschied an, behaupten ihn aber da, wo nach meiner Ansicht kein Wesensunterschied vorliegt. Die anderen, insbesondere alle Evolutionisten der Darwin- und Lamarckschule, lehnen mit Darwin, G. Schwalbe und auch mit W. Köhler, einen letzten Unterschied zwischen Mensch und Tier ab, eben weil das Tier auch bereits Intelligenz besitze; sie hängen damit in irgendeiner Form der großen Einheitslehre vom Menschen an, die ich als Theorie des ›homo faber‹ bezeichne, und kennen selbstverständlich dann auch kein metaphysisches Sein, keine Metaphysik des Menschen, d.h. kein ausgezeichnetes Verhältnis, das der Mensch als solcher zum Weltgrunde besäße.

Was mich betrifft, so weise ich beide Lehren zurück. Ich behaupte: Das Wesen des Menschen und das, was man seine ›Sonderstellung‹ nennen kann, steht hoch über dem, was man Intelligenz und Wahlfähigkeit quantitativ beliebig, ja bis ins Unendliche gesteigert vorstellte. (Anm. d. Verf. Scheler: Zwischen einem klugen Schimpansen und Edison, dieser nur als Techniker genommen, besteht nur ein – allerdings sehr großer – gradueller Unterschied.)

Aber auch das wäre verfehlt, wenn man sich das Neue, das den Menschen zum Menschen macht, nur dächte als eine zu den psychischen Stufen Gefühlsdrang, Instinkt, assoziatives Gedächtnis, Intelligenz und Wahl noch hinzukommende neue Wesensstufe psychischer, der Vitalsphäre angehöriger Funktionen und Fähigkeiten, die zu erkennen also noch in der Kompetenz der Psychologie und Biologie läge.

Das neue Prinzip steht außerhalb alles dessen, was wir ›Leben‹ im weitesten Sinne nennen können: Das, was den Menschen allein zum ›Menschen‹ macht, ist nicht eine neue Stufe des Lebens – erst recht nicht nur eine Stufe der einen Manifestationsform dieses Lebens, der ›Psyche‹ –, sondern es ist ein allem und jedem Leben überhaupt, auch dem Leben im Menschen entgegengesetztes Prinzip, eine echte neue Wesenstatsache, die als solche überhaupt nicht auf die ›natürliche Lebensevolution‹ zurückgeführt werden kann, sondern, wenn auf etwas, nur auf den obersten einen Grund der Dinge selbst zurückfällt; auf denselben Grund, dessen eine große Manifestation das ›Leben‹ ist.

Schon die Griechen behaupteten ein solches Prinzip und nannten es ›Vernunft‹. (Vgl. Julius Stenzel »Der Ursprung des Geistbegriffes bei den Griechen« in der Zeitschrift »Die Antike«.) Wir wollen lieber ein umfassenderes Wort für jenes X gebrauchen, ein Wort, das wohl den Begriff ›Vernunft‹ mitumfaßt, aber neben dem ›Ideen-denken‹ auch eine bestimmte Art der ›Anschauung‹, die von Urphänomenen oder Wesensgehalten, ferner eine bestimmte Klasse volitiver und emotionaler Akte wie Güte, Liebe, Reue, Ehrfurcht, geistige Verwunderung, Seligkeit und Verzweiflung, die freie Entscheidung mitumfaßt: – das Wort ›Geist‹. Das Aktzentrum aber, in dem Geist innerhalb endlicher Seinssphären erscheint, bezeichnen wir als ›Person‹, in scharfem Unterschied zu allen funktionellen Lebenszentren, die nach innen und im tieferen Sinne betrachtet auch ›seelische Zentren‹ heißen.

Was ist nun jener ›Geist‹, jenes neue und so entscheidende Prinzip? Selten ist mit einem Worte so viel Unfug getrieben worden, einem Worte, bei dem sich nur wenige etwas Bestimmtes denken. Stellen wir hier an die Spitze des Geistesbegriffes seine besondere Wissensfunktion, eine Art Wissen, die nur er geben kann, dann ist die Grundbestimmung eines geistigen Wesens, wie immer es psychologisch beschaffen sei, seine existentielle Entbundenheit vom Organischen, seine Freiheit, Ablösbarkeit – oder doch die seines Daseinszentrums – von dem Bann, von dem Druck, von der Abhängigkeit vom ›Leben‹ und allem, was zum Leben gehört – also auch von der eigenen triebhaften ›Intelligenz‹. Ein ›geistiges‹ Wesen ist also nicht mehr trieb- und umweltgebunden, sondern ›umweltfrei‹ und, wie wir es nennen wollen, ›weltoffen‹. Ein solches Wesen hat ›Welt‹. Ein solches Wesen vermag ferner die auch ihm ursprünglich gegebenen ›Widerstands‹- und Reaktionszentren seiner Umwelt, die das Tier allein hat und in die es ekstatisch aufgeht, zu ›Gegenständen‹ zu erheben, und das Sosein dieser Gegenstände prinzipiell selbst zu erfassen, ohne die Beschränkung, die diese Gegenstandswelt oder ihre Gegebenheit durch das vitale Triebsystem und die ihm vorgelagerten Sinnesfunktionen und Sinnesorgane erfährt.

Geist ist daher Sachlichkeit, Bestimmbarkeit durch das Sosein von Sachen selbst.

Der Mensch allein – sofern er Person ist – vermag sich über sich – als Lebewesen – emporzuschwingen und von einem Zentrum gleichsam jenseits der raumzeitlichen Welt aus alles, darunter auch sich selbst, zum Gegenstande seiner Erkenntnis zu machen.

So ist der Mensch als Geistwesen das sich selber als Lebewesen und der Welt überlegene Wesen. Als solches ist er auch der Ironie und des Humors fähig, die stets eine Erhebung über das eigene Dasein einschließen.

Hans Driesch
(1867–1941)

Aloys Wenzl
(1887–1967)

PHILOSOPHISCHE ANTHROPOLOGIE

Erich Rothacker
(1888–1965)

Alois Dempf
(1891–1982)

Das Zentrum aber, von dem aus der Mensch die Akte vollzieht, durch welche er seinen Leib und seine Psyche vergegenständlicht, die Welt in ihrer räumlichen und zeitlichen Fülle gegenständlich macht – es kann nicht selbst ein ›Teil‹ eben dieser Welt sein, – es kann nur im obersten Seinsgrunde selbst gelegen sein.
Schon Kant hat in seiner tiefen Lehre von der transzendentalen Apperzeption jene neue Einheit des cogitare, die ›Bedingung ist aller möglichen Erfahrung und darum aller Gegenstände der Erfahrung‹ – nicht nur der äußeren, sondern auch jener inneren Erfahrung, durch die uns unser eigenes Innenleben zugänglich wird – im wesentlichen klargestellt. Er hat damit zuerst den ›Geist‹ über die ›Psyche‹ erhoben und ausdrücklich geleugnet, daß der Geist nur eine Funktionsgruppe einer sogenannten ›Seelensubstanz‹ sei – die nur unberechtigter Verdinglichung der aktualen Einheit des Geistes ihre fiktive Annahme verdankt. Damit haben wir eine dritte wichtige Bestimmung des Geistes bezeichnet: Der Geist ist das einzige Sein, das selbst gegenstandsunfähig ist – er ist reine, pure Aktualität, hat sein Sein nur im freien Vollzug seiner Akte. Das Zentrum des Geistes, die ›Person‹, ist weder gegenständliches noch dingliches Sein, sondern nur ein stetig selbst sich vollziehendes (wesenhaft bestimmtes) Ordnungsgefüge von Akten. Die Person ist nur in ihren Akten und durch sie. Seelisches vollzieht ›sich selbst‹ nicht: es ist eine Ereignisreihe ›in‹ der Zeit, der wir eben aus dem Zentrum unseres Geistes heraus noch prinzipiell zuzuschauen vermögen, die wir in der inneren Wahrnehmung und Beobachtung noch gegenständlich machen können. Alles Seelische ist gegenstandsfähig – nicht aber der Geistesakt, die Intentio, das die seelischen Vorgänge selbst noch Schauende. Zum Sein unserer Person können wir uns nur sammeln, zu ihm hin uns konzentrieren – nicht aber es objektivieren.»

Reue und Wiedergeburt

»In den Regungen des Gewissens, in seinen Warnungen, Beratungen und Verurteilungen nimmt das geistige Auge des Glaubens von jeher die Umrißlinien eines unsichtbaren, unendlichen Richters wahr. Diese Regungen scheinen wie eine wortfreie, natürliche Sprache, die Gott mit der Seele redet, und deren Weisungen das Heil dieser individuellen Seele und der Welt betreffen. Es ist ein Frage, die hier nicht entschieden sei: ob es überhaupt möglich ist, die besondere Einheit und den Sinn der sogenannten ›Gewissens‹-regungen von dieser Deutung als einer geheimen ›Stimme‹ und Zeichensprache Gottes so abzulösen, daß die Einheit dessen, was wir ›Gewissen‹ nennen, überhaupt noch fortbestände. Ich bezweifle es und glaube vielmehr, daß ohne die Mitgewahrung eines heiligen Richters in ihnen diese Regungen selbst in eine Mannigfaltigkeit von Vorgängen (Gefühlen, Bildern, Urteilen) zerfielen und daß für ihre Einheitsfassung überhaupt kein Grund mehr vorläge. Auch scheint es mir keines eigentlichen deutenden Aktes zu bedürfen, um der seelischen Materie dieser Regungen die Funktion erst zu verleihen, dadurch sie einen solchen Richter präsentieren. Sie selbst üben von sich her diese Gott präsentierende Funktion aus, und es bedarf umgekehrt eines Augenschließens und Wegsehens, um diese Funktion nicht in ihnen selbst mitzuerleben. Wie sich Farben- und Tonerscheinungen, anders als Schmerz und Wollust, nicht als bloße Empfindungszustände unseres Leibes geben (die einfach das sind, was sie sind), sondern von Hause aus sich geben als gegenständliche Phänomene, die ohne ihre Funktion uns mit ihrem eigenen Gehalt zugleich Kundschaft von den Gegenständen einer wirklichen Welt zu bringen, gar nicht ›empfunden‹ sein können – so wohnt auch diesen Regungen von Hause aus die Sinnbezüglichkeit auf eine unsichtbare Ordnung inne und auf ein geistig-persönliches Subjekt, das dieser Ordnung vorsteht. Und so wenig uns von der ausgedehnten Roterscheinung der roten Kugel auf deren Existenz ein ›Kausalschluß‹ führt, so wenig auch von diesen Regungen ein ›Kausalschluß‹ auf Gott. Aber in beiden Fällen präsentiert sich etwas im Erleben, was dem präsentierenden Material transzendent ist, aber gleichwohl in ihm miterfaßt wird. Von diesen Regungen des Gewissens ist die Reue diejenige, die sich wesentlich richtend verhält und auf die Vergangenheit unseres Lebens sich bezieht.

Ihr Wesen, ihr Sinn, ihr Zusammenhang mit unserm ganzen Leben und seinem Ziele, ist von der désordre du cœur der

Gegenwart so abgründig, so tief und so häufig verkannt worden, daß es nötig ist, durch eine Kritik der, meist überaus billigen und oberflächlichen, modernen Theorien über ihren Ursprung, Sinn und Wert freien und festen Boden für ihre positive Wesensbestimmung zu gewinnen.

Fast ausschließlich pflegt die moderne Philosophie in der Reue einen nur negativen und gleichsam höchst unökonomischen, ja überflüssigen Akt zu sehen – eine Disharmonie der Seele, die man auf Täuschungen verschiedenster Art, auf Gedankenlosigkeit oder auf Krankheit zurückführt.

Alle diese Erklärungen und Anklagen der Reue, von Spinoza über Kant bis auf Nietzsche, beruhn auf schweren Irrtümern. Die Reue ist weder ein seelischer Ballast noch eine Selbsttäuschung, sie ist weder ein bloßes Symptom seelischer Disharmonie noch ein absurder Stoß, den unsre Seele gegen das Vergangene und Unabänderliche ausführt.

Im Gegenteil ist die Reue, schon rein moralisch gesehen, eine Form der Selbstheilung der Seele, ja der einzige Weg zur Wiedergewinnung ihrer verlorenen Kräfte. Und religiös ist sie noch weit mehr: der natürliche Akt, den Gott der Seele verlieh, um zu Ihm zurückzukehren, wenn sich die Seele von Ihm entfernte.

Eine der Hauptursachen des Verkennens des Wesens der Reue (und eine, die allen den genannten ›Erklärungen‹ zugrunde liegt) ist eine falsche Vorstellung über den inneren Strukturzusammenhang unseres geistigen Lebens. Man kann die Reue gar nicht voll verstehn, ohne sie in eine tiefere Gesamtanschauung der Eigentümlichkeit unseres Lebensabflusses im Verhältnis zu unserer feststehenden Person hineinzustellen. Man sagt uns, Reue sei absurd, da wir keine Freiheit besäßen und alles so kommen mußte, wie es kam. Gewiß hätte der keine Freiheit, der nicht bereuen könnte, aber bereuet doch – so werdet ihr sehn, wie ihr im Vollzug eben dieses Aktes das werdet, was ihr zur ›Bedingung‹ des Sinnes dieses Aktes zuerst törichterweise errechnen wollt: nämlich ›frei‹! Ihr werdet ›frei‹ von der fortstoßenden und dahinreißenden Stromkraft der Schuld und des Bösen in dem vergangenen Leben, ›frei‹ von dem vor der Reue bestehenden eisernen Zusammenhang der Wirksamkeit, der immer neue Schuld aus der alten Schuld hervortreibt und so den Schulddruck lawinenartig wachsen läßt. Nicht die bereute Schuld, sondern nur die unbereute hat auf die Zukunft des Lebens jene determinierende und bindende Gewalt. Die Reue tötet den Lebensnerv der Schuld, dadurch sie fortwirkt. Sie stößt Motiv und Tat, die Tat mit ihrer Wurzel, aus dem Lebenszentrum der Person heraus, und sie macht damit den freien, spontanen Beginn, den jungfräulichen Anfang einer neuen Lebensreihe möglich, die nun aus dem Zentrum der eben vermöge des Reueaktes nicht länger mehr gebundenen Persönlichkeit hervorzubrechen vermag. Also wirket Reue sittliche Verjüngung.»

Ortega y Gasset und Unamuno

Im Zusammenhang mit der Phänomenologie und Lebensphilosophie, die bei uns der 1833 in Biebrich geborene und 1911 in Seis bei Bozen gestorbene Geisteswissenschaftler Wilhelm Dilthey begründete, muß noch ein Blick nach Spanien getan werden.

Der aus Madrid stammende, 1883 geborene und 1955 in Madrid gestorbene, heute wohl namhafteste Repräsentant spanischen Geisteslebens, Ortega y Gasset, hat auch in Deutschland vor allem durch den Anklang seiner aufrüttelnden Studie zur Massenpsychologie »Aufstand der Massen« große Beachtung gefunden. Seine humanistisch geprägte Grundeinstellung zeigt unverkennbar Züge, die ihn als einen dem Lebensgefühl und der Denkweise, wie sie im Existentialismus und der Lebensphilosophie üblich sind, nahestehenden Denker ausweisen. Sein kulturkritisches Bemühen zielt gerade dahin, dem menschlichen Kulturstreben seine besten Quellen, die er in der »vitalen Vernunft« als höchster Erscheinungsform der grundlegenden Wirklichkeit des Lebens sieht, zu zeigen und zu erhalten.

Sein in Bilbao geborener Landsmann Miguel de Unamuno (1864 bis 1936) ist ähnlich wie Ortega y Gasset durch die Auseinandersetzung mit dem als unlösbar empfundenen Gegensatz von Herz und Verstand in die Nähe des Existentialismus geführt worden. Für ihn gibt es keine letzte, ausgewogene, entspannte Harmonie zwischen der irrational empfundenen

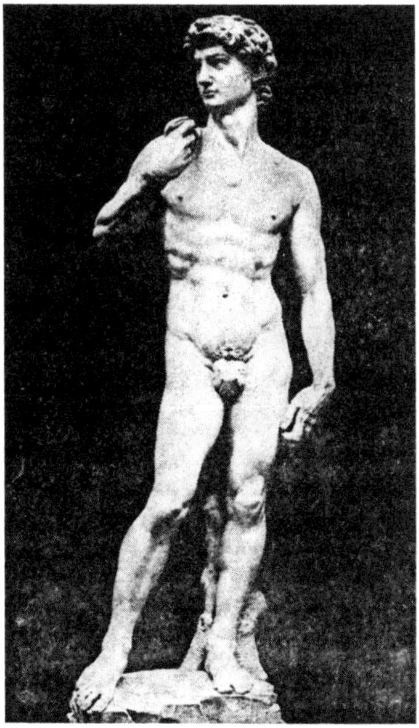

Die Entwicklung geht von der Darstellung des Antlitzes in Ausgeglichenheit und Schönheit bis zum modernen kubistischen Porträt. David, von Michelangelo, zwischen 1501 und 1504 (oben links). Michelangelo, von Daniele da Volterra. Physiognomische Kristallisation (Ausschnitt), von Paul Klee, 1924 (unten).

Das geistige Spanien. Miguel de Unamuno, 1864–1936. Er erblickte die Tragik des Lebens hauptsächlich in dem unlösbaren Widerstreit zwischen Glauben und Wissen. Sein Hauptwerk »Vom tragischen Lebensgefühl« wurde nicht nur für seine Generation in Spanien wegweisend, sondern fand auch in den übrigen Kulturländern interessierte Aufnahme (links). José Ortega y Gasset, 1883–1955, vor allem bekannt durch das Werk »Der Aufstand der Massen«. Er entwickelte eine Lebensphilosophie der Meditation, die Berührungspunkte mit Nietzsche und Bergson hat, da für ihn Philosophie keine Beschäftigung für Mußestunden war, sondern ein lebendiges Mittel zur Bildung. Mit diesem Moment seiner Philosophie überwand er die »Senilität« des spanischen Geistes, unter er ein Unamuno noch zu leiden hatte, und wurde gerade von der jungen Generation als ihr geistiger Führer anerkannt. Er vertrat mit Leidenschaft die Idee des neuen Europa und der Humanität.

Welt des Vitalen und der rationalen Welt des Denkens. Sein in viele Sprachen übertragenes Werk »Das tragische Lebensgefühl« und seine Schrift »Die Agonie des Christentums« prägten stark das spanische Geistesleben der Gegenwart und darüber hinaus das philosophische Denken Europas. Ortega und Unamuno gelten als die geistigen Repräsentanten des heutigen Spaniens, das nicht isoliert dasteht, sondern die philosophische Tradition auch eines Leibniz, Kant, Husserl und Scheler assimilierte und damit auch für unsere Entwicklung wichtig wird.

Neue Wege der Ontologie

Auch Nicolai Hartmann gehört mit Husserl und Scheler zu den Bahnbrechern der Philosophie unseres Jahrhunderts, die wieder ganz zu den Ursprüngen, zu der Frage nach dem Sinn und dem Sein vom Sein, also zu einer wirklichen Ontologie zurück- oder sogar vorausfinden. Dabei eignen Hartmann zwei Merkmale, die ihn für diese Aufgabe besonders zu bestimmen scheinen. Einmal ist er noch selbst durch die Strenge und die Kritik des Neukantianismus gegangen, ohne je die methodische Vorsicht und Genauigkeit dieser Schule preiszugeben: Schritt für Schritt und in lückenloser Folge.
Aber eben in dieser Strenge hat er auch die Enge dieser Richtung und ihre Kritikunfähigkeit gegenüber den unbeweisbaren und unwiderlegbaren Grundlagen nicht übersehen und daraus die Konsequenzen gezogen, daß der Mensch immer schon beim Sein ist, aber in den Aussagen über das Sein mit äußerster Vorsicht und unter Ausnutzung der gerade aus der modernen Naturwissenschaft kommenden Erfahrung zu Werke gehen müßte.
Das zweite Merkmal für die neuen Wege der Ontologie Hartmanns liegt in der Tatsache, daß er von dem Dynamischen der Lebensphilosophie aller Schattierungen angesteckt ist, ohne daß Hartmann wieder in dem Schichtenbau der Wirklichkeit den Geist nur als eine Sonderform des Lebens erscheinen läßt. Er kannte die Stufenordnung der Wirklichkeit. Ihre genauere Durchdringung und Bestimmung fordert das Eindringen in die jeweilige kategoriale Besonderheit des anorganischen, organischen, seelischen und des geistigen Seins, wobei, wie wir oben schon ausführten, die Zeit eine durchgängige Kategorie aller Stufen ist. Auch hierin offenbart sich das Eingehen auf den dynamischen Zug, wie er von der Lebensphilosophie so stark herausgestellt wurde.
Dem Irrationalismus der meisten Lebensphilosophien, wie wir sie im Abschlußkapitel dieses Buches noch einmal erwähnen, stellte Hartmann die saubere rationale Durchsichtigkeit seiner Gedanken gegenüber. Die konkrete Nähe zur Naturwissenschaft bringt seine Philosophie auch in Berührung mit den Vertretern einer induktiven Metaphysik, die wie Erich Becher und Aloys Wenzl von den konkreten Einzelwissen-

schaften der Natur in eine übergreifende Naturphilosophie und von dort zu einer Ontologie beziehungsweise Metaphysik vordringen.

Nicolai Hartmann

Hartmann wurde am 20. 7. 1882 in Riga geboren. Nach dem Gymnasialabitur in St. Petersburg studierte er klassische Philologie, Philosophie und Medizin in Dorpat, Petersburg und Marburg an der Lahn, wo er 1907 bei Cohen und Natorp, den bedeutenden Neukantianern, seine Doktorarbeit schrieb und promoviert wurde. 1909 habilitierte er sich. Nach der Teilnahme am ersten Weltkrieg von 1914–1918 wurde er 1920 zum außerordentlichen Professor nach Marburg berufen, wo er 1922 eine ordentliche Professur als Nachfolger von Natorp erhielt. Hartmanns steigendes Ansehen hatte zur Folge, daß sich viele Universitäten bemühten, ihn für ihren Lehrkörper zu gewinnen. Hartmann folgte den ehrenden Berufungen 1925 nach Köln, 1931 nach Berlin und schließlich 1945 nach Göttingen, wo er am 9. 10. 1950 starb.
Zu seinen wichtigsten Werken zählen:
Grundzüge einer Metaphysik der Erkenntnis, 1921,
Ethik, 1925,
Die Philosophie des Deutschen Idealismus, 1923,
Zum Problem der Realitätsgegebenheit, 1931,
Das Problem des geistigen Seins, 1933,
Zur Grundlegung der Ontologie, 1933,
Möglichkeit und Wirklichkeit, 1938,
Der Aufbau der realen Welt, 1940,
Philosophie der Natur, 1950,
Neue Wege der Ontologie, 1947,
Ästhetik, 1953.
Wichtig erscheint vor allem »Das Problem des geistigen Seins«. Hartmann bringt darin zum Ausdruck, daß Erkennen ein Erschaffen des Gegenstandes ist und daß Denken und Sein dasselbe sind.

Erkenntnis und Ontologie

Um die Sicherheit der Erkenntnis und ihre Reichweite kritisch prüfen zu können, muß man schon Ontologie voraussetzen, also mit dem Seienden tiefer verbunden sein. Man muß das Wesen von Möglichkeit und Wirklichkeit, Notwendigkeit und Zufälligkeit erfahren haben. Dazu sagt Hartmann in »Neue Wege der Ontologie«:
»Das Erkenntnisproblem hat lange als Grundproblem der Philosophie, die Erkenntnistheorie als ihre Grunddisziplin gegolten. Philosophie ist eben doch Erkenntnis, ihre Gegebenheiten sind solche der Erkenntnis, und was sie unternimmt, ist ein Unternehmen der Erkenntnis. Darum meinte die »kritische« Philosophie seit Kant, das Wesen der Erkenntnis vor allen anderen Gegenständen untersuchen zu müssen. Diese Untersuchung aber, so zeigte sich schon bei Kant, setzt vielmehr die Erkenntnis der anderen Gegenstandsgebiete voraus. Man muß für sie die natürliche Richtung der Erkenntnis, die auf den Gegenstand, umkehren und auf das Erkennen selbst zurücklenken. Das ist ein Werk der sekundären Reflexion, das selbst manchen Irrtümern ausgesetzt ist. Jedenfalls aber setzt es die ursprüngliche und natürliche Erkenntnis sowohl als Gegenstand wie als Basis der Reflexion voraus; es setzt also die ontologische Einstellung schon voraus, denn diese ist unreflektiert wie die natürliche und stellt deren geradlinige Fortsetzung dar.
Dazu kommt ein Zweites. Erkenntnis ist nicht ein bloßes Phänomen des Bewußtseins, wie etwa Vorstellung, Denken, Phantasie. Erkenntnis ist Relation zwischen dem Bewußtsein und seinem Gegenstande; sie überschreitet also das Bewußtsein. Als Aktvollzug ist sie in diesem Sinne ein transzendenter Akt. Das spiegelt sich eindeutig darin, daß sie selbst ihren Gegenstand als »an sich seienden« versteht, und das bedeutet, als einen solchen, der unabhängig davon besteht, ob und wie weit er erkannt wird. Das gilt ohne Unterschied, ob der Gegenstand ein äußerer oder ein innerer ist. Denn auch die eigenen Bewußtseinsvorgänge vollziehen sich unabhängig von ihrem Erkanntsein. Die Transzendenz gilt also auch von der Reflexion der Erkenntnis auf sich selbst. Diese Reflexion nämlich – und in ihr besteht die Erkenntnistheorie – reflek-

tiert nicht auf sich selbst, sondern auf die natürliche Erkenntnis der Gegenstände.
Entscheidend aber ist ein Drittes. Die Erkenntnisrelation, an der die Akttranszendenz haftet, ist im Grunde eine Seinsrelation, und zwar eine reale; ja, sie ist nur eine von vielen realen Relationen, mit denen das Bewußtsein an die umgebende reale Welt gebunden ist. Und sie ist keineswegs die erste oder grundlegende unter diesen. Sie gehört mit dem Wollen und Handeln, dem Erfahren und Erleben, dem Hoffen, Fürchten und Sorgen in einen Kreis transzendenter Akte hinein, mit denen sie im Leben fest verknüpft ist und denen gegenüber sie sich erst auf der Stufe der Wissenschaft zur Selbständigkeit erhebt. In diesen Akten aber spielt sich das reale Menschenleben ab, sofern es ein Leben in der Welt mit unendlich mannigfacher Wechselbeziehung ist.«
In der Schrift »Ziele und Wege der Kategorienanalyse« begründet Nicolai Hartmann die Notwendigkeit einer neuen Kategorienlehre. Es handelt sich um eine sehr anstrengende Bemühung, das, was im Sein selbst, und nicht nur in unserem Verstande, an Kategorien angetroffen wird –, in den Schichten des Seins zwar unterschiedlich, doch möglichst klar herauszuarbeiten. Der Philosoph schreibt dazu folgendes:
»Die gewichtigsten Aufgaben der Philosophie, heute wie ehedem, sind gewiß nicht die theoretischen. Aber wo wir es mit diesen aufnehmen, da sind es stets zugleich die praktischen Aufgaben, die mit ins Spiel gezogen werden, und zwar gerade in letzten und grundlegenden. Die Frage nach dem Wesen des Menschen und seiner Stellung in der Welt, nach der Willensfreiheit und nach dem Sinn des Lebens, sind ohne weit ausholende theoretische Vorarbeit gar nicht im Ernst angreifbar, geschweige denn lösbar. Es ist die immer wiederkehrende Erfahrung in der Geschichte menschlichen Denkens: Wo es etwa in der Auffassung und Gestaltung unseres Lebens versagt hat, da liegt schon ein Fehler im Weltbilde mit zugrunde. Spätere Zeiten pflegen ihn leicht zu sehen, das eigene Sehen des Zeitgenossen ist blind dafür. Der Fehler liegt eben in seiner Sehweise selbst.
Die Korrektur pflegt dann keineswegs von der Ethik allein her möglich zu sein oder etwa von der Rechts- und Geschichtsphilosophie. Man muß viel tiefer, bis an die Wur-

zel greifen. Vor 150 Jahren bei Kant kam die Besinnung von einer Kritik der theoretischen Vernunft her, stieß aber dann sogleich bis zur Reform der Ethik, ja bis zum Problem des ›ewigen Friedens‹ vor. Das Freiheitsproblem, das hier die Schlüsselstellung innehatte, wurde nicht auf dem Felde der praktischen, sondern der ›reinen‹ Vernunft gelöst. Es scheint ein Gesetz des philosophischen Denkens zu sein: die letzten Entscheidungen, auch über aktuelle Probleme, liegen bei derjenigen Disziplin, zu der die Kantische Kritik die Prolegomena liefern wollte, bei der Metaphysik. Metaphysik aber gibt es heute wie vor Zeiten, bewußte und uneingestandene; die Weltbilder lösen einander immer noch ab, entstehen zu kurzem Leben und brechen vor der Kritik zusammen. Wie aber steht es heute mit ihren eigenen Voraussetzungen? Dunkel spüren es wohl die meisten der Suchenden, daß in den Weltbildern, die unser Denken sich schafft, noch so manches *πρῶτον ψεῦδος* steckt. Aber wer könnte von sich sagen, daß er klar um die eigene, stillschweigend hingenommen Metaphysik wußte? Wie konnte eine dogmatische Rassenmetaphysik sich breitmachen, die nicht einmal von der positiven Biologie aus stimmte? Wie wurde ein ökonomischmaterialistische Geschichtsmetaphysik möglich, die nach Belieben Phänomene streicht oder anerkennt, je nachdem sie ihr passen? Wie konnten die billigen neumystischen Doktrinen entstehen, wie das Heer der Angebote von Religionsersatz, mit denen wir überschwemmt worden sind? ... Das alles ist darum möglich, weil es an durchgreifender Kritik der theoretischen Voraussetzungen fehlt. Man fragt sich demgegenüber unwillkürlich: sollte es wirklich immer noch an Erkenntniskritik fehlen, nachdem das Jahrhundert des Kritizismus die großen Grundprobleme hinter all der vielen Kritik fast hatte verschwinden lassen?«

Von den Seinsschichten

Zu diesem Kernanliegen seiner Philosophie hat sich Hartmann in »Neue Wege der Ontologie« so klar geäußert, daß es am sinnvollsten ist, ihn selbst zu Worte kommen zu lassen. Der Philosoph schreibt:

»Man darf sagen, daß die Herausarbeitung der Seinskategorien schon von den ersten Schritten ab zusehends und ungewollt auf ein solches Einheitsbild der Welt – gleichsam auf ihren Bauplan – hinführt. Denn schon die bloße Einsicht, daß diese Welt ein Schichtenreich ist, in diesen höheren Gebilden die niederen Schichten alle sich wiederfinden, deutet unverkennbar so etwas wie eine gesetzliche Ordnung des Ganzen an.

Will man die besondere Art dieser Ordnung näher bestimmen, so bietet sich auch dazu der Weg. Man muß dazu das Verhältnis der Schichten zueinander und vor allem die Form ihrer Überlagerung zu ermitteln suchen; denn mit dem bloßen Übereinandergeschichtetsein ist noch wenig gesagt. Darauf vielmehr kommt es an, ob und in welchem Maße die Schichten voneinander abhängig sind, und von welcher Art die Abhängigkeit ist. Gelingt es, hier eine Verbundenheit nachzuweisen, so ist es klar, daß damit auch etwas vom Einheitscharakter der realen Welt erfaßt ist ... Die Aufgaben der erweiterten Kritik und die neue Festlegung der Erkennbarkeitsgrenzen im Gegenstandsfelde der Ontologie, das Verhältnis von Homogenität und Heterogenität in der Mannigfaltigkeit des Seienden, die Eigenart der Seinsschichten, ihre Grenzverhältnisse und Bedingtheiten, der Aufbau und die Einheit der realen Welt – das alles hängt an den Seinskategorien und ihren interkategorialen Beziehungen. Diese herauszuarbeiten und womöglich als ein zusammenhängendes Ganzes zu begreifen, ist daher nicht eine Teilaufgabe der Ontologie, sondern die umfassende Gesamtaufgabe.«

Die Person

Abschließend sei noch die Stellungnahme des Philsophen zum Problem Person aus dem auf dem Internationalen Kongreß für Philosophie in Argentinien 1949 verlesenen Vortrag »Das Ethos der Persönlichkeit« zitiert:

»Was Persönlichkeit ist, läßt sich erst im Gegensatz zur Person sagen. Denn beides ist nicht dasselbe. Person ist jeder Mensch, darin gleichen sich alle; das Personsein als solches ist darum ein Allgemeines, wie sehr auch die einzelnen Perso-

nen verschieden sein mögen. Persönlichkeit dagegen ist nicht jeder Mensch. Persönlichkeit ist das an einem Menschen, was er für sich allein hat, was nicht an anderen wiederkehrt, das Einmalige und Einzige in einer Person. Darin ist schon vorausgesetzt, was Person ist. Aber was ist Person? Sie ist nicht das Subjekt und nicht das Ich. Sie ist auch nicht das Bewußtsein, geschweige denn das Selbstbewußtsein. Sie setzt das erkennende Subjekt wohl voraus, desgleichen das geistige Bewußtsein mit seiner Objektivität und seiner charakteristischen Distanz zu den Dingen der umgebenden Welt; aber sie ist noch etwas mehr: das in die Zukunft schauende, vorsorgende, Zwecke setzende, handelnde und im Handeln sich frei entscheidende Wesen, das zugleich den Sinn für Wert und Unwert, das Wissen um Gut und Böse hat und selbst befähigt ist, gut oder böse zu sein.
Damit ist sie zugleich das durch seine Aktivität weltoffene Wesen, das von der umgebenden Welt Impulse empfängt und seinerseits handelnd in sie eingreift, sie umgestaltend und das Geschehen umlenkend. Sie zieht, indem sie Dinge benötigt und verwendet, eine Sphäre des ihr Zugehörigen um sich, die als Personsphäre zugleich die ihres Eigentums, ihr unmittelbarer Macht- und Einflußbbereich ist. Sie erhebt den Anspruch, in dieser Sphäre respektiert zu werden. Denn sie kann in ihr auch verletzt werden.
Die Person fordert für sich die Anerkennung derer, die sie ihrerseits als Personen (mit einer Personsphäre) anerkennt. Das innere Korrelat dieser Forderung ist ihr ethisches Selbstbewußtsein, ihr Auf-sich-Halten, Stolz, Würde und Scham.
Auf der gegenseitigen Anerkennung beruht die Menschengemeinschaft. Auf die Person bezieht sich die Aristotelische Definition des Menschen als des ›von Natur gemeinschaftsbildenden Lebewesens‹. Das bedeutet, daß ein personales Wesen nicht nur den Drang, sondern auch die Fähigkeit hat, seinen Zusammenschluß mit anderen gleichen Wesen zu organisieren.«

Philosophie der Moderne

Bevor wir die Existenzphilosophie und den Existentialismus im Zusammenhang behandeln, sollen ein paar äußere Daten der beiden Hauptrepräsentanten der deutschen Existenzphilosophie, die man weithin mindestens dem Namen nach kennt, hier kurz angemerkt werden.

Karl Jaspers

Jaspers stammt aus Norddeutschland. Er wurde am 23.2. 1883 in Oldenburg geboren. Seine Lehrtätigkeit an der Universität begann er 1913 als Privatdozent in Heidelberg, wo er 1916 zum außerordentlichen Professor ernannt wurde und schließlich 1921 einen ordentlichen Lehrstuhl erhielt. Im Jahre 1948 erging von der Schweizer Universität Basel ein Ruf an ihn, den er annahm. Er starb 87-jährig am 26.2. 1969.

Seine wichtigsten Werke sind:
Psychologie der Weltanschauungen, 1919,
Die geistige Situation der Zeit, 1931,
Philosophie, 1932,
Vernunft und Existenz, 1935,
Von der Wahrheit, 1946,
Nietzsche, 1936,
Der philosophische Glaube, 1948,
Vom Ursprung und Ziel der Geschichte, 1949,
Schelling, 1957,
Die großen Philosophen, Bd. 1, 1957.
Die Atombombe und die Zukunft des Menschen, 1958,
Der philosophische Glaube angesichts der Offenbarung, 1962.

Jaspers kam zur Philosophie von der Psychiatrie her. Die Beschäftigung mit dem Menschen, seiner Seele und seinem Geist, stand bei ihm schon immer im Mittelpunkt des Denkens.

Zur geistigen Situation

Die Hellsichtigkeit und aktuelle Tagesbezogenheit der Jasperschen Philosophie spiegelt am eindringlichsten das bereits 1931 erschienene Bändchen »Die geistige Situation der Zeit«. Das folgende Zitat über die Herrschaft der Masse möge das verdeutlichen.

»Masse und Apparat gehören zusammen. Die große Maschinerie ist notwendig, um den Massen Dasein zu geben. Sie muß eingestellt sein auf Masseneigenschaften: in ihrem Betrieb auf die Masse der Arbeitskräfte, in der Produktion auf die Wertschätzung der Masse der Konsumenten.

Masse als den lockeren Haufen ungegliederter Menschen, welche in ihrer Affektivität eine Einheit werden, gab es immer als vorübergehende Wirklichkeit. Masse als Publikum ist ein jeweils historisch typisches Produkt: die geistig durch Rezeption von Wort und Meinung zusammengehörenden Menschen unbestimmter Abgrenzung und Schichtung. Masse als die Gesamtheit der Menschen, welche in einem Apparat der Daseinsordnung so gegliedert sind, daß Wille und Eigenschaften der Majoritäten den Ausschlag geben müssen, ist die kontinuierlich sich auswirkende Macht unserer Welt, die im Publikum und in der Masse als Menschenhaufen nur vorübergehende Erscheinung annimmt.

Die Eigenschaften der Masse als der transitorischen Einheit eines Menschenhaufens hat Le Bon als Impulsivität, Suggestibilität, Intoleranz, Wandelbarkeit usw. trefflich analysiert. Die Eigenschaft der Masse als Publikum ist es, das Phantom einer großen Zahl zu sein, welche meint, ohne in irgendeinem Menschen da zu sein; die namenlosen Anderen, auf keine Weise begegnenden Vielen, welche durch ihre Meinung entscheiden. Diese Meinung heißt ›die öffentliche Meinung‹. Sie wird als Fiktion, die aller zu sein, angerufen, ausgesprochen und von je einzelnen und Gruppen für sich behauptet. Sie ist dennoch eigentlich ungreifbar, daher stets täuschend, augenblicklich und verschwindend, ein Nichts, das als das Nichts der großen Zahl eine im Augenblick vernichtende und erhebende Macht wird.

Die Eigenschaften der im Apparat gegliederten Masse zu erkennen, ist weder einfach noch gültig. Was der Mensch sei, wird sichtbar in dem, was die meisten tun; in dem, was gekauft wird, was genossen wird; in dem, worauf man rechnen kann, wenn es auf Quantitäten von Menschen ankommt, nicht auf die Liebhaberei einzelner. Wie das Budget des privaten Haushalts durch seine Verteilung kennzeichnendes Merkmal für das Wesen des einzelnen Menschen ist, so das des von Majoritäten abhängigen Staates für die Massen. Wofür man Geld hat und wofür man es nicht hat, das läßt bei Kenntnis der zur Verfügung stehenden Gesamtmittel einen Schluß auf das Wesen des Menschen zu. Am unmittelbarsten lehrt jeden die Erfahrung in Berührung mit vielen Menschen, was durchschnittlich zu erwarten ist. Die Urteile hierüber sind seit Jahrtausenden merkwürdig ähnlich. Die Menschen in ihrer Menge scheinen bloß da zu sein und ihre Lust haben zu wollen, scheinen zu arbeiten unter der Wirkung von Peitsche und Zuckerbrot; sie wollen nichts eigentlich, kommen nur in Rage, aber nicht zum Willen; sie sind lau und gleichgültig, leiden ihr Elend; wenn sie eine Atempause haben, langweilen sie sich und dürsten nach Neuem.

Der im Daseinsapparat gegliederten Masse gilt die Fiktion der Gleichheit. Man vergleicht sich, wenn niemand er selbst ist, als der er unvergleichbar wäre. Was der andere hat, möchte ich auch haben; was der andere kann, würde ich auch gekonnt haben. Der Neid herrscht heimlich und die Sucht, zu genießen durch Mehrhaben und Mehrgelten.

Mußte man in früheren Zeiten Fürsten und Diplomaten kennen, um zu wissen, worauf man rechnen kann, so sind es heute die Eigenschaften der Masse. Es ist Lebensbedingung geworden, eine Funktion zu erfüllen, welche irgendwie Massen dient. Die Masse mit ihrer Apparatur ist Gegenstand unseres vitalsten Interesses. Ihre Majoritäten sind unser Herr. Sie ist für jeden, der sich nicht selbst täuscht, das Feld seiner vollkommenen Daseinsabhängigkeit, seiner Betätigung, Sorge und Verpflichtung. Auch er gehört zu ihr, aber sie droht den

Menschen versinken zu lassen in der Rhetorik und dem Trubel des ›Wir alle‹, dessen unwahrhaftiges Kraftgefühl doch wie nichts verrauscht. Auch die gegliederte Masse ist geistlos und unmenschlich. Sie ist Dasein ohne Existenz, Aberglaube ohne Glaube. Sie kann alles zertreten, hat die Tendenz, keine Größe zu dulden und keine Selbständigkeit, aber die Menschen zu züchten, daß sie zu Ameisen werden.

Mit der Konsolidierung des Riesenapparates der Massenordnung muß jeder ihm dienen und jeweils neu durch seine Arbeit mit hervorbringen. Will er durch geistiges Tun leben, so scheint er das nur zu können, wenn er an der Befriedigung irgendeiner Menge mitwirkt. Er muß zur Geltung bringen, was einer Menge willkommen ist. Sie will Daseinsbefriedigungen in Nahrung, Erotik, Selbstgeltung; ihr macht das Leben keine Freude, wenn davon nur eines verkümmert. Dazu will sie eine Weise, sich selbst zu wissen. Sie will geführt sein, doch so, daß sie zu führen meint. Sie will nicht frei sein, aber für frei gelten. Um ihr entgegenzukommen, muß faktisch ein Durchschnittliches und Gewöhnliches, aber nicht geradezu und als solches benannt, verherrlicht oder wenigstens gerechtfertigt werden als das Allgemeinmenschliche. Was ihr nicht zugänglich ist, ist lebensfremd.

Um in der Masse zur Wirkung zu kommen, bedarf es der Reklame. Ihr Lärm ist die Form, in der heute auch jede geistige Bewegung vor sich gehen muß. Die Lebensform der Stille in menschlicher Wirksamkeit scheint vergangen: man muß sich zeigen, Vorträge und Reden halten, eine Sensation erwecken lassen. Jedoch mangelt in dem Massenapparat die echte Großheit der Repräsentation. Es fehlt die Feier. Feste sind unglaubwürdig, auch für die Teilnehmer. Würde man sich den Papst, wie er im Mittelalter seine Reisen in Europa machte, so jetzt im feierlichen Zuge über den ganzen Erdball denken, etwa in das Zentrum gegenwärtiger Macht, Amerika, es würde ein unvergleichliches Phänomen sichtbar werden.«

Martin Heidegger

Heidegger, dessen Philosophie weitgehende Beachtung gefunden hat und einen weltweiten Einfluß auf viele Denker und Denkbewegungen ausübt, wurde am 26.9 1889 in Meßkirch in Baden geboren. Der äußere Lebensweg Heideggers als akademischen Lehrers begann 1915 in Freiburg (Breisgau) als Privatdozent, führte ihn zwischenzeitlich nach Marburg, wo er (1923–1928) ordentlicher Professor wurde, und endigte wieder in Freiburg. Nach seiner Emeritierung lebte er bis zu seinem Tode (26. 5. 1976) im Schwarzwald.

Heidegger schrieb u. a. die folgenden Werke:
Sein und Zeit, 1927,
Was ist Metaphysik?, 1929,
Vom Wesen des Grundes, 1929,
Kant und das Problem der Metaphysik, 1929,
Platons Lehre von der Wahrheit, 1942,
Hölderlin und das Wesen der Dichtung, 1936,
Über den Humanismus, 1949,
Holzwege, 1950,
Was heißt Denken?, 1952,
Einführung in die Metaphysik, 1953.

Der Ursprung des Kunstwerks

Auch aus Heideggers Werk wollen wir eine Textprobe bringen, damit die Art seines Philosophierens aus seinem Werk selber ersichtlich wird. In seinen »Holzwegen« schrieb er über den Ursprung des Kunstwerks:

»Ursprung bedeutet hier jenes, von woher und wodurch eine Sache ist, was sie ist und wie sie ist. Das, was etwas ist, wie es ist, nennen wir sein Wesen. Der Ursprung von etwas ist die Herkunft seines Wesens. Die Frage nach dem Ursprung des Kunstwerkes fragt nach seiner Wesensherkunft. Das Werk entspringt nach der gewöhnlichen Vorstellung aus der und durch die Tätigkeit des Künstlers. Wodurch aber und woher ist der Künstler das, was er ist? Durch das Werk; denn, daß ein Werk den Meister lobe, heißt: das Werk erst läßt den Künstler als einen Meister der Kunst hervorgehen. Der

Karl Jaspers
(1883–1969)

Martin Heidegger
(1889–1976)

Gabriel Marcel
(1889–1973)

Jean Paul Sartre
(1905–1980)

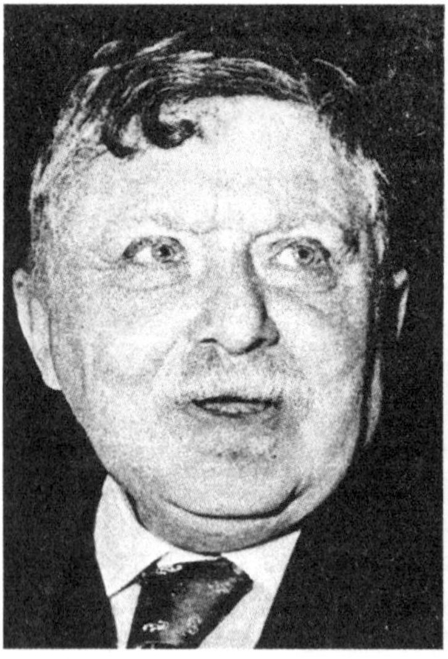

Künstler ist der Ursprung des Werkes. Das Werk ist der Ursprung des Künstlers. Keines ist ohne das andere. Gleichwohl trägt auch keines der beiden allein das andere. Künstler und Werk sind je in sich und in ihrem Wechselbezug durch ein Drittes, das wohl das erste ist, durch jenes nämlich, von woher Künstler und Kunstwerk auch ihren Namen haben, durch die Kunst.

So notwendig der Künstler in einer anderen Weise der Ursprung des Werkes ist als das Werk der Ursprung des Künstlers, so gewiß ist die Kunst in einer noch anderen Weise der Ursprung für den Künstler und das Werk zumal. Aber kann denn die Kunst überhaupt ein Ursprung sein? Wo und wie gibt es die Kunst? Die Kunst, das ist nur noch ein Wort, dem nichts Wirkliches mehr entspricht. Es mag als eine Sammelvorstellung gelten, in der wir das unterbringen, was allein von der Kunst wirklich ist: die Werke und die Künstler. Selbst wenn das Wort Kunst mehr bezeichnen sollte als eine Sammelvorstellung, so könnte das mit dem Wort Kunst Gemeinte nur sein auf Grund der Wirklichkeit von Werken und Künstlern. Oder liegt die Sache umgekehrt? Gibt es Werk und Künstler nur, sofern die Kunst ist als ihr Ursprung?

Wie auch die Entscheidung fällt, die Frage nach dem Ursprung des Kunstwerkes wird zur Frage nach dem Wesen der Kunst. Da es jedoch offenbleiben muß, ob und wie die Kunst überhaupt ist, werden wir das Wesen der Kunst dort zu finden versuchen, wo Kunst ungezweifelt wirklich waltet. Die Kunst steckt im Kunstwerk. Aber was und wie ist ein Werk der Kunst?

Was die Kunst sei, soll sich aus dem Werk entnehmen lassen. Was das Werk sei, können wir nur aus dem Wesen der Kunst erfahren. Jedermann bemerkt leicht, daß wir uns im Kreise bewegen. Der gewöhnliche Verstand fordert, daß dieser Zirkel, weil er ein Verstoß gegen die Logik ist, vermieden werde. Man meint, was Kunst sei, lasse sich durch eine vergleichende Betrachtung der vorhandenen Kunstwerke an diesen abnehmen. Aber wie sollen wir dessen gewiß sein, daß wir für eine solche Betrachtung in der Tat Kunstwerke zugrunde legen, wenn wir nicht zuvor wissen, was Kunst ist? Aber so wenig wie durch eine Aufsammlung von Merkmalen an vorhandenen Kunstwerken läßt sich das Wesen der Kunst durch eine

Ableitung aus höheren Begriffen gewinnen; denn auch diese Ableitung hat im voraus schon jene Bestimmungen im Blick, die zureichen müssen, um uns das, was wir im voraus für ein Kunstwerk halten, als ein solches darzubieten. Das Aufsammeln von Werken aber aus Vorhandenem und das Ableiten aus Grundsätzen sind hier in gleicher Weise unmöglich und, wo sie geübt werden, eine Selbsttäuschung.

So müssen wir den Kreisgang vollziehen. Das ist kein Notbehelf und kein Mangel. Diesen Weg zu betreten, ist die Stärke, und auf diesem Weg zu bleiben, ist das Fest des Denkens, gesetzt daß das Denken ein Handwerk ist. Nicht nur der Hauptschritt vom Werk zur Kunst ist als der Schritt von der Kunst zum Werk ein Zirkel, sondern jeder einzelne der Schritte, die wir versuchen, kreist in diesem Kreise.

Um das Wesen der Kunst zu finden, die wirklich im Werk steckt, suchen wir das wirkliche Werk auf und fragen das Werk, was und wie es sei.

Kunstwerke sind jedermann bekannt. Bau- und Bildwerke findet man auf öffentlichen Plätzen, in den Kirchen und in den Wohnhäusern angebracht. In den Sammlungen und Ausstellungen sind Kunstwerke der verschiedensten Zeitalter und Völker untergebracht. Wenn wir die Werke auf ihre unangetastete Wirklichkeit hin ansehen und uns selber dabei nichts vormachen, dann zeigt sich: die Werke sind so natürlich vorhanden wie Dinge sonst auch. Das Bild hängt an der Wand wie ein Jagdgewehr oder ein Hut. Ein Gemälde, z.B. jenes von van Gogh, das ein Paar Bauernschuhe darstellt, wandert von einer Ausstellung in die andere. Die Werke werden verschickt wie die Kohlen aus dem Ruhrgebiet und die Baumstämme aus dem Schwarzwald. Hölderlins Hymnen waren während des Feldzuges im Tornister mitverpackt wie das Putzzeug. Beethovens Quartette liegen in den Lagerräumen des Verlagshauses wie die Kartoffeln im Keller. Alle Werke haben dieses Dinghafte. Was wären sie ohne dieses? Aber vielleicht stoßen wir uns an dieser reichlich groben und äußerlichen Ansicht vom Werk. In solchen Vorstellungen vom Kunstwerk mag sich die Güterbestätterei oder die Putzfrau im Museum bewegen. Wir müssen doch die Werke so nehmen, wie sie denjenigen begegnen, die sie erleben und genießen. Aber auch das vielberufene ästhetische Erlebnis kommt am Dinghaften des Kunstwerkes nicht vorbei. Das Steinerne ist im Bauwerk. Das Hölzerne ist im Schnitzwerk. Das Farbige ist im Gemälde. Das Lautende ist im Sprachwerk. Das Klingende ist im Tonwerk. Das Dinghafte ist so unverrückbar im Kunstwerk, daß wir sogar eher umgekehrt sagen müssen: Das Bauwerk ist im Stein. Das Schnitzwerk ist im Holz. Das Gemälde ist in der Farbe. Das Sprachwerk ist im Laut. Das Musikwerk ist im Ton. Selbstverständlichkeiten, wird man entgegnen. Gewiß. Aber was ist dieses selbstverständliche Dinghafte im Kunstwerk?

Oder wird es überflüssig und verwirrend, dem nachzufragen, weil das Kunstwerk über das Dinghafte hinaus noch etwas anderes ist? Dieses Andere, was daran ist, macht das Künstlerische aus. Das Kunstwerk ist wohl ein angefertigtes Ding, aber es sagt noch etwas anderes, als das bloße Ding selbst ist. Das Werk macht mit Anderem öffentlich bekannt, es offenbart; es ist Allegorie. Mit dem angefertigten Ding wird im Kunstwerk noch etwas Anderes zusammengebracht. Das Werk ist Symbol. Allegorie und Symbol geben die Rahmenvorstellung her, in deren Blickbahn sich seit langem die Kennzeichnung des Kunstwerkes bewegt. Allein dieses Eine am Werk, was ein Anderes offenbart, dieses Eine, was mit einem Anderen zusammenbringt, ist das Dinghafte im Kunstwerk. Fast scheint es, das Dinghafte im Kunstwerk sei wie der Unterbau, darein und darüber das Andere und Eigentliche gebaut ist. Und ist es nicht dieses Dinghafte am Werk, was der Künstler bei seinem Handwerk eigentlich macht? Wir möchten die unmittelbare und volle Wirklichkeit des Kunstwerkes treffen; denn nur so finden wir in ihm auch die wirkliche Kunst. Also müssen wir zunächst das Dinghafte des Werkes in den Blick bringen. Dazu ist nötig, daß wir hinreichend klar wissen, was ein Ding ist. Nur dann läßt sich sagen, ob das Kunstwerk ein Ding ist, aber ein Ding, an dem noch anderes haftet, ob das Werk überhaupt etwas anderes und nie ein Ding ist.«

Existentialismus

Der Freiburger Philosoph Martin Heidegger, der neben Karl Jaspers gewöhnlich als der entscheidendste deutsche Repräsentant dieser modernen philosophischen Richtung oder Bewegung genannt wird, hat sich verschiedentlich dagegen gewehrt, daß er als Existenzphilosoph oder gar als Existentialist bezeichnet wird. Gleichwohl läßt sich nicht bestreiten, daß auch Heideggers Philosophie ganz entscheidend zu dem mit beigetragen hat, was wir heute als moderne Philosophie, als Existenzphilosophie – und zwar nicht nur in Deutschland, sondern auch in anderen Ländern Europas aber auch Amerikas, besonders Südamerikas – bezeichnen.
Interessant ist das geschichtliche Faktum der überaus aufgeschlossenen Rezeption der Gedanken Heideggers in Frankreich. Seine umstrittene Rede beim Antritt des Rektorates der Universität Freiburg, 1933, und auch die Besatzung Frankreichs durch die nationalsozialistische Wehrmacht haben der Begeisterung für Heidegger und seiner Philosophie keinen Abbruch getan.
Wir können in der Tat von einer Art Mode oder mindestens einem Zeitgeschmack sprechen, der alles Neue, Gewagte und Außergewöhnlich-Extreme, das die Jugend gern aufgreift, unter dem alles deckenden Namen Existentialismus zusammenfaßt. Man sollte daher auch den Begriff »Existentialismus« ausdrücklich von dem der »Existenzphilosophie«, so wie sie von wirklichen Philosophen repräsentiert wird, unterscheiden. Natürlich hat auch die Zeiterscheinung oder das Modephänomen Existentialismus mit einer ihr zugeordneten Philosophie zu tun. Aber trotzdem ist Existentialismus als Stil und Lebensform auch etwas in sich eigenes, vom Sinn bis zum Unsinn der Epoche reichend.
Nach dem zweiten Weltkrieg 1945, der den Menschen die Vergänglichkeit alles Irdischen so brutal demonstriert hatte, erfuhr das Interesse an den Fragen nach dem Sinn des Lebens und der menschlichen »Existenz« einen großen Auftrieb.
Der Existentialismus hat mit der Existenzphilosophie trotz seines undeutlichen und wechselnden Charakters eines gemeinsam. Es ist das Merkmal, betont gegen den Strom der Masse schwimmen zu wollen, gegen die Konvention, gegen

das unpersönliche »man«. Dabei tritt dann gewissermaßen das Paradoxe, in sich Widersprüchliche ein, daß eben gerade dieses betont Eigene und Selbständige zu einer Modeerscheinung, zu einem unkritisch von vielen übernommenen Lebensstil und -ausdruck wird. Man betont, ein Wer, ein absolut Freier, nur ein sich selbst Verpflichteter zu sein.

Die Existenzphilosophie

Unabhängig von den verschiedenen Richtungen der Existenzphilosophie und auch unabhängig von ihrer historischen Entfaltung kann man wiederum ein Merkmal für alle diese verschiedenen Ismen, die die Existenz als zentrales Problem der modernen Philosophie bezeichnen, angeben. Während das aus dem Lateinischen »existere« (gleich »dasein«) kommende Wort und der zugehörige Begriff schlechthin Dasein meinen, etwa das der Menschen, versteht die moderne Philosophie unter Existenz immer nur das besondere Dasein des Menschen. Schon in dieser, wenn man will, begrifflichen Einengung zeigt sich, daß die moderne Philosophie durchgängig ein Kreisen um die Frage ist: Was ist der Mensch, welchen Stand im Ganzen der Wirklichkeit nimmt er ein; was hat der Mensch zu sein oder zu tun, um sein Wesen zu erfüllen?
Dieses besondere, eigentümliche Dasein des Menschen wird dann in den verschiedenen Richtungen teils gleichlaufend, teils ähnlich, teils völlig widersprechend interpretiert. Wir zeigen im Nachfolgenden mehrere solcher Bedeutungen auf, nennen dabei auch den einen oder anderen Namen, ohne allerdings dahin mißverstanden werden zu dürfen, als ob damit schon die ganze Philosophie des Betreffenden in der einen Begriffsdeutung von Existenz erfaßt sei.

Existenz als Mit-Sein

In vielen seiner Vorträge machte Ortega y Gasset, der vor mehreren Jahren verstorbene spanische Philosoph, seine Zuhörer auf folgenden Unterschied aufmerksam: Während ich als Mensch von einem vor mir liegenden Stein Notiz

nehme (tue ich es nicht, so stolpere und falle ich), nimmt der Stein als solcher von mir keine Kenntnis. Wie mit dem Stein im Beispiel von Ortega y Gasset verhält es sich mit allen unbelebten Dingen und den Werkzeugen und Werksdingen, die der Mensch hervorbringt. Aber auch die belebten Wesen der Natur, also Pflanzen und Tiere, mit denen wir zusammen sind, nehmen nicht im gleichen Maß und Sinn vom Menschen Notiz wie er von ihnen oder wie etwa der Mensch von seinesgleichen. Sie bemerken uns zwar und »reagieren«, sie geben eine instinktbedingte Antwort in einem Handlungsablauf. Der Mensch dagegen steht in einem Mit-Sein-Verhältnis zu seinesgleichen, das ihn in eine ganz andere und viel tiefere Verbundenheit hineinstellt. Seine Antwort ist nicht nur Re-Aktion (Wider-Handlung), sondern Aktion (frei-bewußte Handlung) und vor allem die Sprache des Verstehens. Wenn wir die erhabenen Worte des Evangeliums dafür benützen dürfen, so lebt jeder Mensch gleichsam immer noch einmal in seinem menschlichen Partner und umgekehrt. Jedes Gespräch, jede wirkliche Antwort, jedes Sinnverstehen unter den Menschen setzt dieses Mit-Sein im tiefen existentiellen Sinne voraus. Aus dieser Tatsache einer ganz persönlichen und sinnerfüllten Mitexistenz (nicht etwa Koexistenz) ergeben sich dann auch ganz andere persönliche Verantwortungen von Mensch zu Mensch als etwa die Verantwortung gegenüber den mit uns seienden Wesen nicht-menschlicher Art, so sehr wir auch diese etwa als lebende Wesen schätzen und sogar lieben.
Dieses Mit-Sein als einer der Bedeutungsgehalte von Existenz gründet »selbstverständlich« in der umfassenderen Tatsache, daß der Mensch im Unterschied zu den übrigen hier genannten Wesen Bewußtsein besitzt. Der Mensch lebt nicht nur in der Welt dahin, er erlebt sie zugleich auch als »Gegenstand«, er hat Welt. Das in der Bewußtseinsfähigkeit des Menschen gründende Mit-Sein der Menschen untereinander geht aber noch über diese gegenständliche Spiegelung der Welt oder des Menschen in sich selber hinaus. Wir erfahren uns als Menschen in unserer je vereinzelten einmaligen Existenz nur deswegen, weil wir uns zugleich in einem anderen, in einem Du, selber finden und weil dieser andere, dieses an sich fremde Gegenüber, unser Ich begreift und versteht. In diesem Sinne verstanden wird diese oft propagierte Einsamkeit des

Menschen durch die Chance des Du in Hoffnung verwandelt. Existenzerhellung und Weltorientierung befreien ihn von den Fesseln der Ausweglosigkeit.

Grenzsituation

In der philosophischen wie außerphilosophischen Literatur kommen die Worte »Grenzsituation«, »Bedrohtsein«, »Angst« und »Sorge«, »Ins-Nichts, in den Tod Gestelltsein«, »Scheitern« wohl am häufigsten vor. Damit soll ein anderer Sinn von Existenz oder menschlichem Dasein zum Ausdruck kommen. Natürlich bezeichnet jeder dieser genannten Begriffe stets auch wieder eine neue Nuance in dieser sehr umfassenden Bedeutung von Existenz. Alle diese Bedeutungsgehalte kommen einem im zwanzigsten Jahrhundert weitverbreiteten Lebensgefühl entgegen, das durch die Erschütterungen, Umwälzungen und kriegerischen Auseinandersetzungen mit ihren historischen und menschlichen Folgen ausgelöst ist, seinen tieferen Grund aber in einem Urerlebnis des Menschen selber besitzt. An dieser Stelle können wir auch den geschichtlichen Ursprung der modernen Existenzphilosophie nachweisen und nachzeichnen, obwohl ihre Begründer niemals auf eine neue Philosophie zustrebten, sondern auf den der Vernunfterkenntnis paradox, also im Widerspruch, entgegenstehenden religiösen Glauben.

Der Däne Sören Kierkegaard, den wir ja im vorhergehenden Abschnitt bereits in seinen wesentlichen Lebensdaten und in seinem Werk vorgestellt haben, gilt mit Recht als der Begründer der Existenzphilosophie. Sein Ausgangspunkt, der für alle seine Schriften und für seine gesamte Lehre bestimmend ist, war nämlich das »existentielle Ich«. Es wird auch von den weit jüngeren Philosophen dieser Richtung ähnlich erlebt und ergriffen, dann aber zumeist »innerweltlich« ausgedeutet. Die in den Hauptschriften Sören Kierkegaards »Entweder-Oder«, »Der Begriff der Angst«, »Die Krankheit zum Tode« als eine christlich-psychologische Entwicklung zur Erbauung und zur Erweckung sich in etwa ausdrückende Philosophie bildet selber ein Scheitern der menschlichen Vernunft und der Existenz des Ich vor Gott. Sie muß daher den paradoxen »Sprung des Glaubens« im »Wagnis« vollziehen. Zeichnen wir die entscheidendsten Wegstrecken dieser sich selbst aufhebenden Philosophie nach.

Im Gegensatz zu Hegel, von dessen Philosophie sich Kierkegaard ähnlich wie Marx herleitet und zugleich entschieden absetzt, steht bei Kierkegaard nicht das begriffliche Denken des Bewußtseins, sondern das entscheidende Handeln des existierenden Ich am Anfang und Mittelpunkt. Während die Begriffe das Allgemeingültige und »Objektive« der Wirklichkeit wiederzugeben wähnten, sei das Wirkliche nur das einzelne und vor allem der einzelne, das existierende Ich. Während weiter für Hegel die Wirklichkeit nur das Ganze eines unaufhörlichen Prozesses darstellt, der in der Gleitbahn von Begriffen verläuft, wie Johannes Hirschberger in seiner »Geschichte der Philosophie« es nennt, ist für Kierkegaard die Wirklichkeit, um ein Bild zu gebrauchen, eine unabsehbare Landschaft von Punkten. Wir können sie durch die Erkenntnis wohl hier und da in unsere Erinnerung nehmen. Um aber dieses Wissen und auch das einzelner Wissenschaften zu verwerten, müsse in immer neuer Wiederholung das eigenständig existierende Ich zur Tat kommen.

Diese punktuelle Welt bietet in sich selber kein rational, also mit der Logik des Verstandes, überschaubares Ordnungsgefüge. Sie ist vielmehr selber paradox und kann daher nur von der »Subjektivität« des je und je entscheidenden Ich aktiv bewältigt werden. Jede wirkliche Entscheidung (man erkennt das oben erwähnte »Engagement«) steht zusammenhanglos für sich, sie ist ein Ruck, ein Sprung, ein Wagnis zum eigenen Ich in der uns »Angst« einflößenden punktuellen und paradoxen Welt.

Drei Wege sieht und beschreibt Kierkegaard, um in die Subjektivität, die Innerlichkeit des Ich, zu gelangen. Einmal den eigentlich abzulehnenden ästhetischen Weg, die tatlose Betrachtung des Gewesenen. In zweiter Linie den ethischen Weg, den Weg der Pflicht, auf dem das Ich in freier Wahl seine jeweils ihm gegebenen Möglichkeiten ergreift, ohne der Angst auszuweichen, die in jeder ungewissen Möglichkeit mitschwingt. Im religiösen Weg, den auch der Mensch Kierkegaard rückhaltlos für sich wählt, steht der Mensch ganz auf sich und gewinnt die Fülle der Innerlichkeit. Aus dieser restlos isolierten Angstsituation heraus wirft sich das Ich im Wagnis und Sprung des Glaubens, der paradox zum Denken steht, an Gott. Es ist ein ganz anderer Gott, der nicht in Begriffen festgehalten, sondern nur in einer totalen Unterwerfung, in einer aller menschlichen Vernunft spottenden Gehorsamstat erreicht werden kann, wie Kierkegaard es im Opfer Abrahams, den eigenen Sohn Isaak im Gehorsam hinzugeben, deutlich macht.

Mit dieser von Kierkegaard folgerichtig und radikal gewiesenen Grundlinie sind einesteils all jene Teilbegriffe, die wir mit der Überschrift »Grenzsituation« umschrieben haben, ins Denken der Moderne eingezogen. Andererseits wird die extreme Form den protestantischen Bemühungen der bürgerlichen Moral und einem sogenannten christlichen Glauben entgegengehalten. Die Folie der Erschütterungen unseres Jahrhunderts bringt erst lang nach dem Tode dieses Philosophen einer Philosophie des Scheiterns seine Gedanken ins Licht. Die Menschheit war im Rationalismus und im wissenschaftlichen Fortschrittsglauben der gesamten Neuen Zeit von dem unbegrenzten Optimismus getragen, daß der Erkenntnis kein Stäubchen der Wirklichkeit unerschlossen bleiben könne. Sie nahm an, daß ihr nichts Menschliches mehr fremd sei und alle Rätsel der Geschichte und des Lebens aufgelöst würden, wenn sie nur auf diesem Weg einer rastlosen wissenschaftlichen Aufklärung und Forschung fortführe. Damit stand sie nicht nur an Grenzen der Vernunft, sondern auch vor Abgründen menschlicher Existenz und menschlicher Geschichte. Wenn Descartes der erste Sprecher des Zeitbewußtseins der heraufziehenden Jahrhunderte naturwissenschaftlichen Fortschrittes war, so kann man – aus dem Abstand von über 100 Jahren – Sören Kierkegaard den ersten Aufschrei eines Lebensgefühls heißen, das für unser gegenwärtiges Bewußtsein charakteristisch ist.

Will man – selbstverständlich in einer schematisch verkürzten Weise – das philosophische Anknüpfen und Fortwirken dieses Aufschreis Kierkegaards nach Grundrichtungen und Existenzphilosophen aufweisen, so könnte man wie folgt verfahren:

Die christliche Existenzphilosophie (etwa Gabriel Marcel in Frankreich und Romano Guardini in Deutschland) sieht in

der Aufhellung der Grenzsituation endlicher und geschöpflicher Existenz mit den Mitteln des Denkens eine Vorstufe des überrationalen religiösen Glaubens, der erst die eigentliche Existenz des Menschen zur Freiheit der Person entbindet.
Die gleiche oder eine ähnliche Grundsituation wird für den Philosophen Karl Jaspers Ausgangspunkt und Weg zum »Umgreifenden«, dessen wir auch in einem vor- oder irrationalen Vorgang, einem philosophischen, nicht-religiösen Glauben inne werden.
Für Martin Heidegger wird die Erhellung von Existenz, er nennt es darum »Fundamentalontologie«, ebenfalls ein über- oder vorrationaler Weg zum »Sein«, ein Ent-Bergen des Verborgenen, das sich uns vor allem in der Sprache und in der Dichtung enthüllt, wenn wir es nicht in Begriffe zwängen, sondern wahrhaft als »Hirte des Seins« bedenken.
Jean Paul Sartre, der französische Existentialist, dem wir im Schlußteil unseres Buches noch einmal eine eigene Betrachtung widmen, steht stellvertretend für alle die, die jene ins Nichts ausgesetzte Situation des Menschen nur durch das Aushalten dieser nur auf sich selbst verwiesenen, absolut freien Existenz zu bestehen vermeinen. Er verdeutlicht seine Lehre auch durch künstlerische Darstellungsmittel.
Die gleichen Denkrichtungen und Namen lassen sich auch unter einem anderen Gesichtspunkt ordnen. Sowohl die christlichen Existenzphilosophen wie auch Sartre und die meisten in der Roman- und Novellen-Literatur sich auswirkenden Existentialisten haben mit Kierkegaard das gemeinsam, daß sie eine Philosophie der Entscheidung und der freien Tat lehren, also wesentlich ethisch ausgerichtet sind. Sie unterscheiden sich dann im einzelnen wieder sehr, je nachdem sie ein den Menschen verbindlich ansprechendes, aber ihn nicht zwingendes, sittliches Gesetz anerkennen oder es schlechthin bestreiten, wie Sartre. Oder es besteht – wesentlich mit dem zuletzt genannten zusammenhängend – ein anderer Unterschied in der gläubig religiösen Erfüllung existentieller Entscheidung und andererseits in der atheistischen Selbstbehauptung des einsamen Ich, das kein Gegenüber besitzt. Neben dieser ethischen Grundrichtung der Existenzphilosophie läßt sich dann ein ontologischer Zweig ausmachen, bei dem die Frage nach dem, was ist, die Suche

nach dem Sein und dem Sinn vom Sein, ganz unabhängig vom Handeln und Handelnmüssen des Menschen, im Vordergrund steht und der Weg dieser Ontologie über die Existenzerhellung geht. Ganz ausgesprochener Vertreter dieser Richtung ist Martin Heidegger, wenn er sich auch, wie oben bereits dargelegt wurde, verständlicherweise gegen die Kennzeichnung Existenzphilosophie wehrt.

Beiden Zweigen, dem ethischen wie dem ontologischen, eignet in der Art der Auffassung des Ich und der Wirklichkeit ein gewisser Irrationalismus und die Paradoxie. Einfacher ausgedrückt, die Existenzphilosophen arbeiten wenig mit logischen Begründungen und weitaus mehr mit Hinweisen auf Erlebnisgegebenheiten und mit Wesenserhellungen, was sie mit der bereits dargestelllten Phänomenologie verbindet, und mit scharfen Entweder-Oder-Gegenüberstellungen, die ebenfalls in den unaufhebbaren Lebenswidersprüchen unmittelbar aus der Erfahrung und nicht mit Argumenten abgeleitet werden.

Wenn man sich dies klar hält, dann wird man auch verstehen, daß eine Art Schwarmgeisterei leicht dort auftreten kann, wo nicht mehr der Ernst der Fragestellung selber, sondern nur das methodische Spiel mit Worten und Paradoxien regiert.

Jacques Maritain und Albert Camus

Zwei sehr ungleiche Repräsentanten der Philosophie im Frankreich der Gegenwart stehen hier nebeneinander, obwohl und weil ihre Gemeinsamkeit eben nur in der Vergegenwärtigung der philosophischen Hauptströmung liegt. Der 1882 geborene Jacques Maritain ist ganz und gar christlicher Philosoph, der neben Etienne Gilson (1884–1978) als dem bedeutendsten Philosophiehistoriker, zumal des mittelalterlichen Zweiges, in der großen thomistischen Überlieferung wurzelt. Er durchdringt die aktuellsten Fragen auf gesellschaftlicher, pädagogischer und künstlerischer Ebene mit einem Einfühlungsvermögen und in einer dem Künstlerischen verwandten Sprache, so daß er – wie das in Frankreich ja vielfach der Fall ist – auch ein weltweit wirkender Publizist wurde.

Der allzu früh – infolge eines Autounfalls – verstorbene Albert Camus, dessen Hauptwerk »Die Pest« einen ebenfalls weltweiten Widerhall fand, ist dagegen ganz Dichter und Schriftsteller. Er gab dem Existentialismus als philosophischer Richtung – neben Sartre – einen vielgelesenen und viel bewegenden Ausdruck. Der Nihilismus, der sich hier ausspricht, ist wohl trotz allem nicht als letzte philosophische Auskunft gemeint, auch wenn er oft so wirkt, sondern als eine Demaskierung des Menschen in der Verzweiflung, der im Grunde nach einem letzten metaphysischen Halt ruft.

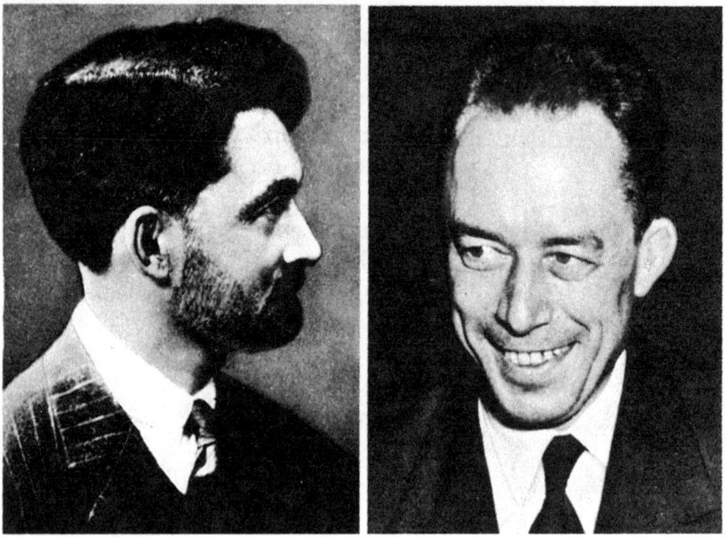

Gegensätze des französischen Geistes. Jacques Maritain, geb. 1882, gest. 1973, bedeutendster Vertreter des Neuthomismus in Frankreich und Verfechter aktueller christlicher Anliegen mit Hilfe der Philosophie (links). Albert Camus, 1913–1960, vertrat in seinen Werken »Die Pest« und »Der Mensch in der Revolte« einen Existentialismus des »Absurden«. Die Sinnlosigkeit des Daseins kann nicht verstanden, sie muß hingenommen werden.

Über die dichterische Erkenntnis

Wir geben hier zur besseren Verdeutlichung seines Anliegens eine Stelle aus J. Maritains Buch »Zur Situation der Poesie« wieder, das er mit seiner Frau Raissa Maritain herausgab und das auch in deutscher Sprache erschienen ist:
»Schon das Schicksal des Wortes ›Poesie‹ scheint mir höchst aufschlußreich. Erst in relativ später Zeit nahm dies Wort die Bedeutung von Dichtung an; vordem besagte es: Die Kunst, die Tätigkeit des werkerstellenden Verstandes. In diesem Sinne behandelten Aristoteles und die Alten – aber auch unser klassisches Zeitalter – die Poetik. Das Wort ›Poesie‹ hat sich gewissermaßen immer tiefer durch metaphysische Schichten hindurchgebohrt und ist langsam vom Leib des dichterischen Werkes bis zu dessen Seele gewandert, um am Ende ganz in die Zone des Geistigen zu münden. Dies Phänomen darf uns nicht sonderlich überraschen, sobald man zugibt, daß die Poesie (bei den Dichtern meine ich natürlich) erst in relativ später Epoche zu einem ausdrücklichen und entschiedenen Bewußtsein ihres Selbst gelangt ist (ein Vorgang übrigens, mit dem sie nie zu Ende kommt).
Dies Gesetz der fortschreitenden Selbstbewußtwerdung ist eins der großen Gesetze der geschichtlichen Entwicklung des Menschenwesens; es bezieht sich auf eine Besonderheit, die für alle Formen geistigen Tuns zutrifft. Es ist die Eigentümlichkeit des Geistes, wie die Alten sagten, sich ganz auf sich selbst zurückzubeziehen, eine vollkommene Reflexion bewerkstelligen zu können:
›Das wesentliche ist dabei nicht das Moment der Rückbeziehung, sondern das damit verbundene Selbsterfassen, Sich-mit-sich-selbst-Durchdringen. Die Reflexion ist dem Geiste wesentlich, der sich damit seiner selbst bemächtigt, sich selbst durchdringt. Daher ist das Phänomen der Bewußtwerdung für alle Kulturgebiete von allgemeiner Bedeutung.‹«

Das leere Dasein

Unter Existenz ein leeres Dasein verstehen wollen, heißt wohl eine der weiteren Absonderlichkeiten philosophisch wahrmachen, die die existentialistische Mode vorschreibt, möchte mancher Leser meinen. Und doch steckt hinter dieser Andeutung von Existenz als der besonderen menschlichen Daseinsweise etwas sehr Richtiges, vorausgesetzt, daß sie nicht ins Extreme getrieben wird. Während die toten Dinge aus sich selbst und ohne Eingriff von außen ihr Wesen oder ihr So-sein nicht ändern können und während die belebten Wesen außer dem Menschen ihr mit ihrer Existenz mitbestimmtes So-sein nach einem in ihnen waltenden Gesetz der Natur ohne eigenes und bewußtes Zutun erfüllen oder auch verändern, kann und muß der Mensch in sein So-sein bewußt eingreifen. Jeder ist seines Glückes Schmied, sagt ein altes Sprichwort. Trotz der Naturanlage, die jede menschliche Existenz als ihr erstes So-sein und als Rahmen ihrer Wesensentfaltung mitbringt, von Zeugung und Geburt an, kann sich aus der gleichen Grundveranlagung und unter ähnlichen Umweltbedingungen doch im einen Falle ein verkommenes Genie und im anderen Falle ein bedeutender Gestalter von Werk und Leistung entwickeln. Diese Tatsache, die freilich von den Vertretern einer materialistischen Philosophie in Abrede gestellt wird, weil nach ihrer Auffassung auch alle menschlichen Handlungen und Entscheidungen von einer streng kausalen Gesetzlichkeit bestimmt sind, wie bei Tier und Pflanze und in der anorganischen Natur, wird von einem extremen Repräsentanten der existentialistischen Philosophie, von dem Franzosen Jean Paul Sartre, so ausgedehnt und übersteigert, daß er beim Menschen von einem leeren Dasein spricht. Es erfüllt erst durch die freien Entscheidungen die Leere mit einem So-sein. »Der Mensch ist das, was er macht.« Der Mensch kommt gleichsam als bloße Möglichkeit zum So-sein auf die Welt, und kraft der Freiheit, die dieses Dasein besitzt, schafft er sich nun selbst. Selbst wenn Sartre es in dieser Ausschließlichkeit nicht meinen sollte, so steht es doch in seinen Schriften. Als Beleg dafür möge ein Zitat aus seinem Hauptwerk »Das Sein und das Nichts« dienen, wo über die konkreten Verbindungen mit Anderen folgendes steht:

»Wir haben bisher nur von unserer grundlegenden Verbindung mit dem Anderen gesprochen. Diese Verbindung hat es uns möglich gemacht, die drei Seinsdimensionen unseres Leibes explizit zu machen. Und obwohl der ursprüngliche Zusammenhang mit dem Anderen der erste ist in bezug auf die Verbindung meines Leibes mit dem Leib des Anderen, ist uns klargeworden, daß die Erkenntnis der Natur des Leibes unentbehrlich für jedes Wissen von den besonderen Verbindungen meines Seins mit dem des Anderen ist. Diese setzen nämlich auf beiden Seiten die Faktizität voraus, das heißt unser Dasein als Leib inmitten der Welt. Nicht als ob der Leib das Hilfsmittel und die Ursache meiner Verbindungen mit Anderen sei. Aber er schafft ihre Bedeutung, er markiert ihre Grenzen: ich ergreife die transzendierte Transzendenz des Anderen als Leib-in-Situation, und ich erfahre mich in meiner Entfremdung zugunsten des Anderen auch als Leib-in-Situation. Diese konkreten Verbindungen können wir jetzt prüfen, da wir ja wissen, was es mit unserem Leib auf sich hat. Sie sind nicht bloße Besonderungen der Grundverbindung: obwohl jede in sich die ursprüngliche Verbindung mit Anderen als ihre Wesensstruktur und ihre Grundlage enthält, sind sie ganz neue Seinsweisen des Für-sich. Tatsächlich stellen sie die verschiedenen Haltungen des Für-sich in einer Welt dar, in der es den Anderen gibt. Jede von ihnen bietet also auf ihre Weise die zweiseitige Verbindung dar: Für-sich-für-Andere, An-sich. Wenn es uns also gelingt, die Strukturen unserer einfachsten Verbindungen mit dem Anderen-in-der-Welt explizit zu machen, haben wir unsere Aufgabe erfüllt; zu Beginn dieser Arbeit befragten wir uns nämlich über die Zusammenhänge des Für-sich mit dem An-sich; jetzt aber haben wir erfahren, daß unsere Aufgabe umfassender ist: es gibt eine Verbindung des Für-sich mit dem An-sich in Gegenwart des Anderen. Wenn wir dieses konkrete Faktum beschrieben haben, werden wir imstande sein, über die grundlegenden Zusammenhänge dieser drei Seinsweisen etwas Schlüssiges auszusagen und werden vielleicht eine metaphysische Theorie des Seins überhaupt aufstellen können.

Das Für-sich als Nichtung des An-sich zeitigt sich als Flucht nach. Es überschreitet nämlich seine Faktizität – Gegeben-

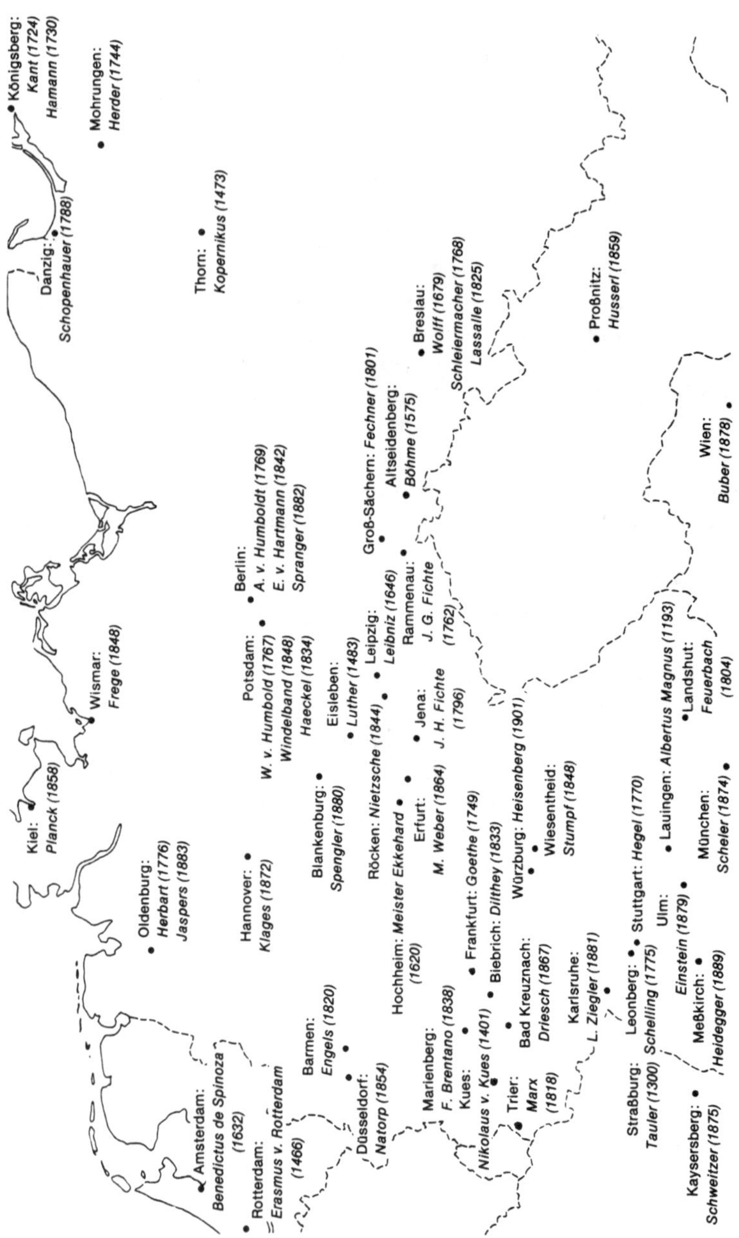

Karte der Geburtsorte deutschsprachiger Philosophen.

heit, Vergangenheit oder Leib zu sein – auf das An-sich hin, was es sein würde, wenn es seine eigene Grundlage sein könnte. Das drückt man mit bereits psychologischen Wendungen aus – die deshalb unzutreffend, wenn vielleicht auch klarer sind –, indem man sagt, das Für-sich versuche, seiner faktischen Existenz, das heißt seinem Da-sein, zu entgehen, und zwar als einem An-sich, dessen Grundlage es in keiner Weise ist, und diese Flucht finde in Richtung auf eine unmögliche, aber dauernd verfolgte Zukunft statt, in der das Für-sich An-und-für-sich sein würde, das heißt, ein An-sich, das für sich selbst seine eigene Grundlage wäre. So ist das Für-sich Flucht und Verfolgung zugleich; zugleich flieht und verfolgt es das An-sich; das Für-sich ist verfolgt-verfolgend. Um aber die Gefahr einer psychologischen Deutung der vorhergehenden Bemerkung zu verringern, erinnern wir daran, daß das Für-sich nicht zunächst ist, um dann zu versuchen, zum Sein zu gelangen: kurz, wir dürfen es nicht als ein Daseiendes verstehen, das mit Bestrebungen ausgestattet wäre, so wie dieses Glas mit gewissen besonderen Eigenschaften ausgestattet ist. Diese verfolgende Flucht ist nichts Gegebenes, das dem Sein des Für-sich obendrein hinzugefügt wird, sondern das Für-sich ist eben diese Flucht; sie unterscheidet sich nicht von der ursprünglichen Nichtung, und die Aussagen, das Für-sich sei verfolgt-verfolgend oder es sei in der Weise, daß es sein Sein zu sein hat oder daß es nicht ist, was es ist, und ist, was es nicht ist, meinen ein und dieselbe Sache.

Da das so ist, wird das Für-sich vom Auftauchen Anderer mitten ins Herz getroffen. Durch und für Andere erstarrt die verfolgende Flucht zum An-sich. Schon wird sie vom An-sich so weit als möglich wieder ergriffen, schon ist die gleichzeitig radikale Verneinung der Tatsache, absolute Setzung des Wertes und durch und durch erstarrt vor Faktizität: wenigstens würde sie mit Hilfe der Zeitigung entrinnen; wenigstens würde ihr Charakter einer unganzen Ganzheit ihr ein fortwährendes »Anderswo« zuteilen. Aber es ist ja jene Ganzheit, die der Andere vor sich erscheinen läßt und die er in Richtung auf sein eigenes Anderswo transzendiert. Es ist jene Ganzheit, die sich ganzmacht: für Andere bin ich unabänderlich das, was ich bin, und sogar meine Freiheit ist ein gegebenes Merkmal meines Seins. So ergreift mich das An-sich bis in die Zukunft hinein und läßt mich gerade in meiner Flucht gänzlich erstarren, die zu einer berechneten und betrachteten Flucht wird, zu einer gegebenen Flucht. Aber diese erstarrte Flucht ist niemals die Flucht, die ich für mich bin: sie ist draußen erstarrt. Diese Gegenständlichkeit meiner Flucht erfahre ich als eine Entfremdung, die ich weder transzendieren noch erkennen kann. Und doch muß ich mich schon auf Grund der Tatsache, daß ich die Gegenständlichkeit erfahre und daß sie meiner Flucht jenes An-sich verleiht, vor dem sie flieht, ihr zuwenden und ihr gegenüber Haltungen einnehmen. Der Ursprung meiner konkreten Zusammenhänge mit Anderen ist folgender: sie werden ausschließlich durch meine Haltungen gegenüber dem Objekt veranlaßt, das ich für Andere bin. Und da die Fremdexistenz mir das Sein enthüllt, das ich bin, ohne daß ich mir dieses Sein aneignen oder es auch nur verstehen kann, so verursacht diese Existenz zwei einander entgegengesetzte Haltungen: der Andere erblickt mich und hat auf diese Weise das Geheimnis meines Seins in Besitz, er weiß, was ich bin; demnach liegt der tiefere Sinn meines Seins außerhalb von mir, eingekerkert in etwas Abwesendem; der Andere steuert mich. Ich kann also, insoweit ich das An-sich fliehe, das ich bin, ohne es zu begründen, den Versuch machen, dieses Sein abzuleugnen, das mir von außen beigelegt wird; das heißt, ich kann mich dem Anderen zuwenden und ihm meinerseits Objektheit beilegen, da ja die Objektheit des Anderen meine Gegenständlichkeit für den Anderen zerstört. Andererseits kann ich aber, insofern der Andere als Freiheit die Begründung meines An-sich-Seins ist, versuchen, diese Freiheit zu erlangen und mich ihrer zu bemächtigen, ohne ihn seines Freiheitscharakters zu berauben: wenn ich nämlich diese Freiheit, die die Begründung meines An-sich-Seins ist, mir assimilieren könnte, dann würde ich für mich selbst meine eigene Begründung werden. Die Transzendenz des Anderen transzendieren oder aber sie mir einzuverleiben, ohne sie dabei ihres Transzendenzcharakters zu berauben, dies sind die beiden elementaren Haltungen, die ich dem Anderen gegenüber einnehme. Und auch in diesem Falle ist es angebracht, die Worte vorsichtig abzuwägen: es stimmt nicht, daß ich zunächst sei und daß ich dann danach »trachte«, den Anderen zu objektivieren oder mir

anzugleichen; sondern in dem Maße, in dem das Auftauchen meines Seins Auftauchen in Gegenwart Anderer ist, in dem Maße, in dem ich verfolgende Flucht und verfolgter Verfolgender bin, bin ich an der Wurzel meines Seins pro-jectum von Vergegenständlichung oder Angleichung Anderer.
Diese beiden Versuche, die ich bin, sind einander entgegengesetzt. Jeder von ihnen ist der Tod des anderen, das heißt, das Scheitern des einen bewirkt, daß ich den anderen Versuch mache. Es gibt also keine Dialektik meiner Beziehungen zu Anderen, sondern einen Kreislauf – wenn auch jeder Versuch durch das Scheitern des anderen bereichert wird. Wir werden also beide nacheinander prüfen. Aber es ist nützlich festzuhalten, daß im Inneren des einen der andere immer gegenwärtig bleibt, eben weil keiner von beiden widerspruchslos durchgehalten werden kann. Mehr noch: Jeder ist im anderen und erzeugt den Tod des anderen; demnach können wir niemals aus dem Kreislauf herauskommen. Es ist ratsam, diese wenigen Hinweise nicht aus den Augen zu verlieren, wenn man sich an das Studium dieser Grundhaltungen gegenüber Anderen begibt. Da diese Haltungen innerhalb eines Kreislaufes hervorgebracht und zerstört werden, ist es ebenso willkürlich, mit der einen wie mit der anderen zu beginnen.«
Soweit Sartre. Die gemäßigten Existenzphilosophen verbinden mit existentiell und Existenz die in jeder auf dem Begriff der menschlichen Freiheit fußenden Auffasssung mit ausgedrückte Tatsache: das menschliche Dasein ist nur im Ansatz und teilweise von So-sein erfüllt. Die Freiheit ist demnach nichts anderes als die Möglichkeit, innerhalb dieses Rahmens das je eigene So-sein (Wesen) erst zu erfüllen oder es zu vergeuden oder in seinen Möglichkeiten zu versäumen.
Existentiell handeln bedeutet dann für diese Philosophen, etwa Gabriel Marcel oder Romano Guardini, seine Freiheit im Sinne eines »Engagement«, eines bewußten und selbstverantwortlichen Einsatzes, zu gebrauchen. Es bedeutet, sich nicht treiben zu lassen, sondern durch positive Entscheidungen sein Wesen zu erfüllen, das nur als verpflichtende Möglichkeit, nicht aber als gesetzmäßig zwingende Realität vorgegeben ist.
Man könnte also bei diesen Philosophen statt von leerer Existenz besser von offener Existenz sprechen, in die das tatsäch-

lich realisierte So-sein erst durch die je persönliche Entscheidung und Zuwendung eingelassen wird. Und so erfüllt der Mensch dann sich selber und entrinnt er der Vermassung und dem entmenschlichenden »man«. Es ist ihm selbst in die Hand gegeben, sein Wesen zu bewahren und den Bedrohungen der Vermassung nicht ausgeliefert zu sein.

Von dieser Sicht der Existenz gehen vielleicht die stärksten Anregungen zu einer freien und sittlichen Lebensgestaltung in unserem sogenannten Massenzeitalter aus – und die Existenzphilosophie erweist sich hier als eine zeit- und kulturmäßige Antwort auf die Krise dieser Zeit und der Menschlichkeit.

Mit dieser vielleicht manchem Leser wieder recht verwickelt erscheinenden Betrachtung schließen wir die Kapitel zur Geschichte der Philosophie in Asien wie im Abendlande ab.

Nach der Behandlung der Philosophie der Gegenwart bringt der Schlußteil des Buches dann noch einmal Probleme der Richtungen der Philosophie ans Licht, die ganz eigentümlich der modernen Philosophie, in deren Strömungen wir alle mit drinnen stehen oder sogar mitschwimmen, zugehören. Außerdem haben wir schon in den systematischen Kapiteln des Buches immer wieder den Blick auf die Geschichte des Denkens gerichtet und damit sicherlich im voraus schon manches angedeutet oder vielleicht vorgeklärt, was dann in dem geschichtlichen Abriß erst seine endgültige Verdeutlichung finden konnte.

Zeitgeist – Philosophie der Gegenwart

Auch wenn der Gebrauch der menschlichen Vernunft, das folgerichtige Denken, kurzum das Philosophieren vermutlich überall und zu allen Zeiten das gleiche ist, so führt es in den jeweiligen Umständen der Zeit und der Gesellschaft zu oft sehr unterschiedlichen Resultaten. Es darf darum nicht überraschen, daß in den nunmehr fünf Jahrzehnten seit dem Zweiten Weltkrieg sich bestimmte *Weltanschauungen* breit machen – ich möchte sie nicht »Philosopheme« nennen, da sie mir nicht konsequent durchdacht scheinen. Sie lassen sich ganz offenbar dem Hauptstrom der abendländischen Philosophie nicht bruchlos zuordnen, obwohl Kernbestandteile dieser Anschauungen sich auch in verschiedenen Jahrhunderten unserer und der Menschheitsgeschichte finden. Wenn hier den schon besprochenen Beispielen von Philosophen unseres Jahrhunderts noch rund ein halbes Dutzend neuerer und heute wirksamer Philosophen hinzugefügt wird, so möchte ich *diese keineswegs* in *jene als* stark gefühlsmäßig zu charakterisierenden Weltanschauungen und Lebenshaltungen einordnen. *Diese Philosophen* markieren jedoch – sei es zustimmend, kritisierend oder ablehnend – mindestens teilweise diesen zumal bei uns in Deutschland virulenten *»Zeitgeist«* und können dem nachdenklich, also philosophierend sich Bemühenden Orientierungshilfe geben, wenn er zugleich die Beliebigkeit der jeweiligen individuellen oder allgemeinen Zeiterfahrung mit in Betracht zieht. Und dazu können und sollen nach meiner Absicht diese Beispiele dienen. Sie umfassen natürlich – wie auch in der großen Geschichte der philosophischen Disziplin – nur eine ein wenig willkürliche Auswahl. – Zuvor darf aber auch ein wenig zur Zeiterfahrung der jetzt lebenden – vor allem jüngeren – Generation gesagt werden.

Je mehr sich die Welt dem *dritten* nachchristlichen Jahrtausend nähert, umso universeller zeigt sich jener Zeitgeist; Unterschiede nach Kontinenten und Kulturnationen werden dabei zunehmend nivelliert. Das hängt damit zusammen, daß im Tempo der Flugverbindungen und in der Gleichzeitigkeit der Verbindung von Nord und Süd und Ost und West durch Fernsehen und Hörfunk und überhaupt durch die Medien sich nicht nur Moden, sondern auch Lebensanschauungen und Geisteshaltungen von überall nach überall übertragen. Diese Übertragungen mit ihren jeweiligen Folgen in geographischen Teilbereichen hat es schon immer gegeben, sie vollzogen sich allerdings in viel längeren Zeiträumen, während heute sich – beispielsweise – Studentenunruhen mit gleichen Zielen fast zur gleichen Stunde in USA, Europa und Japan oder China ereignen.

Der fast gleichgeartete Zeitgeist zeichnet sich durch *zwei Charakterzüge* aus, die *gleichzeitig* wirksam werden, obwohl sie *im Gegensatz zueinander stehen, ja fast einander ausschließen.* Einmal ist es die Welle der sich *erst jetzt* voll in der gesamten Menschheit auswirkenden *Aufklärung,* also der absolute Glaube an die Vernunft, an die Wissenschaft, an das menschliche Können und das Anrecht jedes Menschen, gleich welcher Herkunft und Rasse, auf Freiheit in jeder Beziehung und auf die Früchte der Handhabung menschlicher Vernunft. Mit dieser Vernunfteinschätzung verbindet sich die Hoffnung, ja zuweilen die feste Überzeugung, durch diesen rechten Gebrauch der Vernunft zur Humanität – der individuellen und gesellschaftlichen Menschlichkeit – mit letzter Sicherheit zu gelangen. – Das *gegensätzliche* Moment, das gleichermaßen die Menschheit durchzieht und das ich schon ansprach, ist eine vom Gefühl, von Emotionen und irrationalen Reaktionen auf die »böse« und »schlechte« Wirklichkeit bestimmte *Antiaufklärung.* Man klagt die vorangehenden Generationen an, sie hätten versagt, keine Ziele und keine lebenswirklichen Motive vermittelt, man steigt aus, verneint den technischen Fortschritt, verdammt den Irrglauben jener Haltung, daß der Mensch alles machen dürfe, was er könne oder zu können glaube. Man unterwirft sich gehorsam und oft willenlos – unter Opfern und schmerzlichen Prüfungen – Heilslehrern und Heilslehren. Man entdeckt die Mystik in den Religionen und verabsolutiert ihren tatsächlichen Gehalt – das gilt gelegentlich auch für die christliche Religion – zu einem Mystizismus, dem – um auf das gegensätzliche Moment zurückzukommen – dann wieder eine radikal aufklärerische Haltung einer vermenschlichten Religion, einer Religion aus eigener Kraft, einer »Kirche von unten«, also ohne Offenbarung von oben gegenübersteht. – Es ist nicht auszuschließen, daß sich

diese gegensätzlichen Einstellungen im gleichen Menschen finden, der so in zwei Welten lebt – der schlechten realen und der erträumten besseren Welt. – Die Tatsache, daß Ideologien erblühen und Lebensanschauungen verblassen, daß Träume *und* Verzweiflung beieinander wohnen, verleiht solchen Schizophrenien bei vielen Menschen ihre Lebenskraft.
Auch wenn die Vorstellung vielfach verworfen wird, daß ein Befassen mit der Philosophie und ihrer Geschichte *lebenspraktische Folgen haben müsse,* so läßt es sich doch nicht leugnen, daß lebendiges Philosophieren, das Angehen der Sache selber, wenn auch gestützt auf das Denken anderer, zur Weisheit führen kann: nicht als hochmütiges Attribut der Philosophen, sondern als Ergebnis von durchdachter Lebenserfahrung. In diesem Sinne sollen die letzten Beispiele erweisen, daß Denken in Muße – nicht müßig und unnütz ist. Philosophari necesse est. – Philosophieren ist notwendig.
Noch eines ist bei der Aufreihung der Gegenwartsbeispiele im voraus zu bemerken. Der Einfluß der phänomenologischen Methode *Edmund Husserls* ist unverkennbar. Zwar wenden die wenigsten seine Methode der unmittelbaren *»Wesensschau«* bewußt an, doch die *Methode* als solche – beim Einstieg in das Philosophieren – ist für die gesamte Darstellung das Entscheidende, mögen die gewählten *Denkansätze* noch so verschieden sein. Wir kommen bei der jeweiligen Einzelbeschreibung darauf zu sprechen. Geschlossene Systementwicklungen wie bei der philosophia perennis und damit im Denken, das sich historisch daran anschließt (wie etwa bei *Jos. Pieper, Max Müller, Johannes Lotz*), ergeben sich dabei nicht. Doch wenden wir uns den einzelnen Philosophen bzw. Schulen zu.

Die erste Auflage dieses Buches im Jahre 1962 konnte in diesem Kapitel der Philosophie der Moderne noch nicht eine Reihe weiterer Philosophen mit Textproben aus ihren Werken mit anführen, die erst in diesen letzten Jahrzehnten stärker von sich reden machten. Ihre Erwähnung und Zitierung läßt *nicht* außer acht, daß im gleichen Zeitraum noch eine ganze Reihe bedeutender – besonders deutschsprachiger – Philosophen in diese Vorstellung hätten mit aufgenommen werden können. Ich nenne nur: *Josef Pieper* (Münster), *Gerhard*

Funke, Joachim Kopper, Richard Wisser (Mainz), *Max Müller* (Freiburg), *Otto Friedrich Bollnow* (Tübingen), *Hermann Lübbe* (Zürich), *Hans-Georg Gadamer* (Heidelberg) u.a.m.
Wenn die hier Zitierten den eben erwähnten Philosophen scheinbar vorgezogen werden, so hat das seinen Grund eher darin, daß die eben genannten philosophischen Lehrer in sehr konsequenter Weise Positionen vertreten die *nicht* immer dem »Zeitgeschmack« entsprechen. Es wird sich sicherlich, wie so oft in der Geistesgeschichte, zeigen, daß die im Augenblick stärker im Bewußtsein einer größeren Öffentlichkeit hervortretenden Geister später oft nicht mehr den Platz behaupten können, den sie im Augenblick innehaben. – Ich möchte aber, weil der philosophisch Interessierte ihre Namen hört, ihn – z.T. auch mit kritischer Anmerkung aus meiner Sicht – mit deren wesentlichen Gedanken ein wenig vertraut machen. Denn nichts ist geistig gefährlicher, als Namen und Begriffe mit völlig irreführenden Vorstellungen zu verbinden.
Es wäre voreingenommen und damit unphilosophisch, wenn ich bei den nun folgenden Beispielen ein abschließendes (oder gar negatives) Werturteil abgeben würde. Mit einer jeweilig kurzen Kennzeichnung des etwaigen Standortes des Philosophen und dem ausgesuchten kurzen Text soll eine gewisse Orientierungshilfe geboten werden und – wie auch in den übrigen Textangeboten dieses Buches – die eigene Nachdenklichkeit angeregt werden. Der Leser möge bei allem sich bewußt machen, daß es Teilansichten sind, die keine Vollständigkeit einer Übersicht über das heutige Philosophieren bieten und bedeuten können.
Den hier zuerst zitierten Philosophen: *Adorno, Horkheimer, Habermas* (Frankfurter Schule), *Marcuse, Bloch* ist trotz der Unterschiede im Einzelnen gemeinsam, daß nicht so sehr die menschliche Person (Individuum) das Objekt ihrer Untersuchung ist, sondern die *Gesellschaft.* Es handelt sich also um eine Art Gesellschaftsphilosophie, die deutlich von Karl Marx beeinflußt ist, und die überdies auf die herkömmliche logisch begründende Argumentation verzichtet und ihre Urteile und Erkenntnisse apodiktisch (absolut gültig) formuliert.
Der sich dann mit einer Textprobe anschließende *Karl Popper,* der die Auseinandersetzung zwischen Rationalismus und

Irrationalismus (irrational = nicht durch den Verstand begründet) als das wesentliche philosophische Zeitereignis ansieht, würde wohl diese Philosophen (zumal in ihren Utopien) der irrationalen Richtung zuweisen.
Eine Ausnahmestellung nimmt der dann zitierte *Ludwig Wittgenstein* (mit seiner mathematisch-logischen Methode) ein, dem danach die heute bei uns viel genannten Philosophen *Hans Jonas* und *Carl Friedrich von Weizsäcker* folgen, deren Interesse wieder mehr dem Menschen als moralisch verantwortliche *Person* gilt.

Die *Frankfurter Schule*, von *Max Horkheimer* (*14.02. 1895, †07.07. 1973) und *Theodor W. Adorno* (*11.09. 1903, †06.08. 1969) nach ihrer Emigration und Rückkehr an die Frankfurter Universität gegründet und dann besonders nachdrücklich von ihrem von ihnen selbst als links eingestuften Schüler: *Jürgen Habermas* (*18.06. 1929) weithin bekannt gemacht, ist in ihren sozialphilosophischen Äußerungen schwer auf einen Nenner zu bringen. Trotz der »Dialektik der Aufklärung« und des »metaphysischen Materialismus« – von Horkheimer und Adorno proklamiert – begnügt man sich nach eigenem Eingeständnis mit »philosophischen Fragmenten« und einer sehr starken Kritik, wobei sich Jürgen Habermas von dem metaphysischen Materialismus distanzierte. Das hier als Beispiel abgedruckte »Quand Même« belegt eine Gesellschaftskritik, die einem Relativismus und Pessimismus den Weg bereiten kann. Theodor Adorno mußte es geradezu tragisch erleben, wie die eigenen Schüler diese Kritik auf seine eigene Philosophie zurückwendeten, woran er in seiner sehr sensiblen Natur fast zerbrach und schon mit knapp 66 Jahren starb.
Als Mitschüler von ihm (mit dreijährigem Altersabstand) auf dem Frankfurter Humanistischen Kaiser-Wilhelm-Gymnasium konnte ich den hochbegabten Wiesengrund-Adorno, der eine Klasse übersprang, als jüngerer ein wenig kennenlernen. Seine große Stärke lag im ästhetischen Bereich, die er bereits bei seiner Abiturrede über Gottfried Keller blendend bewies. – Nach seiner Promotion in Wien erlebte ich ihn im Seminar von Paul Tillich (*20.08. 1886, †22.10. 1965) in Frankfurt, wobei er seine relativierenden dialektischen Thesen gegenüber den religionsphilosophischen von Paul Tillich zu

behaupten suchte. Auch bei einem Nachkriegsseminar in der Ingelheimer Volkshochschule, bei dem ich ihn und Max Horkheimer in einer Diskussion zu moderieren hatte, offenbarte sich eine ähnliche Haltung. – Bei allem Unterschied in der philosophischen Auseinandersetzung waren beide persönlich von einer weitherzigen Toleranz geprägt.

»Im Zeichen des Henkers vollzog sich die Entwicklung der Kultur«

»Zur Überwindung der eigenen Schwere, zur Produktion materieller und geistiger Werke sind die Menschen durch äußeren Druck gekommen. Darin haben die Denker von Demokrit bis Freud nicht unrecht. Der Widerstand der äußeren Natur, auf den der Druck letztlich zurückgeht, setzt sich innerhalb der Gesellschaft durch die Klassen fort und wirkt auf jedes Individuum von Kindheit an als Härte der Mitmenschen. Die Menschen sind weich, sofern sie von Stärkeren etwas wollen, abstoßend, sofern der Schwächere sie darum angeht. Das ist der Schlüssel zum Wesen der Person in der Gesellschaft bisher.

Der Schluß, daß Schrecken und Zivilisation untrennbar sind, den die Konservativen gezogen haben, ist wohl begründet. Was könnte die Menschen dazu bringen, sich so zu entfalten, daß sie komplizierte Reize positiv zu bewältigen vermögen, wenn nicht die eigene mit Anstrengung durchsetzte Entwicklung, die am äußeren Widerstand sich entzünden muß? Zuerst ist der antreibende Widerstand im Vater inkarniert, später wachsen ihm tausend Köpfe: der Lehrer, der Vorgesetzte, Kunde, Konkurrent, die Vertreter sozialer und staatlicher Mächte. Ihre Brutalität stimuliert die individuelle Spontaneität.

Daß in der Zukunft die Strenge dosiert werden könnte, daß man die blutigen Strafen, durch welche die Menschheit im Lauf der Jahrtausende gezähmt worden ist, durch Errichtung von Sanatorien abzulösen vermöchte, scheint ein Traum zu sein. Gespielter Zwang ist ohnmächtig. Im Zeichen des Henkers vollzog sich die Entwicklung der Kultur die Genesis, die von der Vertreibung aus dem Paradies erzählt, und die Soirées de Petersbourg stimmen darin überein. Im Zeichen des Henkers stehen Arbeit und Genuß. Dem widersprechen heißt aller Wissenschaft, aller Logik ins Gesicht schlagen. Man

kann nicht den Schrecken abschaffen und Zivilisation übrigbehalten. Schon jenen zu lockern bedeutet den Beginn der Auflösung. Verschiedenste Konsequenzen können daraus gezogen werden: von der Anbetung faschistischer Barbarei bis zur Zuflucht zu den Höllenkreisen. Es gibt noch eine weitere: der Logik spotten, wenn sie gegen die Menschheit ist«.
Aus: Max Horkheimer u. Theodor W. Adorno. Dialektik der Aufklärung. Philosophische Fragmente. Amsterdam 1947, S. 256 f.

Herbert Marcuse (*19.07. 1898, †29.07. 1979), der gebürtige Berliner, der zuletzt an der California University in San Diego lehrte und im Nachkriegsdeutschland nicht nur für geistige Unruhe sorgte, sondern auch für den Umsturz aller Art zum In- und Vorbild wurde, suchte eine Aktualisierung der Theorie von Karl Marx in einer *praktisch* – revolutionären »Verwirklichung der Philosophie« in der fortgeschrittenen Industriegesellschaft. – Er übt eine scharfe Kritik an dem idealistischen Menschenbild der bürgerlichen Gesellschaft, wie der folgende Auszug zeigt. Die Folgerung: Philosophie muß aus der Theorie heraus zur Praxis werden in der Überwindung bzw. zum Sturz der bürgerlichen Gesellschaft.
»Die aufsteigenden bürgerlichen Gruppen hatten ihre Forderung nach einer neuen gesellschaftlichen Freiheit durch die allgemeine Menschenvernunft begründet.- Dem *Glauben an die gottgesetzte Ewigkeit einer hemmenden Ordnung* hielten sie ihren *Glauben an den Fortschritt,* an eine bessere Zukunft entgegen. Aber die Vernunft und die Freiheit reichten nicht weiter als das Interesse eben jener Gruppen, das mehr und mehr zu dem Interesse des größten Teils der Menschen in Gegensatz trat. Auf die anklagenden Fragen gab das Bürgertum eine entscheidende Antwort: die *affirmative Kultur.* Sie ist in ihren Grundzügen idealistisch. Auf die Not des isolierten Individuums anwortet sie mit der *allgemeinen Menschlichkeit,* auf das leibliche Elend mit der *Schönheit der Seele,* auf die äußere Knechtschaft mit der *inneren Freiheit,* auf den brutalen Egoismus mit dem *Tugendreich der Pflicht.* Hatten zur Zeit des kämpferischen Aufstiegs der neuen Gesellschaft alle diese Ideen einen fortschrittlichen, über die erreichte Organisation des Daseins hinausweisenden Charakter, so tre-

ten sie in steigendem Maße mit der sich stabilisierenden Herrschaft des Bürgertums in den Dienst der Niederhaltung unzufriedener Massen und der bloßen rechtfertigenden Selbsterhebung: sie verdecken die leibliche und psychische Verkümmerung des Individuums.«
Herbert Marcuse: »Über den affirmativen Charakter der Kultur.« Aus: H.M. Kultur und Gesellschaft 1. Suhrkamp, Frankfurt 1965.

Der in Ludwigshafen am 08.07. 1885 geborene *Ernst Bloch* lehrte nach dem Kriege zuerst in Leipzig, folgte aber 1961 einem Ruf an die Universität Tübingen, wo er am 04.08. 1977 verstarb. Er ist durch »Das Prinzip Hoffnung« bekannt, das in seiner noch von Marx geprägten Philosophie gegenüber anderen Theoretikern des Marxismus dem dialektisch-materiellen Prozeß eine auch geistige Note hinzufügt: *Utopie* und *Hoffnung*. In seiner „Tübinger Einleitung in die Philosophie“ (Frankfurt 1965) führt Ernst Bloch aus:
»Über die Bedeutung der Utopie
Nicht nur nachts, auch noch im Wachen wird geträumt. Beiden Arten Traum ist gemeinsam, daß sie von Wünschen bewegt sind und sie zu erfüllen suchen. Doch unterscheiden sie sich schon dadurch, daß im Tagtraum das Ich ständig erhalten ist. Als dasjenige, das sich bewußt Zustände, Bilder eines erwünschten, eines besser erscheinenden Lebens privat ausmalt, sich als künftig vorführt. So legt der Tagtraum also auch inhaltlich keine Reise zurück, wie der Nachttraum, zurück in verdrängte Erlebnisse und ihre Einkleidungen. Er begibt sich vielmehr auf eine tunlichst ungehemmte Fahrt nach vorwärts, derart daß statt eines wieder rezent werdenden Nicht-Mehr-Bewußten Bilder eines Noch-Nicht in Leben und Welt heraufphantasiert werden können.
Nötig aber ist es, daß genau die üblicheren Träume nach vorwärts wohlgesichtet werden. Ihre Entwürfe haben zwar das bloß private wishful thinking verlassen, meist überhaupt nichts mit ihm gemein. Doch muß zwischen Utopistischem und Utopischem unterschieden werden; das eine bringt sich nur unmittelbar, abstrakt an die Verhältnisse heran, um sie rein aus dem Kopf zu bessern, das andere nahm immerhin dazu auch das Bauzeug von draußen. Wobei freilich selbst das

Utopistische, wie es abstrakt *über* die Wirklichkeit greift, sich vor einem bloß Empiristischen, das nur anders abstrakt *unter* die Wirklichkeit greift, nicht zu genieren braucht. Kritik des Utopischen kann nur von einem Standort erfolgen, der adäquat ist, der nicht etwa Überfliegen durch faktizistisches Kriechen richtet, gar ersetzt. »Etwas sei utopisch«, als Abwertung im Mund von Geschäftsmännern, die sich besonders klug vorkommen, diese Abwertung in Bausch und Bogen ist ohnehin Provinz oder Phrase geworden, garniert mit der Angst vor Zukunft überhaupt. Dennoch und gerade deshalb aber muß zwischen abstrakten und konkret werdenden Utopien gründlichst unterschieden werden. Besonders Sozialutopien konnten abstrakt sein, weil ihr Entwerfen mit der vorhandenen gesellschaftlichen Tendenz und Möglichkeit nicht vermittelt war; und sie konnten nicht nur, sondern *mußten* abstrakt sein, sofern sie – genau wegen der vorhandenen Tendenzen und Fälligkeiten – zu früh kamen. Darum bildeten die Utopisten eine neue bessere Welt oft allzu *unvermittelt* aus ihrem Herz und Kopf oder wie Engels sagt: »Sie waren beschränkt für die Grundzüge ihres Neubaus auf den Appell an die Vernunft, weil sie noch nicht an die gleichzeitige Geschichte appellieren konnten«.«.

Sir *Karl Raimund Popper* (geb. in Wien am 28.07. 1902) wendete sich in seinem unerhört reichen literarisch-philosophischen Werk auch dem Thema der Gesellschaft zu.
Doch im Unterschied zu den marxistischen Utopisten geht er von strengen erkenntnistheoretischen Überlegungen aus. Er kritisiert insbesondere den Neopositivismus der Wiener Schule (also einer Wissenschaftslehre ohne philosophische Grundlegung) und begründet in seinem Hauptwerk (1976) eine »Logik der Forschung«, die nach seinem Ermessen sowohl der Physik und Biologie wie auch den Sozialwissenschaften eine tragfähige wissenschaftliche Grundlage gibt. Scharf geht Karl Popper mit der »orakelnden Philosophie« ins Zeug in seinem Werk: »Die offene Gesellschaft und ihre Feinde – Bd. II Falsche Propheten. Hegel, Marx und die Folgen« (Tübingen 1980).
»Die Ausdrücke »Vernunft« und »Rationalismus« sind vage; es ist daher notwendig, ungefähr zu erklären, wie sie hier ver-

wendet werden. Sie werden erstens in einem weiten Sinn verwendet; sie werden so verwendet, daß sie nicht nur rein intellektuelle Tätigkeiten einschließen, sondern auch Beobachtungen und Experimente. Es ist notwendig, daß man sich stets dieser Bemerkung entsinnt, denn die Worte »Vernunft« und »Rationalismus« haben oft einen anderen und engeren Sinn, und sie stehen dann im Gegensatz, nicht zum »Irrationalismus«, sondern zum »Empirismus«; der Rationalismus in diesem letzten Sinn erhebt den Verstand über Beobachtung und Experiment, und er würde daher besser als »Intellektualismus« beschrieben werden. Aber wenn ich vom »Rationalismus« spreche, so verwende ich das Wort stets in einem Sinn, der beides umfaßt, den »Empirismus« und auch den »Intellektualismus«, und das in derselben Weise, in der die Wissenschaft von Experimenten wie auch vom Denken Gebrauch macht. Zweitens verwende ich das Wort »Rationalismus« zur Bezeichnung einer Einstellung, die möglichst viele Probleme durch einen Appell an die Vernunft, das heißt an klares Denken und an die Erfahrung zu lösen versucht, statt Gefühle und Leidenschaften aufzurufen. Diese Erklärung ist natürlich nicht sehr befriedigend; denn Begriffe wie »Vernunft« oder »Leidenschaften« sind vage; wir besitzen nicht »Vernunft« oder »Leidenschaften« in dem Sinne, in dem wir bestimmte physische Organe besitzen, zum Beispiel ein Gehirn oder ein Herz oder in dem Sinn, in dem wir gewisse »Fähigkeiten« besitzen, zum Beispiel die Fähigkeit, zu sprechen oder mit unseren Zähnen zu knirschen. Es ist daher vielleicht besser, wenn man den Rationalismus durch Hinweis auf praktische Einstellungen oder Verhaltensweisen erklärt. Eine solche Erklärung würde den Rationalismus als eine Einstellung kennzeichnen, die bereit ist, auf kritische Argumente zu hören und von der Erfahrung zu lernen. Er ist im Grunde eine Einstellung, die zugibt, daß *»ich mich irren kann, daß du recht haben kannst und daß wir zusammen vielleicht der Wahrheit auf die Spur kommen werden«*. Er ist eine Einstellung, die die Hoffnung nicht leichtfertig aufgibt, daß man durch Argumente und durch sorgfältiges Beobachten in vielen wichtigen Problemen zu einer Art Übereinstimmung kommen kann; und er glaubt, daß es sogar dort, wo verschiedene Interessen und Forderungen aufeinanderprallen, mög-

lich ist, über diese Forderungen und Vorschläge zu argumentieren und – vielleicht durch Schiedsspruch – einen Kompromiß zu erreichen, der wegen seiner Billigkeit für die meisten, wenn nicht für alle annehmbar ist. Kurz gesagt: Die rationalistische Einstellung oder, wie ich sie vielleicht nennen darf, »die Einstellung der Vernünftigkeit« ist sehr ähnlich mit der wissenschaftlichen Einstellung, mit dem Glauben, daß wir zusammenarbeiten müssen, wenn wir die Wahrheit suchen, und daß wir mit Hilfe von Argumenten im Laufe der Zeit so etwas wie Objektivität erreichen können«.
Karl R. Popper: »Die offene Gesellschaft und ihre Feinde« Bd. II (Tübingen 1980).

Ludwig Wittgenstein (*26. 04. 1889, †29. 04. 1951). Als gebürtiger Wiener bleibt er Neupositivist, freilich mit einer Besonderheit, daß er nicht von den erfahrbaren – vor allem physikalischen – Tatsachen als *wahren* ausgeht, sondern in der einzigen noch zu Lebzeiten erschienenen Schrift, dem »Tractatus logico-philosophicus« (1921), zunächst behauptet, unsere Logik sage nichts über die Wirklichkeit als solche aus. Sie habe nur einen »tautologischen« (sich selber ausdrückenden) Charakter. Urteile seien nichts anderes als Aussagen über logische Ableitungen von völlig unabhängigen Tatsachen. Später widerruft er zwar Auffassungen, bleibt aber bei seiner in sich selber kreisenden Logik, die ohne eine »wahre« Erkenntnistheorie auskommt.
Wittgenstein, der in Cambridge (England) lehrte und dort auch starb und dessen nachgelassene Werke hauptsächlich in deutscher Sprache erschienen sind, ist naturgemäß ein entschiedener Gegner aller schwärmerischen und irrationalen Gedankenspielereien, verficht aber praktisch eine Philosophie, die zur reinen *Grammatik* der *Wissenschaften* wird.
»Was heißt es: »ein Wort verstehen«?
Man sagt dem Kind: »nein, kein Stück Zucker mehr!« und nimmt es ihm weg.
So lernt es die Bedeutung des Wortes »kein«. Hätte man ihm mit denselben Worten ein Stück Zucker gereicht, so hätte es gelernt, das Wort anders zu verstehen. (Es hat damit gelernt, das Wort zu gebrauchen, aber auch, ein bestimmtes Gefühl mit ihm zu verbinden, es in bestimmter Weise zu erleben.)

Worin besteht die Bedeutung eines Wortes wie »vielleicht«? – Wie lernt ein Kind den Gebrauch des Wortes »vielleicht«? Es spricht etwa einen Satz nach, den es von einem Erwachsenen gehört hat: »sie wird *vielleicht* kommen«; im gleichen Tonfall, wie der Erwachsene. (Dies ist gleichsam ein Spiel.) Dann fragt man sich manchmal: versteht es das Wort »vielleicht« schon, oder spricht es es nur nach? – Was ist aber das Anzeichen dafür, daß es das Wort wirklich versteht? – Nun, daß es in bestimmten Fällen in bestimmter Weise – in gewissen Satzverbindungen und in bestimmtem Tonfall – gebraucht wird.

Was heißt es: das Wort »vielleicht« verstehen? – Verstehe *ich* das Wort »vielleicht«? – Und wie beurteile ich, ob ich es tue? Doch ungefähr so: Ich weiß, wie es gebraucht wird; ich kann jemandem seine Anwendung erklären, indem ich sie etwa in fiktiven Fällen beschreibe. Ich werde die Gelegenheit seiner Anwendung beschreiben, seine Stellung in den Sätzen, den Tonfall, in welchem es gesprochen wird. – Das sagt natürlich nur, daß »ich verstehe das Wort ›vielleicht‹« so viel heißt wie: »ich weiß, wie es gebraucht wird; etc.«, nicht, daß ich, um die Frage ob ich das Wort verstehe zu beantworten, versuche, mir seine ganze Anwendung ins Gedächtnis zu rufen. Vielmehr werde ich auf die Frage entweder ohne weiteres mit der Antwort »ja« reagieren, vielleicht nachdem ich mir das Wort noch einmal vorgesagt habe, mich sozusagen überzeugt habe, daß es mir wohl vertraut ist; oder mir *eine* Anwendung denken, mir das Wort im richtigen Ton mit einer Gebärde der Unsicherheit vorsprechen; u. dergl.

Das ist ein ähnlicher Fall, wie wenn mir jemand eine Rechnung »die ich nicht genau verstehe« erklärt, und wenn er einen bestimmten Punkt seiner Erklärung erreicht hat, sage ich: »so, jetzt verstehe ich's; jetzt weiß ich schon weiter.« Wie weiß ich, daß ich weiter weiß? Habe ich in diesem Moment die übrige Rechnung durchflogen? Gewiß nicht. Vielleicht hat mir ein Teil von ihr vorgeschwebt; vielleicht eine bestimmte Anwendung, eine Figur. Würde ich gefragt: wie weißt du, daß du das Wort »vielleicht« anwenden kannst, so würde ich vielleicht nur antworten: »Ich habe es hundertmal angewendet«.«. L. Wittgenstein, Philosophische Grammatik, Suhrkamp, Frankf. 1973.

Der am 10.05. 1903 in Mönchen-Gladbach geborene *Hans Jonas*, emeritierter Professor für Philosophie an der New School of Social Research in New York, genießt nicht erst seit seiner Ehrung durch den Friedenspreis des deutschen Buchhandels bei uns eine hohe Wertschätzung. Sein »Prinzip der Verantwortung« ist von einer zündenden moralischen Überzeugung getragen und läßt innerhalb der gesellschaftlich sicher notwendigen Klärung und Umstrukturierung wieder die *personale* Bestimmung und Verpflichtung hervortreten. »Das Prinzip Verantwortung« (Frankfurt 1984) ist nach seinen eigenen Worten der »Versuch einer Ethik für die technologische Zivilisation«. Bezeichnenderweise geht er von Immanuel Kant aus, ohne seinen kategorischen Imperativ der moralischen Verantwortung auf das Individuum (oder besser die Person) zu beschränken.

»*Kants kategorischer Imperativ* sagte: »Handle so, daß du auch wollen kannst, daß deine Maxime allgemeines Gesetz werde.« Das hier angerufene »kann« ist das der Vernunft und ihrer Übereinstimmung mit sich selbst: Die Existenz einer Gesellschaft menschlicher Akteure (handelnder Vernunftwesen) *vorausgesetzt*, muß die Handlung so sein, daß sie sich ohne Selbstwiderspruch als allgemeine Übung dieser Gemeinschaft vorstellen läßt. Man beachte, daß hier die Grundüberlegung der Moral nicht selber moralisch, sondern logisch ist: das »wollen *können*« oder »nicht können« drückt logische Selbstverträglichkeit oder -unverträglichkeit, nicht sittliche Approbation oder Revulsion aus. Es liegt aber kein *Selbstwiderspruch* in der Vorstellung, daß die Menschheit einmal aufhöre zu existieren, und somit auch kein Selbstwiderspruch in der Vorstellung, daß das Glück gegenwärtiger und nächstfolgender Generationen mit dem Unglück oder gar der Nichtexistenz späterer Generationen erkauft wird – so wenig, wie schließlich im Umgekehrten, daß die Existenz und das Glück späterer Generationen mit dem Unglück und teilweise sogar der Vertilgung gegenwärtiger erkauft wird. Das Opfer der Zukunft für die Gegenwart ist *logisch* nicht angreifbarer als das Opfer der Gegenwart für die Zukunft. Der Unterschied ist nur, daß im einen Fall die Reihe weitergeht, im andern nicht. Aber daß sie *weitergehen soll*, ungeachtet der Verteilung von Glück und Unglück, ja selbst mit Übergewicht des

Unglücks über das Glück, und sogar der Unmoral über die Moral, läßt sich nicht aus der Regel der Selbsteinstimmigkeit *innerhalb* der Reihe, so lange oder kurz sie eben dauert, ableiten: es ist ein außer ihr und ihr vorausliegendes Gebot ganz anderer Art und letztlich nur metaphysisch zu begründen.
Ein Imperativ, der auf den neuen Typ menschlichen Handelns paßt und an den neuen Typ von Handlungssubjekt gerichtet ist, würde etwa so lauten: »Handle so, daß die Wirkungen deiner Handlung verträglich sind mit der Permanenz echten menschlichen Lebens auf Erden«; oder negativ ausgedrückt: »Handle so, daß die Wirkungen deiner Handlung nicht zerstörerisch sind für die künftige Möglichkeit solchen Lebens«; oder einfach: »Gefährde nicht die Bedingungen für den indefiniten Fortbestand der Menschheit auf Erden«; oder, wieder positiv gewendet: »Schließe in deine gegenwärtige Wahl die zukünftige Integrität des Menschen als Mit-Gegenstand deines Wollens ein«.
Es ist ohne weiteres ersichtlich, daß kein rationaler Widerspruch in der Verletzung dieser Art von Imperativ involviert ist. Ich *kann* das gegenwärtige Gut unter Aufopferung des zukünftigen Guts wollen. Ich kann, so wie mein eigenes Ende, auch das Ende der Menschheit wollen. Ich kann, ohne in Widerspruch mit mir selbst zu geraten, wie für mich so auch für die Menschheit ein kurzes Feuerwerk äußerster Selbsterfüllung der Langeweile endloser Fortsetzung im Mittelmaß vorziehen. Aber der neue Imperativ sagt eben, daß wir zwar unser eigenes Leben, aber nicht das der Menschheit wagen *dürfen;* und daß Achill zwar das Recht hatte, für sich selbst ein kurzes Leben ruhmreicher Taten vor einem langen Leben ruhmloser Sicherheit zu wählen (unter der stillschweigenden Voraussetzung nämlich, daß eine Nachwelt da sein wird, die von seinen Taten zu erzählen weiß); daß wir aber nicht das Recht haben, das Nichtsein künftiger Generationen wegen des Seins der jetzigen zu wählen oder auch nur zu wagen.
Es ist ferner offensichtlich, daß der neue Imperativ sich viel mehr an öffentliche Politik als an privates Verhalten richtet, welches letztere nicht die kausale Dimension ist, auf die er anwendbar ist. Kants kategorischer Imperativ war an das Individuum gerichtet und sein Kriterium war augenblicklich«.
Hans Jonas: Das Prinzip Verantwortung (Frankfurt 1984)

Ganz für sich persönlich und als Mahner, wie es den Philosophen zukommen sollte, steht *Carl Friedrich* Freiherr *von Weizsäcker* (geb. 28.06. 1919 in Kiel) unter all jenen, die einmal eine dauernde und schlüssige Verbindung von Naturwissenschaft und Philosophie suchen und zum anderen die geistige und praktische Bewältigung in moralischer Verantwortung der modernen Technik gegenüber verwirklichen wollen. Das Atomzeitalter fordert ethische Kräfte heraus, die man im Aufbruch der neuen Zeit und im ungehemmten Fortschrittsglauben vernachlässigte. Die Textprobe aus »Atomenergie und Atomzeitalter« (Frankfurt 1957) leitet so auch zu unserem nächsten Kapitel »Philosophie und Weltgeschehen« über.

»Wir wissen, daß Elektronen, Atomkerne und was immer es in den Atomen gibt, nur unter gewissen Umständen als Teilchen in Erscheinung treten; unter anderen Umständen aber als Wellen in einem Feld, als Wellen ähnlich den elektromagnetischen Wellen, etwa dem Licht. Und ob ein Teilchen erscheint oder eine Welle, hängt von dem Experiment, das der Mensch macht, um das Atom zur Erscheinung zu bringen. Macht der Mensch aber gar kein Experiment, so erscheint eben auch nichts – weder ein Teilchen noch eine Welle, und die Frage wird von der heutigen Atomphysik gewissermaßen als müßig behandelt, was das Atom sei, wenn es nicht erscheint.

Die philosophischen Fragen, die sich an diese Feststellung knüpfen, sind sehr tief. Ich vermeide sie hier im wesentlichen. Ich greife nur einen Punkt heraus. Diese heutige Vorstellung der Atomphysik vom Dualismus von Teilchen und Welle bezieht auf eine überraschende Weise den Menschen selbst in die Atomphysik ein. Nicht als einen Gegenstand der Erforschung. Auch die heutige Atomphysik ist Wissenschaft von den Atomen und nicht vom Menschen. Aber sie bezieht den Menschen ein als eine Voraussetzung, die selbstverständlich schon da ist, ehe die Physik beginnen kann. Sie spricht ihre Begriffe so aus, daß bei der bloßen Definition dieser Begriffe bereits Rücksicht genommen wird darauf, daß es Begriffe zur Beschreibung von Beobachtungen sind. Die Wechselwirkung des Beobachters mit dem Atom ist einer der Grundbegriffe in der Analyse der heutigen Physik. Der Mensch, der etwas wissen will und der etwas tun kann, ist

Voraussetzung der sämtlichen Begriffsbildungen, die die Physik heute macht. So ist also der Mensch in der heutigen Physik als bewußtes, wollendes, denkendes, experimentierendes, planendes Wesen berücksichtigt. Er ist nicht erklärt, er ist aber vorausgesetzt, und in diesem Sinne wird die Lücke, die die antike Atomvorstellung gelassen hat, jetzt ausgefüllt. Wir sehen jetzt, daß man von Atomen erst reden kann, wenn man schon weiß, daß es den Menschen, so wie ich ihn eben beschrieben habe, gibt«.

Philosophie und Weltgeschehen

An den Sachen selber

Die lange Wanderung durch die systematische Philosophie und anschließend durch die verschiedenen Räume und Zeitfolgen der Geschichte der Philosophie hat sicher gezeigt, daß die Philosophie keine Geheimkunst für einige wenige Auserwählte ist. Sie ist mit ein wenig gutem Willen und etwas »Köpfchen« jedermann zugänglich. Descartes hat in seiner Erörterung über die Methode sich dahin ausgesprochen, daß alle Menschen gleichsam von Geburt mit der gleichen »Portion« Vernunft ausgestattet seien. Sie gelangen aber deswegen zu so unterschiedlichen Ergebnissen und auch in den Höhengraden der Erkenntnis zu so verschiedenen Stufen, weil sie in den Wegen, also im methodischen Gebrauch ihres Verstandes, willkürlich und ungeübt vorgehen. Daher mache er, Descartes, von seiner Methode Mitteilung, durch die er zu gesicherten, das heißt hundertprozentig verbürgten Wahrheiten vorgedrungen sei. Jeder andere könne das auch.
Ohne dem Rationalismus des Descartes zu huldigen, können wir uns unbedenklich und jetzt auch aus mitvollzogener Einsicht dieser begründeten Auffassung anschließen. Der Mensch, jeder Mensch, ist ein denkendes, bedenkendes Wesen. Nur bleibt in den meisten Fällen diese seine intellektuelle Fähigkeit an vordergründigen Dingen oder am bloßen Zweck im praktischen Sinn hängen. Zu den »Sachen selber« dringt er kaum vor oder stößt kaum zu ihnen durch, wie dies Edmund Husserl vom wirklichen Philosophen forderte. Gerade der so vorzüglich mit dem praktischen Dingen und auch klug hantierende Mensch verliert allzu leicht die Fähigkeit und das Bedürfnis, sich zu besinnen. Martin Heidegger nannte dieses vordergründige »denkend«-Tätigsein das

»Besorgen«. Es hält uns davon ab, über den Sinn und das Wesen der Dinge, über den Menschen und die Welt nachzudenken. Prometheus ist der Genius der modernen Welt, der in seinem planenden rechnenden Vordenken nicht nur das Feuer vom Himmel holt, sondern sich eine eigene technische Welt schafft und sich dann nur noch in seine eigenen Werke, das »Zuhandene«, vergafft. Epimetheus geht den Sachen selber nach und vertieft sich in die Welt als solche in ihrem Sein und Wesen. Beide Genien sind nötig. Einer ohne den anderen führt, wie uns unsere Gegenwart zeigt, entweder in den menschenmörderischen Sog des Besorgens ohne Ende, oder – wozu freilich gegenwärtig nicht die geringste Gefahr besteht – in eine tatenlos verweilende Betrachtung und damit in ein Nirwana, wie es die Grundrichtung asiatischer Weisheitslehre aufweist. Nur, wenn wir uns an die Sachen, das heißt an die Wirklichkeit in ihrer objektiven Ganzheit und Wesenstiefe hingeben, werden wir als prometheische Zivilisationswelt weiterbestehen. Der Trotz des Prometheus, wie ihn Goethe meisterlich schildert, muß gerade heute ergänzt und in seinem negativen Moment durch die nachdenkliche Selbstbescheidung des Empimetheus aufgehoben werden.

Prometheus

Bedecke deinen Himmel, Zeus,
Mit Wolkendunst
Und übe, dem Knaben gleich,
Der Disteln köpft,
An Eichen dich und Bergeshöhn:
Mußt mir meine Erde
Doch lassen stehn,
Und meine Hütte,
die du nicht gebaut,
Und meinen Herd,
Um dessen Glut
Du mich beneidest!

. . . .
. . . .

Wähntest du etwa,
Ich sollte das Leben hassen,
In Wüsten fliehen,

Wissen ist Macht

Weil nicht alle
Blütenträume reiften?
Hier sitz' ich, forme Menschen
Nach meinem Bilde,
Ein Geschlecht, das mir gleich sei:
Zu leiden, zu weinen,
Zu genießen und zu freuen sich –
Und dein nicht zu achten,
Wie ich!

J. W. von Goethe

Wissen ist Macht

Dieses Wort von Francis Bacon, das wir schon im historischen Teil unseres Buches erwähnten, klingt wie ein Glockengeläut des Optimismus über unsere modernen Jahrhunderte hin. Es findet sein Echo in jedem der millionenfältigen technischen Werke und Güter, mit denen sich unsere Erde immer mehr füllt. Das »Wissen ist Macht« tönt genauso aus dem prometheischen Trotz des Goetheschen Gedichts. Derselbe Dichter hat aber in seinem Zauberlehrling die mögliche Selbstvernichtung des prometheischen Geistes geschildert, wenn nicht das Wort des Meisters, das heißt auch unseren philosophischen Überlegungen heraus, das Hören und Nachsprechen des Sinnes von Welt in der nachdenklichen Weisheit des Epimetheus, zu Hilfe kommt. An dieser Stelle offenbart sich die größere Macht der »unnützen« Philosophie als Weisheitslehre gegenüber einer weisheitsleeren bloß »nützlichen« wissenschaftlichen und technischen Betriebsamkeit. Die Beherrschung der von der modernen Menschheit hervorgebrachten wunderbaren technischen Welt ist eines der Zentralprobleme, denen sich die menschliche Gesellschaft gegenübersieht. Die Wissenschaft kann aus sich nicht helfen, wohl vermag eine letzte philosophische Haltung der »Bescheidung« einen entscheidenden Beitrag zu leisten. Hier manifestiert sich das faustische Problem in moderner Verkleidung.
Der Zauberlehrling Goethes charakterisiert unsere Situation, die in dieser Schärfe zu Lebzeiten Goethes noch entfernt nicht gegeben war, die der Dichter aber hellsichtig und hell-

hörig vorausbeschreibt. Der Lehrling hat dem Zaubermeister all die Künste abgeguckt und die Formeln fleißig nachstudiert, mit denen die Kräfte der Natur zu entbinden sind. Als der Zauberlehrling eines Tages allein zu Hause ist, macht er sich sein Wissen und Können zunutze, um die dienstbaren Geister auf den Plan zu rufen, die ihm das Haus zu bestellen und zu säubern abnehmen.

Aber – und hier beginnt die Not des nur prometheischen Menschen – er wird die Geister nicht mehr los, die er gerufen hat, er weiß sie nicht zu bannen, weil der Lehrling nicht über sie zu verfügen gelernt hat. Er hat das Meisterwort, das tiefste letzte Weisheitswort des Meisters nicht parat und würde selbst in all dem Werken und Fluten der Geister ertrinken, wenn nicht in letzter Minute der Meister käme und die entfesselten Kräfte wieder zurückriefe. In dichterischer Einkleidung erscheint hier das philosophische Problem: Mensch und technische Welt. Es geht uns heute mehr denn je an und verlangt nach einer Lösung.

Ist der Mensch von Dämonen besessen, oder ist die moderne Technik selber, diese technisch verwandelte Welt von heute, die glänzende Gruft, aus der die bösen Geister aufstehen und über uns alle herfallen? Aufs Weltganze gesehen, wird der ungeheure technische Fortschritt, der ohne Zweifel in den letzten Jahrhunderten, und besonders in der ersten Hälfte unseres eigenen Jahrhunderts sich ausgebreitet hat, vielfach begleitet von einer Art neuer Barbarisierung. Ja, er führt sogar wirtschaftliche und soziale Notstände mit sich, obwohl die Technik doch ihrer eigenen Definition entsprechend eine »der menschlichen Bedarfsdeckung« dienende planmäßige Ausnutzung der Naturschätze und Naturkräfte auf Grund der sorgfältigen Naturerkenntnisse« sein will und auch ist. Um nun jede Kurzschlüssigkeit zu vermeiden, die etwa die negativen Folgen als eindeutige Wirkungen der einzigen Ursache »technischer Fortschritt« betrachten würde und den entscheidenden Faktor, nämlich die Dämonisierung des Menschen übersieht, müssen wir uns von einer tieferen oder einer höheren Ebene aus, nämlich der philosophischen, die Zusammenhänge klarlegen. Max Scheler definiert den Menschen als das sich selbst und der Welt überlegene Wesen. Und vor 300 Jahren ergänzte, sozusagen im voraus, der französische Denker

und Mathematiker Pascal in seinen »Gedanken« diese Feststellung über den Menschen durch eine andere, die wir auch schon kennen:
»Der Mensch ist nur ein Schilfrohr, das schwächste in der Natur, aber er ist ein denkendes, ein geisterfülltes Schilfrohr. Wenn das Universum den Menschen vernichtete, dann wäre er noch immer erhabener als das, was ihn tötet, weil er weiß, daß er stirbt. Von der Überlegenheit, die die Natur über ihn hat, weiß sie andererseits nichts.«
Der Mensch tritt aus der Natur heraus, obwohl er allenfalls durch seine physische Ausstattung der Natur angehört. Die Tiere dagegen sind der Natur völlig angepaßt. Über all die Generationen von Bienen hinweg baut jedes Bienenvolk in immer gleicher Präzision das Haus, die Waben. Der primitive Holzpflug des frühen Menschen dagegen oder auch ein hochentwickeltes Werkzeug technischer Art in unserem Jahrhundert kann sich vielleicht an mathematischer Genauigkeit nicht mit diesem unbewußt-instinktiven Werk der Bienen messen. Doch das von Generation zu Generation, von Individuum zu Individuum sich steigernde oder wieder abnehmende Werk des Menschen, also das, was wir Technik im weitesten Sinne nennen, das uns einen Wechsel zwischen Fortschritt und Rückschritt offenbart, ist ganz im Unterschied zu dem tierischen Werk eine wachsende Größe. Es ist eine veränderliche Größe, und es geht aus dem Bewußtsein des Menschen hervor. Wir können also sagen, daß auf der einen Seite das unverrückbar feststehende reine Naturgebilde in technisch gleichbleibender Vollkommenheit steht, das zwangsläufige Produkt des Tieres. Auf der anderen Seite haben wir das technisch primitive oder auch perfekte Werk des Menschen, dauernd neugeschaffen, dauernd weiterbildend, eine frei-bewußte Nachschöpfung in einer zweiten Welt gegenüber der vorgefundenen der Natur. Dieses technische Kunstwerk kann, wie die Kulturgeschichte beweist, auch immer wieder verlorengehen. Wir sprechen ja von versunkenen Kulturen. Dem Tier geht das naturhaft angepaßte und von ihm mit Notwendigkeit unter bestimmten Bedingungen geschaffene Naturgebilde beim Wechsel der Generationen nie verloren. Wir können als Menschen in dieser Selbstverfügung und in dieser Weltverfügung, die wir haben, auch gegen

den Instinkt handeln und können diese den Instinkt bezwingende und umbiegende Herrschaftsform in der Dressur, in der Zucht sogar auf das Tier-und Pflanzenreich ausdehnen. Wir verändern damit die Natur. Das Tier dagegen und die gesamte außermenschliche Schöpfung können überhaupt nicht untierisch oder im letzten Sinne unnatürlich sein, außer wieder der Mensch greift ein. Der Mensch dagegen kann mit Willen und Absicht unmenschlich, widernatürlich sein. Damit ist alles Unsittliche im weitesten Sinne ein Ergreifen dieser Menschen gelegenen Möglichkeit, sich wider seine und wider die allgemeine Natur zu entscheiden. Und damit sind wir bereits im Kernstück unserer Frage: Wer ist dämonisiert, die Welt, die Umwelt oder der Mensch? Nach dem, was Scheler und Pascal uns gesagt haben, würde die Formulierung lauten: Der physisch zwar oft unterlegene Mensch ragt über die Natur hinaus, indem er Geist, Sprache und damit eine technische Verfügung über die Welt besitzt. Und er kann in dieser Verfügung über sich und die Welt auch gegen die Natur und gegen sich handeln, genauso wie er sich und die Natur fortsetzen kann. Der Mensch ist mehr, als er ist. So hat es einer der Existentialisten, Sartre, einmal formuliert. Darin steckt etwas Richtiges. Der Mensch kann sich vollenden oder verkürzen. Und damit ist auch das Gesetz, das er zwar der Natur ablauscht, von ihm her gegen die Natur in einem gewissen Umfange anwendbar. Der Mensch kann Mißbrauch treiben. Geist und relative Freiheit, das sind die Zeichen des Menschen. Nicht das Geschaffene oder das im Anschluß an die Natur vom Menschen Geschaffene, also die Technik, ist an sich gut oder schlecht, dämonisch oder eines guten Geistes voll. Allein der es herstellende oder gebrauchende Mensch ist gut oder böse. Ein bekannter theoretischer Physiker äußerte sich einmal gesprächsweise folgendermaßen: Im Prinzip ist das Streichholz in der Tasche beinahe aller Mensch genauso gefährlich wie die Atombombe in der Hand von einem Dutzend Menschen. Denn das »Ding«, Atomkraft, ist weder gut noch böse. Das Werk ist wertneutral. Aber vom Geist oder Dämon des Menschen hängt es ab, was mit dieser Kraft, was mit diesem Gesetz geschieht. Und der Mißbrauch zeigt uns, daß es wirklich böse Geister, Dämonen, gibt, die der Mensch durch seine Fehlentscheidung zu sich hereinholt. Wenn wir uns nur klarwerden, daß bereits der erste Holzpflug, der die Erde ritzte, Technik war und immer bleiben wird, dann müssen wir noch ein besonderes Wort über das Wesen der modernen Technik sagen. Wir erkennen dann in allem Gleichbleibenden den Unterschied der Zeiten und können die besondere Dringlichkeit, mit der uns heute dieses Problem anfällt, ermessen. Wenn wir das ganz schematisch ausdrükken, so ist das Werk moderner Technik dadurch gekennzeichnet, daß es in einer typisierenden Massenherstellung auftritt und daß es aus einer tieferen Naturbeobachtung und Naturforschung heraus exakter, perfekter, präziser ist, also eine größere Naturtreue besitzt. Das bedeutet positiv für den Hersteller die leichtere und raschere Arbeit und, wenn er es will, das Erlebnis einer wirklich nachschöpferischen Tätigkeit. Er kann sich als Mitschöpfer verstehen. Die Kräfte der Natur werden in einem breiteren Maßstab dem Menschen zur Verfügung gestellt. Denken wir nur daran, wie die Seuchenkrankheiten weithin mit Hilfe der technischen Mittel zurückgedrängt wurden oder wie moderne technische Güter überall hinkommen. Das Positive daran ist, daß der Mensch durch die ihm zur Verfügung stehende Technik für die eigentlich menschlichen Aufgaben, für die Freiheit seines Kulturauftrages frei werden kann. In der Schöpfungsgeschichte der Bibel heißt es: Macht euch die Erde untertan.

Aber negativ ist diese Technik auch eine große Versuchung für den Menschen, zunächst für den Hersteller. Es kann eine wachsende Entfremdung zum Werk und damit zu sich selber eintreten. Der Produktionsprozeß kann zu mechanisch werden. Er kann, weil er so ins Große geht, entmenschen. Man hat keine Zeit mehr zur Besinnung, weil der technische Anreiz, der vom Werke ausgeht, alle Aufmerksamkeit frißt. Man schafft sich zwar die Dinge zur Lebenserleichterung, verliert sich dann aber so an sie, daß man für die eigentlich menschliche Aufgabe keine Zeit mehr hat (Computerfreaks). Für den Technikverbraucher bestehen ähnliche Gefahren und Versuchungen. Sie sind zunächst einmal eingehüllt in die allgemein gleichschaltende Selbstverständlichkeit, mit der man höchst ingenieuse schöpferische Werke einfach abtut. Wer macht sich noch klar, was in den einfachsten technischen Selbstverständlichkeiten von heute alles drinsteckt? Im elektrischen Licht, in der Wasserleitung, in unserem Rundfunk, im Fernsehen? Das wird für selbstverständlich angesehen, und man verlernt das Sich-wundern-Können, weil man in dem Nachvollzug, in dem Gebrauch gar nicht mehr ermißt, was dahintersteckt. Technik kann man eben zu leicht handhaben. Daraus ergibt sich begreiflicherweise die Versuchung, sich einfach an das Spiel zu verlieren. Wir dienen schließlich der Technik, statt daß sie uns dient. Wir verlieren die Herrschaft über die Dinge. Das hat eine neue Versuchung und Gefahr zur Folge. Durch das Ausmaß der sich überstürzenden Erfindungen und der Fortschritte und dadurch, daß die andere Seite des Menschen, die moralische, auf diesen Ansturm gar nicht vorbereitet war, wird der Mensch der Dinge, die er produziert, einfach nicht mehr Herr. Er gerät in die Situation des Zauberlehrlings, besonders was den rechten Gebrauch betrifft. Er kann zwar die Geister rufen. Aber zu bannen vermag er sie nicht mehr. Damit verfügt er auch nicht mehr über sich selbst. Diese Gefahr der Süchtigkeit und der Dienstverkehrung, daß plötzlich die Geister, die der Mensch gerufen hat, seine Herren werden, vermag ein ganz harmloses Beispiel zu zeigen. Vor Jahren hat man Zigarettenetuis ausprobiert, die bei einem Druck auf den Verschlußknopf nicht nur die Dose öffnen, sondern auch die entzündete Zigarette auswerfen. Sie kommen also etwa dem Automobilisten, der während der Fahrt rauchen will, brennend entgegen. An dieses Beispiel läßt sich die Frage anknüpfen, warum springt denn nicht gleich der Roboter mit heraus, der die Zigarette auch raucht? Möge diese Überspitzung zeigen, was gemeint ist.

Wir verlieren uns oft zu sehr an die Hantierung, an das Spiel, an die Zurüstung, die die technischen Werke in Gang halten. Eigentlich sollten sie doch unserer Erleichterung dienen und zum Zeitgewinn für uns werden. Wir verlieren jedoch damit die Erleichterung, wir verstricken uns hinein. Wenn wir den Sachverhalt von tieferen und den ganzen Menschen ergreifenden Bedrohungen her sehen, wird es grimmiger Ernst. Dann müssen wir mit Goethes Zauberlehrling klagen: O du Ausgeburt der Hölle! Soll das ganze Haus ersaufen? ... Herr, die Not ist groß! Die ich rief, die Geister, werd' ich nun nicht los!

Wir zitierten im Kapitel über die Freiheit Shakespeare: Der Mensch ist manchmal seines Schicksals Meister. Nicht durch die Schuld der Sterne, lieber Brutus, durch eigene Schuld nur sind wir Schwächlinge. Nicht durch den Dämon Technik, durch eigene Schuld nur sind wir ihre Sklaven und unsere Verderber. Die Gefahr jedoch, daß die negative Möglichkeit vom Menschen gewählt wird – und das ist das Alarmierende unserer Gegenwart – ist bei dem sittlich-geistigen Zustand unserer Zeit riesengroß geworden. Ein moralisch unvorbereitetes Geschlecht hat ein technisch unerhörtes Machtvolumen gewonnen.

Die Besinnung der »unnützen« Philosophie, das denkende Nachvollziehen des frei an das Gesetz verpflichteten Menschen in der Weisheitslehre soll ein moralisches Geschlecht mit heranziehen helfen, das der Technik als Meister gegenübersteht.

Als sehr krasses Gegenbeispiel, durch das dieser Auftrag einer Mitschöpfung wirklich verdunkelt wird, kann m.E. die Entartung der künstlichen Befruchtung beim Menschen gelten. Sie ist zwar technisch möglich, aber sie entspricht nicht der personalen Würde und der einmaligen Liebesbeziehung zwischen Mann und Frau als freiwählenden Partnern. Und darum ist sie gegen die Natur, und gegen den Schöpfungsauftrag, den der Mensch bekommen hat.

Schließlich sollen wir bei allen, die die Technik gebrauchen, auch in den harmlosesten Erscheinungen zu einem rechten Gebrauch, zu einem wahlfreien Gebrauch der technischen Güter anleiten. Das beginnt bekanntlich schon beim Gebrauch des Rundfunks. Wer den Rundfunk als eine Dauerberieselung mißbraucht, wird auch kein echtes, wahlfreies Verhältnis zu den anderen Gütern der Technik mehr besitzen. Und das mündet schließlich aus in die Forderung, daß wir bei allen, bei den Technikern, bei den Erfindern, bei den Technik-Gebrauchenden und auch bei denen, die politisch diese Werke ausnutzen, eine hohe sittliche Verantwortung miterziehen. Nur durch eine sittliche, pflichtgemäße, die Natur wirklich achtende und den Menschen als Mitschöpfer berufende Vorstellung werden wir die Dämonen bannen, werden wir in eine wahrhaftig wie von Dämonen besessenen Welt wieder einen herrschaftlichen Menschen einführen können, der alles in Freiheit und zum Guten gebraucht. Freilich bleibt dies – aus der Natur des Menschen heraus – immer eine Aufgabe im Sinne von Aufgegebensein. Es stellt sich nicht mit Naturnotwendigkeit ein, weil der Mensch Natur und Geist ist.

Wahrheit in Scherben

Das existentielle Problem der Gegenwart scheint die Tatsache des Bösen und der Schuld zu sein. Ein echtes Philosophieren hat uns dazu Entscheidendes zu sagen. Wir wollen uns das an einem modernen Theaterstück eines Philosophen vergegenwärtigen.

Goethe schrieb in seinem »Wilhelm Meisters Lehr- und Wanderjahren« noch erhabene Worte über das Theater. »Das Theater hat oft einen Streit mit der Kanzel gehabt; sie sollten, dünkt mich, nicht miteinander hadern. Wie sehr wäre zu wünschen, daß an beiden Orten nur durch edle Menschen Gott und Natur verherrlicht würden.« Wir sehr unterscheidet sich davon das dramatische Werk des französischen Existentialisten Jean Paul Sartre. Goethe kennzeichnete die zeitlose Sendung des Theaters. Sartre verwandelt die Situation gegenüber der Lehrkanzel in Kirche und Hochschule ins Gegenteil. Wer im Theater Sartres Einakter »Bei geschlossenen Türen« auf sich wirken läßt, wird mit allem Vorbedacht des Dramatikers und Philosophen in die Hölle versetzt. Dieses Inferno trägt nicht die Merkmale aus Dantes »Göttlicher Komödie«, nicht die kindlich naiven Vorstellungszüge des Ortes der Verdammten, wie sie die Bilder großer frommer Maler beherrschen. Trotzdem ist es ein Stück der wirklichen Hölle. So wie aber die Philosophie Sartres eine Philosophie der leeren Existenz, der Existenz ohne die Fülle des Seins ist, so ist auch seine Hölle ein Inferno ohne den Himmel. Daraus spricht die Ausweglosigkeit, der Nihilismus.

Ein paar wesentliche Striche mögen das Bild dieser im Theater konkret werdenden Philosophie erstehen lassen. Da wie dort, in der Philosophie und in der dramatischen Kunst, erkennt und erlebt man, wie treffsicher unsere Existenz konterfeit und geradezu brutal enthüllt ist. Doch sind es nur Teile der Wirklichkeit, zumal der moralischen Wirklichkeit des

Menschen, die diese Zeitphilosophie erfaßt und als Ganzes ausgibt. So erschütternd wahr das Gesagte ist, so unverborgen deutlich Verborgenes, Verhehltes und Verstelltes ans Licht gezogen und unbarmherzig enthüllt wird, so sehr bleibt die letzte Wahrheit, die »A-letheia«, wie die Griechen die Wahrheit nannten, eben die »Un-Verborgenheit« der Wirklichkeit ausgeschlossen.

Der Teil der Wirklichkeit, den die spitze Feder und die scharfe Sprache Sartres wie eine Neuentdeckung heraushebt, ist das Geschehen der Schuld und des Bösen, der Zustand der Lüge und des Verrats, der Gleichgültigkeit und des Schmutzes.

Kennt Sartre, der Autor der »Fliegen«, der dort die Gewissensbisse durch das üble Fliegengeschmeiß der Stadt Argos symbolisiert und durch die frei gewählte Mordtat Orests aus der geplagten Stadt wieder verschwinden läßt, auch Gewissensqual und Reue? In dem Stück »Bei geschlossenen Türen« ist zu hören: »Ihr Schweigen brüllt mir die Ohren voll. Nageln Sie sich den Mund zu, schneiden Sie sich die Zunge heraus, können Sie es verhindern, vorhanden zu sein? Dazusein? Können Sie Ihrem Denken Einhalt tun? Ich höre es, wie es tickt, ticktack, gleich einer Weckeruhr, und ich weiß, Sie hören auch das meine.«

So verwandt dies dem Pochen des Gewissens klingt, es soll nicht Reue sein, sondern Ausdruck jener urtümlichen Lebensangst, die mit unserer Existenz gesetzt, eben »vorhanden« ist; Sartre erklärt sie durch die frei gewählte Tat, ohne Rücksicht auf Konvention oder ein vermeintliches höheres Gesetz der Sittlichkeit und des religiösen Anrufs. Es ist eine Reue ohne Tränen, ein heroisch gepanzerter Nihilismus, wie Stefan Andres es formulierte. Auch wenn sich Sartre gegen eine solche Charakterisierung wehrt, ist sie zutreffend. Der Mensch ist da, noch ungeprägt, unausgefüllt, noch ohne eigentliche Existenz. Da es, so behauptet Sartre ohne Versuch eines Beweises, Gott nicht gibt, gibt es auch kein Wesensbild, nach dem sich der Mensch in seinen Entscheidungen richten könnte. Niemand vermag ihm einen Rat zu geben. Jeder ist einsam, jeder auf sich gestellt. Keine Norm gebietet ihm absolut, er ist frei. Handelt er in Freiheit, so ist das gut. Schlecht ist das Sichverstecken und Sichverkriechen, das Abwälzen auf die anderen. Gewohnheiten und Konventionen in ihrer Scheinheiligkeit zu enthüllen, ist damit eine der Aufgaben, die sich der Schriftsteller Sartre gewählt hat, um diesen Durchbruch zu der Freiheit, den nur wenige vollziehen, zu unterstützen.

Eine solche Philosophie ist voller Widersprüche, so ansprechend sie manchen psychologischen Befund umschreibt. Der Mensch findet sich vor, gewiß, nicht aber in einer leeren Existenz. Er ist schon in irgendeiner Weise vorgeprägt und vor allem, sobald das Bewußtsein erwacht, auf letzte Werte hingerichtet, deren absolute Geltung sich ihm im Gewissen ausspricht. Er kann auf diesen inneren Anruf so oder so antworten. Er ist frei, aber er weiß in den entscheidenden Situationen, welche Antwort das Gesetz in ihm, das heißt letztlich Gott selber, von ihm erwartet. Und diese Antwort, die der Mensch dann gibt, ist die Ver-Antwortung, die in Freiheit gegebene positive Antwort, die allein diesen Namen verdienende sittliche Freiheit.

In Reue und Scham – das hat Max Scheler meisterlich dargetan – künden sich das Gewissen und die Gültigkeit einer letzten Sittlichkeit als Gesetz an. Es läßt uns durch diese Akte später deutlich werden, daß wir in einer bestimmten Situation auch anders hätten handeln können und anders hätten handeln sollen. Wir wünschen gleichsam die Tat, die Entscheidung zu widerrufen, um von neuem an dieselbe Stelle versetzt, jetzt und heute, anders, also im Sinne eines höchsten Wertes, zu entscheiden und zu handeln.

Fassen wir unsere Stellungnahme zusammen. Freiheit? – Ja! Aber auch ein letztgültiges Gesetz, das uns in unserem Gewissen deutlich wird. Angst? – Ja, sofern der Mensch sich trotz seines Geistes und der Freiheit in seiner Ohnmacht erfährt. Aber auch Reue und Scham, in denen der Mensch sich echter Schuld bewußt wird, die er auf sich lädt, wenn er mit Freiheit dem Gesetz Gottes widerstreitet. Hölle? – Ja! Aber nicht schlechthin und nicht als die alleinige Daseinsform, sondern nur da und dann, wenn menschliche Schuld nicht bereut, nicht widerrufen und damit durch die Barmherzigkeit Gottes in der Erlösung nicht von uns genommen ist.

Am Schluß der Szene in Sartres Stück heißt es: »Also dies ist die Hölle. Niemals hätte ich geglaubt ... Ihr entsinnt euch:

Schwefel, Scheiterhaufen, Bratrost ... Auch ein Witz! Kein Rost erforderlich, die Hölle, das sind die anderen.« Aber das ist nicht die ganze Wahrheit. Die Hölle, das sind nicht nur die anderen, das sind auch wir, wenn wir bewußt und frei in der Gnadenlosigkeit verharren. Wenn diese Welt, nach Albert Camus, zu achtzig Prozent außerhalb der Gnade lebt, so ist sie auch zu achtzig Prozent die Hölle.
Man kann nur ausrufen, schreckliche, furchtbare, mordende, quälende Welt. Aber sieht Sartre denn nicht, daß die anderen auch der Himmel sein können, daß alle, in der geringsten Geste schenkender Liebe, uns den Himmel erwerben? Weil es Schuld und weil es Reue gibt, steht im Menschen auch die Hoffnung auf. Sartres Philosophie heißt, auf einen Nenner gebracht: Christentum in Perversion. Sie heißt Angst ohne Hoffnung, Schuld ohne Reue, Freiheit ohne Gesetz, Existenz ohne Schöpfung, Menschlichkeit ohne Gnade – kurzum die Wahrheit in Scherben, so glänzend diese Teile auch strahlen mögen.

Zeitgeschichte und Philosophie

Der Leser hat neben den Hauptfragen der systematischen Philosophie auch die wichtigsten Bewegungen des Geistes in unserer gedrängten Geschichte der Philosophie kennengelernt. In der Geschichte der Philosophie enthüllt sich zum Teil auch die Geschichtsphilosophie, die selbstverständlich nicht eine historische, sondern eine philosophische Wissenschaftsdisziplin ist. Geschichtsphilosophie betreiben heißt, dem Sinn und Wesen der Geschichte auf die Spur kommen beziehungsweise kommen zu wollen. Wir haben uns mit dieser Disziplin der Philosophie nicht beschäftigen können. Wir wollen sie hier insoweit heranziehen, als dadurch das Verhältnis der Geschichte zur Philosophie und der Philosophie zur Geschichte ein wenig aufgehellt wird.
Es lassen sich drei verschiedene Grundanschauungen zur Charakterisierung des Verhältnisses zwischen der allgemeinen Geschichte und der Philosophie unterscheiden. Wir haben diese Grundannahmen oder Hypothesen bereits im Verlauf der historischen Darstellung gestreift.

1. Denken wir an die Philosophie Hegels, so tritt uns eine überspitzte geschichtsphilosophische Hypothese entgegen. Sie lautet schlicht und schematisch formuliert folgendermaßen: Die geschichtliche Wirklichkeit ist nichts anderes als der Widerschein der Bewegung des Geistes. In der gesamten Wirklichkeit realisiert sich der absolute Geist. Auch das letzte materielle Geschehen hängt von der im Grunde einzigen Wirklichkeit des Geistes ab. Die dialektische Bewegung des Geistes äußert sich im gleichen Wirken und Gegenwirken der Geschichte.

2. Genau das entgegengesetzte Extrem bietet der historische Materialismus mit seiner Lehre vom ideologischen Überbau. Der Geist und seine Bewegung erscheinen hier nur als Reflex der einzigen materiellen Wirklichkeit, deren Dialektik sich in den geistigen Bewegungen widerspiegelt. Jede Philosophie wird damit eine Folgeerscheinung der jeweiligen materiellen Wirklichkeit, vor allem der sozialen und wirtschaftlichen Verhältnisse.

3. Die Wahrheit dürfte in der Mitte zwischen beiden Extremen einer philosophischen Deutung liegen. Fichte formulierte es folgendermaßen: Was einer für eine Philosophie hat, das hängt davon ab, was für ein Mensch jemand ist. Jede Zeit hat ihre Philosophie, kann man ergänzen und erweitern. Aber es gilt zugleich auch die Umkehrung: Jede Philosophie prägt ihre Zeit und jeder Gedanke findet seinen Ort.

Beides zusammen und in ständiger vielfältiger Verflechtung macht erst das Verhältnis zwischen Geist und geistiger Bewegung und der Geschichte und der gesamten menschlichen Wirklichkeit aus. Zeitgeist – Geist der Zeit und die Zeit – zeugt Geist und Ungeist. Die Zeitgedanken in der Philosophie stellen ebenso eine Spiegelung der Zeitgeschichte dar, wie auch die Ideen die Motoren der Zeitgeschichte sind. Es besteht demnach eine bunt ineinander geflochtene Wechselbeziehung zwischen beiden.

Im Verlauf unserer Darstellung haben wir keinen Zweifel daran gelassen, daß nicht nur die zukünftige Philosophie oder gar nur die schulmäßige Philosophie als die Repräsentation des Geistes anzusehen sei. Geist verwirklicht sich auch in den unausdrücklichen Philosophien. Dazu gehören alle Richtungen und Strömungen, Bewegungen und Tendenzen geistiger

Art, die sich etwa in der Kunst, in der Rechts- und Gesellschaftsordnung ausdrücken. Wir finden sie aber auch in der Haltung und Entscheidung des Menschen. Sie reichen bis in die Mode und ins Spiel, das mit in das geistige Feld einbezogen werden muß, auf dem sich die Geschichte abspielt. Sie strahlt selbst wieder auf dieses Feld und seine geistigen Früchte zurück.
Unser Jahrhundert bietet im Ablauf der bis jetzt durchschrittenen neun Jahrzehnte ein eindrucksvolles Beispiel für das Wechselverhältnis von Philosophie und Zeitgeschichte. Versuchen wir dies schematisch aufzuzeichnen. Auf der einen Seite einer solchen geistigen Bilanz müssen sowohl die ausdrücklichen Philosophien wie auch die allgemeinen geistigen und kulturellen Bewegungen placiert werden. Auf der anderen Seite stehen dann die wesentlichen historischen Tatsachen und Tendenzen. Eine solche Übersicht zeigt dem aufmerksamen Auge die vielfältigen Linien und Fäden, die von der einen zur anderen Seite hin und her spielen.

Wesentliche und ausdrückliche Philosophien sind:
1. die Lebensphilosophie: Friedrich Nietzsche – Henri Bergson (Elan vital) – Wilhelm Dilthey (Verstehen) – Ludwig Klages (Geist als Widersacher der Seele) – Oswald Spengler (Organologischer Kulturbegriff)
2. die Phänomenologie: Edmund Husserl – Max Scheler – Nicolai Hartmann
3. die Wertphilosophie
4. die Existentialphilosophie
5. der Positivismus
6. die traditionelle Philosophie

Kulturelle Bewegungen oder unausdrückliche Philosophien:
1. die Jugendbewegung in ihren verschiedenen Ausdrucksformen bis zu den Studentenunruhen in den 60er Jahren
2. die Schul-, Kultur- und Lebensreformer (zurück zur Natur)
3. die politischen und politisch-»apolitischen« Bewegungen
4. der dritte Humanismus
5. der Einbruch des Technokratischen und des Irrationalen
6. die moderne Kunst
7. die Frauenemanzipation

8. die Verwissenschaftlichung des Lebens und der Lebensbereiche

Die wichtigsten vielleicht einmal historisch zu nennenden Entwicklungsmomente dieses Jahrhunderts – mit ausgelöst durch zwei Weltkriege – sind m. E. folgende:

1. Die Einigung der europäischen Staaten und der Zug zur einen Welt nach der Entmachtung der Nationalstaaten und dem Aufbegehren der 3. Welt.
2. Der rasante Aufstieg der modernen Technik mit positiven und negativen Folgen, wobei letztere zu einer Technikfeindlichkeit führen.
3. Gleichzeitig mit dem Weg vom Untertan zum Staatsbürger auch der Weg zu modernen Diktaturen verschiedenster Prägung.

Wir können die Beziehungen zwischen Zeitgeschichte und Philosophie hier nur andeuten. Es überschreitet die Grenzen dieser Veröffentlichung, im einzelnen all den Fäden nachzugeben, von deren Sichtbarmachung wir sprachen. Außerdem würden wir dem Leser keinen philosophischen Dienst erweisen, wenn wir ihm diese Selbstbemühung und Klärung gleichsam abnehmen würden. Wir möchten nur ein Hilfsmittel an die Hand geben. Es soll das Aufspüren der Wechselwirkungen erleichtern helfen und vor allem die einsichtige Selbstentscheidung des einzelnen aus der tatsächlichen geistigen Zeitsituation heraus fördern.

Durch einige der modernen Philosophien wie die Lebensphilosophie und die Existentialphilosophie, aber auch durch geistige Bewegungen wie die Jugendbewegung, die politisch-»apolitische« Bewegung und die moderne Kunst zieht sich eine gemeinsame irrationale Strömung. Ihr wohnt notgedrungen die Neigung inne, die geistige Wirklichkeit abzuwerten und dafür die Macht, den Drang, die Ekstase, den Rausch, das irrationale Lebensgefühl zu setzen. Diese Unterströmung bestimmt den Schwung und oft auch das Ziel der politischen Bewegung, läßt sie positiv zu einer Gesamterneuerung des Lebens gelangen und negativ zu einer Entthronung der Vernunft zugunsten rauschhafter Macht unter Ausnutzung höchst rationaler Zwecke und Mittel. Der sogenannte Kollektivgeist und das Auftauchen neuer Tyrannisformen im Zeitalter höch-

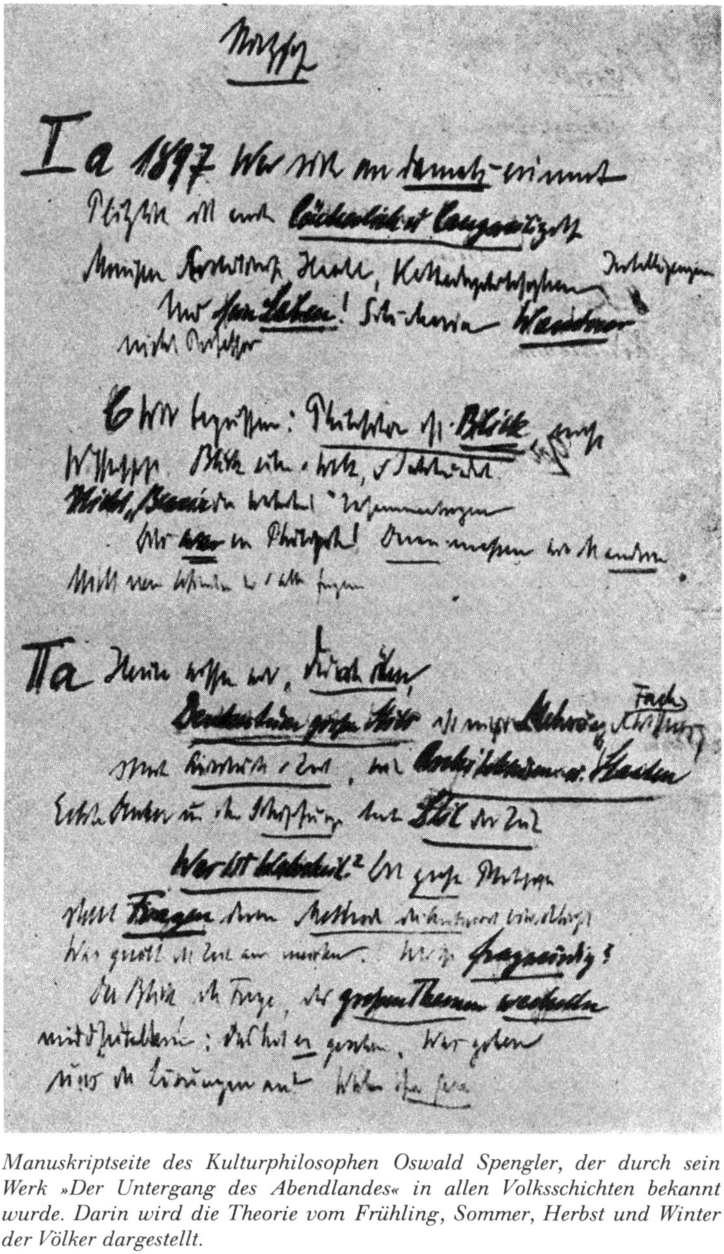

Manuskriptseite des Kulturphilosophen Oswald Spengler, der durch sein Werk »Der Untergang des Abendlandes« in allen Volksschichten bekannt wurde. Darin wird die Theorie vom Frühling, Sommer, Herbst und Winter der Völker dargestellt.

ster menschlicher Aufklärung finden ihre Miterklärung in diesen philosophischen Unterströmungen. Sie sind andererseits wieder Folgen dieser neuen geschichtlichen Wirklichkeiten. Man denke etwa an die Staatstheorien, in denen dem reinen Machtstaat das Wort geredet wird.

Neben diesem unterschwelligen irrationalen Moment, das die Geschichte wie auch die moderne Philosophie durchzieht, läßt sich noch eine ganze Reihe anderer Grundtendenzen aufweisen, die dieses geheimnisvolle Wechselspiel beleuchten. Wir wollen das Aufsuchen solcher Grundtendenzen dem Leser überlassen und es mit dem Hinweis bewenden lassen, daß aus philosophischer Sicht keine eindeutige Verflechtung (Ursache-Wirkung) von Philosophie und Geschichte und Geschichte und Philosophie vorliegt. Der freie Wille des Menschen durchbricht jede Gesetzlichkeit. Damit können das Gute und Böse in der Geschichte ebenso unerwartet Erfolg haben, und der Mensch muß für seine praktische Entscheidung mit dem Guten wie mit dem Bösen rechnen.

Es ist die persönliche Überzeugung des Verfassers, daß der letzte Sinn aller Geschichte, der ja über die Feststellung hinausgeht, nicht philosophisch ermittelt werden kann. Er teilt in diesem Punkte eine im Grunde geschichtstheologische Auffassung, wie sie etwa Augustinus entworfen hat, nach der der Sinn der Geschichte über die Zeit hinausgreift und nur aus den überzeitlichen Bestimmungen des Menschen und der Menschheit positiv gelöst werden kann.

Der Kampf der Auseinandersetzung bleibt in der Geschichte. Bis zu deren Ende, über die Geschichte hinaus dauern allein das Gute und die Gerechtigkeit. Augustinus hat das sehr eindringlich formuliert.

> *Vom Anfang der Geschichte bis zum Ende greifen beide Reiche, das himmlische und das irdische, ineinander und durchdringen sich gegenseitig ...*
> *In gleicher Weise gebrauchen beide Güter dieser Zeitlichkeit ... Günstiges sowohl als Widriges trifft beide ohne Unterschied ... Weltkinder gründen Staaten ohne Rücksicht auf wahre Gerechtigkeit; was aber sind Staaten ohne Gerechtigkeit anders als Räuberbanden im großen?*

Humanismus und Toleranz

Wir haben im vorigen Kapitel den Zusammenhang, der zwischen der Zeitgeschichte und der Philosophie in ihrer ausdrücklichen und in ihrer unausdrücklichen Form besteht, in großen Strichen gezeichnet. Dabei wurden die historischen Entwicklungstendenzen und auch die geistigen Bewegungen festgehalten, die für die wechselseitige Einwirkung kennzeichnend sind. Wenn wir noch weiter in die Geschichte zurückgreifen und in den Grausamkeiten des zwanzigsten Jahrhunderts die Dringlichkeit einer wahrhaft menschlichen und toleranten Haltung als das Gebot der Stunde erkennen, dann wollen wir dem philosophisch auf den Grund gehen. Am Beispiel des modernen Humanismus und der so notwendigen Forderung der Toleranz erkennen wir eine gewisse Tragik. Die zwingende Kraft dieser Ideen ist philosophisch leider sehr schwach. Sie sind unter Fortlassung wichtigster Voraussetzungen begründet worden, so daß darunter die Anziehungskraft dieser Menschheitsideale gelitten hat. Die Unmenschlichkeit und die Intoleranz konnten sich daher früh auf diese »schiefe« Begründung berufen. Schon diese Betrachtung dürfte überzeugend dargelegt haben, wie bitter notwendig eine wirklich durchdachte und philosophisch einwandfrei erarbeitete Begründung ist. Erst dann kann man, die Freiheit des Menschen in ihrer tatsächlichen Entscheidung immer vorbehalten, im persönlichen Leben und in der geschichtlich-politischen Wirklichkeit einen Wandel zum Guten und Besseren erreichen.

Die großen Denker der Philosophiegeschichte haben aber verschieden zu dieser Frage Stellung genommen. Auch das mag den Leser zur weiteren Besinnung anregen und es ihm leichter machen, seine eigene Position zu finden.

Pascal schrieb in seinen »Gedanken«:

> *Die Erfindungen des Menschen schreiten von Jahrhundert zu Jahrhundert fort. Die Tugend und Bosheit der Welt bleibt im allgemeinen dieselbe.*

In Albert Schweitzer verkörpern sich Philosophie und Humanität. Ehrfurcht vor dem Leben ist für ihn Grundlage aller Weltanschauung und aller Ethik.

In Kants Schrift »Zum Ewigen Frieden« heißt es:

> *Nun ist die republikanische Verfassung die einzige, welche dem Recht der Menschen vollkommen angemessen, aber auch die schwerste zu stiften, vielmehr noch zu erhalten ist, dermaßen, daß viele behaupten, er müsse ein Staat von Engeln sein, weil Menschen mit ihren selbstsüchtigen Neigungen einer Verfassung von so sublimer Form nicht fähig wären.*

Offensichtlich steckt tiefe Wahrheit in beiden Antworten.

Habenichtse der Wahrheit

In seiner Münchner Universitätsrede unter dem Titel »Verantwortung, Gedanken zur jüdischen Frage« erörterte der Religionsforscher Romano Guardini die moderne Intoleranz und Inhumanität im Unterschied zu den Barbarismen früherer Zeiten. Er sagte, daß der Autonomismus des neuzeitlichen Staates, der bis dahin immer noch von bewußten oder unbewußten Ehrfurchtshaltungen vor dem Menschen und einer transzendenten Hoheit gezügelt war, alle Hemmungen abwerfe und über das Unantastbare entscheide, nämlich das Recht des Menschen zu existieren. Nicht also nur die tatsächliche Existenz dieses oder jenes Menschen wird ausgelöscht, sondern sein Recht. Nichts Göttliches noch Menschliches kommt mehr in Betracht. Nur die machtpolitische Erwägung gilt: Dieser Mensch, diese Gruppe sind dem Staatswillen hinderlich – sie müssen verschwinden. Darauf folgt dann die Maßnahme, und sie wird in vollkommener Kälte, in immer größerer Rationalität und mit immer präziserer Technik ausgeführt.

Das sei, so sagt Guardini, das Neue, das sich seit der bolschewistischen Revolution 1917, zwischen 1933 und 1945 in Deutschland ereignet habe und weiter ereigne. Gewiß auch die Proskriptionen der römischen Bürgerkriege, die Sizilianische Vesper, die Bartholomäusnacht, die Vernichtungsaktionen der Französischen Revolution, die Niedermetzelung der Armenier und Maroniten seien furchtbar gewesen. Aber erst in den bezeichnenden Ereignissen unserer Generation gelange das neue entsetzliche Phänomen zu seiner vollen Wirksamkeit.

Die politische Rechnung des Staates verbindet sich mit der Technik – das Wort im weitesten Sinne für wissenschaftlich ausgebaute Apparatur genommen – und geht über jede durch göttliche Hoheit und menschliche Würde gezogene Grenze hinweg. Jede Achtung vor Wahrheit und Gerechtigkeit, vor gegebenem Wort und erworbenem Anspruch, vor Gewissen und Überzeugung wird weggetan.

Sittliches Unrecht, Gewaltgeist, Grausamkeit, das also gab es schon immer, seit Kain seinen Bruder Abel erschlug. Aber es hat sich immer noch irgendwie innerhalb des als Norm anerkannten Menschlichen ausgewirkt. Die neue Haltung überschreitet die Grenze. Sie streicht die Persönlichkeit des Menschen aus. Sie weilt jenseits von Gut und Böse und erreicht damit etwas, das noch furchtbarer ist als das Böse, das unter keine Kategorie mehr fällt, weil es die Ansatzstelle jeder Kategorialität, nämlich die Person, grundsätzlich auslöscht.

Sie nimmt den Menschen als Sache. So vermag sie sich auch mit der objektivierten Sachlichkeit, nämlich der Maschine, zu verbinden. – So weit Guardini.

Ist es nicht genug, daß wir es selbst erfahren haben und schmerzlich wissen, daß noch heute andere Menschen, unsere Brüder und Schwestern, unter diesen nicht mehr kategorisierbaren Zeichen stehen? Sollen wir nicht die hochgemute und befriedigende Kraft des Humanismus und der Toleranz aus sich zünden und wirken lassen?

Es war schon immer das schöne und geübte Zeichen wahrer Geistes-und Herzensbildung, sich über sein Tun Rechenschaft zu geben. Wenn es aber die Aufgabe des Philosophen ist, die Wahrheit zu suchen, sie zu bezeugen und aus ihr zu leben, dann kann und darf um dieses hohen Zieles der Humanitas willen nicht verschwiegen werden, daß der mechanisierte Barbarismus unserer Tage in seiner grauenerregenden außersittlichen, außermenschlichen und zugleich exakt-sachlichen Existenz tödliche Gefahren heraufbeschwört. Seine geistig-ungeistige Begründung hat er leider auch aus einer bestimmten Wendung des neuzeitlichen »Humanismus« gewonnen. Sie ist jenen Dichtern und Denkern der toleranten Aufklärung in ihrer negativen Konsequenz wohl nie bewußt geworden. Wir sehen daran, wie eine edle Absicht, von einer ungenügenden und schiefen philosophischen Begründung getragen, sich selbst zu Grabe trägt. Was ist mit der Aufklärungsphilosophie geschehen? Sie hat den in Ablösung des Mittelalters entstandenen neuzeitlichen Humanismus zu einem Programm von Weltgültigkeit erhoben, in deren Macht die neuzeitlichen, liberalen, demokratischen und toleranten Staats- und Lebensformen begründet wurden. Zugleich aber entfalteten sich damit auch die neuen Barbarismen und deren leider nicht abstreitbare Folgerichtigkeit mit ihren Zuchthäusern und Konzentrationslagern, ihren Menschenfabriken und »spontanen Maßnahmen« des Volkswillens, und zwar völlig gegen die reine Absicht der toleranten und humanen Aufklärer. Dies scheint mit einer der Gründe dafür zu sein, warum in diesem Abschnitt der Geschichte, trotz des erhebenden Aufbruchs, soviel niederdrückende Unmenschlichkeit und Unfreiheit walten und neue entstehen konnte. Es ist ein Beleg dafür, daß eine falsche Theorie bei allem guten Willen eine schlechte

Praxis hervorbringt und daß ein enger Zusammenhang zwischen der Praxis und der viel verschrienen Theorie besteht. Knüpfen wir gleich an das uns ja bekannteste Werk einer toleranten Verkündigung an, nämlich an Lessings »Nathan der Weise«. Hier wird in der Parabel von den drei Ringen die Notwendigkeit, sich gegenseitig zu respektieren und zu dulden, vorgestellt. Dieser so wichtige und von uns allen ohne Einschränkung in der Praxis zu übernehmende Appell gründet aber in der Parabel auf einer schiefen philosophischen Ausgangslage. Es ist bereits selbstverständlich, daß der rechte Ring »nicht erweislich« ist, daß also beim Vorhandensein eines echten und zweier unechter Ringe der Vater nicht mehr in der Lage ist, das wahre Echte von dem Nachgebildeten zu unterscheiden. Auch die Söhne, von denen jener einen solchen Ring erhält, sind nicht in der Lage, Wahrheit und Falschheit zu trennen. Es heißt dort: Fast so unerweislich als uns itzt – der rechte Glaube. Darüber kommt es zur Auseinandersetzung, so wie es in der Welt zur Auseinandersetzung zwischen den großen Religionen, zwischen den großen Konfessionen, zwischen den großen weltanschaulichen Gruppierungen kommt. Ein gleichsam undiskutierbarer Ausgang für dieses Gleichnis ist die Überzeugung: Die Wahrheit besteht wohl, aber die Wahrheit ist grundsätzlich für uns Menschen nicht erreichbar, besonders was die tiefsten Entscheidungen anbelangt. Und weil sie nicht erreichbar ist, weil wir höchstens das Gemeinsame einer Hinwendung in der Suche auf die Wahrheit hin besitzen, deswegen sollen wir uns gleichmäßig anerkennen und gleichmäßig zu verstehen trachten.

Die auf den ersten Blick so durchaus eingängige und überzeugende Haltung ist philosophisch nicht einwandfrei unterbaut. In dem Spruch des Richters wird kein fertiges Urteil gegeben. Lessing formulierte: Wie kann ich meinen Vätern weniger als Du den Deinen glauben? Oh, so seid ihr alle drei betrogene Betrüger! Der Richter mahnt daher zum gegenseitigen Respekt, da sie alle Habenichtse gegenüber der Wahrheit sind. Jeder solle in dem verbleiben, was er übernommen habe. Er müsse aber wissen, daß ihm die wirkliche Wahrheit nicht zuteil geworden sei. So glaube jeder seinen Ring den echten. Es eifere jeder seiner unbestochenen, von jeglichen Vorurteilen freigehaltenen Liebe nach!

Die Unlogik einer solchen Begründung leuchtet dem ein, der sie einmal wirklich prüft. Aber wir wagen großenteils nicht, uns diese Unhaltbarkeit der Begründung der Toleranz aus dem Indifferentismus, aus der Haltung der Gleich-gültigkeit gegenüber allen »Wahrheiten« einzugestehen. Wir fürchten die vermeintliche Folge, nämlich die Preisgabe der Toleranz als einer edlen Haltung. Das Gegenteil sollte uns aber wichtig sein. Nur die Wahrheit macht uns frei. Ist die versöhnliche, die Gewissensmeinung und Gewissensentscheidung achtende Haltung – eben die Toleranz – eine Wahrheit, ein Wert, ein Sollen, das jeden Menschen gleich welcher Farbe und Konfession angeht, das von jedem gleichmäßig anzuerkennen ist? Wenn ja, dann kann ich die Forderung »Seid tolerant« auch an alle richten. Wenn ich jedoch entscheide, daß es keine verbindliche Wahrheit gibt oder wenn ich bekenne, daß ich mich vergebens nur strebend darum mühen kann, aber nie in Besitz der Wahrheit komme, dann ziehe ich den Boden weg, auf dem die Toleranz und ihre Verkündung stehen.
Entweder gibt es eine logische und sittliche Wahrheit für alle, und dann gibt es auch eine Toleranz. Oder es gibt diese Wahrheit nicht, und dann können wir nicht mehr miteinander reden. Dann gilt wirklich der Ausspruch homo homini lupus, jeder ist des anderen Menschen Wolf. Dann ist Toleranz Geschwätz, dann ist jeder grausam allein und Feind aller.
Lessing und manche anderen Repräsentanten edler Menschlichkeit und Toleranz kannten noch die Selbstverständlichkeit der Gültigkeit sittlicher Werte und Normen. Bei ihnen bildete das christlich-humane Ethos noch das unbewußt vollzogene Leben, auch wenn der Zugang zu einer allverbindlichen Wahrheit theoretisch geleugnet wurde. Dann wurden aber diese Werte selber theoretisch und praktisch in Frage gestellt. Das ist nicht müßig zu erwähnen, da auch heute noch kritische und verehrungswürdige Träger des Geistes oberflächliche Anleihen aus dieser Hypothek der Aufklärungsphilosophie und ihrem Relativismus und Indifferentismus ziehen.
Kann denn jemand mit blinden Augen den »Theaitet« des Platon lesen, in dem Sokrates den Protagoras abfertigt, wie er heute noch ebenso viele sogenannter »Intellektueller« abfertigen müßte, die sich vielleicht sogar rühmen, auch Platon gelesen zu haben? Da steht doch schon in einem nicht sehr

schmeichelhaften Vergleich, daß man nicht in einem Atemzuge sagen kann, jeder Mensch hat seine Wahrheit für sich, und: dieser Satz gilt in seiner Wahrheit für alle Menschen. Wenn jeder seine Wahrheit für sich hat, dann hätte Protagoras auch nicht diesen Satz aussprechen und sich für die Verkündung solchen Urteils noch von wißbegierigen Schülern bezahlen lassen können. Der Relativist muß schweigen. Redet er aber, so bezeugt er – wider Willen – die eine Wahrheit. Mir scheint, sagt darum Sokrates in seiner Ironie, der Protagoras hat sich mit seinem Satz: Der Mensch ist das Maß aller Dinge, der seienden daß sie sind, und der nichtseienden, daß sie nicht sind, einen Scherz erlauben wollen. Genausogut hätte er auch sagen können: Das Schwein oder der Affe sind das Maß aller Dinge. Das heißt doch, ein solcher Satz kann den gleichen Nicht-Wahrheits-Charakter für alle beanspruchen, da doch gerade eine alle bestimmende Wahrheit des Seins selber bestritten wird. Wenn wir die Summe aus diesen für jeden von uns so wichtigen und zeitnahen Erörterungen ziehen, dann müssen wir die Forderung festhalten: Toleranz und Wahrheit, nicht Toleranz oder Wahrheit!

Das ist die erste entscheidende These, der sich eine zweite, nun den Inhalt des Humanismus betreffende, anschließt. Sie behauptet, jeder Mensch ist eine Geistperson in Bewußtsein und Freiheit, mit Wissen und Gewissen, die beide von der Wahrheit des Seins und Seinsollens bemessen werden. Das bedeutet die Anerkennung eines wahren Menschenbildes.

Versuchen wir eine einfache Antwort zu geben. Der neuzeitliche Humanismus hat in der Breite der Erziehung der Menschheit, besonders bei uns, Schiffbruch erlitten, und zwar trotz vieler erlesener und schöner Gedanken und Handlungen im einzelnen. Das kommt daher, weil der Grundsatz im Denken bei der Herausbildung dieses Menschenbildes falsch ist.

In einer Epoche, in der sich der Mensch selbst zum Maß aller Dinge machte, muß folgerichtig alles Menschliche zusammenbrechen. Der Mensch ist zwar der physische Mittelpunkt der Welt, weil alle Kräfte der höheren und niederen Ordnung sich in der zusammengesetzten Natur des Menschen treffen. Er ist aber nicht die Bekrönung und der Gipfel des Seins überhaupt. Der neuzeitliche Mensch hatte sich gerade in der deutschen Philosophie bis zum absoluten Staat und bis zum göttlich gesehenen Herren- und Übermenschen erhoben, ehe er zum mahnenden Beispiel für unsere Generation endgültig zerbrach.

Anders umschrieben, bedeutet dies, daß einmal das Bild des Menschen von Natur aus einheitlich ist und zum anderen, daß die philosophische Selbstbestimmung uns in der uns gegebenen Bewußtheit und Freiheit bis an die Grenze unserer Endlichkeit und Geschöpflichkeit stößt. Wir erkennen uns als physischen Mittelpunkt einer Schöpfung, als Geistwesen, hineingebunden in unsere Leiblichkeit, die wir mit den niederen Geschöpfen gemeinsam haben, und zugleich in der Freiheit unserer Entscheidung und in der Möglichkeit unserer geistig-sittlichen Anlagen weit über unsere Menschheit hinaus emporgezogen. Wir erkennen uns also nicht als Krone des Ganzen und als Maß der übrigen Dinge, sondern als von einem höheren Wesen angerufen, als bewußte Geschöpfe vor Gott. In dieser vermischten Natur liegt mit der Freiheit auch die Möglichkeit unseres Sturzes unter die Menschlichkeit hinab beschlossen. Und es gibt nur einen Weg, diese unsere Menschlichkeit, unsere Würde und Freiheit zu wahren, nämlich den, daß wir uns als Menschen, so wie wir geschaffen sind, in unserer Erkenntnis von dem Unendlichen bemessen und richten lassen, und daß wir mit Freiheit dieses Gesetz der Bindung des Geschöpfes an den Schöpfer wählen und verwirklichen. Hier liegt die einzige Entscheidung von Gut und Böse, die einzige Möglichkeit, das persönliche Gewissen zu achten und das Sittengesetz für den einzelnen wie für die Gemeinschaft der ganzen Menschheit unverbrüchlich und ohne Abstrich zu begründen.

Nur mit diesem Minimum an philosophischer Wahrheit lassen sich die Humanität und die Toleranz als verbindliche und verbindende Menschheitswerte begründen und damit auch unter den Richtspruch der Geschichte stellen. Nur so gelangt die moderne Zeit zur einen Menschheit.

Denken und Leben

Wir haben am Anfang nicht zuviel behauptet, als wir feststellten, daß sich erst am Ende herausstellen könnte, was Philosophie eigentlich sei. Ein richtiger oder ein falscher philosophischer Gedanke bedeutet in der Geschichte mehr als sieben fette oder magere Jahre eines Landes. Dem ganz in der materiellen Not oder Sorge aufgehenden Menschen wird dieser Satz nie einleuchten können. Wer jedoch von der schrecklichen Geißel der Zeit aus der Friedhofsruhe der Selbstgenügsamkeit aufgepeitscht wurde, der begreift auch, daß das, was im Ringen um letzte Erkenntnisse über den Menschen und über die Welt gedacht und gesagt wurde und wird, bis in die geringfügigsten Hantierungen und Auffassungen der Menschheit eingreift.

Wahre oder falsche Erkenntnisse in letzten Sinn- und Wertfragen des Menschen werfen ihre wellenförmigen Kreise bis in späte Jahrhunderte und erweisen positiv und negativ den Primat des Geistes gegenüber der uns oft scheinbar überschwemmenden materiellen Welt. Es kommt eben nicht nur darauf an, was wir essen, sondern noch entscheidender auf das, was wir denken, kurzum, auf das, was wir sind: Geistwesen in der Leiblichkeit.

Philosophieren heißt also ein bewußtes Eindringen in die ganze Wirklichkeit, die eben mehr ist und auch anders ist, als es der Augenschein und die nur sinnenhaft experimentierende Handgreiflichkeit behauptet. Zu dieser Bedingung tritt als wesenseigen für alle, die in der wissenschaftlich betriebenen Philosophie eine zu höchst möglicher Einsicht gesteigerte Bemühung um die letzten Gründe der Wirklichkeit verstehen, ein tiefer Ernst hinzu. Er kann nur aus dem Leben erfahren werden und im Leid der Jahre geglüht sein. Man betreibt nicht Philosophie, um »mitreden« zu können, um einer pervertierten Spielerei und Sucht zu verfallen. Das Fragen und Suchen ist »existentiell«.

Es geht – geistig gesehen – um Kopf und Kragen. Die Jugend verlangt nach Antwort, weil sie leben will. Sie wendet sich gegen Lösungen und Theorien, auch dessen, der sie vorträgt, doch nicht zu handeln entschlossen ist. Nicht Steine – Brot soll ihr die Philosophie reichen. Aus der ganzmenschlichen

Existenz muß das methodische Fragen der Philosophie erfließen, und in der geistigen Selbstbehauptung soll sich das menschliche Dasein erfüllen. Denken und Leben sollen in folgerichtiger Kompromißlosigkeit aus einem Gusse sein. Der Philosoph soll seine Philosophie im Leben und im Tod bewähren, wahrmachen, wie es Sokrates in seinem hinreißenden Beispiel getan hat.

Kann nun die heutige Philosophie einem solchen Anspruch genügen, kann sie das überhaupt? Zeigt nicht die Geschichte des Denkens eine sich widersprechende Vielheit der Standpunkte, die sich – wie der Laie es von außen sieht – nicht einmal in den Selbstverständlichkeiten auf einen Nenner bringen lassen? Müßte man die Philosophiegeschichte nicht besser eine Geschichte menschlicher Irrungen heißen? Das Thema der »gescheiterten« und der vor dem religiösen Glauben scheiternden Philosophie ist seit Pascal und Kierkegaard mit besonderer Dringlichkeit gestellt und durchzieht in vielen Abwandlungen nicht nur die christliche Philosophie.

Der in der Geschichte der modernen Zeit philosophisch auf sein nur rationalistisches Erkennen (Descartes) oder auf die Phänomenalität seiner wissenschaftlichen Erkenntnis (Kant) bezogene Mensch stößt in den entscheidenden philosophischen Strömungen der Gegenwart zugleich auf seine Grenze wie auch auf eine Transzendenz. Diese ist größer als der Mensch und zugleich Bedingung seiner Menschlichkeit.

Und wie steht es um die Philosophie selber heute? Wir brauchen nur Gesagtes zu wiederholen und können – im Vergleich etwa zur Zeit der Jahrhundertwende und ihrer Philosophie – einen objektiven, in der Sache begründeten Optimismus hegen. Er steht freilich im Gegensatz zu der Saturiertheit vieler Menschen im Zeichen des Wohlstandes.

Um die Jahrhundertwende betrachtete man die Philosophie großenteils als eine Sache, in der die verschiedenen Denksysteme vorzutragen seien und in der es nur auf die Geschichte dieser Denksysteme ankomme. In seiner beißenden und ätzenden Art hat Friedrich Nietzsche den Vorwurf erhoben: Ihr Buntgesprenkelten, die ihr die Federn und die Flecken anderer an Eurem Gewande tragt! Das Persönliche, das Eigene, die subjektive Bemühung um die Wahrheit, das schien ganz beiseite gerückt.

Mit diesem von der Philosophiegeschichte absehenden und zum Philosophieren selber vorstoßenden Denken wurde eine neue Richtung gegründet. Ihr gegenüber gab es auch eine andere, die um jeden Preis originell sein wollte, ohne dabei auf das Wahr oder Falsch genügend zu achten, und ohne zu wissen, daß es in den allerletzten Fragen kaum wirklich Neues unter der Sonne gibt.

Aus der einstigen Verengung des Denkens, in der man nur die Denksysteme in der Geschichte der Philosophie betrachtete, löste man sich zum eigenen bewußten Denken. Man löste sich aber auch aus einer anderen Beschränkung, aus dem sogenannten »Kritizismus«. Der Kritizismus war erwachsen aus der Philosophie Kants, der für die Erkenntnis und ihre Bedingungen, unter denen sie zustande kommt, eine wirklich kopernikanische Wendung in der Philosophie herbeigeführt hatte. Das führte schließlich zu einer Philosophie des Als-ob. Gegen diese doppelte Verengung, rein auf die Geschichte und rein auf kritizistische Erkenntnistheorie, finden wir als erste neue Errungenschaft in der Philosophie des zwanzigsten Jahrhunderts die Wendung zum Objekt, zum Gegenstand, zu den Sachen selbst, wie Edmund Husserl, einer der entschiedensten Bahnbrecher, sagt.

Eine zweite, den Stand der Philosophie im zwanzigsten Jahrhundet kennzeichnende Errungenschaft, die sich gegen die Ende des neunzehnten Jahrhunderts bestandenen Vereinseitigungen abhebt, ist die Tatsache, daß man keine Scheu und Furcht hat, an das Gewesene wirklich anzuknüpfen. Man hat nicht mehr den Verdacht, es könne deswegen etwas überholt sein, weil es etwa vor siebenhundert oder gar vor zweitausend Jahren schon einmal als richtig erkannt worden ist. Wenn Sokrates oder Platon sich mit den Sophisten darüber auseinandersetzten, ob das Recht und das Gute von Natur sei oder ob es erst durch eine Verabredung, durch eine Konvention, unter den Menschen entstanden ist, dann ist diese Frage heute noch genauso aktuell wie vor zweitausend Jahren.

Die historische Anknüpfung hat nicht deswegen zu geschehen, damit wir als »Gebildete« die verschiedenen Denksysteme des Abendlandes gegenwärtig haben. Dadurch soll das eigene Denken in Bewegung gebracht werden. Es kommt also eine echte Begegnung mit den Quellen unseres Philosophierens zustande, und zwar in einer größeren Breite, als das bei den eigentlichen Gelehrten immer schon der Fall war. Man beschäftigt sich wirklich mit der Antike und dem Mittelalter, um dadurch das eigene Philosophieren in Atem zu halten, auch um zu erkennen, daß die letzten Probleme, um die es geht, im Grunde nicht erst neuesten Datums sind, sondern daß sie immer schon die tiefsten Gemüter der Menschen bewegt haben.

Durch dieses echte Anknüpfen an die Tradition überwindet man auch einen falschen Hochmut, der sich als Nebenfrucht der neuzeitlichen Philosophie eingestellt hatte. Damals glaubte man ja mit dem Philosophieren erst eigentlich zu beginnen, und man kam zu einer gewissen Geringschätzung dessen, was die Wissenschaft und Philosophie etwa des Mittelalters oder der Antike bereitgestellt hatten.

Heute erkennt man, daß unsere geistigen Grundlagen allesamt in diesem tiefen Terrain ruhen, das bis in die Antike hinab geht, und daß es so etwas gibt wie eine »philosophia perennis«, eine die Zeiten überdauernde Philosophie.

Inhaltlich beherrscht die Philosophie des zwanzigsten Jahrhunderts sehr wesentlich die Frage nach dem Menschen.

Unter der großen Rubrik einer Philosophie der Existenz zeigen sich die anderen Fragestellungen mit eingeordnet, die im Abendland eine Rolle spielten. So stoßen wir auf Ethiker, die sich mit der Wertentscheidung des Menschen befaßten oder befassen. Zu ihnen gehören Max Scheler und Nicolai Hartmann.

Andere zeitgenössische Philosophen fragen nach der transzendenten Existenz, das heißt nach dem, das über den Menschen hinausreicht. Daß der Mensch mehr ist, als er bei oberflächlicher Betrachtung erscheint, wurde schon in den Philosophien eines Karl Jaspers, eines Gabriel Marcel, eines Romano Guardini deutlich, um nur diese drei zu nennen, die wiederum an Kierkegaard anknüpfen.

Die Frage, ob der Mensch mehr ist, als er ist, beschäftigt auch jene Gruppe von Denkern, die zu einer atheistischen Lösung kommt. Besonders repräsentativ dafür ist das Werk Sartres, das als eine Art Nihilismus bezeichnet werden muß. Darin wird eine »gottlose«, absolut freie, leere Existenz des Menschen propagiert.

Es wird ferner deutlich, daß an dieser Enthüllung und dieser Bemühung um die Existenz des Menschen wieder das grundlegende Fragen der Philosophie wachgeworden ist. Ein Philosoph wie Martin Heidegger findet von dieser Frage nach der Existenz hinüber zu der umfassenden Problemstellung nach dem Sinn von Sein überhaupt. Es handelt sich dabei um ein Bemühen, das in der traditionellen Philosophie immer schon am Anfang gestanden hatte und das der Motor der abendländischen Philosophie schlechthin ist.

In dieser Übersicht über den heutigen Stand der Philosophie spielt noch die Auseinandersetzung mit der Frage nach dem Wesen der Natur eine Rolle. Es charakterisiert die zeitgenössische Philosophie, daß sie angesichts der Errungenschaften der modernen Naturwissenschaft und ihrer Auswirkung in der Technik nach dem Wesen der Materie fragt und sich dabei mit dem primitiven und dem dialektischen Materialismus auseinandersetzt. Hier müßte man eine Fülle von Namen nennen, etwa Bochenski oder Alois Wenzl oder wiederum Nicolai Hartmann, Weizsäcker, Pascual Jordan und Zeno Bucher. Von »reinen« Naturwissenschaftlern wäre eine so verehrungswürdige Gestalt wir Max Planck zu erwähnen. Diese Philosophen bewegt auch die Frage nach der Kausalität, nach der Verursachung des Naturgeschehens. Hier geht es weniger um das Ob als um das Wie, wie wir in dem betreffenden Kapitel zeigten.

Schließlich wären in jenem Bereich auch noch die Bemühungen, die unter dem Namen Logistik bekannt geworden sind, zu nennen. Darin sollen die philosophischen Grundlagen der Mathematik und andererseits die praktische Frage der Philosophie der Technik sichtbar gemacht werden.

Die Philosophie ist nicht irgendeine beliebige Wissenschaft. Sie muß, obwohl sie streng und methodisch sauber zu führen ist, eine ganz persönliche Beziehung zu dem haben, der philosophiert. Sie ist für alle nütze und ist gerade auch in ihrer zweckfreien Form auch für alles nützlich. Jeder, der sich bildet, kann auch bis an die Grenze der Philosophie gelangen, indem er sein eigenes Gebiet, sein eigenes Eindringen in die Vielfalt der Wirklichkeit von einer bestimmten Stelle her auslotet. Er fragt bis in die Tiefe und wird dadurch zum Philosophen.

Dieses echte Bemühen steckt in all den verschiedenen und oft auf keinen Nenner zu bringenden Richtungen, die die heutige Philosophie charakterisieren. Wir können nur hoffen und wünschen, daß nach dem Gemeinsamen und dem gemeinsam Verbindlichen in der Philosophie gefragt wird. Denn dann kann sie auch ein wesentlicher Beitrag zum Verständnis der Nationen und Kulturen untereinander werden. Das Abendland hat eine eigentümliche Philosophie geformt. Wenn dieses Abendland seine geistig führende Rolle in der Welt wieder gewinnen und bewahren will, dann wird das nur möglich sein, wenn es diese Kräfte der philosophischen Selbstbemühung zur Anwendung bringt.

Kleines Lexikon philosophischer Begriffe

Absolut (lat.), abgelöst, in sich bestehend; bedeutet logisch einen in sich geschlossenen Sinn, oder Bedeutungsgehalt, ontologisch ein in sich gegründetes Seiendes, das weder zu seinem Sein noch zu seinem Verständnis eines anderen bedarf; Gegensatz relativ

Abstraktion (lat.), erkenntnistheoretische Lehre (vor allem der aristotelisch-scholastischen Philosophie), nach der die Verstandesbegriffe durch Blick auf das Allgemeine unter Absehung (Abstraktion) des Besonderen der Sinnesvorstellung gewonnen werden

Absurd (lat.), sinnlos; besagt in der existentialistischen Philosophie von Sartre die Sinnlosigkeit des menschlichen Daseins im allgemeinen und jeder einzelnen Situation im besonderen

Achtung, Form der Wertschätzung einer Person, einer Gesinnung, Tat oder Leistung. In der Kantschen Philosophie spielt dieser Begriff eine große Rolle, da bei ihm Achtung mit dem Vernunftcharakter des Menschen und mit dem in der Vernunft begründeten Bewußtsein der Unterordnung des Willens unter das Sittengesetz zu tun hat. Kant sieht in ihr und in der Befolgung der Pflicht die Grundlage der Moral

Agápe (gr.), Liebe. Das Christentum formte diesen Begriff der spätgriechischen Philosophie im Sinne einer in Gott begründeten grundlosen und schrankenlosen Liebe um. Sie verwirklicht sich in der Nächstenliebe und sogar in der Feindesliebe, ohne nach dem Wert dessen zu fragen, dem sie ihre Liebe schenkt. Der platonische Erosbegriff entzündete sich noch am Schönen und Vollkommenen. Die Agápe erfaßt auch die Armen und Bedürftigen, Kranken und Niedrigen, sie kennt keine Auswahl und keine Grenzen – auch das Liebesmahl

Agnosie (gr.), Unwissenheit, Nichtwissen. In der Philosophie des Sokrates bildet dieser Begriff den Ausgangspunkt des Philosophierens und des Wissens überhaupt. Er regt das Fragen an, ist aber auch Ausdruck und Prinzip der Skepsis, denn erst, wenn wir wissen, daß wir nichts wissen, wissen wir viel! In der neueren englischen Philosophie (Huxley, Spencer) bildet sich die philosophische Strömung des Agnostizismus heraus, deren Anhänger das Erkennen bewußt nur auf das für unseren Verstand sicher Erkennbare beschränkten und alle darüber hinausgehenden Fragen, wie die nach Gott, ausschlossen

Akt (lat.), wichtiger Seinsbegriff, der in der aristotelisch-scholastischen Philosophie als actus essendi Ausdruck dessen ist, was ein Wesen (essentia), ein Ding zu einem wirklichen macht; im heutigen Denken Vollzug seelischer Handlungen und Regungen; Gegensatz Potenz

Akzidens (lat.), Seiendes, das nicht in sich bestehen kann, sondern an einem anderen auftritt, Gegensatz Substanz

Alchimie, als Vorform der Chemie versuchte die Alchimie unter arabischem Einfluß im Mittelalter Stoffe wie Metalle zu verwandeln, die Kraft des Lebens in der Natur zu suchen und den Stein der Weisen zu finden

Allbeseelungslehre, Anschauung, nach der alles beseelt ist, was den Menschen umgibt und was ihn formt. Die toten Dinge besitzen demnach nur einen geringeren Grad der Beseeltheit. Aus diesen Anschauungen gehen der Animismus als primitiver Glaube an Seelen und Geister in Menschen und Dingen, der Hylozoismus als philosophische Lehre von der Belebtheit des Urstoffes und der Panpsychismus als Allbeseeltheitsdogma aller Kräfte hervor

Allegorie (gr.), anderssprechend, bildlich redend. Bildlicher Ausdruck eines abstrakten Inhalts, der etwa die Gerechtigkeit als Schwert und Waage auffaßt. In der Spätantike, im Judentum und im Christentum wurde häufig eine allegorische Schriftauslegung gehandhabt, die in den heiligen Texten einen geheimen Sinn suchte; Gegensatz Symbol

Alternative (lat. alter = eine von beiden), unausweichliche Wahl zwischen zwei Möglichkeiten. Es handelt sich um Urteile mit zwei sich ausschließenden Möglichkeiten

Analog (gr.), entsprechend, ähnlich, in ähnlicher Weise anwendbar. Logisch bedeutet analog, daß ein Begriff zugleich trifft und nicht trifft, indem er zwar auf verschiedene Gegenstände sinnvoll angewandt wird, aber nicht in jedem Fall gleicherweise zu verstehen ist. Ontologisch heißt das, daß sich alle Dinge auf Grund des ihnen gemeinen Seinscharakters gleichen, aber doch auch wieder auf Grund der je besonderen Seinsart unterscheiden

Angst, Gefühl der Bedrohtheit und zugleich ein Gefühl der Enge und Beklemmung. Im Unterschied zur Furcht, die immer auf etwas Bestimmtes bezogen ist, enthält die Angst gerade durch das Fehlen dieses bestimmten Wovor ihre Bezeichnung. Diese innere Ungewißheit und Unheimlichkeit wurde schon in der deutschen Mystik bei Jakob Böhme zum Grundbegriff des Denkens. Nach seiner Philosophie entspringt alles Leben einer Urangst, und die Angstquelle wird zur treibenden und gebärenden Kraft. Bei Kierkegaard und Heidegger steht dieser Begriff im Mittelpunkt des Philosophierens; bei Heidegger als Grundbefindlichkeit des Daseins angesichts des Nichts, durch die der Mensch aus der Verfallenheit an die Welt herausgerissen und auf sich selbst zurückgeworfen wird

Anthropologie (gr.), philosophische Lehre vom Menschen als leiblichem, seelischem und geistigem Wesen. Wir unterscheiden Anthropologie als Teilbereich der Philosophie, der Psychologie, der Medizin, der Soziologie, der Sprachwissenschaften, der Ethnologie, der Paläontologie und der Theologie

Antinomie (gr.), von Kant in die Philosophie eingeführter Begriff zur Bezeichnung der Widersprüche, in die die Vernunft mit sich geraten kann; so bei der Frage nach der absoluten Totalität der Welt. Kant unterschied vier Antinomien. Die erste These besagt, die Welt ist in Raum und Zeit endlich. Hierzu lautet die Antithese, die Welt ist unendlich. Die zweite These besagt, es gibt letzte einfache Teile, aus denen alles zusammengesetzt ist. Die Antithese behauptet, es gibt keine letzten einfachen Teile. Die dritte These bringt zum Ausdruck, daß es Freiheit in der Welt gibt. Ihr steht die Antithese von der Unfreiheit der Welt gegenüber. Schließlich besagt die vierte These, es gibt ein schlechthin notwendiges Wesen. Die Antithese weist nach, daß kein solches Wesen vorhanden ist. Die Bezeichnung Antinomie wird in der Philosophie zur Charakterisierung der beweisbaren und unauflöslichen Widersprüche herangezogen

Aporetik (gr.), Weglosigkeit, Ausweglosigkeit, Denkschwierigkeit, Unmöglichkeit, zu einer Lösung zu kommen. Philosophische Kunst, schwer oder gar nicht zu lösende Probleme zu durchdenken und Fragen zu diskutieren, ohne dabei beständig auf Resultate zu hoffen. Diese philosophische Methode wurde von Platon begründet und vor allem von Nicolai Hartmann weiter gepflegt

Apperzeption (lat.), bewußtes Ergreifen eines Vorstellungs- oder Wahrnehmungsinhaltes. Leibniz unterschied die Apperzeption von der Perzeption, der unbewußten und unterbewußten Vorstellung. Kant setzte die empirische Apperzeption als das wechselnde innere Ich-Bewußtsein von der reinen Apperzeption als der Einheit des Selbstbewußtseins ab. Psychologisch sprechen wir bei all jenen Reizen von Apperzeption, die die Schwelle zum Bewußtsein überschreiten, während alle unbewußt bleibenden Reize als Perzeption bezeichnet werden

A Priori (lat. vom früheren her), gemeint ist eine evidente Einsicht, deren Richtigkeit durch die Erfahrung weder bewiesen noch widerlegt werden kann. In der Philosophie Kants sind damit jene Begriffe charakterisiert, die ausschließlich dem Verstand und der Vernunft entstammen und in Tätigkeit treten, wenn sich Wahrnehmungen zu Begriffen formen. Nicolai Hartmann bezog diese Formulierung auf alle Begriffe, die im realen Zusammenhang der Welt niemals wirklich werden, also auf ideale Gegenstände

Ästhetik (gr.), in der griechischen Philosophie Empfindungslehre von den sinnlichen Wahrnehmungen. Noch Kant verwendet den Begriff in dieser Weise als transzendentale Ästhetik, als Wissenschaft von allen Prinzipien der Sinnlichkeit a priori. Seit Baumgarten ist damit die Lehre von der Vollkommenheit des Sinnlichen als solchem, die Wissenschaft vom Schönen gemeint. Sie umfaßt die Kunst des Schönen, das Naturschöne, den schönen

Gegenstand und das subjektiv-seelische Erleben und Schaffen des Schönen

Atheismus (gr.), jede Lehre, Weltanschauung, menschliche Haltung, in der Gott als Prinzip des Weltverständnisses abgelehnt wird

Attribut (lat.), das Zugeteilte, die Eigenschaft im Gegensatz zur Substanz, also das, was nur an einer Substanz existiert, was eines Trägers bedarf und ihm wesenhaft zukommt. Die Philosophie der Scholastik sprach von den Attributen Gottes, und Spinoza unterschied die Attribute als ewige Seinsweisen der Substanz von ihren wechselnden Modi

Autonomie (gr.), Selbstgesetzgebung; in der Ethik versteht man darunter den Standpunkt, nach dem der Mensch die Prinzipien seiner Moral nur aus der eigenen Vernunft ableitet, nicht aber von einem anderen entgegennimmt

Axiom (gr.), Grundsatz, der auf keinen anderen Satz zurückführt und auch nicht bewiesen werden kann, der aber zugleich eines solchen Zurückführens und Beweisens nicht bedarf, weil er aus sich selbst heraus einleuchtend (evident) ist. Er bildet in der Philosophie die denkerische Voraussetzung für andere Sätze. Dazu gehören der Satz der Identität, der Satz des Widerspruchs, der Satz des ausgeschlossenen Dritten und der Satz des Grundes

Barbara, Begriffsbestimmung der mittelalterlichen Philosophie für Schlüsse, in denen Obersatz, Untersatz und Folgerung allgemein bejahend sind. Dieses den ersten Modus der ersten Schlußfigur verdeutlichende Beispiel geht bereits auf Aristoteles zurück.

Es besagt: Alle Menschen sind sterblich
Alle Könige sind Menschen
———
Alle Könige sind sterblich

Begriff, neben Urteil und Schluß elementares Denkmittel, wodurch gedankliche Gehalte im Bewußtsein als widerspruchsfreie Einheit vergegenwärtigt werden

Bewußtsein, Fähigkeit des Menschen, sich in seiner eigenen Erlebniswelt in Vorstellungen und im Wissen mit den Gegenständen der inneren und äußeren Erfahrung vertraut zu machen, und zwar in einer Weise, daß das Erlebnis dieser Bewußtseinsinhalte sich in einem aktuell-seelischen Vorgang ausdrückt

Bios (gr.), Leben, Lebenslauf, Zeitgestalt eines Lebensganzen, Lebensweise

Brahma (sanskr.), die indische Philosophie veranschaulicht mit diesem Begriff die ewige göttliche, alle Welten schaffende und durchwaltende Kraft

Causa (lat.), Ursache, Grund. Aristoteles unterschied in seiner Philosophie zunächst die folgenden vier Kausalitäten:
causa efficiens als die am Anfang stehende Wirkursache, die das Geschehen anstößt
causa finalis als die einen Vorgang von einem Ziel her bestimmende Endursache oder auch als die Zweckursache
causa materialis als die bereits im Stoff liegende Ursache, als das, woraus etwas wird. Sie wurde auch die Materialursache, die materielle Bedingung und das Substrat des Wirkens genannt
causa formalis als die gestaltende und formende Ursache, die dem Geschehen seine Form gibt; auch Formalursache
Weitere Unterscheidungen von causa:
causa activa als die in der Schöpfung tätige und sich durch ihre Tätigkeit manifestierende Ursache
causa adaequata, mit der die Wirkung als der Ursache voll entsprechend charakterisiert wird
causa cognoscendi, die den Erkenntnisgrund betrifft
causa creatrix, die mit der schöpferischen Ursache aller Dinge gleichgesetzt wird
causa essendi als Bezeichnung für den Seinsgrund aller Dinge
causa exemplaris, die das Vorbild als Wirkungsursache ansieht
causa extrinseca, die äußere Ursache
causa instrumentalis als Instrumentalursache, die zur Hervorbringung einer Wirkung aus sich allein nicht zureichend ist und sich nur als Werkzeug, als Mittel im Dienste einer anderen Ursache bewährt

Chiffreschrift (frz.), Hamann und Jaspers führten diesen Begriff zur Bezeichnung erst zu entziffernder Sinn- und Seinsgegebenheiten ein. Jaspers versteht unter Chiffreschrift oder auch Geheimschrift die Sprache der Transzendenz. Sie wird in diesem zentralen metaphysischen Begriff sichtbar, ist uns jedoch nicht verfügbar, sondern indirekt und verborgen

Christliche Philosophie, Philosophie, die im Geiste der christlichen Offenbarungsreligion so betrieben wird, daß die offenbarte Glaubenswahrheit in keinen Gegensatz zu den entwickelten philosophischen Theorien gestellt wird, sondern eher richtungweisend für dieses philosophische Suchen, Fragen, Antworten empfunden wird, ohne den Eigenstand der Philosophie preiszugeben

circulus vitiosus (lat.), im Denken und in der Logik ein Zirkelbeweis, ein fehlerhafter Kreis, der in seinen Voraussetzungen schon das enthält, was erst zu beweisen ist; ein Beweisfehler

cogito ergo sum (lat.), ich denke, also bin ich. Unmittelbare Einsicht der Philosophie des Descartes, nach der das Ich, wenn sich auch an allem zweifeln läßt, im Zweifeln selbst, also im Denken, seiner selbst bewußt wird. Darin zeichnet sich eine Wendung der Philosophie vom Sein ab

common sense (engl.), (lat. sensus communis), der gesunde Menschenverstand

Dasein (lat. existentia), ist die einem realen Ding zukommende Eigenschaft, die Grund dafür ist, daß ein Ding ist, nicht aber dafür, was ein Ding ist; Dasein gibt die existentielle Seite eines Dinges an, während der entsprechende Gegenbegriff, Sosein, die essentielle Seite eines Seienden charakterisiert

Deduktion (lat.), in der Philosophie die Ableitung des Besonderen und Einzelnen aus dem Allgemeinen (siehe Induktion) und des Zusammengesetzten aus dem Einfachen, das als Oberbegriff die abgeleiteten Einzelbegriffe des Zusammengesetzten enthält

Definition (lat.), Bestimmung des Begriffsinhaltes durch Herausstellung der besonderen Merkmale und Unterscheidung zu anderen Begriffen

Denken, Tätigkeit des wissenden, erkennenden Geistes, insbesondere im Vorgang der begrifflichen Erfassung von Gegenständen der Verstandes- und Vernunfttätigkeit

Dialektik (gr.), bedeutet ursprünglich ein Wechselgespräch und den darin zu beachtenden Denkvorgang, durch gedankliche Vergleiche und Unterscheidungen Übergänge von einem zum anderen Begriff zu schaffen, so daß in diesem dialektischen Denken die Gedankenwelt einmal als Einheit, zum anderen als aufgegliederte Vielheit gesehen wird. Die hegelsche Dialektik ist ein Vorgang der Selbstentfaltung des Geistes in den dialektischen Formen von These, Antithese, Synthese. In der marxistisch-leninistischen Philosophie ist unter Dialektik ein Entwicklungs-Prinzip des gesellschaftlich-historischen Lebens zu verstehen, z. B. bürgerlich-proletarisch

Dimension (lat.), Ausmessung. Die Linie hat eine Dimension, die Fläche zwei, beim Körper kommt die Höhe als dritte Dimension hinzu. Im Alltag haben wir es also mit einem dreidimensionalen Raum zu tun, wie er bereits in der euklidischen Geometrie grundgelegt wurde. Denkbar, wenn anschaulich auch nicht vorstellbar, sind ebenso mehrdimensionale Räume. Sie spielen u. a. in der modernen Naturphilosophie eine große Rolle

Ding an sich, von Kant geprägter philosophischer Begriff für die unabhängig vom erkennenden Bewußtsein existierende Wirklichkeit, deren Erscheinung uns lediglich gegeben ist, während sie selbst gänzlich unerkennbar bleibt

diskursiv (lat.), logischer Begriff, der das durchlaufende Denken als eine methodische Eigenart der Verstandestätigkeit beschreibt, so daß das Denken von einer Teilerkenntnis zu anderen fortschreitend schließlich zu einer Gesamterkenntnis gelangt

Dogmatismus (gr.), das Sich-Berufen auf prüfungslos für wahr gehaltene Lehren und Sätze. Kant sprach dort vom dogmatischen Verfahren der reinen Vernunft, wo sie sich ohne vorangehende Kritik ihres eigenen Vermögens spekulativen Konstruktionen hingibt. Als Gegensatz dazu entstand der Kritizismus

Dualismus (lat.), Lehre von zwei Grundprinzipien des Seins, zum Beispiel Materie und Geist, Leib und Seele

ecce homo (lat.), siehe da, ein Mensch. Unter diesem Titel schrieb Nietzsche seine letzte Selbstdarstellung, die in eine scharfe Auseinandersetzung mit dem Christentum mündet

Eidos (gr.), das, was ich sehe, was dem Schauen sich darbietet, die Gestalt. Der Begriff spielt in der platonischen Philosophie eine große Rolle und wurde in Husserls Phänomenologie für das in der Wesensanschauung gegebene reine Wesen verwendet

Ekstase (gr.), das Heraustreten, die Verzückung, die Entrückung. Die Ekstase spielt vor allem in der mystischen Philosophie eine große Rolle

Emanation (lat.), ausströmen, das Hervorgehen des Niederen aus dem Höheren. Plotin verwendet dies zur Veranschaulichung des ohne Substanzminderung sich vollziehenden Werdens. Beispiel: sich ausbreitender Lichtschein, der immer unvollkommener wird, je mehr seine Entfernung von der Ausgangsquelle zunimmt

Erfahrung, grundlegender Erkenntnisvorgang, in dem alle Vorstellungen, alles Wissen durch eine ursprüngliche Bewegung, ein unmittelbares Wahrnehmen und Aufnehmen von Erfahrungsgegenständen begründet ist. Insoweit es sich um außerseelische Inhalte, Gegenstände der Außenwelt handelt, spricht man von äußerer Erfahrung, insofern es sich um Inhalte der inneren Erlebniswelt handelt, gebraucht man die Bezeichnung innere Erfahrung

Erkenntnistheorie, Lehre von den Quellen, den Arten und den Vorgängen der Erkenntnis

Ethik (gr.), philosphische Lehre von der Sittlichkeit des Menschen, von den Prinzipien und Maximen menschlichen Handelns

Evidenz (lat.), klare, unzweideutige, in sich verständliche, unwillkürlich einsichtige Erkenntnis

Existentialismus (lat.), Strömung des französischen Zweigs der Existenzphilosophie, z. B. mit ihrem atheistischen Vertreter Sartre und dem christlichen Repräsentanten Marcel

Existenz (lat.), siehe Dasein; als Grundbegriff der Existenz-Philosophien der Gegenwart ist menschliche Existenz das Heraustreten, das Hervorgehobensein aus der naturhaft gegebenen Seinsordnung in die Vereinzelung des jeweilig besonderen Menschenschicksals, der je und je verschiedenen Situation, der im einzelnen beschriebenen Sonderstellung des Menschen im Kosmos

Form (lat.), Grundbegriff der perennen Ontologie; im Unterschied zu der gestaltlosen, aber gestaltbaren Materie, gestaltverleihendes Prinzip aller Wirklichkeit

Freiheit, im Unterschied zu der Naturnotwendigkeit der materiellen Dinge in der geistigen Willenskraft des Menschen grundgelegtes Prinzip, sich so oder so zu entscheiden, so oder so zu verhalten; Grundvoraussetzung jeder Moral, insofern diese in der freien Entscheidung für oder gegen einen Sollensanpruch, ein Gesetz, einen Wert, ein Gut ihre Moralität gründet

Geist, unkörperliches Seinsprinzip, das, als Gegensatz zur Materie verstanden, die Seinsform der höheren Seinsarten ist; menschlicher Geist zeigt sich in dreifacher Weise z. B. nach Augustinus als Erkenntniskraft (Vernunft, Verstand), Willenskraft (Wille), Erinnerungsvermögen (Gedächtnis)

Geschichtsphilosophie, Lehre vom Sinn und Ziel der Geschichte und einer etwaigen Gesetzmäßigkeit des Geschichtsablaufes

Gott, in der natürlichen Gotteslehre der Philosophie höchstvollkommenes Wesen, zugleich verstanden als erstes und letztes Prinzip allen Seins

Gut, Ziel jedes sittlich-wertvollen Handelns bzw. das wertbehaftete Seiende

Harmonie, prästabilierte, Begriff der leibnizschen Philosophie; der Gesamtzusammenhang des Kosmos ist in jeder Phase seiner Entwicklung durch Gott von Anfang der Schöpfung her geordnet und grundgelegt

Historismus (lat.), Geschichtsauffassung, nach der jede geschichtliche Zeit, jede geistesgeschichtliche Idee gleich wahr ist, das heißt, jede Epoche ist nur in sich verständlich, und die sittlichen Maßstäbe einer jeden beliebigen Zeit rechtfertigen sich aus den besonderen zeitbedingten Umständen und Voraussetzungen

Humanismus (lat.), Lehre vom edlen Menschentum; menschliche Haltung, die ihre Weltanschauung und sittlichen Grundsätze aus einer vernunftdurchdrungenen Geistigkeit bezieht

Hylemorphismus (gr.), ontologisches System der aristotelisch-scholastischen Philisophie, in dem gesagt wird, daß jedes Ding aufgebaut ist aus zwei Prinzipien, die sich wechselseitig bedingen und ergänzen, nämlich der gestaltlosen Materie (hyle) und der gestaltverleihenden Form (morphe)

Ich, personale Einheit des Menschen – Zentrum psychischer Akte

Idealismus (gr.), philosophisches System, in dem die Idee Träger und Repräsentant des Seins ist; der platonische Idealismus – als Sonderform – erklärt die Ideen, unabhängig von der erfahrbaren Welt, als einzige Realität

Idee (gr.), Bewußtseinsinhalt, dessen Gegenstand über den Bereich sinnlicher Erfahrungen hinausgeht, sei es, daß er in einer Vernunfteinsicht begründet ist, sei es, daß er wie bei Platon eine höhere Seinsgegebenheit in einer anderen Welt als der der Sinnendinge darstellt

Identität (lat.), der Satz der Identität »das, Mitsichgleichsein« ist Ausdruck für den allgemeinen Charakter der Dinge, daß etwas zu gleicher Zeit nur so und nicht anders sein kann

Illuminationstheorie, bedeutsame Erkenntnis-Theorie, nach der die Inhalte menschlichen Wissens durch eine unmittelbare Einstrahlung von Gott gegeben werden (Augustinus)

Immanenz (lat.), darin bleiben; logisch besagt Immanenz, daß ein Denk- oder Bewußtseinsinhalt vollkommen abhängig von seinem Gedachtwerden das Bewußtsein nicht übersteigt, d.h. in dem Erkenntnisakt gesetzt wird und nur in ihm Bestand hat. Ontologisch besagt Immanenz einmal, daß nur Gegenstände innerhalb eines beschränkten erfahrbaren Bereiches erfaßbar sind; zum anderen kann es auch bedeuten, daß Gott in der Welt »darin« ist, d.h. seine Wirklichkeit die der Welt übersteigt, aber doch in diese hineinragt; Gegensatz Transzendenz

immateriell, unkörperlich – Gegensatz Materie

Individuum (lat.), unteilbare Gegebenheit; konkretes Einzelwesen im Gegensatz zum allgemeinen Wesen

Induktion (lat.), Hinführung des Denkens über eine erfahrungsmäßige Vielfalt zu einer bestimmten Einsicht, der Aufstieg vom einzelnen zum allgemeinen; siehe Deduktion

Intuition (lat.), unmittelbares Schauen; Wesensschau

Kategorien (gr.), in dem Aufbau unserer Begriffswelt oberste gegenseitig unterschiedene Begriffe, denen die untergeordneten als nähere Bestimmungen zugeordnet werden. Im Bereich des Seins oberste Seinsmerkmale, die die Seienden in allgemeinster Weise voneinander unterscheiden. Die Kategorien bei Kant sind lediglich Denkformen, keine Seinskategorien

Kausal-Gesetz (Kausalität), Grundsatz, daß jede Wirkung eine Ursache hat (allgemeines Kausalprinzip und konkretes Kausalgesetz)

Konsequenz (lat.), Schlußfolgerung in einem Schluß

Kontingenz (lat.), Bedingtheit alles geschaffenen Seins

Kontradiktion (lat.), siehe Widerspruch

konträr (lat.), gegensätzlich – gemilderte Form des Widerspruchs, wobei das eine und das andere nicht vollkommen gegeneinander ausgeschlossen wird

Lebens-Philosophie, philosophische Bewegung des 20. Jahrhunderts, die im Leben die menschliche Kraft sah, die insbesondere im Gegensatz zu dem das Leben beschränkenden Geist die eigentliche Mitte menschlichen Daseins darstellt

Legalität (lat.), Kantscher Begriff, der im Unterschied zur Moralität das menschliche Verhalten kennzeichnet, wenn der Mensch seine Handlungen zwar äußerlich mit dem Gesetz in Übereinstimmung bringt, innerlich aber dieses Tun keineswegs als pflichtgemäß empfindet

Logik (gr.), Wissenschaft vom widerspruchsfreien Denken und den Formen des begrifflichen Erkennens

Logistik (gr.), moderne, weitgehend in einer Symbol- und Formelsprache nach mathematischem Vorbild abgefaßte Art der formalen Logik

Materialismus (lat.), philosophischer Standpunkt, nach dem es nur ein Prinzip des Seins gibt, die Materie, und alles Geistige als eine Funktion der Materie erklärt wird

Materie (lat.), philosophisches Grundprinzip zur Erklärung des Seins von körperlicher Beschaffenheit; in der aristotelisch-scholastischen Philosophie im Gegensatz zur Form der gestaltbare, selbst aber gestaltlose, für die Form aufnahmefähige Grundstoff

Metaphysik (gr.), Lehre vom Sein als Sein, von den allgemeinsten Bestimmungen (Universalien), von den Ursachen, von den Kategorien und vom ersten Sein (Gott)

Monade (gr.), leibnizscher Substanz-Begriff

Monismus (gr.), Einprinzipienlehre, d.h. ein Prinzip wird zur Erklärung des Weltganzen für ausreichend angesehen; der Monismus in der zweiten Hälfte des 19. Jahrhunderts unter Führung von Haeckel versuchte so die Materie als ausreichendes Prinzip zur Welterklärung und Auflösung aller Welträtsel nachzuweisen

Moral (lat.), Sittlichkeit, Lehre vom sittlich-guten Handeln; zuweilen im Unterschied zur Ethik als natürlicher Grundlegung der Sittenlehre gebraucht zur Bezeichnung der auf theologischen Voraussetzungen aufgebauten Sittenlehre

Notwendigkeit, streng kausal-gesetzlich bestimmter Ursache-Wirkungsablauf; Gegensatz Freiheit

Objekt (lat.), Gegenstand der Erfahrung, des Erkennens, der Anschauung

Ontologie (gr.), von Christian Wolff geprägter Begriff zur Benennung des Teils der klassischen Metaphysik, der vom Sein handelt; heute vielfach terminologisch dem Wort Metaphysik gleichgesetzt

Opportunismus (lat.), Haltung, deren Handlungsmotive sich in Zweckmäßigkeitserwägungen erschöpfen

Pantheismus (gr.), Lehre, daß Gott und die Welt ein und dasselbe sind; die verschiedenen Dinge und die bunte Mannigfaltigkeit der Welt werden lediglich als Ausfluß und Erscheinungsform eines göttlichen Wesens verstanden

Person (lat.), auf Boethius zurückgehende Definition des geistigen Seins in seiner Einmaligkeit, nach der die Person Träger und substantielle Grundform aller geistigen Erscheinungen, Tätigkeiten, Äußerungen ist

Phänomen (gr.), etwas, das erscheint, das etwas erscheinen läßt; erkenntnistheoretischer Begriff der Phänomenologie

Phänomenologie (gr.), philosophische Bewegung des 20. Jahrhunderts, die in ihren führenden Vertretern Husserl und Scheler zur Überwindung des Neukantianismus neue Wege der Seinserschließung sucht

Potenz (lat.), im Gegensatz zu Akt besagt Potenz, daß etwas zwar noch nicht wirklich geworden ist, aber durchaus von solcher Art (möglich) ist, daß es wirklich werden kann

Psychologie (gr.), Lehre von der Seele und den seelischen Kräften

Realismus (lat.), philosophisches System, in dem das reale Ding (res) Träger und Repräsentant des Seins ist und als solches erkannt werden kann

Realität (lat.), bewußtseinsunabhängige Welt von gegebenen Dingen, Personen, Gegenständen usw.

Reflexion (lat.), Denkvorgang, in dem das Denken sich selbst zum Gegenstand des Denkens nimmt

relativ (lat.), bezüglich, in Beziehung stehend zu; Grundstruktur des endlichen Seins, in der das eine zum anderen im Zusammenhang steht, ja gedanklich nur durch das andere mitverstanden werden kann

Relativismus (lat.), philosophischer Standpunkt, nach dem es nichts Absolutes gibt, sondern jedwede Aussage, Erkenntnis, sittliche Maxime nur von einem bestimmten Bezugspunkt aus gültig ist

Schluß, elementare Grundform des Denkens, die entsteht, indem mehrere Begriffe und Urteile in einer bestimmten schlüssigen Form in Zusammenhang gebracht werden

Seele, im Gegensatz zum Körper Prinzip des organischen Lebens, der Selbstbewegung, der seelisch-gemüthaften Akte (zuweilen: auch den Geist umfassend)

Skeptizismus (gr.), philosophische Grundhaltung, in der die Möglichkeit einer gesicherten Erkenntnis rundweg bezweifelt wird

Sosein (lat. essentia) ist die einem realen Ding zukommende Eigenschaft, die Grund dafür ist, was ein Ding ist, nicht aber dafür, daß ein Ding ist; Gegensatz Dasein

Spiritualismus (lat.), Lehre, die alles Sein als Erscheinungsform eines geistigen Grundprinzips versteht

Staat, höchstorganisierte Form menschlichen Gemeinschaftslebens

Syllogismus (gr.), aristotelische Lehre vom Schluß; siehe Schluß

Symbol (gr.), Erkenntniszeichen, Sinnbild, Geheimzeichen, das dem Kundigen einen verborgenen Sachverhalt entschlüsselt; Gegensatz Allegorie

Synkretismus (gr.), die Art, die Grundgedanken einer Theorie eines philosophischen Systems oder eines religiösen Glaubens aus vielen anderen Systemen zusammenzutragen, ohne eigene Gedanken zu entwickeln

Theodizee (gr.), Lehre von der Rechtfertigung Gottes angesichts des Übels in der Welt; im weiteren Sinne Lehre von Gott

Toleranz (lat.), Duldsamkeit, Duldung als Ausdruck der gegenseitigen Achtung menschlicher Würde trotz unterschiedlicher Standpunkte

Transzendenz (lat.), Transzendenz besagt im Gegensatz zu Immanenz, daß im logischen Bereich ein im Denken gegenwärtiger Gegenstand das Denken übersteigt, d. h. nicht nur im Akt des Gedachtwerdens sein Sein erschöpft, während ontologisch damit gesagt wird, daß ein Seiendes, eine Seinskraft nicht in einem engeren Seinsbereich aufgeht, sondern über ihn hinausragt, so wie Gott zwar Schöpfer und Erhalter der Welt ist, aber größer als sie ist, oder der Mensch zwar viele Ziele innerhalb der Welt sucht, aber in seinem letzten Ziel, dem Aufstieg zu Gott, die Grenzen der endlichen Welt zu überschreiten versucht; Gegensatz Immanenz

Unendlich, sowohl gedanklich nicht bestimmbar wie seinsmäßig nicht begrenzt in seiner Seinsfülle

Ursache, im Gegensatz zu der Wirkung bezeichnet das, was etwas anderes bewirkt. Die Ursächlichkeit des Seins drückt die Grunderfahrung aus, daß alles, was geschaffen ist, Wirkung von etwas ist

Urteil, im Urteil werden Begriffe bejahend oder verneinend, in einen Sinnzusammenhang gebracht. Echte Begriffe stellen verkürzte Urteile dar

Vernunft, grundlegende Geisteskraft, die dem ins einzelne gehenden Verstand übergeordnet ist, sich nicht in einem gedanklichen Prozeß verliert, sondern den geistigen Horizont für alle Verstandesprozesse abgibt, ja diese in eine geistige Einheit bringt

Verstand, Geisteskraft, die, im Unterschied zu der Vernunft, mehr im diskursiven Denken von Einzelerkenntnis zu Einzelerkenntnis schreitend, aufnehmend und abnehmend, verbindend und trennend, mosaikartig eine Gesamteinsicht aufbaut

Wahrnehmung, einheitlich-ganzheitlicher Bewußtseinsinhalt von durch die Sinne aufgenommenen Eindrücken (Empfindungen)

Wertphilosophie, moderne Philosophie zur Begründung der Sittlichkeit und zur Grundlegung der Gegenstände des Handelns; die Werte als Ziel menschlichen Handelns erscheinen als etwas anderes als die seienden Dinge, so daß fast ein Gegensatz zwischen Sein und Wert sich abzeichnet. Werte haften an Seiendem (Güter)

Wesensschau, intuitive, unmittelbare Anschauung des Wesens einer Sache; Grundbegriff der Phänomenologie

Widerspruch, logischer Begriff, durch den a von b notwendig ausgeschlossen wird, das heißt, ist das eine wahr, ist das andere notwendig falsch; metaphysischer Satz vom Widerspruch besagt, daß ein Ding, eine Gegebenheit zu gleicher Zeit und am gleichen Ort nicht zugleich so und anders sein kann

Wirkung, im Gegensatz zur Ursache bedeutet Wirkung, daß etwas, ohne daß ein anderes ist, nämlich seine Ursache, auch nicht sein kann, da es als von diesem aktualisiert verstanden wird

Zeit, Grundbegriff des ständigen, in einer Richtung, von Vergangenheit über Gegenwart zur Zukunft ablaufenden Wandels aller Dinge; Grundbefindlichkeit, Grundstimmung, die der Mensch in jede seiner Handlungen, seiner Situationen mit hineinbringt, die ihn zu einem geschichtlichen Wesen macht, ihn ständig die Zerbrechlichkeit, die Einmaligkeit, die Unwiederbringlichkeit seiner Erlebnisse spüren läßt

Zweifel, ungewisser Schwebezustand des menschlichen Geistes, in dem er nicht sicher weiß, ob eine Sache sich so oder anders verhält; grundsätzlicher Zweifel bedeutet darüber hinaus den Standpunkt, daß die menschliche Vernunft nie zu einer gesicherten unbezweifelbaren Wahrheit gelangen kann

Literaturhinweise

Einführendes Schrifttum zur Wissenschaftlichen Methodik. – Fonck, L.: Wissenschaftliches Arbeiten. Beiträge zur Methodik und Praxis des akademischen Studiums, 3. Aufl., Innsbruck 1926; Heyde, J. E.: Technik des wissenschaftlichen Arbeitens, 7. Aufl., Berlin 1943 (Gilt als eine der besten Arbeiten zum Gegenstand.)

Einführung in die Philosophie. – Becher, E.: Einführung in die Philosophie, 2. Aufl., Berlin und München 1949; Holzamer, Karl: Einführung in die Philosophie, Mainz 1947; Holzamer, Karl: Grundriß einer praktischen Philosophie. Freiheit, Toleranz, Sittlichkeit, Resentiment, Frankfurt 1951

Geschichte der Philosophie. – Bochenski, I. M.: Europäische Philosophie der Gegenwart, Bern 1947; Bochenski-Niemeyer: Handbuch des Weltkommunismus, Freiburg/München 1958; Eucken, Rudolf: Die Lebensanschauungen der großen Denker. Eine Entwicklungsgeschichte des Lebensproblems der Menschheit von Plato bis zur Gegenwart (Walter de Gruyter, Berlin und Leipzig); Fischer, Kuno: Geschichte der neueren Philosophie; Gigon, O.: Antike Philosophie, Bern 1948; Hirschberger, J.: Geschichte der Philosophie, 2 Bände, Freiburg 1949–1952; Lehmann, G.: Die deutsche Philosophie der Gegenwart, Stuttgart 1943 (Gutes Literaturverzeichnis); Meyer, H.: Geschichte der abendländischen Weltanschauung, 5 Bände, Würzburg 1947–1949; Spann, O.: Philosophiespiegel. Die Hauptlehren der Philosophie begrifflich und geschichtlich dargestellt, 2. Aufl., Wien 1950; Überweg, Friedrich: Grundriß der Geschichte der Philosophie, 5 Bände, Berlin 1923–1928; Vorländer Karl, Geschichte der Philosophie (6 Bde.), Reinbek bei Hamburg 1963 ff

Östliche Philosophiedarstellungen. – Glasenapp, H. v.: Die Weisheit des Buddha, Baden-Baden 1946; Herrigel, E.: Zen in der Kunst des Bogenschießens, Konstanz 1947

Allgemeine Darstellungen zur Systematik der Philosophie. – Brunner, A.: Die Grundfragen der Philosophie. Ein systematischer Aufbau, 3. Aufl., Freiburg 1949; Meyer, H.: Systematische Philosophie, 3 Bände, Paderborn 1955–1960

Metaphysik und Ontologie. – Aristoteles: Metaphysik; Hartmann, N.: Zur Grundlegung der Ontologie, 3. Aufl., 1948; Heidegger, Martin: Sein und Zeit, 1927; Heidegger, Martin: Was ist Metaphysik, 5. Aufl., 1959; Kant, I.: Kritik der reinen Vernunft; Kant, I.: Prolegomena; Martin, G.: Einleitung in die allgemeine Metaphysik, Köln 1957; Müller, Max: Sein und Geist, 1946; Nink, C.: Ontologie – Versuch einer Grundlegung, Freiburg 1952; Rintelen, Fr.-J. von: Der Rang des Geistes, Goethes Weltverständnis, Tübingen 1955; Wisser, R.: Sinn und Sein. Ein philosophisches Symposion. Festschrift für Fr.-J. v. Rintelen, Tübingen 1961

Logik. – Aristoteles: Organon; Bochenski, I. M.: Formale Logik, Freiburg und München 1956; Hilbert-Ackermann: Grundzüge der theoretischen Logik, 3. Aufl. 1949; Holzamer/Dimnet: Die Kunst des Denkens, Frankfurt 1952; Husserl, E.: Erfahrung und Urteil, hrsg. v. Landgrebe, 1948

Erkenntnislehre und philosophische Psychologie. – Aristoteles: Über die Seele; Brunner, August: Erkenntnistheorie, Köln 1948; Geyser, J.:

Lehrbuch der allgemeinen Psychologie, 3. Aufl., 1920; Geyser, J.: Die Erkenntnislehre des Aristoteles, 1917; Funke, G.: Gewohnheit, Bonn 1958; Hartmann, N.: Grundlegung einer Metaphysik der Erkenntnis, 3. Aufl., 1941; Klages, L.: Der Geist als Widersacher der Seele, 3 Bände, 1929–1932; Willwoll, A.: Seele und Geist, 1938

Ethik. – Aristoteles: Nikomachische Ethik; Cathrein, V.: Moralphilosophie, 6. Aufl., 1924; Hartmann, N.: Ethik, 3. Aufl., Berlin 1949; Kant, I.: Kritik der praktischen Vernunft; Kant, I.: Grundlegung zur Metaphysik der Sitten; Nink, C.: Metaphysik des sittlich Guten, Freiburg 1955

Philosophische Wörterbücher. – Brugger, W.: Philosophisches Wörterbuch, 7. Aufl., Freiburg 1959; Diemer Alwin und Frenzel Ivo (Hrsg.), Das Fischer Lexikon – Philosophie, Frankfurt 1967; Eisler, R.: Wörterbuch der philosophischen Begriffe. Historisch-quellenmäßig bearbeitet, 4. Aufl., 3 Bände (Band 1 und 2 hrsg. von K. Koretz), Berlin 1927–30; Metzke, E.: Handlexikon der Philosophie, Heidelberg 1948; Müller/Halder: Herders Kleines Philosophisches Wörterbuch, Basel, Freiburg, Wien 1959; Heinrich Schmidt (begründet), hrg. von Georg Schischkoff, Philosophisches Wörterbuch, 16. Aufl., Stuttgart 1961

Sachregister

Personenregister

Fotonachweis

Die Aufnahmen stellten zur Verfügung: American Embassy, Bad Godesberg; Bildarchiv zur Universitätsgeschichte Heidelberg, Heidelberg; Bildarchiv der Österreichischen Nationalbibliothek, Wien; Bildarchiv Holle Verlag, Augsburg; Bildarchiv Pattloch Verlag, Augsburg; S. Enkelmann, Berlin-Charlottenburg; Giraudon, Paris-6; Historisches Bildarchiv, Handke, Bad Berneck; Siegfried Lauterwasser, Überlingen/Bodensee; Friedrich Lersch, Köln-Nippes; Nationale Forschungs- und Gedenkstätten in Weimar; Orgelköhne, Berlin-Charlottenburg; Dr. Erich Rothacker, Bonn; Max Schirner, Berlin S. W; Text und Bild, München; Hans Michael Schindler, Hechendorf.